영유아발달

CHILD DEVELOPMENT

영유아발달

구광현 저

동 문 사

머리말

발달은 출생으로부터 사망에 이르기까지 인생의 전 과정에서 일어나는 크고 작은 변화의 과정이다. 이 과정을 통해 인간은 신체적, 사회적, 인지적, 언어적으로 성장하고 공동체가 기대하는 역할을 감당하는 인격체로 성숙하게 된다. 교육은 분명 인간행동이 변화한다는 사실을 인식하는 것으로부터 출발하며, 그 변화가 바람직한 방향이기를 기대하며 추구해 가는 작업이다. 따라서 교육은 무엇보다도 학습자의 성장·발달에 대한 충분한 이해가 선행되어야 한다. 유아교사의 입장에서 볼 때 그 이해의 과정에서 가르치고 보살피는 학습자인 영유아의 공통적인 성장과정에 대한 '보편성'을 이해하는 과정이며, 더불어 해당 연령과 개인에게 적합한 '특수성'을 찾아내는 과정이다.

이 책은 대학 등 교육기관에서 영유아발달 또는 아동발달 관련 과목의 교재로 사용될 것을 염두에 두고 집필되었다. 모두 10장으로 구성된 이 책은 출생부터 만 5세에 이르는 영유아들의 발달을 다루고 있다. 1장에서는 영유아발달을 이해하는데 기초가 되는 발달의 개념과 특성 및 관련 쟁점을, 2장에서는 발달에 관한 연구를 이해하고 수행하는 데 필요한 연구방법을 정리하여 제시하였다. 3장에서는 영유아발달에 대해 설명하는 주요 이론을 대표적인 학자의 견해를 중심으로 살펴보았으며, 4장에서는 태내기로부터 출산, 신생아기까지의 발달적 특성을 다루었다. 5장부터 9장까지는 영유아기의 단계적 발달 특징을 신체·운동, 인지, 언어, 정서, 사회성발달로 구분하여 살펴보았다. 그리고 마지막 10장에서는 영유아의 발달에 영향을 미치는 환경, 즉 생태학적 맥락에 대해 설명하였다.

우리는 일생을 살아가면서 우리를 어떤 틀과 모양에 맞추게 되는 경험을 하게 되며, 이러한 경험은 우리가 과연 어떤 유형의 성인이 되는가에 영향을 미친다.

발달심리학자들은 유능한 성인이 되는데는 인생의 최초 몇 년이 가장 중요하다고 믿고 있다. 이것이 사실이라면 생의 초기인 영유아기에 가능한 한 최고의 부모 및 '교사'와 접하는 것이 중요하다. 여기에 굳이 교사를 포함시키는 이유는 영유아들의 성장·발달 그리고 미래의 삶에 교사들이 대단한 영향을 미치기 때문이다. 우리 사회 그리고 영유아를 둔 부모들은 그들의 아들딸들이 잘 준비된 교육(보육) 환경에 맡겨지고 풍부한 지식과 경험을 갖춘 교사들에 의해 보살펴지길 원하고 있다.

모든 책이 그러하듯이 이 책 역시 앞서 출판된 수많은 스승과 동학(同學)의 업적에 힘입어 집필되었다. 비록 일일이 거명하지는 못하지만, 저자에게 가르침을 주신 모든 스승은 물론 함께 '영유아발달'을 공부해온 수많은 학생동료들의 도움에 깊은 감사를 드린다.

한편 이 책의 준비과정에서 저자는 특별히 가족의 많은 도움을 받았으며, 그 행운에 고마움을 표한다. 저자의 '절친'이자 인생의 동반자인 아내 곽선연 박사(영어학)는 7장 언어발달을 중심으로 원고 전체를 꼼꼼하게 검토해주었다. 또한 사랑하고 존중하는 새내기 의사들인 아들 호영이와 딸 민아는 자신들의 성장경험을 포함하여 생명과학·의학·심리학 전공지식과 소아청소년과 임상경험을 바탕으로 다양한 조언을 해주었다.

끝으로 이 책의 출판을 기꺼이 허락하시고 최선을 다해 제작해주신 동문사의 이중수 사장님, 유재영 상무님을 비롯한 출판사의 모든 분들께 심심한 감사를 드린다.

2019년 11월
대한민국 경기도 안양시, 수리산 기슭의 연구실에서
구 광 현

차례

Chapter

01

발달의 기초

발달이란 인간의 생명이 시작되는 순간부터 사망에 이르기까지의 전 생애에 걸쳐 일어나는 모든 변화과정을 의미한다. 영유아발달은 몇 가지 원리에 따라 이루어지며 그 과정이나 형태는 여러 발달영역의 상호작용을 통해 나타나기 때문에 매우 복합적인 양상을 띤다.

이 장에서는 발달의 개념, 발달의 단계와 원리 그리고 발달연구에 있어서 꾸준히 논의되고 있는 대표적 쟁점 몇 가지에 대해 살펴본다.

1. 발달의 개념

발달은 인간의 전 생애에 걸쳐 연령의 증가와 함께 일어나는 모든 변화과정을 의미한다. 발달은 인간이면 누구나 겪게 되는 것으로 인간의 생명이 시작되는 순간부터 사망에 이르기까지의 전 과정의 변화를 나타내기 때문에 이 발달과정은 구조적으로나 기능적으로 향상하고 증가하는 측면 뿐만 아니라, 연령의 증가와 함께 그 구조와 기능이 감소하고 쇠퇴하는 측면을 모두 포함한다.

발달을 연구하는 학문 분야를 발달심리학이라 한다. 과거에는 발달연구들이 주로 성장 시기인 유아기나 아동기, 청소년기 동안의 연구에 초점을 맞추어 왔으나, 최근의 연구들은 성인기와 노년기를 포함하여 전 생애를 연구 대상으로 간주하고 있다. 발달연구에 있어서 이러한 경향을 전 생애이론(life-span theory) 또는 생애 발달심리학(life-span developmental psychology)이라고 한다.

발달이란 용어와 비슷하게 사용되는 개념으로 성장과 성숙, 학습을 들 수 있다. 이들 용어는 변화를 지칭하는 의미에서는 서로 비슷한 의미로 사용되지만 변화를 유발하는 요인과 변화의 양상에 따라 각기 다른 의미를 갖는다.

성장(growth)은 시간의 경과와 연령의 증가에 따라 이루어지는 신체적인 측면의 변화를 의미한다. 신체적 크기나 근육의 세기 등 신체적 기능의 양적 증가를 나타낼 때 주로 사용한다.

성숙(maturation)은 유전인자가 발달과정을 방향 짓는 것으로, 신체적 측면의 변화와 심리적 측면의 변화를 포함한다. 즉, 유전적이고 생래적인 요인에 의하여 신체적 · 심리적으로 일어나는 변화로 태아의 발달이나 사춘기에 나타나는 2차 성징이 그 예이다.

학습(learning)은 개인이 접하는 인적 · 물적 환경과의 상호작용을 포함하는 경험의 결과로 나타나는 사고나 행동의 변화를 의미한다. 외국어 습득이나 식습관 형성같이 훈련이나 연습으로 인한 발달적 변화가 학습이다.

발달(development)은 유전적 요인 뿐만 아니라 환경적 요인에 의한 변화를 의미한다. 변화의 양상도 신체적 측면의 양적 변화와 심리적 측면의 질적 변화 모두를 의미한다. 즉, 발달이란 유전인자의 내적 작용에 의한 생리적 변화와 경험 및 학습 등 외적 작용에 의한 변화 모두를 의미한다. 발달은 성장이나 성숙을 포함하는 포괄적 개념으로서 약물이나 피로에 의한 일시적 변화와는 구별되는 개념이다.

2. 발달의 단계와 원리

1) 발달의 단계

인간의 발달단계는 관점에 따라 다양하게 분류될 수 있다. 발달단계를 연령에 따라 구분하는 것은 각 단계의 발달적 특징과 발달과정을 포괄적이고 체계적으로 이해하는 데 유용하다. 여기에서는 태내기부터 청소년기까지만 간략히 살펴본다.

(1) 태내기(prenatal period: 수정~출생)

태내기는 임신에서부터 출생까지 약 9개월(38주)간을 의미하는 것으로서 어머니 뱃속에서 태아의 신체조직이 구성되고 발달하는 시기이다. 태내기는 짧은 기간이지만 기본 신체구조와 기관이 형성되는 시기이기 때문에 인간발달의 초석이 되는 중요한 시기이다.

(2) 영아기(infancy: 출생~2세)

출생 후 약 36개월까지를 영아기라고 한다. 그중에서도 출생 후 약 1개월(4주) 동안을 신생아기로 구분한다. 신생아기는 출생 후 외부환경에서 생존하기 위한 여러 생리적 적응 현상이 완성되는 시기이다. 영아기는 걷게 되고 초보적인 말을 하는 등 신체발달을 비롯한 여러 발달영역에서 매우 급속한 발달이 이루어지는 시기이다. 동시에 신체적·심리적으로 성인에게 많이 의존하는 시기이기도 하다.

(3) 유아기(early childhood: 3~5세)

유아기는 만 3세부터 초등학교 취학 전인 만 5세까지를 의미한다. 이 시기 동안 유아는 신체 움직임이 자유로워져 주변환경에 대한 탐색이 활발하게 이루어지며 인지발달과 사회성발달도 활발하게 이루어진다. 또한 급격한 어휘 수의 증가로 의사소통이 활발해지며 사고의 범위도 넓어져 표현력과 상상력이 풍부해진다. 유아기는 사회적 환경에 대한 기본적인 개념을 형성하는 시기이다.

(4) 아동기(middle & late childhood: 6~11세)

아동기는 만 6세부터 11세까지 초등학교에 다니는 시기이다. 이 시기 아동은 활발한 또래관계를 통해 사회적 관계와 자아개념을 형성하게 되며 인지발달도 향상된다. 또한 일상생활에 필요한 개념이 발달한다.

(5) 청소년기(adolescence: 12~19세)

청소년기의 연령 구분은 이론적 관점이나 관련 법규에 따라 차이가 있는데, 우리나라 청소년보호법은 만 19세 미만으로 규정하고 있다. 청소년기에는 2차

성징에 의해 급속한 신체적 성숙을 이루게 되며, 부모 등 다른 성인에게서 정서적 독립을 하게 된다. 이 과정에서 자아정체감을 형성하고 사회적 책임감을 갖게 된다. 시민적 자질로 필요한 지적 기능과 개념이 발달하는 시기이다.

2) 발달의 원리

발달은 다음 몇 가지의 보편적인 원리에 따라 이루어진다.

(1) 발달은 일정한 방향과 순서에 따라 이루어진다.

영유아기의 발달은 일정한 방향과 순서에 따라 이루어진다. 예를 들어, 영아는 목을 가누고 난 다음에 앉을 수 있으며, 그 다음으로 걷고 뛰게 되는 등의 일정한 순서에 따라 발달이 이루어진다. 신체・운동발달의 경우 다음과 같은 세 가지 원칙에 따라 발달이 이루어진다(그림 1-1 참조).

① 두미(cephalo-caudal) 방향 원칙

발달은 머리에서 발 방향으로 이루어진다. 태아와 영아는 모든 신체 중에서도 머리 쪽이 먼저 발달하고 다음으로 팔다리 방향으로 발달한다.

② 근원(proximal-distal) 방향 원칙

발달은 중심에서 말초부위로 이루어진다. 태아의 경우 심장이 먼저 형성되고 손가락과 발가락은 나중에 이루어진다. 영아는 처음에는 팔을 움직이는 운동을 하다가 차차 손목과 손가락을 순서대로 움직이게 된다.

③ 세분화(mass to specific) 방향 원칙

발달은 전체활동에서부터 특수활동으로 이루어진다. 모든 운동은 전반적인 전체운동이 나타나고 다음으로 세분화된 특수운동이 나타난다. 영아가 놀잇감을 잡을 때 처음에는 낚아채듯이 손을 모두 펼치고 붙잡지만 점차로 손목과 손가락으로 정교하게 물건을 집게 된다.

이처럼 발달이 일정한 방향과 순서에 따라 이루어진다는 사실은 발달의 이전 단계가 다음 단계의 기초가 된다는 것을 알려준다.

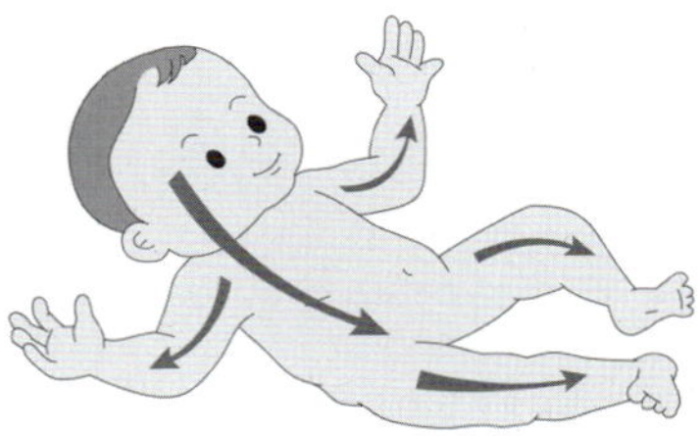

그림 1-1 발달의 방향성

자료: 강경미 외(2003)

(2) 발달은 계속적인 과정이지만 발달의 속도는 일정하지 않다.

발달은 수정의 순간부터 노년기에 이르기까지 전 생애를 통해 계속 진행된다. 그러나 발달영역에 따라 그 속도는 일정하지 않다. 예를 들어, 신체발달은 영아기와 사춘기에 급속히 발달하고, 언어발달은 유아기에 급격히 이루어진다. 이처럼 어떤 영역의 발달이 급속하게 이루어지는 특정 시기를 발달에 있어서 결정적 시기(critical period)라고 한다.

(3) 발달에는 개인차가 있다.

발달은 일정한 순서와 방향에 따라 이루어지지만 개인에 따라 다양한 차이를 보인다. 예를 들어, 같은 3세아라 할지라도 언어발달에 차이가 있다. 또 어떤 유아는 사회성발달에 비해 신체발달이 잘 이루어진 반면 다른 유아는 사회성발달이 더 우세하기도 하다.

(4) 발달의 초기단계는 일생에서 가장 중요한 시기이다.

인생 초기단계의 발달은 이후의 모든 단계의 발달을 좌우한다. 영아가 발달초기에 어머니와 안정된 애착을 형성하지 못하면 이후의 청년기에 사회생활을 할 때 원만한 대인관계를 형성하는 데 지장을 초래할 수 있다. 따라서 영아기와 유아기의 발달은 인생의 다른 어떤 시기보다도 중요하다.

(5) 발달의 각 영역은 상호 밀접한 연관이 있다.

전통적으로 발달연구는 영유아의 발달을 신체·운동발달, 인지·언어발달, 사회·정서발달 등으로 영역을 나누어 왔다. 이러한 구분은 연구의 주제를 명확히 하거나 방법의 효율성을 기하기 위해 불가피한 측면이 있으나 항상 적절한 것은 아니다. 그 이유는 각 영역의 발달은 독립적인 것이 아니며 오히려 서로 밀접한 관계를 맺으면서 이루어지기 때문이다. 예를 들면, 신체발달이 우수한 유아들이 적극적이고 긍정적인 자아개념을 형성하여 사회성발달이 뛰어나며, 따라서 정서발달 및 인지발달의 측면에서도 우수한 경향을 보인다.

3. 발달에 관한 쟁점

영유아발달에 관해 학문적 입장이나 이론에 따라 학자들은 각기 다른 주장을 하기도 한다. 발달의 특성이나 발달의 요인, 발달에 중요한 시기 등 발달에 있어서 오랫동안 쟁점이 됐던 주제를 살펴보면 다음과 같다.

1) 유전과 환경

발달에 대한 논쟁에서 가장 전통적인 주제는 유전과 환경이 발달에 미치는 영향에 관한 것으로 오랫동안 많은 학자들이 연구해 왔다.

유전론을 주장하는 학자들은 발달에 있어서 선천적으로 타고나는 요인을 강조하고 환경요인은 발달에 거의 영향을 미치지 않는다고 생각한다. 따라서 타고난 본성(nature)이나 성숙 요인을 중시하며 정해진 순서에 따라 발달이 이루어진다고 본다. 예를 들어, 영아의 운동발달이 일정한 순서를 따르고, 양육환경이 서로 다른 문화권에서도 생후 1년 무렵이면 한 단어 말을 하고 걷게 되며, 일정한 시기가 되면 사춘기를 겪는다는 사실은 유전론의 입장을 지지하는 근거가 된다.

반면 환경론자들은 환경적 요소가 생물학적 요소보다 발달을 잘 설명할 수 있다고 생각한다. 따라서 유아가 지닌 본성보다는 양육(nurture)과 경험을 강조한다. 대표적인 입장으로는 Locke의 백지설을 들 수 있는데, 그는 유아를 백지상태(tabular rasa)에 비유하고 출생이후의 경험과 학습에 따라 인간의 발달이 결정된다고 주장하였다.

유전과 환경에 대한 논쟁에서 다수의 학자들은 어떤 요인이 절대적으로 우세하다기보다는 서로 상호작용하여 영향을 미치는 것으로 본다. 즉, 유전적 요인은 발달에 있어서 최대한의 한계를 설정하여 주고 환경요인에 따라 발달의 잠재력을 최대한 촉진시킬 수도 있고 그렇지 못할 수도 있다는 것이다. 예를 들어, 유아의 신체발달이나 인지발달은 부모로부터 물려받은 유전적 소질에 의해 발달할 수 있는 최대범위가 어느 정도 정해져 있다. 그 범위 안에서는 양육환경, 유아의 경험, 교육 등 환경적 요인에 의해 실제 발달수준이 결정될 수 있는 것이다.

2) 초기경험과 후기경험

발달에 있어서 초기경험과 후기경험 가운데 어느 것이 더 영향을 미치는지에 대해서도 서로 다른 의견들이 있다. 많은 연구는 영아기, 특히 생후 1년 동안 적절한 보살핌을 받지 못하면 이후에도 적절한 발달이 이루어지기 어려움을 보고하였다(Bowlby, 1989; Sroufe, Egeland & Carlson, 1999). Freud와 Erickson 같은 정신분석학자들은 개인의 성격발달에 있어서 초기경험, 즉 영아기와 유아기의 부모 자녀 관계가 중요함을 강조하였다. 초기경험의 중요성을 시사하는 대표적인 예로는 1800년 프랑스 남부 아베롱(Aveyron) 숲에서 발견된 야생소년 빅토르(Victor)나 1970년대 미국 캘리포니아에서 10년 이상 정신질환을 지닌 아버지에게 감금되었다가 구출된 야생소녀 지니(Ginie)의 경우를 들 수 있다.

한편, Baltes(1987)와 같이 발달에 있어서 후기경험을 보다 중시하는 학자들은 전 생애적 접근을 강조하면서 인간은 가소성(plasticity)을 가지고 있기 때문에 초기경험 못지않게 후기경험이 중요하다고 주장한다. 최근 심리학, 정신의학, 교육학 분야에서 많은 연구의 주제가 되고 있는 회복탄력성(resilience) 개념은 인간은 인생의 바닥에서 바닥을 치고 올라올 수 있는 힘, 즉, 밑바닥까지 떨어져도 꿋꿋하게 되튀어 오르는 능력 혹은 마음의 근력을 지니고 있음을 강조하는데, 이 역시 후기경험의 중요성을 보여주는 예라고 할 수 있다(김주환, 2011).

3) 발달의 연속성과 비연속성

개인에게 있어 발달이 일생동안 서서히 점진적으로 일어나는지 아니면 이전과는 다른 새로운 행동을 습득하여 발달이 이루어지는지 여부도 주요 쟁점의 하나이다. 전자의 입장은 그림 1-2와 같이 어린 묘목이 큰 나무로 자라는 것처럼 발달이 연속적으로 이루어지면서 양적인 확장을 한다고 주장하며, 반면에 후자의 입장은 애벌레가 나비가 되듯이 발달이 비연속적으로 단계를 거치며 질적인 변화를 갖는다고 주장한다. 즉, 전자가 완만한 경사를 꾸준히 오르는 것이라면, 후자는 뚜렷이 구분된 계단을 오르는 것으로 비유할 수 있다.

그림 1-2 **발달의 연속성과 비연속성**

자료: Berk(2002); 강경미 외(2003)

발달에 있어서 연속성(continuity)을 강조하는 학자들은 유기체가 자극과 반응의 연합을 통해 점진적으로 행동과 지식을 습득한다고 주장하는 반면, 비연속성(discontinuity)을 강조하는 학자들은 발달은 점진적으로 이루어지기보다는 질적으로 구분되는 몇 개의 단계를 거쳐 이루어진다는 단계이론을 주장한다.

정리하면, 발달과 관련하여 유전과 환경, 초기경험과 후기경험의 중요성, 연속성과 비연속성에 대한 논쟁은 양자 택일식의 선택이 아닌 발달의 영역과 특성에 따라 상호작용하는 것으로 보는 것이 바람직하다. 예컨대, 신체적 측면의 요소는 환경보다는 유전의 영향을 더 쉽게 받는 것으로 생각할 수 있다. 반면에 언어나 사회성발달에 있어서는 환경의 영향을 간과할 수 없다. 한편 부모와의 애착형성은 영아기에 이루어져야 할 중요한 과업이며, 이에 비해 또래관계 형성 등은 어린 시기보다는 아동기에 보다 중요한 발달과업이 될 것이다. 또한 발달의 특성에 따라 연속적인 발달을 이루기도 하고 비연속적인 발달을 이루기도 할 것이다.

생각해 볼 거리

이 장에서 다루어진 내용을 바탕으로 학습자 각자 다음의 문제들에 대해 정리해 본 후, 그 내용을 수업에서 질문이나 토의 자료로 활용해 보자.

1. 이 장에서 특별히 새롭게 학습한 내용이 있다면, 그 내용을 열거해 보자.
2. 이 장에서 특별히 관심을 끌었던 내용은 어떠한 것이며, 그 이유는 무엇인지 정리해 보자.
3. 이 장에서 다루어진 내용 가운데 한 가지를 택하여 그 내용이 실제 교육장면에 어떻게 응용 또는 적용될 수 있는지를 설명해 보자.
4. 이 장에서 특별히 어려움이나 싫증을 느낀 내용은 어떠한 것이며, 그 이유는 무엇인지 정리해 보자.
5. 이 장을 학습하면서(또는 학습한 결과) 더 자세히 알아보고 싶다고 느낀 주제나 내용은 무엇인지 정리해 보자.

Chapter

02

발달연구

영유아발달을 연구하는 목적은 크게 학문적인 목적과 실용적인 목적으로 구분할 수 있다. 학문적인 목적은 영유아의 행동을 기술하고 그 이유를 설명하여 상황을 예측하고 통제하며, 궁극적으로는 객관적이고 신뢰로운 이론체계 구축에 기여하는 것이다. 실용적인 목적은 영유아의 발달수준을 진단하고 평가하여 바람직한 발달을 돕고 적절하게 교육하는 데 활용하는 것이다. 발달연구를 수행할 때는 연구목적과 대상에 따라 횡단적 접근, 종단적 접근, 계열설계법 등으로 연구를 설계할 수 있으며, 자료수집에 있어서도 관찰법, 질문지법 등의 방법을 다양하게 활용할 수 있다.

이 장에서는 발달연구의 방법을 연구목적, 연구의 설계, 연구의 유형 그리고 자료수집 방법으로 나누어 살펴본다.

1. 발달연구의 목적

발달을 연구하는 목적은 크게 학문적인 목적과 실용적인 목적으로 나누어 볼 수 있다. 학문적인 측면에서 보면 유아의 행동을 기술하고 설명하며, 예측하고 통제하여 궁극적으로는 객관적이고 신뢰로운 이론체계를 정립하는 데 있다(구광현, 2015).

첫째, 기술(description)은 특정 연령에서 보편적으로 일어나는 발달적 변화를 정확히 기술하는 것이다. 즉, 태내에서의 발달과정은 어떠하며, 영아기의 신체능력은 어떻게 발달하는지, 유아기의 사회성발달과 언어발달은 어떻게 변화하는지 등에 대해 밝히는 것이다. 예를 들어, 생후 1년쯤이면 걷게 되고 한 단어 말을 시작하며, 또한 사회적 능력은 이전에 비해 어떻게 변화했는지를 정확히 밝히는 것이다. 이러한 기술을 통해 연령에 따른 평균적 발달수준과 개인차를 알 수 있으며, 이를 토대로 특정 영유아의 개인적 또는 집단적 발달 상태에 대한 상대적인 평가를 할 수 있다.

둘째, 설명(explanation)은 유아행동에 대하여 왜 그와 같은 발달이 일어나는지를 밝히는 것이다. 영유아는 연령에 따라 보편적인 행동특성을 보이지만 영유아들 간 개인차는 매우 크다. 예를 들어, 어떤 영유아는 또래에 비해 훨씬 풍부한 어휘력을 가지고 있지만, 다른 영유아는 나이에 비해 뒤떨어진 언어수준을 보일 수 있다. 따라서 특정 행동의 발생에 있어서 왜 개인차가 나타나는지를 설명할 수 있다면 영유아를 보다 효과적으로 지도할 방법을 찾아낼 수 있다.

셋째, 예측(prediction)은 기술과 설명을 기초로 유아의 발달수준 및 상태를 미리 이해하고자 하는 것이다. 영아는 대체로 어느 단계의 언어를 구사할 수 있다든지, 유아는 신체발달이 어느 정도 이루어질 것이라는 것을 예측한다. 또한 대가족에서 자라는 유아와 핵가족에서 자라는 유아는 언어발달이나 사회성발달에 어떠한 차이가 있는지를 예측해 보는 것이다.

마지막으로, 통제(control)는 이러한 이해를 토대로 유아의 발달을 촉진시키기 위해서 어떤 교육적, 환경적 배려가 있어야 하는지 유아 주변의 환경요인을 조절하는 것을 말한다. 임산부의 약물과다복용이 태아에게 좋지 않은 결과를 낳는다고 예측되면 임산부에게 약물복용에 신중하도록 유도하며, 활발한 사회적 상호작용이 유아의 언어발달을 촉진시킨다면 유아의 언어발달을 위해 다양한 자극을 경험할 수 있도록 환경을 조성한다.

실용적 측면에서 살펴보면, 발달연구의 목적은 발달의 일반적 경향을 기초로 유아의 발달수준을 진단, 평가하고, 그 결과를 토대로 바람직한 발달을 돕는 데 있다. 예를 들면, 연령에 따른 발달규준이 설정되면 유아의 발달수준을 해당연령의 평균치에 비추어 보고, 유아의 발달수준에 적합하고 효과적인 교육방법을 찾아 적용하거나 문제행동의 지도나 치료에 활용할 수 있다.

2. 발달연구의 설계

영유아발달을 연구하는 접근법 중에서 대표적으로 활용되고 있는 횡단적 접근법과 종단적 접근법 그리고 계열설계법을 살펴본다.

1) 횡단적 접근법

횡단적 접근법(cross-sectional approach)은 서로 다른 연령의 유아를 대상으로 동일한 시기에 한꺼번에 조사하여 연령에 따른 발달특징을 밝히는 방법이다.

예를 들어, 5~15세 사이 어린이의 사회성발달 경향을 알아보기 위해 5세부터 15세까지 연령층의 어린이들을 동시에 표집하여 측정한 결과를 토대로 사회성 발달 경향을 파악하는 방법이다(그림 2-1 참조).

이 방법은 발달연구에서 가장 보편적으로 사용되는 방법으로 한 번에 여러 연령층을 대상으로 조사하기 때문에 시간적으로나 비용 면에서 매우 경제적이고 노력이 적게 든다는 장점이 있다. 연령에 따른 개인 간, 집단 간의 차이를 알아보는데 효과적이다.

그러나 발달의 연속성이나 그 변화의 양상을 밝히는 데는 한계가 있다. 각 연령에서 얻어진 측정치들은 각기 다른 집단에서 얻어진 자료이기 때문에 유아들 간의 개인차나 개인의 연령에 따른 변화추세를 분명히 밝혀내기 어렵기 때문이다. 이러한 한계 때문에 횡단적 설계에서는 각 연령집단이 동질집단임을 가정하지만 실제 표집 대상은 사회적, 문화적 배경이 다양하여 완전한 동질집단을 가정하는 것 자체에 무리가 있다. 즉, 연령에 따른 차이는 그 자체의 영향이라기보다 각 연령집단이 지닌 사회적, 문화적 배경에 의한 동시대 출생집단의 효과(cohort effect) 때문일 수 있음에 유의할 필요가 있다.

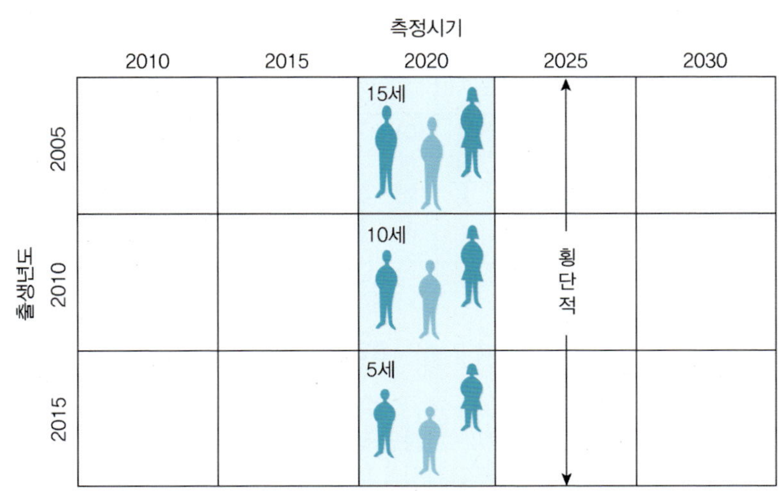

그림 2-1 횡단적 접근법

2) 종단적 접근법

종단적 접근법(longitudinal approach)은 한 연령을 개인이나 집단별로 표집하여 일정기간에 걸쳐 연령에 따른 변화과정을 반복 추적해서 측정하는 방법이다. 앞의 예에서와 같이 5~15세 어린이의 사회성발달을 연구하고자 한다면 연구대상으로 5세 유아만을 표집하여 그 유아가 15세가 될 때까지 계속 추적하여 검사하는 연구설계를 의미한다(그림 2-2 참조).

이 방법은 유아 개인의 발달적 정보와 연령별 발달 과정을 보다 정확히 파악할 수 있다는 장점이 있다. 그러나 종단적 설계는 연구기간이 길고 대상집단을 장기간 확보하는 것이 현실적으로 어려울 뿐만 아니라 시간, 비용, 그리고 노력이 많이 드는 단점이 있다. 또한 장기간의 연구기간 동안 연구대상을 통제할 수 없기 때문에 연구결과에서 나타난 발달변화가 순수한 연령의 효과인지 아니면 시대적, 문화적 변화에서 기인하는지 결정짓기 어려울 수 있다.

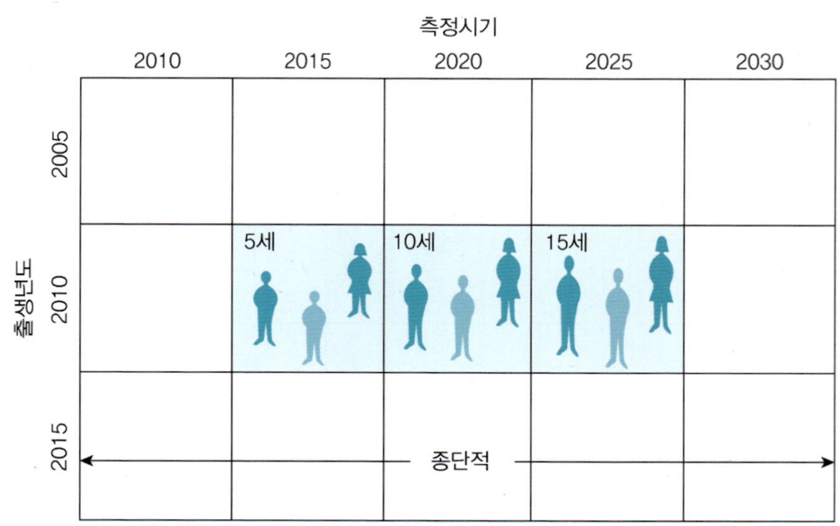

그림 2-2 **종단적 접근법**

3) 계열설계법

계열설계법 또는 순차적 접근법(sequential design approach)은 횡단적 접근법과 종단적 접근법의 특징을 절충・보완한 방법이다. 이 접근법은 몇 개의 동시대 출생집단을 몇 차례에 걸쳐 측정하는 것으로, 몇 개의 종단적 접근법을 합쳐 놓은 것과 같다. 즉, 횡단적 설계에 따라 여러 연령층의 유아를 표집하고 그 대상들을 종단적 설계에 따라 일정 기간 반복 추적해서 검사한다(그림 2-3 참조).

이 접근법은 연령효과(단순히 연령이 증가함으로써 나타나는 효과), 동시대 출생집단의 효과(같은 시대에 태어나서 같은 역사적 환경에서 성장함으로써 나타나는 효과), 측정 시기의 효과(자료가 수집될 당시 상황의 효과)를 분리하여 발달적 변화를 연구할 수 있다는 장점이 있다. 그러나 연구대상이 많이 필요하고 장기간에 걸친 방대한 자료의 수집과 분석에 상당한 노력이 들며, 연구결과의 해석도 복잡하다는 단점이 있다.

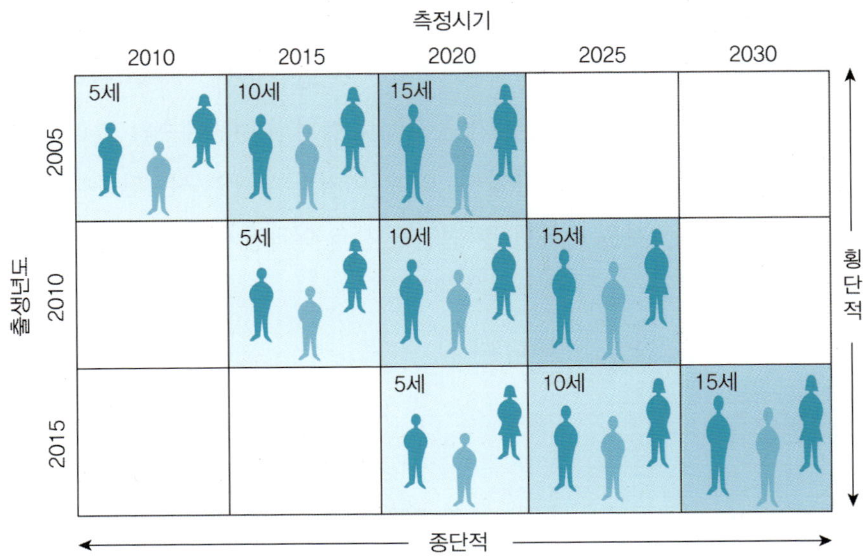

그림 2-3 계열설계법

3. 발달연구의 유형

1) 상관연구

상관연구(correlational study)는 인간의 발달에 영향을 미치는 둘 이상의 변인들의 관계를 알아보기 위한 연구이다. 즉, 주어진 상황을 조작하거나 변화시키지 않고 있는 그대로에서의 변인 간의 관계를 규명하고자 하는 연구이다. 예를 들어, 유아의 출생순위와 사회성의 발달 관계라든지 TV 시청시간과 공격성의 정도를 연구할 때 유용한 설계이다. 유아가 TV 보는 시간과 공격성의 정도를 각각 관찰법이나 면접법 등을 통해 조사한 후 이 두 점수 간의 상관관계를 상관계수로 나타내어 두 행동변인의 관계를 설명하는 방식이다.

상관관계의 정도는 상관계수로 나타내는데 상관계수의 범위는 −1 ~ +1이다. 상관계수가 −1이면 두 변인 간에 완전한 부적 상관이, +1이면 완전한 정적 상관이 있음을 의미하는 것이고, 상관계수가 0이면 두 변인 간에 아무런 관계가 없다는 것을 의미한다. 변인 간의 관계가 높고 신뢰롭다면 상관계수의 결과를 변인들 간의 관계를 예언하는데 사용할 수 있다. 이처럼 상관연구는 단순히 변인들 간에 관련이 있다는 것을 나타낼 뿐 변인들 간의 인과관계는 밝히지 못하는 한계가 있다.

2) 실험연구

실험연구(experimental study)는 변인 간의 인과관계를 밝히고자 하는 설계로서 인간의 발달에 영향을 미치는 변인들 간의 원인과 결과의 관계를 정확하게 평가할 수 있다. 연구방법 중에서 변인통제가 가장 엄격한 방법이다.

실험연구에서 어떤 행동이 야기되는 데 있어 원인이 되는 조건을 독립변인(independent variable)이라 하고, 그 원인으로 인해 유발되는 결과를 종속변인(dependent variable)이라 한다. 독립변인이 종속변인에 미치는 효과를 검증하기 위해 독립변인을 체계적으로 변화시켜 가면서 종속변인에 미치는 효과를 분석한다. 이 과정에서 독립변인의 처치를 가한 집단을 실험집단(experimental group)이라 하고, 처치를 가하지 않거나 대체적 처치를 가하는 집단을 비교집단 혹은 통제집단(control group)이라고 한다.

TV 시청이 유아의 공격성에 미치는 영향에 관한 Bandura(1969)의 실험은 실험연구의 대표적인 예이다. 실험연구는 앞의 상관연구의 예에서와 같이 유아의 TV 시청과 공격성 연구에 있어서 두 요인간의 상관관계가 아니라 공격성이 높은 유아의 원인이 TV 시청 때문인지를 밝히고자 한다. 이때 공격적인 내용이 많은 TV의 시청이 아동의 공격성을 높인다는 가설을 세우고 이 가설을 검증하기 위해 다음과 같은 실험을 한다. 공격성의 정도가 유사한 유아를 표집하여 두 집단으로 나눈 후 한 집단은 실험집단으로, 다른 한 집단은 통제집단으로 설정한다. 다음으로 실험집단 유아에게는 공격적인 장면이 많은 TV를 시청하도록 하고 통제집단 유아에게는 공격적인 내용이 거의 없는 TV를 시청하도록 상황을 조작한다. 이러한 실험처치 후 실험집단과 통제집단 유아의 공격성 점수를 다시 검사했을 때, 통제집단보다 실험집단 유아의 공격성 점수가 더 높게 나왔다면 이 공격성의 원인은 공격적 장면이 많은 TV 시청이 그 원인이라고 말할 수 있다. 이때 위약효과(placebo effect)를 막기 위해 통제집단에게도 실험집단과 외형적으로는 유사한 처치(TV 시청)를 해 주는 것을 대체적 처치라고 한다.

실험연구는 인간행동에 영향을 미치는 변인들 간의 인과관계를 밝힐 수 있다는 점에서 가장 정교한 연구법이지만, 한편으로는 연구자가 관심을 가지고 관찰하려는 독립변인 외에 다른 변인을 완전히 통제하기가 어렵고 또한 인간을 그 대상으로 했을 때 윤리적인 문제가 제기되는 등의 한계점이 있다.

3) 사례연구

사례연구(case study)란 특정 개인을 깊이 있게 연구할 때 사용하는 방법으로서 임상심리학에서 주로 사용한다. 원래 사례연구는 의사가 환자에 대한 증상을 진찰하고 그 진단에 따라 치료방법을 연구하여 치료하는 임상적 방법이 교육분야에 적용된 것이다. 의사가 환자를 여러 가지 방법으로 면밀히 진단하여 치료하는 것처럼 연구자는 유아의 문제행동의 특성과 원인을 찾기 위해 개별적 상황에 대해 필요한 충분한 자료를 수집하고 상세히 연구를 한다. 유아의 가정환경, 사회계층, 건강기록, 성장배경, 부모의 교육수준 및 직업, 중요사건 등을 조사할 수 있다. 뿐만 아니라 사례에 대한 교육적 처치나 문제행동의 수정 등도 중요하게 다루어진다. 이러한 사례연구는 흔히 생활지도 분야에서 문제행동을 보이는 유아를 지도하기 위해 적용되는 경우가 많다. 그 외에도 집단이나 가족, 제도, 문화를 단위로 연구하기도 한다.

사례연구는 또한 한두 명의 유아를 대상으로 얻은 연구결과를 토대로 발달의 일반적 경향을 추론하기도 한다. 유아의 행동을 주의 깊게 관찰하고 면접하여 유아 행동의 원인 및 발달경향의 원리를 찾기 위해서 자세하게 조사 연구하는 일이다. Piaget(1952)가 자신의 세 자녀를 대상으로 관찰한 결과를 토대로 인지발달 이론을 도출한 것이 대표적인 예이며, 최근에는 질적 연구가 강조되면서 질적 연구의 한 유형으로 사례연구가 많이 수행되고 있다. 그러나 소수의 사례연구에 의거해 유아를 서로 비교하거나 발달의 전체적인 경향으로 일반화하는 데에는 한계가 있음을 유의해야 한다.

4) 질적연구

질적연구(qualitative study)는 질적인 방법에 의해 수집된 자료에 기초해서 수행하는 연구를 말하는 것으로서 연구방법에서는 양적연구와 대비되는 개념으로 사용된다. 양적연구는 경험적이고 실증적인 연구의 전통을 따르는 입장으로 연구대상의 특성을 다양한 형태로 수량화하여 이를 분석하고 기술하는 연구방법이다. 이에 비해 질적연구는 해석적인 연구의 전통을 따르는 입장으로 연구자들의 상호 주관적인 이해에 근거하여 유아의 행동 특성 및 발달경향을 해석하고 기술하는 연구방법이다.

그동안 유아연구에 있어서 통계적 분석법을 사용한 양적연구가 주로 사용되었으나, 유아의 경우 양적연구만으로는 유아를 올바르게 이해하는 데 많은 제한점이 있어 질적연구의 필요성이 강조되고 있다. 또한 비디오나 컴퓨터 등의 발달로 인해 질적연구가 강조되기도 하였다.

질적연구에서의 자료수집은 검사도구나 질문지 등에 의한 수량화된 자료보다는 관찰이나 면접을 통해 자료를 수집하여 인간의 행동을 있는 그대로 기술적으로 제시하는 데 관심을 갖는다. 양적인 자료로는 다루기 어려운 복잡한 현상의 세부사항을 조사할 때나 개인 경험이나 인식의 속성을 맥락 속에서 자세히 밝히고자 할 때 사용한다. 또한 양적연구와 더불어 병행해서 이루어지기도 한다. 양적연구에서는 수량화된 자료의 신뢰도가 중요한 조건이며, 반면에 질적연구에서는 의미의 이해에 관심이 있으므로 자료의 타당도가 중요한 조건이 된다.

양적연구와 질적연구는 어떤 방법이 더 적절하다고 단정할 수는 없으며, 연구의 목적이나 연구의 상황에 따라서 각각의 장점을 살려 연구방법을 적용하는 것이 보다 더 중요한 문제가 된다. 최근에는 양적연구와 질적연구는 배타적 관계가 아니라 상호보완적인 연구방법이라는 생각이 확산되고 있으며, 이들 연구방법을 한 연구에서 혼합해 적용하기도 한다. 예컨대, 양적연구방법을 기본적 방법으로 삼고 질적연구방법을 병행한다면 보다 정확한 연구결과를 얻을 수 있다.

4. 발달연구의 자료수집

발달연구를 수행하는데 필요한 자료를 수집하는 대표적인 방법은 다음과 같다.

1) 관찰법

관찰법은 일상생활 속에서 유아가 보여주는 자연스러운 행동을 쉽게 발견할 수 있어 발달연구의 가장 기본적인 자료수집 방법이다. 특히 영유아의 경우는 의사소통이 활발하지 못하고 문자해독 능력이 부족하기 때문에 관찰법이 많이 사용된다.

관찰법은 관찰상황에 대한 통제가 이루어지는지의 여부에 따라 자연관찰(natural observation)과 통제관찰(controlled observation)로 나눌 수 있다. 자연관찰은 관찰장면에 대해 인위적 조작을 하지 않고 자연스러운 상태에서 관찰하는 것을 말하며, 통제관찰은 관찰자가 의도하는 목적에 따라 관찰장면을 통제하는 방법이다. 또한 관찰자가 관찰장면에 직접 참여하였는지의 여부에 따라 참여관찰(participant observation)과 비참여관찰(non-participant observation)로 구분하기도 한다. 참여관찰은 관찰자가 유아의 활동에 직접 참여하면서 즉, 유아들과 함께 행동하면서 관찰하는 방법이며, 비참여관찰은 관찰자가 유아의 행동에 개입하지 않고 관찰만 하는 방법이다.

자연상황에서 유아의 일상생활을 기록·분석하는 관찰법은 유아의 비언어적 행동까지 검사할 수 있다는 장점이 있는 반면, 유아의 모든 행동을 관찰할 수 없으며, 인간의 내적 기능이나 활동은 관찰하기 어렵다는 한계점이 있다. 또한 관찰과정에서 관찰자의 주관이 개입될 여지가 있어 이를 최소화하여 관찰의 객관성을 높여야 한다. 최근에는 이러한 한계점을 보완하기 위해 녹음기나 동영상 기기를 활용한다.

2) 검사법

검사법이란 표준화된 검사도구를 사용하여 개인이나 집단의 심리적 특성을 조사하는 연구방법이다. 표준화검사의 종류로는 지능검사, 적성검사, 창의성검사, 학력검사, 성격검사, 태도검사, 자아개념검사 등을 들 수 있다. 그러나 영·유아기용 심리검사는 제한되어 있다.

검사법은 검사도구의 성격에 따라 구조화된 검사법(constructive test)과 비구조화된 검사법(unconstructive test)으로 나눌 수 있다. 구조화된 검사법은 피험자가 반응할 수 있는 범위가 미리 일정한 형식으로 정해진 검사법으로서 MMPI 성격검사가 대표적인 유형이다. 비구조화된 검사법은 피험자에게 반응목록을 미리 구성해 주지 않아 피험자가 반응할 수 있는 범위가 자유롭다. 피험자가 자유롭게 반응한 결과를 토대로 피험자의 심리적 특성을 해석한다는 의미에서 투사법(projective technique)이라고도 한다. 투사법의 대표적인 종류로는 로르샤하 검사(Rorschach test)와 주제통각검사(Thematic Apperception Test: TAT)가 있다.

검사법은 심리적 특성을 타인과 비교하여 설명할 수 있고 한꺼번에 많은 유아를 대상으로 실시할 수 있다는 점에서 능률성과 경제성이 강조된다. 그러나 신뢰도나 타당도가 높지 않은 검사도구를 남용하는 경우 문제가 되며, 해석상에서 오류를 범할 수 있는 한계가 있다.

3) 질문지법

질문지법(questionnaire)은 연구문제와 관련된 일련의 질문에 대해 피험자, 즉 응답자 자신이 판단하여 진술하는 방법이다. 이 방법은 피험자들의 감정이나 동기, 과거의 행동이나 사적 행위처럼 직접 관찰하기 어려운 내용을 알고자 할 때 유용하다. 유아를 대상으로 하는 질문지법은 유아를 직접적인 대상으로 할 수도 있고, 부모나 교사 등 타인으로 하여금 그 유아에 대해 평가하여 응답하도록 하는 간접적인 방법을 취할 수도 있다.

질문지의 문항형식에 따라 개방식 질문과 폐쇄식 질문으로 나눌 수 있다. 개방식 질문은 비구조화된 질문이라고도 하고 반응의 범위가 자유로운 형태이며, 폐쇄식 질문은 구조화된 질문이라고도 하며 반응의 범위가 일정한 형식으로 정해진 형태를 의미한다. 이 두 가지 형식을 조합한 절충형이 사용될 수도 있다.

질문지법은 짧은 시간 내에 많은 연구대상을 대상으로 간편하게 실시할 수 있다는 장점이 있는 반면, 피험자의 반응의 진위여부를 가리기가 어렵고 질문지의 회수율이 낮을 가능성이 있다. 또한 문자해독이 어려운 영아나 유아에게는 사용하기 어렵다는 한계점이 있다.

4) 면접법

면접법은 가장 융통성 있는 연구방법으로 연구대상자와의 직접적인 상호작용을 통해 필요한 자료를 수집하는 방법이다. 응답률이 높고 상황에 따라 융통성이 있으며 비언어적 행동까지도 관찰할 수 있어 응답의 타당성을 높일 수 있다. 임상적 진단이나 상담 및 치료에 주로 사용된다.

한편 피면접자로부터 정확한 정보를 얻기 위해서는 무엇보다도 면접자와 피면접자 사이에 자유롭게 의사를 표현할 수 있는 신뢰로운 관계, 즉 래포(rapport)

가 형성되어야 한다. 또한 반응에 암시를 주는 유도식 질문은 피해야 한다. 유아 대상의 면접은 유아와의 대화나 그 유아 부모와의 대화를 통해 이루어질 수 있다. 면접을 통해 유아에 대한 각종 정보는 물론 어린이나 부모의 감정이나 의지와 같은 내면적인 세계의 흐름까지도 알아볼 수 있기 때문에, 면접을 효과적으로 운영한다면 비교적 자연스러운 상황에서 유아 자신과 유아가 처한 환경적 상황을 동시에 이해할 수 있다.

면접법은 교육수준이 낮은 사람이나 유아도 대상으로 할 수 있다는 장점이 있는 반면, 시간과 비용이 많이 들고 응답자의 신분이 노출되어 사적인 정보를 얻기에는 한계가 있다.

생각해 볼 거리

이 장에서 다루어진 내용을 바탕으로 학습자 각자 다음의 문제들에 대해 정리해 본 후, 그 내용을 수업에서 질문이나 토의 자료로 활용해 보자.

1. 이 장에서 특별히 새롭게 학습한 내용이 있다면, 그 내용을 열거해 보자.
2. 이 장에서 특별히 관심을 끌었던 내용은 어떠한 것이며, 그 이유는 무엇인지 정리해 보자.
3. 이 장에서 다루어진 내용 가운데 한 가지를 택하여 그 내용이 실제 교육장면에 어떻게 응용 또는 적용될 수 있는지를 설명해 보자.
4. 이 장에서 특별히 어려움이나 싫증을 느낀 내용은 어떠한 것이며, 그 이유는 무엇인지 정리해 보자.
5. 이 장을 학습하면서(또는 학습한 결과) 더 자세히 알아보고 싶다고 느낀 주제나 내용은 무엇인지 정리해 보자.

Chapter

03 발달 이론

발달 이론이란 연령 증가에 따른 발달과 관련된 법칙이나 이론적 체계를 말한다. 발달 이론은 매우 다양한데 그것은 아무리 타당한 이론이라도 인간이 일생 동안 경험하는 다양한 행동을 설명하는데 한계가 있고, 학자에 따라 인간관이 다를 뿐만 아니라 관심 영역도 다르기 때문이다.

많은 이론들이 영유아의 발달을 설명하려고 하지만 지금까지 발달의 모든 측면을 설명할 수 있는 통합된 단일 이론은 없다. 어느 한 이론도 발달의 다양한 측면을 모두 설명할 수는 없지만, 각 이론은 어느 것이나 발달을 이해하는데 유용한 정보를 제공하고 있다.

이 장에서는 대표적인 발달 이론으로 성숙주의 이론, 정신분석 이론, 학습 이론, 인지발달 이론, 동물행동학 이론, 생태학적 이론 등을 살펴본다.

1. 성숙주의 이론

성숙주의는 아동발달이 아동의 내재적 요인에 의해 이루어지며, 교육은 아동의 발달 상황을 파악하는 데서 시작되어야 한다고 본다.

1) 성숙주의 이론의 배경

Gessell

성숙주의 이론은 아동발달이 이미 정해져 있는 내용과 순서에 따라 일어나는 과정이라고 보며, 연령에 따른 생물학적 성숙과정에서 자연스럽게 지식을 습득하여 교육이 이루어진다는 입장을 취한다. 이 이론에 의하면 영유아의 발달이란 유기체 내부에서 자연스럽게 이루어지기 때문에 환경은 행동을 변화시키는 2차적 역할을 한다. 따라서 유아 자신의 속도에 맞는 발달을 위해 아동중심의 양육환경을 제공할 것을 강조한다(오만록, 2017).

성숙주의 이론의 대표적인 학자로는 Arnold Gessell(1880~1961)을 들 수 있다. Gessell의 이론은 다양한 학문영역의 영향을 받았는데, 특히 Darwin의 연구방법과 진화론, 반복발생 이론 발생학자였던 Coghill의 연구로부터 많은 영향을 받았다. Gesell은 장기적 임상연구를 통해 아동의 성장과정을 설명했는데, 아동들은 다양한 성장배경의 차이에도 불구하고 대체로 일정한 단계를 거쳐서 일정한 순서로 발달하며 전체적으로 조화롭게 성장해 나가는 존재로 보았다. 즉, 아동은 생물학적 유기체로서 타고난 생리적 특성들에 의해 분화와 조직화 과정을 거쳐 발달한다고 보았다(구광현, 이희경, 김보현, 2012).

2) 발달의 기본원리

Gessell은 인간발달의 기본원리로서 발달방향의 원리, 상호적 교류의 원리, 기능적 비대칭의 원리, 개별적 성숙의 원리, 자기규제의 원리 등을 제시하였다(오만록, 2017).

첫째, 발달방향의 원리는 태아발달과 출생 후 발달 모두에서는 머리에서 발의 방향(頭-尾 방향: cephalo-caudal direction)으로 발달하는 경향이 있다는 것을 말한다. Gessell에 의하면, 발달의 방향은 특정의 순서로 진행되도록 성숙에 의해서 지속적으로 지시를 받는다. 예를 들어, 출생 전의 태아 초기에 머리가 발달하는 것과 마찬가지로 출생 후의 발달 초기에도 머리가 먼저 발달하게 된다. 아기는 처음에 자신의 혀와 입술을 통제하게 되며, 그리고 나서 눈운동에 대한 통제를 하게 되고, 다음에는 목, 어깨, 팔, 손, 손가락, 몸통, 다리, 발 등의 순서로 통제할 수 있게 된다.

둘째, 상호적 교류(reciprocal interweaving)의 원리는 인간의 좌·우 양 측면 즉, 좌뇌와 우뇌, 두 눈, 두 손, 두 다리의 발달이 상호적 교류를 통하여 점차적으로 체제화되어가는 과정을 밟는다는 것을 말한다. 예를 들어, 손을 사용하는 데 있어 아기는 처음에는 한 손을 사용하다가 다음에는 두 손을 함께, 그 다음에는 다시 한 손을 그리고 다시 두 손을 함께 쓰게 되며, 결국 어느 한 손을 더 우세하게 사용할 때까지 이러한 과정을 계속한다.

셋째, 기능적 비대칭(functional asymmetry)의 원리는 제반 기능이 비대칭적으로 발달한다는 것을 말한다. 이러한 연유로 정면이 아닌 약간 비스듬한 자세를 취할 때 가장 효과적인 기능을 발휘한다. Gessell에 의하면, 한손, 한발, 한눈 등 한쪽만의 우세성이 나타나게 되는 것도 바로 이 원리 때문이다. 아기들이 머리를 한쪽 방향으로 돌리고 눕기를 좋아하는 것과 그들이 그렇게 할 때 자동적으로 경직성 목 반사(tonic neck reflex: 머리가 돌려진 방향으로 한 팔을 내밀고 다른 한 팔은 머리 뒤쪽에 구부린 자세를 취하는 것을 말하는데, 이는 마치 펜싱의 기본자세처럼 보임)가 나타나는 것을 그 예로 들 수 있다.

넷째, 개별적 성숙의 원리는 각 개인은 그의 내적 유전기제가 다르므로 성장 속도에는 개인차가 있다는 것을 말한다. 출생 후의 발달에 있어서 성숙은 외적 환경의 영향과는 구별된다. 특히 성숙은 연습이나 교육의 효과와는 대조된다. 어떤 기능이나 기술이 성숙에 의해 좌우된다면 그것을 성숙상의 스케줄보다 앞서 가르치려고 노력할 필요가 없다. 즉, 유아의 신경계가 충분히 성숙하게 되어 준비가 완료된 후에야 앉고 걷고 말하게 될 것이다.

어떤 순간에 이르면 유아들은 자신들의 내적 기제에 의해 과제를 쉽게 숙달하게 될 것이다. 그때까지는 교육이 별 효과를 발휘하지 못할 것이다. 예를 들어, 쌍생아 중 한 명에게 계단오르기, 블록쌓기, 어휘, 손의 협응 등의 활동을 연습시킨 결과, 다른 한 명보다 이러한 기술면에서 우수했다. 그러나 얼마 후에는 이러한 연습을 하지 않은 다른 한 명도 이러한 기술을 잘하게 되었는데, 그 시기는 대략 여러 가지 과제를 수행할 수 있다고 여겨지는 연령쯤이었다. 따라서 특정의 기능이나 행동은 아동이 그에 필요한 준비상태가 갖추어질 때까지 기다려야 하기 때문에 서둘러 훈련시킨다고 되는 일이 아니다. 이렇게 본다면 어떤 기능이나 행동을 수행할 수 있게 되는 준비도(readiness)를 결정짓는 내적 시간표가 존재하며, 조기교육의 이점은 비교적 일시적인 것이라고 볼 수 있다.

다섯째, 자기규제(self-regulation)의 원리는 인간이 모든 발달과정에서 상당한 정도로 자기통제를 한다는 것으로, 이 때문에 부모나 교사가 너무 일찍 많은 것을 가르치려고 시도하게 되면 이에 대하여 저항을 하게 된다는 것이다. 따라서 아동들이 학습하는 데 있어 다양한 환경적 압력에 너무 의존하게 되면 안정적인 발달은 위협을 받게 될 것이다. 유아들의 자기규제는 자신들의 수유주기나 수면주기와 깨어있는 상태의 주기 등을 규제하는 능력의 토대를 이루게 된다. 부모가 아이들로 하여금 스스로 놀거나 자고 싶을 때를 결정하도록 허용한다면 그들은 점차로 하루당 수유량을 덜 요구하게 되고, 낮 동안에 깨어있는 시간이 보다 길어지게 될 것이고, 시간이 지날수록 안정적이고 균형적인 패턴의 발달을 이루어 가게 될 것이다.

3) 발달스케줄검사

Gessell은 정상적으로 발달하고 있는 영아와 그렇지 못한 영아를 구별하기 위해 수백 명의 아동을 대상으로 조사한 결과에 근거하여 발달스케줄검사(Gesell developmental schedule test)를 개발하였다. 이 검사에서는 ① 운동기능(motor skills), ② 적응행동(adaptive behavior), ③ 언어행동(language behavior), ④ 사회적 행동(social behavior) 등의 네 영역에서 발달지수(development quotient: DQ)를 사용하였다. 여기서 운동기능은 이동, 협응, 특별한 운동기술을 포함하고, 적응행동은 기민성과 여러 가지 형태의 탐색활동을 포함하며, 언어행동은 모든 형태의 의사소통을 포함하고, 사회적 행동은 인간과 환경에 대한 반응을 포함한다.

Gessell은 특정 연령에서 어떤 행동이 가장 보편적인지를 확인하기 위해 각기 다른 연령의 영아들의 행동을 비교하고, 만약 어떤 영아의 행동이 또래의 규준과 상당히 차이가 나면 이 영아의 발달은 매우 빠르거나 매우 느린 것으로 평가하였다. 영유아들의 발달정도를 확인하고, 적절한 후속조치를 취하는 것을 규준적 접근(normative approach)이라고 하는데, Gessell 발달스케줄검사는 Bayley가 개발한 영아발달검사(Bayley Scales of Infant Development)와 함께 영아기의 발달상태를 확인할 수 있는 중요한 척도로 활용되고 있다(오만록, 2017).

4) 성숙주의 이론의 교육적 시사점

Gessell이 주장한 성숙주의 이론은 몇 가지 측면에서 비판을 받기도 하였다. 가장 기본적인 것은 인간발달에 있어서 환경의 역할을 대수롭지 않게 보았다는 지적과 동일 연령대 아동들 간에 있어서 나타나는 발달의 다양성에 대한 설명이 충분하지 않다는 비판이었다.

그럼에도 불구하고 Gessell의 연구는 비교적 체계적이고 객관적인 방법을 활용했다는 점에서 높이 평가된다. 특히, 아동발달의 규준을 제시한 Gessell의 연구는 다른 연구영역으로까지 확장되어 왔는데, 이는 현재 성인과 노인을 대상으로 하는 연구에서도 해당 발달규준을 제시하는 데 응용되고 있다. 성숙주의 입장에 따른 발달의 규준은 영유아의 발달상태를 상대적, 객관적으로 이해할 수 있게 해준다는 점에서 큰 가치가 있다. 그러나 발달수준을 규범적 척도에 지나치게 의존하여 평가하고자 할 경우, 자칫하면 부모들이나 교사들이 영유아의 발달을 규준에 맞도록 재촉하고, 이를 무조건적 목표로 삼게 되는 문제가 생길 우려도 안고 있다.

성숙주의 이론에 의하면 아동은 연령의 증가에 따라 성장할 수 있는 자질과 능력을 가지고 태어났으므로 그에 도움이 될 만한 건전한 환경을 필요로 한다. 특히 학습환경은 유아가 학습활동을 자유롭게 선택하도록 안내해 주는 우호적인 교사와 잘 준비된 환경이어야 한다. 성숙주의 견해에 기초한 유아교육 프로그램은 유아에게 정서적으로 풍부한 환경을 제공함으로써 자기표현을 충분히 도와준다. 준비도의 개념이 이러한 견해의 중심이 된다.

2. 정신분석 이론

정신분석 이론은 고대 그리스 철학과 Darwin의 진화론 및 Freud의 임상연구 등에 기초하고 있다. 정신분석이란 마음의 분석, 영혼의 분석을 뜻한다. 정신분석 이론은 인간은 자아만족과 쾌락을 추구하는 선천적 본능과 에너지를 갖고 있다고 보고, 발달은 특정한 성숙목표를 가지는 단계에 따라 이루어진다고 가정한다. 대표적인 정신분석 이론가로는 Freud와 Erikson을 들 수 있다. 이들은 공통적으로 발달에 있어 연령에 따른 갈등극복의 형태나 결과에 따라 발달에 질적 변화가 나타나는 것으로 보았다. 단지 내적 갈등을 설명하는 요인에 차이가 있는데 Freud는 성욕, 공격욕 등의 인간의 본능적이고 무의식적 욕구 돌출을 강조한 반면, Erikson은 이들 욕구를 충족시키거나 억압하는 사회적 요인의 역할을 강조한다. 따라서 Freud 이론은 심리성적 이론(psycho-sexual theory), Erikson 이론은 심리사회적 이론(psycho-social theory)이라고 한다.

1) Freud 이론

(1) Freud 이론의 배경

Freud

Sigmund Freud(1856~1939)는 정신분석학의 창시자로 오스트리아의 신경과 의사였다. 그는 Darwin의 진화론에 감명을 받아 의대에 진학 후 신경학을 연구하였다. 히스테리를 연구하는 Charcot를 만나면서 히스테리 증상에 흥미를 갖게 되었다. 그 후 Breuer와 최면을 치료방법으로 환자를 치료하다가 한계를 느끼고, 히스테리 증상이 정신적 갈등에서 비롯될 수 있음을 발견하여 자유연상(free association)을 사용하였다.

정신분석의 근본법칙은 자유연상이다. 자유연상법은 긴장을 풀고 떠오르는 생각을 가감 없이 아무런 순서 없이 그저 떠오르는 대로 말하게 하는 심리치료 기법이다. 무의식 속에 깊이 숨어 억압되어 있는 생각이나 감정을 찾아내는 것으로 무의식에서 전의식으로, 다시 의식으로 떠올리는 것이다. Freud는 환자들의 숨겨진 기억이 유아기까지 거슬러 올라가는 것을 발견하였다.

1890년대 Freud는 환자들이 제공한 자료를 확인하기 위해 자아분석을 시작하였고, 자신의 내면에서 작용하는 역할을 깨닫게 되었다. 그리하여 환자들과 자기 자신의 분석으로부터 얻은 지식을 근거로 정신분석 이론의 기초를 이루는 개념들을 발전시켰다. 1900년에 발간된 '꿈의 해석'에서 Freud는 자신의 꿈, 기억, 어린 시절을 분석하였고 심리세계는 무의식이 지배하고 있다고 주장하였다.

(2) 자각 수준과 성격구조

Freud는 정신생활에서 의식적으로 하는 부분은 출생 시나 영아기에 성숙한, 결정적인 상태가 갑자기 시작되는 것이 아니라고 본다. 대신에 의식과 전의식은 내적 성숙의 증가와 세상과의 경험의 확장에 의해서 영향을 받는 성격으로서 수년에 걸쳐 발달한다. 이런 발달은 그림 3-1에 제시한 자각수준(의식, 전의식, 무의식)과 정신생활의 체계(원초아, 자아, 초자아) 사이에 전개되는 관계에서 가장 잘 설명될 수 있다(Thomas, 2000).

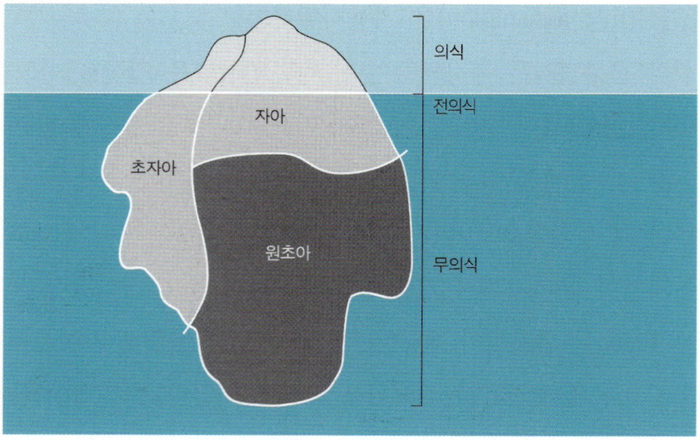

그림 3-1 Freud의 자각수준과 성격구조

① 자각의 수준

Freud는 인간의 정신세계를 의식, 전의식, 무의식의 세 가지 수준으로 나누고 모든 행동은 이 세 가지 수준에서 일어나는 것으로 보았다. 그는 인간의 마음을 빙산에 비유하여 의식수준은 물 위에 떠오른 빙산의 작은 부분에 불과하고, 대부분은 물속에 잠겨있는 빙산의 부분처럼 자아가 통제할 수 없는 기억 밖의 무의식 속에 묻혀 있다고 하였다.

- **의식**: 의식(consciousness)은 주의를 기울이는 순간에 곧 알아차릴 수 있는 정신세계로 이때 알거나 느낄 수 있는 모든 경험과 감각을 말한다. 이러한 의식은 시간의 경과나 주의를 바꾸게 되면 그 순간에 전의식이나 무의식 속으로 들어가 잠재된다.
- **전의식**: 전의식(preconsciousness)은 현재 의식되지는 않지만 주의를 집중하고 노력하면 의식이 될 수 있는 정신세계로 의식과 무의식을 연결한다. 과거의 경험을 끄집어내어 다시 생각해낼 수 있다.
- **무의식**: 무의식(unconsciousness)은 자신이 전혀 자각하지 못하는 정신세계

로, 무의식의 내용은 자신이 영원히 알지 못할 수도, 일부는 전의식으로 올라와 의식이 될 수도 있다.

② 성격의 구조

Freud에 의하면 성격은 원초아, 자아, 초자아의 세 부분으로 구성되어 있다.

- **원초아**: 원초아(id, 원욕)는 성격의 가장 원초적인 부분으로 본능적인 욕구를 관장하며, 성욕과 공격욕을 말한다. 원초아는 신생아때부터 존재하는 정신에너지의 원천적 저장고로, 성장함에 따라 이 원초아에서 자아와 초자아가 분화한다. 원초아는 리비도(libido)라는 성적에너지를 방출하며, 리비도는 원초아, 자아, 초자아라는 세 부분의 활동에너지이다.

  원초아는 즉각적인 본능적 욕구의 만족, 쾌락을 추구하고 고통을 회피하는 쾌락원칙(pleasure principle)에 의해 움직인다. 여기서의 쾌락은 긴장의 감소를 뜻한다. 긴장에서 벗어나기 위해 반사(reflection)와 일차 사고과정(primary process thinking)을 거친다. 원초아는 반사를 통해 자극에 자동적으로 반응하여 긴장을 제거한다. 배고픔이나 갈증을 느끼게 되는 긴장상태에 빠지면 음식이나 음료수를 찾으려고 한다. 하지만 원초아는 기능상 외부세계와 교섭할 수 없으므로, 비현실적인 환상으로써 욕구를 충족시키려고 시도하게 되는데 이것을 일차과정(primary process)이라 한다.
- **자아**: 자아(ego)는 원초아로부터 분화된 것으로 외부세계와 직접적으로 대처하고 있으므로 바람직하지 않은 결과를 초래하지 않으면서 동시에 원초아의 충동을 만족시키는 행동을 선택하는 역할을 한다. 즉 자아는 원초아와 초자아를 모두 부분적으로 만족시키는 타협점을 찾으려고 한다. 따라서 자아는 현실원리(reality principle)에 의해서 작용하는데, 현실원리란 적절한 대상이나 환경조건이 나타날 때까지 원욕에서 비롯된 긴장의 발산을 지연시킬 수 있는 능력을 말한다.

유아가 2세 경이 되면 자신이 원하는 것을 언제나 즉각적으로 충족시킬 수 없다는 것을 인식하게 되며, 이러한 성격의 의식적이고 이성적인 요소인 자아가 발달한다. 자아는 현실을 평가하고 판단하므로 이차 사고과정(secondary process thinking)이라고 한다. 자아는 원초아의 욕구와 초자아의 저지 사이를 원만하게 중재하는 정신과정의 조정자로 활동하고, 자아의 합리적 사고방식에는 지각, 사고 등의 인지과정이 포함된다.

- 초자아: 초자아(super ego)는 성격구조 중 마지막으로 발달되는 체계로, 부모와 주위 사람들로부터 물려받은 사회의 도덕적·윤리적 가치가 내면화된 표상이다. 초자아는 3~4세 경이 되면서 발달되기 시작하고, 사회에서 도덕적으로 옳다고 보는 기준에 맞게 행동하는 것이므로 사회적 원리(social principle)를 따른다.

  옳고 그름에 대한 판단역할을 하는 초자아는 양심과 자아이상으로 구성된다. 양심은 부모로부터 받은 비난과 처벌에 의해 형성되는 것으로 부모가 금지했던 어떤 행동이나 생각에 죄책감을 느끼는 것이다. 자아이상은 부모로부터 받은 칭찬과 보상에 의해 형성되는 것으로 자신의 잘한 행동에 대해 느끼는 자부심이다.

세 가지 성격 구조가 각기 다른 원리에 의해 움직이지만 분리된 부분은 아니다. 원초아와 초자아는 언제나 끊임없는 갈등상태에 있으며 자아는 원초아의 본능적 욕구를 지연시키거나, 초자아의 지나친 도덕적 규제를 완화시켜 갈등을 해소하는 조정자의 역할을 한다.

원초아와 초자아는 서로 상반된 목적을 추구하기 때문에 본능적, 충동적 원초아와 이를 억제하려는 초자아 사이에 긴장이 발생한다. 이때 자아의 조정자 역할이 미흡할 때 갈등을 느끼는데 이것이 불안이다. 자아가 합리적 방법으로 불안에 대처하지 못할 때 불안을 감소시키기 위해 무의식적 상태에서 현실을 왜곡하여 불안을 줄이려 한다. 이와 같은 무의식적인 심리적 기제를 방어기제라 한다.

방어기제(defense mechanism)는 불안감이나 정서적 갈등과 같은 불유쾌한 정서를 감소시키거나 벗어나기 위한 자동적·무의식적 과정이다. 널리 사용되는 방어기제로는 합리화(rationalization), 부정(denial), 보상(compensation), 반동형성(reaction formation), 투사(projection), 퇴행(regression), 억압(repression), 전치(displacement), 승화(sublimation) 등이 있다.

(3) 심리성적 발달단계

Freud는 인간의 행동에 있어서 본능의 역할을 강조하였는데 주로 성적 본능의 에너지를 리비도(libido)라 하고, 이 리비도는 일생을 통하여 정해진 순서에 따라 상이한 신체부위에 집중되며, 이 리비도가 집중적으로 모이는 부위를 성감대라 하였다. 그는 이러한 성감대의 연령적 변화에 따라 발달단계를 구강기, 항문기, 남근기, 잠복기, 생식기의 5단계로 나누어 그 특징을 설명하였다(Thomas, 2000).

① 구강기(oral stage: 0~1세)

심리성적 발달단계의 첫 단계는 구강기로 생후 1년까지의 기간을 말한다. 이 시기의 유아는 구강이 주된 성감대로 입, 혀, 입술 등으로 젖을 빨 때 성적 욕구를 충족시킨다. 자신의 욕구를 충족시켜주는 어머니에 대해 애착을 형성하게 된다. 입술을 통해 성적 욕구를 충족하므로 구순기라고도 한다. 이때 유아는 배고프지 않아도 손에 잡히는 모든 것을 입에 넣고 빤다.

구강기를 두 단계로 나누어 첫 번째는 빨기 단계로, 두 번째는 6개월 경부터 이빨이 나면서 물어뜯기 시작하는 단계, 즉 깨무는 단계로 나눈다. 6개월을 지나면서 유아는 자신과 분리된 타인 즉, 어머니의 존재를 느끼고 자신의 욕구를 채워주는 대상(어머니)이 존재한다는 것을 알게 된다.

그래서 어머니가 떠나거나 또는 어머니 대신 낯선 대상을 접하면 불안해한다.

유아의 배고픔을 즉각적으로 만족시켜주는 사람은 어머니지만, 어머니는 다른 많은 일을 해야 하므로 유아의 요구에 종일 즉각적으로 대처해 만족시킬 수 없게 되고, 유아는 욕구지연에 따르는 고통을 감수하게 된다. 따라서 유아는 처음으로 애증의 양가감정을 경험한다. 초기의 양가감정과 가학적 경향은 어머니의 젖꼭지, 사람들의 손가락, 장난감 등을 물어뜯는 것으로 나타난다.

구강기에 적절한 보살핌을 받지 못하여 유아의 욕구에 대한 충족이나 결핍이 심할 경우에는 고착(fixation)되어 성인이 되어서도 입술이나 손가락 빨기, 과식이나 과음, 과도한 흡연과 같은 구강성격(oral personality)을 보일 수 있다.

② 항문기(anal stage: 1~3세 경)

두 번째 단계는 항문기로 1~3세 시기이고, 리비도 에너지의 초점이 구강에서 항문부위로 옮겨간다. 이 시기는 대변을 보유하고 배출하는 데 최대 관심이 있으므로 항문기라고 한다. 보다 강렬한 쾌감을 얻기 위해 배설을 미루는 보유와 배설을 통해 안도와 쾌감을 경험하는 만족을 얻는다.

이 시기에 유아는 신경계의 발달로 괄약근을 수의적으로 조절할 수 있다. 이 때 배변훈련(toilet training)이 이루어지며 유아는 생후 처음으로 그의 본능적 충동의 만족이 외부의 간섭으로 지연되는 것을 경험하게 된다. 유아는 이러한 과정을 통해 한 개인으로서 정체감을 확립하기 시작하며 자아의 발달을 가져오게 된다. 유아는 적절한 때와 장소가 허용될 때까지 배설기능을 지연 또는 지체시키는 법을 배워야 한다. 배변훈련이 끝날 때면 궁극적으로 사회적 승인을 얻는다는 쾌감을 경험한다.

부모의 배변훈련 형태와 태도에 따라 자기조절, 독립심, 자율성, 자존심, 수치심, 혐오감 등을 경험하게 되고, 이러한 항문기 경험이 이후의 성격발달에 영향을 준다. 이 시기에 부모에게 너무 엄격하고 억압적으로 훈련을 받게 되면, 성인이 된 후에 고착의 결과로 결벽성이 형성된다. 적절하게 훈련을 하면 성장해서 생산성과 창의성을 발달시킬 수 있는 바탕이 된다.

③ 남근기(phallic stage: 3~6세 경)

세 번째 단계는 리비도의 중심에너지가 항문에서 생식기로 이동하는 시기로 남근기라고 한다. 이 시기의 유아는 남녀의 생식기와 성별차이에 새로운 호기심과 구별의식을 갖게 되며 생식기의 자극을 통해 만족을 얻으려고 한다.

남근기의 아들은 어머니에 대해 성적으로 접근하려는 욕망과 애착을 느끼며 아버지를 경쟁상대로 생각하는 오이디푸스 콤플렉스(Oedipus complex)를 가지게 된다. 반대로 딸은 아버지에 대해 사랑의 감정을 품고 어머니를 경쟁상대로 생각하는 엘렉트라 콤플렉스(Electra complex)를 겪게 된다. 이와 같이 이 시기의 유아는 이성의 부모에 대해 애정을 느끼며 그로 인해 동성부모에게는 적대감을 갖는 갈등상황에 처하게 된다. 이러한 갈등에 대한 하나의 해결책이 동일시이며 동일시를 통해 초자아와 성 역할의 습득이 이루어진다.

아들은 어머니를 성적 애착의 대상물로 생각하나 아버지가 어머니의 사랑을 얻은 성공적 경쟁자라는 것을 알게 된다. 아버지와 비교하여 열등감을 느끼며, 어머니에 대한 애정의 감정을 아버지가 용서하지 않을 거라 생각해 아버지에게 보복을 당할지도 모른다는 두려움으로 거세불안(castration anxiety)을 느낀다. 이러한 심리적 갈등은 그 욕망을 억누르고 동성의 아버지를 동일시함으로써 해결된다. 아버지의 도덕률과 가치체계를 내면화함으로 양심과 남성적 역할을 습득하고 자아 이상을 발달시킨다. 아들은 오이디푸스 콤플렉스를 겪으면서 더욱 남성다운 행동을 보이고 남자다워진다.

딸도 아버지에 대한 사랑의 감정이 어머니에 의해 좌절되는 엘렉트라 콤플렉스를 겪으며 아버지의 사랑을 잃지는 않을까 두려움을 갖는다. 딸 역시 어머니와의 동일시를 통해 이런 심리적 갈등을 해결한다. 이때 여아는 남아와 생식기의 모양의 차이를 알게 되고 남아의 거세불안과 맞먹는 남근을 부러워하는 남근선망(penis envy)을 경험한다.

유아들은 오이디푸스의 위기를 극복하기 위해서 초자아를 내면화한다. 초자아는 우리가 보통 양심이라고 부르는 것과 비슷한 것으로 유아는 부모의 도덕적 금지를 자신의 것으로 받아들이므로 나쁜 생각이나 행동에 대해 자책하고 죄의식을 갖게 된다.

남근기에 고착이 되면 성에 대한 혐오감, 불쾌감으로 인해 거만하고 공격적이며 경박하거나 남성다움(또는 여성다움)의 과장 등 남근기적 성격을 지닐 수 있다.

④ 잠복기(latency stage: 6~12세 경)

네 번째 단계인 잠복기는 6세부터 12~13세까지의 시기로 성적인 에너지가 잠재되는 상태에 있다. 이 시기에는 성적 충동이나 환상들이 무의식 속으로 잠재되어 평온함을 유지한다. 이 시기의 아동은 스포츠와 게임, 지적인 활동과 같은 구체적이고 사회적으로 용인되는 일에 그들의 에너지의 방향을 돌린다. 학교교육의 시작으로 기본적 사회기술을 습득하고 학습하는 바쁜 시기이다.

이 시기는 보통 아동들이 이성을 포함하는 집단을 자발적으로 형성하지 않고, 사회적 관계에서도 동성끼리 더 끌리는 경향이 있으므로 동성의 시기라고도 한다. 실제로 초자아는 강하고 부모의 교훈적인 내적 표본이 사회적 규칙으로서 기능한다.

잠복기에 고착되면 성인기에 이성과 안정감을 느끼지 못하고 이성과의 성관계를 회피하거나 정서적으로 고립되거나 공격적인 태도로 성적 관계를 가질 수 있다.

⑤ 생식기(genital stage: 12세 경 사춘기~성인기)

Freud 심리성적 발달단계의 마지막 단계로 사춘기 이후 성적 기능의 성숙이 일어난다. 여아는 월경을 하고 남아는 흔히 선정적인 꿈을 꾸며 밤에 사정한다. 잠복기에는 동성에 관심이 있었지만 생식기에는 이성으로 관심의 방향이 바뀌고, 성숙한 성적 관심은 이성 배우자의 성관계를 원한다. 하지만 이러한 변화를 위해서는 특히 청소년과 미혼인 경우 성관계에 있어서 사회적으로 도덕적 장벽에 직면해 정신적으로 대단한 노력이 요구되는 과제다.

이 시기의 발달에 어려움이 있으면 권위에 대한 적대감을 해소하지 못하거나 동일시에 있어서도 혼란이 있기 때문에 비행, 이성에게의 적응곤란 등을 나타낸다. 그러나 순조로운 발달을 성취했을 경우, 성숙한 이성관계의 형성, 자아정체감의 확립 등이 이루어진다.

Freud의 심리성적 단계와 주요 내용을 요약하면 표 3-1과 같다.

표 3-1 Freud의 심리성적 발달단계와 주요 내용

심리성적 단계	연령	주요 내용
구강기	출생~1세	입이 자극과 상호작용의 초점; 수유와 이유가 중심
항문기	1~3세	항문이 자극과 상호작용의 초점; 배설과 배변훈련이 중심
남근기	3~6세	생식기(남근, 음핵과 질)가 자극의 초점; 성역할과 도덕 발달이 중심
잠복기	6~12세	일시적으로 성적 활동이 잠재되는 시기; 에너지는 신체적, 지적 활동으로 향함
생식기	12~성인기	생식기가 사춘기의 시작과 더불어 자극이 초점; 성숙한 성적 관계로 발전

자료: Seifert & Hoffnung(2000); 강경미 외(2003)

(4) Freud 이론의 교육적 시사점

Freud는 유아의 성장발달에 있어서 각 단계의 적절한 만족과 좌절을 경험하면서 자아와 초자아가 균형적인 발달적 조화를 이루면 건강한 발달을 이룰 수 있다고 보았다.

생의 초기에 생물학적 성적 충동과 사회의 요구 사이의 갈등을 잘 처리하는 것이 유아의 성격발달에 결정적인 영향을 미치는 것으로 태어나서 5세까지의 유아기 경험을 중요시하였다.

생의 초기경험에 대한 강조는 유아교육의 중요성과 연결된다. 발달단계별로 유아가 추구하는 욕구에 충분한 만족을 못하거나 지나치게 몰두할 경우 고착(fixation)현상을 일으키므로, 부모와의 초기경험, 특히 어머니의 양육태도가 유아발달에 커다란 영향을 미친다고 할 수 있다.

2) Erikson 이론

(1) Erikson 이론의 배경

Erikson

Erik Erikson(1902~1994)은 개인의 정체성 확립에 있어서 자아의 중요성과 타인과 관계의 중요성을 강조하였다. 특히 인간관계를 가족, 사회, 문화의 관련 속에서 보다 포괄적으로 설명하고, 사회문화적 영향을 강조하였기 때문에 그의 성격발달 이론을 심리사회적 발달 이론이라고도 한다. 그는 심리사회적 발달단계를 여덟 단계로 나누고, 각 단계에서 성취해야 할 긍정적인 과업과 부정적인 과업이 있으며, 이러한 위기를 잘 극복하였을 때 바람직한 덕목을 갖추게 된다고 설명하였다.

(2) 주요 개념

① 점성원리

Erikson의 심리사회적 발달은 점성원리를 기초로 한다. Erikson(1963; 1968)에 의하면 인간은 점성원리라고 불리는 미리 짜여진 계획안에 따라 발달한다. 점성원리는 성장하는 모든 것은 기초안을 가지고, 그 기초안에서 부분이 발생하고 각 부분이 특별히 우세해지는 시기가 있으며 이 모든 부분이 발생하여 기능하는 전체를 이루게 된다는 것이다. 인간은 생물학적으로 수태되면서 이미 기본적인 요소를 가지나 시간이 흐름에 따라 이 요소들이 결합, 재결합하여 새로운 구조를 형성하듯이 심리 사회적 성장도 각 요소가 다른 모든 요소에 체계적으로 관련되면서 연속적으로 발달하는 원리를 따른다는 것이다.

② 발달적 위기

Erikson은 출생부터 사망까지의 8단계의 발달단계, 각 단계마다 특정한 심리사회적 위기, 과제를 들었고 유아는 다음 단계로 이동하기 위해 이 과제를 해결해야 한다고 하였다. 각 특정단계의 심리사회적 위기의 성공적 완수는 인성(personality)의 견고를 가져오고, 차후 발달적 과제를 잘 처리하도록 돕는다(Miller, 1993).

심리사회적 위기는 각 발달단계에서 유아의 생리적 성숙과 사회적 요구 사이의 갈등에서 일어나는 것이다. 생의 전 과정에서 발달적 위기는 각 단계마다 서로 대립되는 양극의 개념으로, 긍정적 발달과 부정적 발달로 제시되는데 각 단계마다 특정의 발달과업을 성취하느냐 못하느냐에 따라 발달적 위기를 극복하느냐 못하느냐가 되며, 그에 따른 결과에 따라 정상적인 발달이나 비정상적인 발달을 이루게 된다.

(3) 심리사회적 발달단계

① 1단계(0~1세): 기본적 신뢰감 대 불신감(trust vs. mistrust)

출생에서 1살까지의 시기로 이 시기의 긍정적 결과는 신뢰감의 습득이다. 이 시기 동안에 유아가 맺게 되는 사회적 관계는 주로 돌보아 주는 사람인 어머니와의 관계이다. 생의 초기에 어머니가 유아의 신체적, 심리적 욕구와 필요를 적절히 충족시켜 주면서 그를 일관성 있게 돌보아 주면, 유아는 어머니 또는 양육자를 신뢰하게 되고, 삶에 대한 희망이라는 긍정적인 덕목을 갖추게 된다. 그 반대의 경우 세상에 대해 기본적으로 불신감을 가지게 된다. Erikson은 이 시기를 인생에서 가장 중요한 시기로 보았는데, 그 이유는 이 시기에 신뢰감을 형성하는 것이 이후의 모든 사회관계에서의 성공적인 적응과 밀접히 관련되기 때문이다. 그러나 인간의 참된 성장을 위해서는 어느 정도 불신감의 경험도 필요하다고 보았다.

② 2단계(1~3세): 자율성 대 수치심과 회의(autonomy vs. shame and doubt)

2, 3세 유아는 더 이상 부모에게 전적으로 의존하려 하지 않는다. 여러 개의 상반되는 충동 사이에서 스스로 선택을 하고자 하게 되며, 이러한 과정을 통하여 자신의 의지를 나타내고자 한다. 즉, 자율성을 가지려고 한다. 부모는 유아의 의지대로 허용하기보다는 사회적으로 적절한 행동을 하도록 외적 통제를 가하게 된다. 즉 배변훈련, 혼자 옷 입기, 혼자 먹기 등의 훈련이 시작된다. 이 단계의 유아는 괄약근의 발달로 대소변의 통제가 가능해지고, 보행을 할 수 있게 되고 언어발달이 이루어지며, 주위를 탐색하고, 부모의 도움없이 혼자 힘으로 여러 가지를 하고 싶어한다. 다양한 과제를 어려움 없이 완수하였을 때 자율성을 습득한다. 유아가 통제 능력을 상실했을 때 자신에 대한 수치심과 회의감을 가지게 된다. 회의감은 자신이 의도하는 대로 할 수 없는, 타인에 의해 통제를 받는다고 느끼면서 나타난다.

부모는 배변훈련을 시작하는데 지나치게 강요하지 않고 순조롭게 유아가 대소변 통제를 할 수 있도록 인내와 격려로써 기다려 주어야 한다. 본인이 혼자 하려고 하는 다양한 활동에 있어 지나친 통제로 유아가 실수에 대한 두려움으로 움츠려 들지 않도록 하는 것이 중요하다.

③ 3단계(3~6세): 주도성 대 죄책감(initiative vs. guilt)

Freud의 남근기에 해당하는 시기로, 유아는 4세 경이 되면 행동의 계획을 세우고 수행할 수 있게 된다. 이 단계의 긍정적 결과는 주도성을 습득하는 것이고, 유아의 생각을 격려하는 환경이 조성되었을 때 주도성을 발달시킬 것이다. 이러한 유아는 자기 스스로 시작하고 주도하는 사람이 되고 과제를 이해하고 받아들일 것이다.

유아의 주도성 발달이 방해를 받는다면, 이들은 자신의 계획과 희망이 이루어질 수 없다는 것, 즉 어떤 행동에는 사회적 금기가 있고 생각보다 훨씬 위험하다는 사실을 알게 되며 이는 죄의식으로 표현된다. 이러한 죄의식은 결국 초자아로 내면화되고 자기 억제의 기능을 발달시킨다.

④ 4단계(6~12세): 근면성 대 열등감(industry vs. inferiority)

Freud의 잠복기에 해당하는 이 시기의 주요한 심리적 과제는 경쟁심이나 근면성의 발달이다. 초등학교 시기인 이 시기에 아동은 읽기, 쓰기, 셈하기의 학습적 능력을 기른다. 이러한 새로운 기술을 습득하고, 주위 사람들에게 능력을 인정받은 아동은 근면성을 발달시킨다. 그러나 학습능력의 부족으로 바람직하지 못하게 다른 아동과 비교되었던 아동은 빈번하게 열등감을 느끼게 된다.

Erikson은 이 시기를 자아성장의 결정적 시기로 보았고, 이 시기 아동은 기초적인 인지적 기술과 사회적 기술을 습득하게 되면서부터, 가족의 범주를 벗어나 더 넓은 사회에 적응할 수 있는 기술을 습득하고 숙달하고자 한다.

근면성 대 열등감의 갈등이 성공적으로 해결되면 능력 혹은 유능감이라는 덕목을 발달시키게 된다. 부모는 자녀를 다른 아동과 비교하는 태도를 지양하고, 새로운 학문적 능력의 습득을 인정해 주고 격려해 주는 태도가 필요하다.

⑤ 5단계(12~20세): 정체감 대 정체감 혼란(identity vs. identity confusion)

사춘기 동안에 아동은 취업과 그들의 미래에 관련한 결정을 시작해야 하고, '나는 누구인가', '나는 무엇이 될 것인가', '내가 속한 곳은 어디인가' 등에 대해 자신에게 끊임없이 질문하고 성찰하는 것이 필요하다.

이 시기의 중심과제는 자아정체감의 확립이다. 자아정체감은 자기 동일성에 대한 자각인 동시에, 자기의 위치, 능력, 역할 및 책임에 대한 분명한 인식이다. 이 시기에 청소년은 자기 자신의 의문에 대한 해답을 찾으려고 애쓴다. 그 결과 자아정체감을 형성한 사람은 장래진로와 직업선택, 배우자 선택, 인생설계 등에 있어 스스로 의사결정을 할 수 있게 된다. 하지만 그 해답이 쉽게 얻어지는 것이 아니어서 고민하고 방황하는 상황에 빠지게 된다. 이런 고민과 방황이 길어질 때 정체감의 혼돈이 온다. 이런 경우 차후의 여러 결정상황에서 혼란과 갈등을 경험하게 된다. 이러한 자아정체감 대 역할혼돈의 갈등이 성공적으로 해결되면 충성심이라는 덕목을 발달시키게 된다. 충성심은 가치체계의 불가피한 모순에도 불구하고 스스로 어떤 것을 지켜내는 능력이다.

⑥ 6단계(20~24세): 친밀 대 고립(intimacy vs. isolation)

이성을 사귀고 결혼하는 시기로 성인초기이다. 자아정체감이 잘 확립된 사람은 이미 친밀에 대한 준비가 되어 있는 것이다. 자신의 동일성을 타인의 동일성과 연결시키며, 사회의 여러 성원과 친밀한 관계를 맺을 수 있다. 친밀은 건강한 결혼 뿐만 아니라 깊은 우정관계에서도 찾을 수 있다.

이 단계의 부정적 결과는 고립이다. 고립은 다른 사람과의 관계에 대한 의지가 없거나 무능력한 것이다. 다른 사회성원과 깊은 감정과 사고를 나누는데 실패한 사람은 고독과 절망에 빠지게 된다. 이러한 친밀감 대 고립감의 갈등이 성공적으로 해결되면 사랑이라는 덕목을 발달시키게 된다. 사랑이란 낭만적인 애정 뿐 아니라 자신을 타인에게 관여시키고, 그 관여를 지키는 능력을 말한다.

⑦ 7단계(25~65세): 생산성 대 침체(generativity vs. stagnation)

일단 두 사람간의 친밀성이 확립되고 나면, 그들의 관심은 두 사람만의 관계를 넘어서 다른 사람들로 확대되기 시작한다. 이러한 중년기는 생산성에 관심이 많다. 생산성은 무엇인가를 만들어 내는 것을 의미하는데, 이때 자녀를 출산하여 양육하고 교육시키는 일은 인류문명과 문화를 전수하는 매우 중요한 생산과업이다. 또한 자신이 수행하고 있는 일에서 어떤 종류의 업적을 이루어 내는 것도 생산성에 해당한다. 그러나 생산성의 과업을 성취하지 못하게 되면 과도한 자기편견을 갖게 되고 침체감에 빠지게 된다. 이러한 생산성 대 침체의 갈등이 성공적으로 해결되면 배려라는 덕목을 발달시키게 된다. 배려는 다른 사람들과 함께, 그리고 그들을 위하여 협력하고 봉사하는 사회적 관심에서 비롯된다.

⑧ 8단계(65세 이후): 자아통합 대 절망(integrity vs. despair)

신체적 노쇠, 직업에서 은퇴, 배우자의 죽음 등으로 인생에 대한 무력감을 느낄 수 있는 심리 사회 이론의 마지막 단계이다. 이 단계에서 자아통합을 이룬 사람은 그의 일생을 가치 있었다고 생각한다. 이전의 여러 단계에 걸친 과제를 성공적으로 수행한 사람은 자신의 인생의 의미에서 보람을 찾고 인생에 대한 참다운 지혜를 습득하게 된다. 이러한 지혜를 통하여 일생 전체의 통합을 이루게 된다. 생산적이고 과단성 있는 인생에 대해 되돌아 볼 수 있다. 자아통합은 자신의 인생을 그대로 인정하고 받아들이며, 생에 대한 통찰과 관조로서 유한성과 다가올 죽음까지도 수용하는 것을 말한다.

자신의 지나 온 삶이 무의미한 것이었다고 느끼는 사람은 인생이 짧음을 탓하고, 불가능한 인생설계의 재시도 등으로 절망감에 빠지게 되며 죽음에 대한 공포를 나타낸다. Erikson의 심리사회적 발달의 8단계를 정리하면 표 3-2와 같다.

표 3-2 Erikson의 심리사회적 발달의 8단계

심리사회 단계	연령	과제
기본적 신뢰감 대 불신감	출생~1세	세상은 안전하고 '살만한 곳'이라는 느낌을 갖는 것
자율성 대 수치심과 회의	1~3세	결정을 할 수 있는 독립된 인간이라고 인식하는 것
주도성 대 죄책감	3~6세	새로운 것을 시도하고 실패를 처리할 수 있는 능력을 개발하는 것
근면성 대 열등감	6세~사춘기	기본적 기술을 배우고 다른 사람과 함께 일하는 것을 배우는 것
정체감 대 정체감 혼란	사춘기・청소년기	지속되고 통합된 자아감을 개발하는 것
친밀 대 고립	성인초기	사랑을 나누는 관계를 다른 사람과 공유하는 것
생산성 대 침체	성인중기	자녀양육과 보호 또는 다른 생산적인 일을 통해 젊은이에게 기여하는 것
자아통합 대 절망	노년기	자신의 인생을 만족스럽고 가치있는 삶으로 인생을 관조하는 것

(4) Erikson 이론의 교육적 시사점

Erikson의 이론은 유아의 성장발달에 있어서 각 발달단계별 양극의 대립되는 개념으로 심리 사회적 위기를 제시하고, 긍정적인 발달쪽으로의 성취가 다음 단계의 발달에 도움을 주는 것으로 설명하고 있다.

생의 8단계 인생주기 각 단계의 과제는 자아의 측면과 사회의 측면에 관한 발달과제이고, 사회적 현실과의 상호관계에 있어서 자아에 대한 발달과제이다. 따라서 유아가 발달과제를 잘 성취할 수 있도록 기회를 주고 격려하는 태도, 존중하는 태도가 필요하다. 출생 후 1년 사이에 신뢰감의 형성은 이후의 모든 인간관계와 사회적 관계에 영향을 미친다. 주양육자인 어머니와의 신뢰로운 관계는 세상을 긍정적으로 보게 하는 것으로 중요하다고 보았다.

Freud와 Erikson은 같은 정신분석학적 이론이면서도 내적 갈등을 설명하는 요인의 어느 측면을 강조하느냐에 따라 관점을 달리하고 있다. 즉 Freud는 성욕이나 공격욕 등 인간의 보다 본능적이고 무의식적인 욕구의 표출을 강조하는 반면에, Erikson은 이들 욕구를 충족시키거나 억압하는 사회적 요인의 역할을 강조한다.

Erikson은 Freud의 전통을 이어받으면서 인간발달을 보다 폭 넓은 관점에서 검토하였다. 생후 초기 경험의 중요성을 주장한 것은 Freud의 이론과 일치하지만, Freud는 특정 단계에서의 실패를 되돌릴 수 없는 것으로 보는데 반해, Erikson은 실패의 수정은 언제라도 적절한 사랑과 보살핌으로 가능하다고 보며 상대적으로 낙관적인 입장을 취했다.

3. 학습 이론

학습 이론은 관찰되는 행동을 객관적, 과학적으로 연구하는 것이다. 학습은 경험에 의한 비교적 지속적인 행동의 변화이며, 생의 전 과정을 통하여 일어나는 것이다. 학습 이론가들은 발달을 학습의 결과로 보았고, 경험에 기초한 행동에 있어서의 오래 계속되는 변화나 환경에 대한 적응이라 보았다. 학습 이론은 어떻게 해서 행동이 습득되고 유지되는지에 초점을 맞추고 있어 행동주의라고도 하며, 영유아발달에서 생물학적 요인보다는 환경적 요인을 더 강조한다.

학습 이론은 인간발달에서 단계를 설정하지 않는 비단계 이론으로, 기본원리는 행동에 있어 자극(stimulus)과 반응(response) 간의 관계를 중시하는 것이다. 즉, 자극과 반응(S－R)기제로 설명한다. 학습 이론은 고전적 조건화 이론, 조작적 조건화 이론, 사회학습 이론 등으로 나눌 수 있다.

1) 고전적 조건화 이론

(1) Pavlov 이론의 배경

Pavlov

Ivan Pavlov(1849~1936)는 러시아의 생리학자로 자극과 반응 간의 관계를 최초로 연구한 현대 학습 이론의 아버지이다. Pavlov는 개의 타액을 연구하다가 타액분비의 본질에 관심을 기울였다. 그는 개의 혀에 음식이 닿으면 침을 분비하는데, 입안에 음식이 들어있지 않을 때에도 침이 분비된다는 사실을 발견하였다. 개는 음식이 가까이 오는 것을 보았거나 음식을 가져오는 발자국 소리를 들었을 때에도 침을 분비했다. 전에는 반응을 일으키지 않았던 자극에 대하여 반사가 조건화 된 것이다.

(2) 고전적 조건화

Pavlov의 대표적 실험에서, 배고픈 개에게 고기를 주었더니 타액(침)이 분비되었다. 이때 고기는 무조건 자극(unconditioned stimulus: UCS)이고, 타액 분비는 무조건 반응(unconditioned response: UCR)이다. 다음에는 개에게 중성자극(neutral stimulus: NS)인 종소리를 들려준 직후 무조건 자극인 고기를 주는 것을 반복하였더니 개는 종소리만 들려주어도 타액을 분비하게 되었다. 이때 종소리만은 중성자극이지만 종소리가 고기와 같이 제시되는 것을 반복해서 타액을 분비하게 되면 종소리는 조건자극(conditioned stimulus: CS)으로 작용하고, 타액은 조건반응(conditioned response: CR)이 된다. 즉, 고기(UCS)와 타액(UCR) 사이에는 무조건적인 관계가 형성되지만 종소리(CS)와 타액(CR) 사이에는 조건화(conditioning)가 형성된다. 이러한 조건화 과정은 그림 3-2처럼 제시할 수 있다.

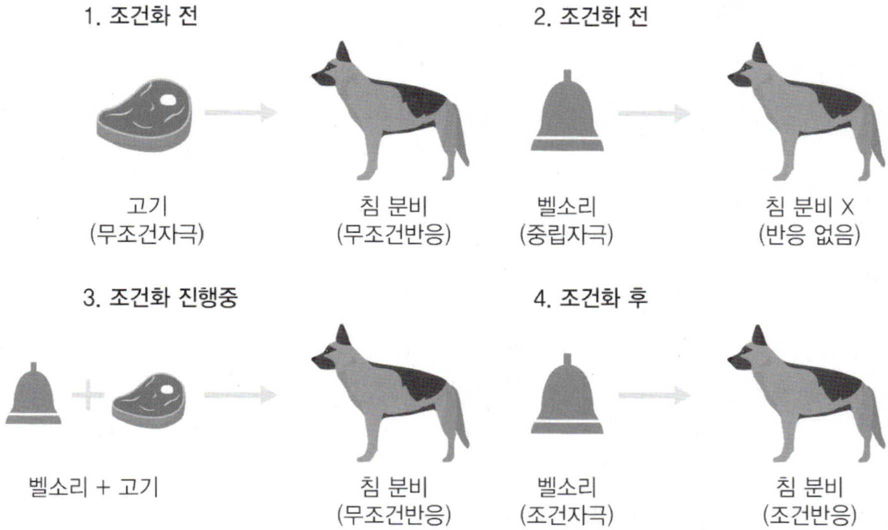

그림 3-2 고전적 조건화 단계

자료: 김언주, 구광현(2002)

이후 Pavlov의 고전적 조건화 이론은 행동주의 창시자로 일컬어지고 있는 Watson에 의해 동물실험의 결과가 인간에게도 똑같이 적용될 수 있음이 확인되었다.

(3) 주요 개념

① 고전적 조건화의 기본원리

일반적으로 조건반응의 성립을 뒷받침해 주는 기본 원리로는 강도의 원리, 일관성의 원리, 시간의 원리, 계속성의 원리가 있다(민영순, 1982).

- 강도의 원리: 조건반사적 행동이 형성되려면 첫 번째 자극보다 그 다음의 자극이 더 강해야만 바람직한 결과를 얻게 된다. 자극의 강도가 일정하거나 먼저 제시한 자극보다 더 강한 것일수록 효과가 크다.

- **일관성의 원리**: 어떤 자극을 제시할 경우 그 자극이 질적으로 일관될 때에 조건화가 더 잘 이루어진다. 만약 질적인 면에서 여러 가지 다른 자극으로 바뀐다면 효과를 나타내지 못한다.
- **시간의 원리**: 조건자극은 무조건 자극보다 시간적으로 앞서거나 거의 동시에 주어야 한다. 조건자극을 제시한 후 무조건 자극을 제시하는 시간 간격이 길면 효과를 거두기가 어렵다.
- **계속성의 원리**: 자극과 반응 간에 반복되는 횟수가 많을수록, 즉 반복 연습이 많을수록 효과가 크다.

② 조건화의 학습현상

조건화 과정에서 일어나는 대표적인 학습현상은 다음과 같다.

- **일반화**: 특정한 자극에 조건화가 형성된 후에 이 조건자극과 유사한 다른 자극에 대해서도 반응을 나타내는 것을 일반화(혹은 자극일반화, generalization)라고 한다. '자라보고 놀란 가슴 솥뚜껑보고 놀란다'는 것은 자극의 일반화의 예이다. 자극 간의 유사성이 클수록 자극 사이의 일반화 가능성이 높다. 예를 들면 종소리에 조건형성이 된 개는 그 종소리와 비슷한 종소리에 대해서도 조건반응을 나타낸다.
- **변별**: 자극의 일반화 상태에서 강화를 계속하면 최초의 조건자극 이외의 다른 유사한 자극에는 반응이 일어나지 않는 것을 변별(discrimination)이라고 한다. 이는 조건자극을 완전히 학습하여 차이점을 구별하여 반응하는 것이다.
- **소거**: 일단 습득된 조건반응에 강화가 주어지지 않으면 그 조건반응은 점점 약해져서 사라지게 되는 현상을 소거(extinction)라고 한다. 만약 Pavlov의 개 실험에서 조건자극인 종소리만 들려주고 계속해서 무조건 자극인 음식

을 제공하지 않는다면 개는 조건자극인 종소리를 듣고도 침을 흘리지 않게 된다.

- **자발적 회복**: 조건반응의 효력이 소거된다고 해서 일단 이루어진 학습효과까지 완전히 소거되는 것은 아니다. 소거가 일어난 후 얼마동안 어떤 자극도 주지 않다가 이전에 학습되었던 조건자극을 제시하면 조건반응이 회복되어 일어나는 현상을 자발적 회복(spontaneous recovery)이라고 한다. 소거절차가 이루어진 후에도 음식물과 연합시키지 않은 채 다시 종소리만 반복적으로 개에게 들려주었을 때, 소거되었던 종소리에 침을 흘리는 반응이 재훈련 없이 다시 나타난다.
- **고차적 조건형성**: 조건화가 이루어진 후 조건자극을 무조건자극으로 하고, 조건반응을 무조건 반응으로 하여 또 다른 조건반응을 형성할 수 있는데, 이를 2차적 조건형성(secondary conditioning)이라 한다. 이런 식으로 3차, 4차의 조건자극을 만들어 내고, 이를 고차적 조건형성(higher-order conditioning)이라 한다.

2) 조작적 조건화 이론

(1) Skinner 이론의 배경

B. F. Skinner(1904~1990)는 조작적 조건화(operant conditioning) 개념을 도입하였는데, 이는 어떤 반응에 대해 선택적으로 보상함으로써 그 반응이 일어날 확률을 증가시키거나 감소시키는 것을 말한다. 여기서 선택적 보상이란 강화와 벌을 의미한다.

Skinner

Pavlov의 고전적 조건화의 원리는 최초에는 반응을 일으키지 않던 중립자극이 조건형성을 통해서 조건 자극이 되어 유기체가 비자발적으로 반응을 일으키게 하는 것으로, 인간을 수동적 존재로 간주했다. 반면에, Skinner의 조작적 조건화는 유기체가 바라는 결과를 얻기 위해 스스로 자발적, 임의적으로 조작하는 행동을 통해 이루어지는 것으로, 인간을 능동적 존재로 간주했다.

(2) 조작적 조건화

조작적 조건화는 작동적 조건화, 도구적 조건화(instrumental conditioning)라고도 한다. 조작적 조건화는 고전적 조건화와 달리 유기체가 원하는 결과를 얻기 위하여 실행하는 자발적이며 능동적인 반응이다. 조작적이라는 용어는 유기체가 원하는 결과를 얻기 위해 선택적으로 환경에 작용하는 것을 의미한다. 고전적 조건화는 반응의 확률이 조건자극(CS)에 의해 좌우되지만 조작적 조건화는 반응의 결과에 의해 좌우된다.

Skinner는 조작적 조건화 실험을 위해 자신의 이름을 딴 스키너 상자(Skinner Box)를 고안하였다. 이 상자는 빈 상자 안에 지렛대가 하나 들어 있으며, 이 지렛대를 누르면 먹이가 나오도록 되어 있다. 쥐를 이용한 실험에서는 처음에 쥐는 이리저리 돌아다니다가 우연히 지렛대를 누르니 먹이 접시에 먹이가 떨어지는 것을 보게 된다. 쥐가 지렛대를 누르는 반응(R)은 처음에는 우발적으로 발생하지만, 반응의 결과로써 음식(S)을 받게 되면 마침내 쥐는 지렛대 누르기와 음식을 연결하도록 조건화된다. 즉, 지렛대를 누르는 반응은 먹이라는 강화를 받았기 때문에 반복된 것이며, 다시 누르면 다시 강화를 받기 때문에 지렛대 누르는 반응은 증가하게 되었다. 이렇게 어떤 행동을 한 뒤에 유기체가 원하는 것을 제공하는 것을 강화(reinforcement)라고 한다. 조작적 조건화가 이루어지기 위해서는 강화가 중요한 역할을 한다. Skinner는 쥐가 이러한 행동을 통하여 환경에 스스로 작용함으로써 어떤 결과를 생성해내는 것을 조작(작동)이라 하고, 이와 같은 절차로 학습되는 과정을 조작적 조건화라 하였다.

다른 실험에서 스키너 상자의 바닥에 전류가 흐르는 전기장판을 설치하고, 쥐가 지렛대에서 멀어질 때마다 전기충격을 가하게 되어 전류를 흐르게 하면(벌) 쥐는 본능적으로 지렛대 쪽으로 가게 되어 전류를 피하려고 한다.

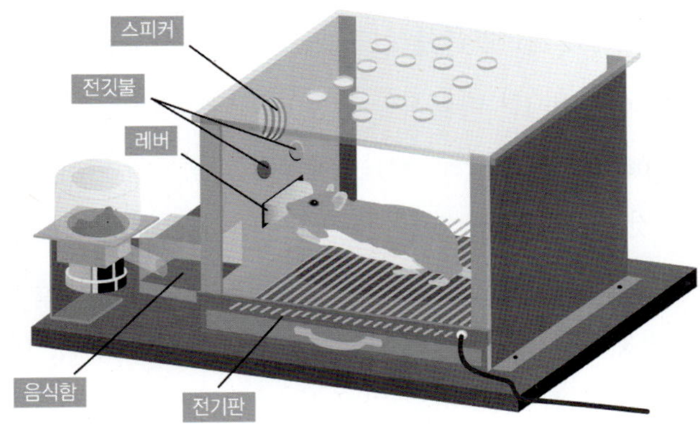

그림 3-3 Skinner의 실험 상자

앞에서 설명한 스키너 상자에서 쥐가 음식이라는 자극을 얻기 위해 지렛대를 누르는 반응을 증가시킬 때 그 자극을 긍정적 강화물이라 하고, 긍정적 강화물로 인해 반응이 증가하는 현상을 긍정적 강화라 한다. 또 다른 상자에서 쥐가 혐오스런 자극(전류)을 피하기 위해 레버 쪽으로 가는 반응을 증가시키는데, 이때 자극을 벌이라고 한다.

(3) 주요 개념

① 강화

강화란 어떤 행동의 강도와 발생빈도를 증가시키는 것을 의미하며, 정적 강화와 부적 강화가 있다. 정적 강화(positive reinforcement)란 바람직한 반응을 했을 경우에 반응자가 좋아하는 강화물을 제공하면 바람직한 행동의 강도와 빈도가 증가하는 것을 말하고(예: 인정, 칭찬, 상품 등), 부적 강화(negative reinforcement)

란 바람직한 반응을 나타냈을 때 반응자가 싫어하는 것을 제거 혹은 감소시켜 주면(예: 청소나 과제 면제해주기) 바람직한 행동의 강도와 빈도가 증가하는 것을 말한다.

강화계획이란 행동에 대한 강화의 제시나 중단을 지시하는 규칙이나 절차를 말하며, 계속적(연속적) 강화와 간헐적(부분적) 강화가 있다. 계속적 강화(continuous reinforcement)란 바람직한 행동이 나타날 때마다 강화를 주는 것이고, 간헐적 강화(partial reinforcement)는 바람직한 행동이 나타났을 때 가끔 씩만 강화를 주는 것이다. 간헐적 강화에는 시간 간격에 따라 강화하는 간격강화와 반응 횟수에 따라 강화하는 비율강화가 있다. 간격강화와 비율강화 각각에는 고정적 강화와 변동적 강화가 있다. 따라서 고정간격 강화계획, 변동간격 강화계획, 고정비율 강화계획, 변동비율 강화계획으로 구분된다.

② 벌

벌(punishment)이란 바람직하지 못한 행동을 약화시키거나 감소시키기 위해 의도되며 수여성 벌과 제거성 벌이 있다. 수여성 벌(presentation punishment)이란 행동을 감소시키기 위해 불유쾌한 자극을 제공하여 행동반응률을 감소시키는 것을 의미하고, 제거성 벌(removal punishment)이란 바람직하지 못한 행동을 했을 때 정적 강화를 받을 수 있는 기회를 차단시키거나 감소시킴으로 행동이 일어날 확률을 감소시키기 위한 것이다. 부적 강화는 싫어하는 행동을 제거하는 반면, 제거성 벌은 기대하고 바라는 행동을 제거하는 것이다. 벌의 효과는 제한적이고, 바람직하지 못한 통제수단이다.

(4) Skinner 이론의 교육적 시사점

Skinner 이론은 인간행동(특히 아동행동)이 나타내는 상당한 정도는 행동이 특정의 조건화에 의해서 습득된 것임을 밝혀준다. 또한 항구적이고 지속적인 학습효과를 거두기 위해서는 여러 가지 강화계획을 변별하여 적절하게 사용하여야 함을 시사한다. 유아에게 자발적인 흥미를 유발시키지 못하는 과제를 학습시켜야 할 경우에는 인내심을 길러줄 수 있는 특별한 강화계획을 활용해야 하며, 학습은 단순한 것에서 복잡한 것, 구체적인 것에서 추상적인 것, 이해하기 쉬운 내용에서 어려운 내용으로 진행되어야 함을 시사한다.

3) 사회학습 이론

(1) Bandura 이론의 배경

인지적 행동주의 학습 이론의 대표적 학자인 A. Bandura(1925~)는 인간의 행동은 내적인 힘이나 환경의 힘 중 어느 한 가지에 의해서만 지배되는 것이 아니라, 이 두 변인의 끊임없는 상호작용에서 비롯되는 것이라고 주장하였다. 이것이 상호결정론(reciprocal determinism)이다(Bandura, 1977).

Bandura

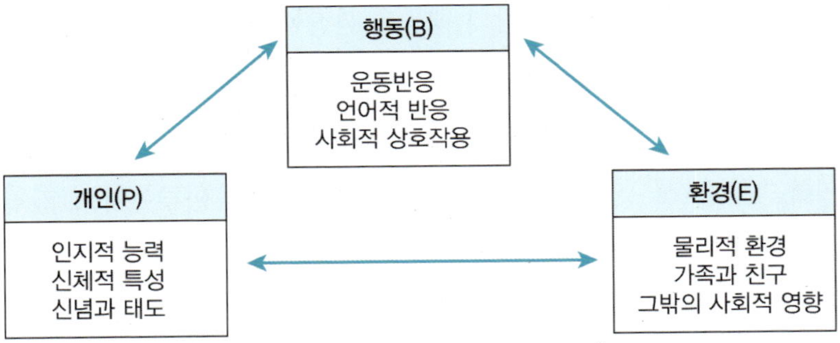

그림 3-4 Bandura의 상호결정론 모형

자료: Shaffer(1996)

그림 3-4에서 개인, 행동, 환경 간의 관계는 양방향성이고, 상호결정론의 모형은 상호작용의 삼각형을 구성한다. 유아의 인지능력, 신체적 특성, 성격, 신념과 태도의 개인(P)은 아동의 행동(B)이나 환경(E)에 영향을 미친다. 유아의 행동은 자신에 대한 느낌, 신념과 태도에 영향을 미치고(B → P), 유아의 환경, 부모, TV 등으로부터의 정보는 유아의 행동과 유아의 신념, 태도 등에 영향을 미친다(E → B, E → P). 또한 유아의 행동도 자신의 신념과 자신의 환경에 영향을 미친다(B → P, B → E).

따라서 사회학습 이론에서 유아발달은 아동자신과 환경 간의 계속적 상호작용에 의하여 이루어진다. 유아가 경험하는 환경이 유아에게 영향을 미치고, 유아행동 또한 환경에 영향을 미치므로 유아는 자신의 성장과 발달에 영향을 미친다고 할 수 있다.

(2) 사회학습 이론

Bandura는 행동주의 이론과 인지 이론을 통합하여 사회학습 이론(social learning theory)을 제안하였다. 그의 사회학습 이론은 학습자의 직접 경험보다 타인의 행동을 관찰하고 모방하는 데서 오는 행동변화를 강조한다. 즉, 직접적인 강화나 벌이 없어도 다른 사람의 행동을 관찰함으로써 학습할 수 있다는 것이다. 사회인지학습 이론(social cognitive learning theory)이라고도 불리는 이 이론은 관찰과 모방, 대리경험(vicarious experience)을 중요시 한다. 관찰학습에서는 영화, TV, 소설 등에서도 관찰을 통해 모방학습이 이루어지고, 간접적 혹은 대리경험으로도 행동에 영향을 받는다. 모델의 행동이 관찰자에게 영향을 주는 것은 모델이 행한 반응의 결과에 따르는데, 모델의 행동이 보상받는 것을 본 관찰자는 보상받는 행동을 더 열심히 수행하려고 하고, 부정적인 결과를 가져오는 모델의 행동을 관찰했을 때는 그 행동을 하지 않으려고 한다. 이 외에도 명성, 유능함, 높은 사회적 지위 등을 갖추고 있는 모델의 영향을 더 많이 받으며 관찰자의 성격 및 과거 경험에 의해서도 영향을 받는다. 특히 가정에서의 부모의 행동은 자녀의 관찰학습 대상이 된다. 가정폭력 등은 자녀가 폭력 장면을 관찰하게 되고, 모방학습이 되어 후에 폭력적인 행동을 한다는 것이다. 성역할의 발달, 공격적 행위, 친사회적 행동 등은 다른 사람을 관찰하고 모방하여 습득될 수 있는 행동들이다.

Bandura는 관찰학습에서 중요한 인지적(정신적) 요소를 강조함으로써 학습 이론과 인지발달 이론 사이의 결함을 메우는 역할을 했다(Bandura, 1986; 1989).

(3) 관찰학습의 과정

관찰학습은 기본적인 네 가지 과정, 즉 주의집중, 파지, 재생, 동기화의 4단계로 구분된다. 관찰학습이 성공적으로 이루어지기 위해서는 이 네 가지 과정이 충족되어야 한다.

주의집중 → 파지 → 재생 → 동기화

그림 3-5 관찰학습의 과정

자료: Bandura(1986)

① 주의집중 단계

주의집중(attention)은 관찰자가 관찰학습의 모델이 되는 행동과 그 결과에 주의를 기울이는 것을 말한다. 어떤 행동을 관찰을 통해 학습하려면 그 행동이 관찰자의 주의를 끌어야만 한다. 감각 능력, 과거의 강화, 모델의 특성이 관찰자의 선택적 주의의 정도에 영향을 미칠 수 있다.

② 파지 단계

파지(retention)는 관찰학습의 모델이 되는 행동을 돌이켜보기 위해 관찰자가 하는 인지적 행위로, 모델을 관찰한 후 일정기간 동안 모델의 행동을 상징적인 형태로 기억하는 것이다. 관찰자는 장기기억 속에 모델의 행동 중 주의집중한 내용을 문자나 부호 등으로 표상시켜야 한다. 파지과정에서 중요한 것은 시연이다. 시연에는 내적 시연과 외적 시연이 있는데, 내적 시연은 개인이 행동하는 것을 마음속으로 상상하는 것이고, 외적 시연은 실제로 행동을 하는 것이다. 내적 시연을 한 뒤 외적 시연을 하면 학습을 효과적으로 할 수 있다.

③ 재생 단계

재생(reproduction)은 기억되어 있는 모델의 행동을 본인의 신체로 직접 재생산하는 과정을 말한다. 관찰자가 새로 습득한 행동을 실제의 행동으로 재연하는 과정에서 관찰자의 기억 속에 담긴 심상이나 언어적 부호들은 중요한 기능을 발휘한다. 관찰한 행동은 많은 연습을 통해서 잘 재생할 수 있고, 자신의 행동을 관찰하고 자신의 행동과 모방하고자 하는 모델의 행동과의 비교를 통해서 자기 행동을 수정하며, 관찰자가 정확하게 모방하지 못한 부분은 즉각적인 피드백을 해주어 교정해야 한다.

④ 동기화 단계

동기화(motivational processes)는 실제 행동으로 실현하고자 하는 동기나 욕구를 말한다. 관찰자가 모델의 행동을 정확하게 기억하고 운동능력을 지니게 되었다고 하더라도 직접 행동하려는 동기가 없으면 실제 행동으로 나타나지 않게 된다. 모델의 행동을 모방하는 것은 강화에 따라 달라진다. 즉, 관찰에 의해 학습된 행동에 대해 강화를 하면 그 행동은 지속되나 처벌을 받으면 그 행동이 일어나는 비율은 감소할 것이다.

유아의 관찰학습 과정은 첫째, 어떤 행동을 관찰할 때 행동의 특징 등을 유심히 주의해서 살펴보고, 둘째, 그 행동을 이미지나 언어로 기억해 두며, 셋째, 신체적으로나 운동적으로 그 행동을 할 수 있는 능력이 있고, 넷째, 그 행동을 했을 때 받게 될 보상이 어떤 것인가에 대한 기대가 있어 그 행동을 하고자 하는 동기가 유발될 때 비로소 관찰한 행동을 수행하게 된다.

(4) 자기효능감

자기효능감(self-efficacy)은 자신이 바라는 목적을 이루기 위해 특정 행동을 성공적으로 수행할 수 있다는 개인적 신념이다. Bandura(1986)는 자기효능감 평가가 동기의 수준에 강력한 영향을 발휘한다고 믿었다. 아동이 자신의 능력을 믿으면, 과제에 열심히 임할 것이고, 일시적인 차질에도 굴하지 않고 지속할 것이다. 하지만 능력을 믿지 못하면 덜 열성적이 되고 어려움에 직면했을 때 쉽게 포기할 것이다. 자기효능감에 대한 낙천적인 평가는 수행에 도움이 된다. 끈질긴 노력가는 자신이 매우 강하다고 믿으며 그래서 일의 추구에 있어 놀라운 노력과 성과를 발휘할 수 있고, 무수한 역전을 경험할 수 있다(Bandura, 1998).

(5) Bandura 이론의 교육적 시사점

Bandura의 사회학습 이론은 이전의 학습이 단지 자극-반응의 관계로 보는 것에서 넘어서 사회적 관계 속에서 인지적 변수를 포함해서 학습 이론을 설명하고 있다. 사회학습 이론은 첫째 학습자를 자신의 학습에 있어 능동적 공헌자로서 간주한다. 둘째, 실험실 상황에서 벗어나 사회적 관계 속에서 더 복잡한 관계망 내에서의 인간의 행동을 연구한다. 셋째, 사회학습 이론은 인지의 중요성을 인정한다.

Bandura의 이론은 모방이나 관찰학습을 통하여 바람직한 행동을 학습할 수 있다는 점을 시사하며, 유아들의 공격성, 성역할 행동, 친사회적 행동의 발달을 설명하는 데 매우 유용하다. 이 이론은 부모와 교사는 유아들이 모델링을 통하여 학습한다는 사실을 항상 기억하고, 모델링을 통한 학습결과에 대해 신중한 주의를 기울여야 함을 시사한다.

4. 인지발달 이론

인지(cognition)란 인간이 지식을 습득하여 사물을 알게 되는 과정과 이 지식을 활용하여 문제를 해결하는 정신적 활동을 의미한다. 따라서 우리는 인지과정을 통해 주변 세계를 이해하고 적응하며, 이는 모든 인간의 마음속에서 일어나는 현상으로서 관찰할 수 없는 것이다.

인지발달은 인간이 연령과 함께 발달해 가면서 일어나는 인지의 변화이다. 20세기에 들어서면서 인지발달에 관련된 많은 이론들이 제시되었는데 주요 이론으로 Piaget 이론과 Vygotsky 이론이 있다.

1) Piaget 이론

(1) Piaget 이론의 배경

Piaget

스위스의 심리학자인 Jean Piaget(1896~1980)의 인지발달 이론은 인간이 어떻게 정보를 수집하고 조직하는지와 이 과정이 발달 단계에 따라 어떻게 변하는지를 보여준다. 그는 자신의 연구 자료를 수집하는 데 임상-기술적 방법을 사용하였다. 이 방법은 아동들에게 문제를 제시하고 그들의 반응을 기록하는 동시에 아동의 행동을 주의깊게 관찰하는 것이다. 그의 초기 연구는 자신의 세 자녀를 관찰한 내용을 기초로 하였지만 후기 연구는 통계적 자료에 근거하고 있다.

(2) Piaget 이론의 기본 개념

인지발달에 관한 Piaget 이론의 주요 용어들은 그의 생의 초기에 관심의 대상이었던 생물학의 영향을 받았다. 즉 생물이 환경에 적응해 가는 과정에 대한 이해가 인간의 인지발달에도 적용된다는 것이다. 따라서 신체구조가 환경에 맞추어 적응하듯이 사고의 구조도 외부세계에 맞도록 점차 발달해 간다. 그러므로 인지발달이란 인간의 지적 능력이 환경과의 상호작용을 통하여 환경에 더 잘 적응하도록 되는 과정과 변화의 양상이다.

즉, Piaget는 영유아가 인지발달을 이루어나가는 과정을 적응이라 하였고, 이러한 적응과정을 도식, 조절, 동화, 균형화라는 개념으로 설명하였다.

① 인지구조

어린 아동의 정신구조는 빠는 것과 같은 단순한 동작과 빛, 어둠을 인식하는 단순한 지각들로 구성된다. 그러다가 점차 신경조직의 성숙과 경험에 의해 이러한 지각이 확대된다. 이처럼 환경을 인식하는 일반적인 방법을 인지구조(cognitive structure)라고 한다. 인지구조는 인지도식(cognitive schema)이라고도 한다. Piaget는 스키마(schema; 복수형: schemata)라는 용어를 사용하였는데, 이는 우리가 경험을 표상하고, 조직화하고, 해석하는 데 사용하는 정신적인 틀과 같은 것이다. 인지구조는 가장 간단하게는 아동이 부딪치는 세계를 이해하는 데 필요한 일종의 지식기반이다. 유아는 자신이 가진 인지구조를 통해 자신을 이해하고, 경험을 해석하고 조직한다.

Piaget에 의하면, 인간은 이 같은 인지구조 혹은 스키마타를 이용하여 경험한 바를 이해하고 새로운 환경에 적응한다. 예를 들어, 한 유아가 어떤 반짝이는 금속 물체를 잡았다고 하자. 그 순간 그 유아는 화상을 입을 정도로 뜨거운 경험을 했다. 깜짝 놀란 유아는 울면서 잡았던 금속 물체를 버렸다. 이 경험을 통해 그 유아는 '지각적 경험(반짝이는 금속물체) - 잡는 행동 - 뜨거운 경험 - 던진 경험-우는 반응' 등이 함께 어우러져, 자신의 마음속에 하나의 인지구조를 형성하게 될 것이다. 이 인지구조 혹은 스키마타를 통해, 그 유아는 미래에 비슷한 경험에 직면했을 때 쉽게 적응할 수 있을 것이다. 즉, 그러한 물체를 만지지 않을 것이다. 그리고 집에서 키우는 개를 보고 자란 아이는 멍멍 하고 울고 네발 달린 작은 동물을 멍멍이라고 인지하게 된다. 즉 멍멍하고 울고 네발 달린 작은 동물을 멍멍이라 생각하는 기본적인 틀, 도식이 생긴다.

Piaget는 인지발달은 인지구조의 발달이라 본다. 유아는 태어날 때 반사능력을 갖는데, 이 반사를 통해 그의 주변을 해석하며 이후 이들 반사의 구조가 변화해 가는데 이것이 발달이다. Piaget는 세 가지의 인지구조로 감각운동도식(sensory-motor schema), 상징도식(symbolic schema), 조작도식(operative schema)이 있다고 하였다(성현란 외, 2000).

② 인지기능

인지기능은 모든 동물들이 선천적으로 물려받은 기본적 경향성이다. 이는 인지발달이 일어나도 변하지 않고 항상 같은 기능을 한다고 하여 기능적 불변성이라고도 한다. 인지기능은 적응(adaptation), 조직화(organization), 평형화(equilibration)의 세 가지 기능이 있으며, 이러한 세 가지 기능이 일어나는 것을 인지과정이라 한다.

• 적응, 동화, 조절

Piaget에 의하면, 인간의 인지발달은 환경에 끊임없이 적응해 가는 상호적인 과정이며, 이러한 적응과정은 동화(assimilation)와 조절(accommodation)이라는 두 개의 하위과정으로 나누어진다. 동화는 기존의 인지구조를 변화시키지 않고도 새로운 상황이나 사건을 이해할 수 있는 능력이며, 반면에 조절은 기존의 인지구조로는 새로운 상황이나 사건을 받아들일 수 없을 때 이것을 변경시키는 지식의 재조직화이다.

호영이는 어느 날 놀이터에서 강아지를 보았다. “엄마 저게 뭐야?”, “응, 개라는 동물이야.”, “왜 저게 개야?”, “저걸 봐, 사람하고는 달리 다리가 네 개잖니. 그래서 개야.” 이때 호영이는 “아하, 다리가 네 개 달린 이상한 짐승을 개라고 하는구나.”라는 ‘개에 대한 도식’을 최초로 형성하였다. 그 후 우연히도 호영이가 본 동물들은 모두 개였기 때문에 호영이의 인지조직에는 별다른 변화가 없이 계속해서 동화만이 일어났다. 어느 날 동물원에 간 호영이의 인지구조는 굉장한 혼란을 겪게 되었다. 동물원에는 호랑이, 사자 등 다리가 네 개 달린 동물이 너무나 많아서 ‘개’에 대한 호영이의 도식은 더 이상 모든 현상을 설명할 수 없게 되었다. “저걸 봐, 개보다 몸집이 크지, 그리고 멋진 갈기가 있잖니? 다리가 네 개지만 저렇게 생긴 동물을 사자라고 부른단다.” 이때 호영이의 인지구조는 ‘개’에 대한 기존의 도식을 변형시켜야 했고, 우리는 이것을 조절이라 부른다.

이처럼 동화와 조절은 상호 보완적이면서 동시에 일어나는 과정이다. 어떤 대상들이 현존하는 구조에 맞지 않을 경우, 조절을 하여 구조를 변화시켜야 한다. 예를 들어, 아기는 장애물을 먼저 제거해야만 블록을 잡을 수 있다는 것을 알게 된다. 이러한 조건을 통해 유아는 외부세계에 대처하는 방법을 점차 효율적이고 정교하게 구성해 나가기 시작한다.

이 두 적응기능은 한 과정의 두 가지 측면으로 분리할 수 없는 과정이다. 따라서 이 두 기능에 의한 적응과정은 결국 환경과 선천적인 동화와 조절능력과의 상호작용이다. 또한 동화와 조절의 적응과정을 되풀이하는 동안에 아동의 사고틀은 분화, 수정, 통합되어 점차로 성인의 지적활동에서 볼 수 있는 바와 같은 추상적이고 논리적인 사고의 틀로 발달해 간다.

• 조직화

조직화는 유기체 자신이 가지고 있는 여러 가지 도식들을 하나씩 통합된 체계로 만드는 경향을 말한다. 각각의 도식들은 서로 독립적으로 존재하는 것이 아니라 통합되어 하나의 인지구조를 만드는데 이것이 바로 조직화라는 인지기능에 의해 가능해진다. 뿐만 아니라 각각의 도식이 서로 연결되는 과정도 조직화에 의해서 가능하다. 예를 들면, 영아들은 '보기'라는 행동도식과 '잡기'라는 행동도식을 가지고 있는데 처음에는 이 둘이 연결되어 있지 않다. 그러나 발달이 진행됨에 따라서 영아들은 이 두 도식을 조직화하여 보기와 잡기가 합쳐진 더 높은 단계의 인지 도식을 만들어 낸다.

- 평형화

평형화란 개인이 인지적 동화와 조절을 통해 자신의 인지구조를 균형상태로 유지하는 것을 말한다. Piaget는 모든 유기체가 자신과 환경 사이에 조화로운 관계를 만들려고 하는 선천적인 경향을 지닌다고 가정했다.

Piaget는 유아의 인지세계와 외부세계와의 사이에 안정된 평형을 추구해 가는 것이 발달이라고 보았으며, 이와 같은 발달과정을 통해서 유아의 인지구조는 점차적으로 현실을 더 정확하게 반영하게 된다고 하였다.

평형화는 세 단계를 걸쳐서 일어나는데, 첫 번째 단계는 유아가 자신의 사고틀에 의해 사물을 해석하는데 아무런 문제가 없는 평형상태에 있는 것이다. 두 번째는 자신의 사고 틀로서는 사물의 해석이 안되어 만족하지 못하고 불평형상태에 이른 단계이다. 그리고 마지막 단계는 자신의 사고 틀을 바꾸어 문제점을 없애주는 조금 더 높은 사고 틀을 갖게 되어 조금 더 안정된 평형상태에 이르는 것이다. Piaget에 의하면 평형화는 자신의 인지구조를 변화시킴으로써 습득된다고 보았다.

평형화 과정을 설명하기 위하여, 동물만이 생물이라고 생각하는 5세 유아를 생각해 보자. 어느 날 이 유아는 식물도 생물이라는 말을 들었다. 이 새로운 정보는 생물이라는 의미에 의문을 갖는 불평형 상태를 일으킬 수 있다. 식물은 동물의 특성을 거의 갖고 있지 않다고 생각했다. 그러나 결국 이 유아는 생물이라는 의미를 붙일 수 있는 동물과 식물의 공통점, 예를 들어 성장한다, 자손을 만든다와 같은 특성을 발견하게 될 것이다. 이러한 발견은 유아로 하여금 성장하는 능력과 자손을 만드는 능력을 생물의 특성으로 알게 한다. 이와 같은 새로운 이해로 더 안정된 평형상태를 형성하게 된다.

앞서 논의된 Piaget 인지발달 이론을 구성하는 기본 개념을 정리하면 표 3-3과 같다.

표 3-3 Piaget 인지발달 이론의 기본개념

개 념	주요 초점	실 례
도식 (schema)	정신적 구조 또는 경험을 의미있게 조직하는 방법으로 연령에 따라 변화한다. 첫 번째 도식은 운동형태로 나타나는데, 이 운동형태의 도식으로 영아가 주변세계를 이해해 나간다.	생후 1개월 정도 된 영아는 '파악 도식'으로 물체를 대한다. 손에 닿는 어떤 물체라도 같은 방식으로 물건을 잡는다. 그러나 4개월이 되면 제공된 물체의 크기에 따라 손을 벌리는 정도가 달라진다.
적응 (adaptation)	환경과의 직접적인 상호작용을 통하여 도식이 변화하는 과정이다. 동화와 조절로 이루어진다.	그림책에서 처음으로 캥거루를 본 민아는 캥거루를 이해하기 위하여 자신의 도식들을 적용시키려고 노력한다.
동화 (assimilation)	현재의 도식에 의하여 세계를 해석하는 것이다. 유아들은 주변 세계를 이해하기 위해 도식을 동화시키거나 사용하려고 애쓴다. 도식의 성공적인 사용은 균형상태, 안정된 인지적 상태를 만든다.	처음에 민아는 현재의 도식을 캥거루에 적용시켜 보는데, 그것을 '토끼'라고 부른다.
조절 (accommodation)	새로운 도식을 창출하거나 새로운 사물을 이해하기 위해 도식을 바꾸는 것이다. 유아가 동화하는 것보다 조절을 더 많이 할 때 불균형 상태에 있거나 또는 인지적 불안정에 있게 된다.	후에 민아는 캥거루가 토끼와 같지 않다는 것을 알아차린다. 민아는 자신의 도식을 물체를 해석하기 위해 수정하는데 캥거루를 '우스운 토끼'라고 부른다.
평형화 (equilibration)	발달을 통하여 균형과 불균형 사이를 왔다갔다 하면서 좀더 효과적인 도식을 점차적으로 만들어 간다.	민아가 '토끼 도식'을 수정했을 때 새로운 인지구조는 주변 세계를 이해하는데 더 적합하다.
조직화 (organization)	도식과 관련된 과정은 상호관련 된 체제 속에서 모아진다. 따라서 주변세계에 대하여 잘 적용될 수 있다.	민아는 자신의 '토끼', '고양이', '캥거루'에 대한 도식을 함께 연결한 후 그들 사이의 유사성과 차이점을 쉽게 지적한다.

자료: Berk(1996); 조복희 외(2001)

(3) 인지발달 단계

Piaget의 연구는 여러 해에 걸쳐 변화해 왔지만, 각각의 연구들은 통합되어 하나의 단계이론으로 구성되었다. Piaget에 의하면 인지발달은 감각운동기, 전조작기, 구체적 조작기, 형식적 조작기라는 질적으로 서로 다른 네 단계를 거쳐 이루어진다.

Piaget는 발달 단계가 어떻게 출현하는지에 관해 몇 가지 가정을 하였다. 첫째, 발달 단계의 순서는 불변의 계열성을 띤다. 즉, 모든 아동의 인지발달은 네 단계를 같은 순서로 통과하면서 발달하고 어느 단계도 건너뛰지 않는다. 둘째, 각 인지발달 단계는 서로 질적으로 다르다. 따라서 아동들은 그 단계를 성공적으로 통과하여 다음 단계로 이행하기 위해서는 일련의 스키마타를 배워야 한다. 셋째, 비록 Piaget는 인지발달에서 자연성숙론 혹은 유전적 프로그래밍이 절대적으로 중요하다는 점을 가정했지만, 문화와 환경이 인지발달을 촉진할 수도 있고 지체시킬 수도 있음을 인정했다. 따라서 단계별로 제시된 연령대는 규준적 연령일 뿐, 절대적 연령은 아니다.

Piaget가 제시한 인지발달 단계와 각 단계에서 나타나는 인지구조의 특징은 다음과 같다.

① 감각운동기(sensory-motor stage: 0~2세)

Piaget는 인지발달의 가장 초기단계를 감각운동기로 명명했다. 생후 초기 영아들의 인지활동은 감각적이고 운동적인 행동도식을 통해 외부환경을 이해하고 적응해 간다. 생득적인 단순한 반사기능이 점차 협응된 감각-운동적 행동으로 발달하고, 표상능력이 생기는 1년 6개월을 전후하여 간단한 문제해결 행동이 가능해지며 기억하고 상상하는 능력이 발달하기 시작한다. 풍부하고 다양한 감각-운동 경험은 이후의 인지발달의 기초가 된다.

감각운동기의 가장 중요한 특징은 대상영속성 발달이다. 대상영속성(object

permanence)이란 대상이 보이지 않을 때에도 그 대상이 여전히 존재함을 이해하는 것이다. 대상영속성이 발달하면, 아기들은 어떤 상징(언어 혹은 기호)에 대응하는 이미지를 떠올릴 수 있게 된다(예: '멍멍' – 개 이미지).

② 전조작기(preoperational stage: 3~5세)

전조작기는 감각운동기의 행동도식 혹은 사고 유형과는 달리 사물에 대한 표상능력이 급격히 증가한다. 2세가 지나면서 유아들은 이제까지 감각운동적 행동에만 의존하던 것을 차츰 새로이 습득한 언어와 대치해 가게 되고, 언어 이외의 다양한 상징적 능력이 발달하게 된다. 또한 감각운동기의 단순히 감각적이고 운동적인 놀이가 상징화된 놀이로 변모하게 되고, 자기가 경험하는 사상과 사물을 대상으로 그 변화에 대한 유추와 판단이 가능해 진다.

Piaget는 이 단계를 전조작기로 명명하였는데, 그 이유는 이 단계의 아동들이 이들 상징을 아직은 정신적으로 완전하게 활용할 수 없기 때문이다. 아직 개념의 형성이 충실하지 못하여 한 개념을 한 대상을 지칭하는 말로만 이해하고, 그 부류에 속하는 여러 대상을 포괄한다는 추상성을 이해하지 못한다. 유추와 판단은 외형이나 가시적인 조건에 의존할 뿐 내적 조건이나 객관적인 기준에 의한 사고는 불가능하다. 이 시기 유아들의 인지구조의 특성은 자기중심적 사고, 상징놀이, 물활론적 사고, 비가역적 사고, 가변적 추론 등이 있다.

자기중심적 사고는 자신의 조망(perspective)과 다른 사람의 조망을 구별하지 못하는 것을 의미하며, 이는 이기적, 독단적이라는 의미는 아니다.

상징놀이(make-believe play)는 물리적으로 현실에 존재하는 대상보다 유아의 내부에 정신적인 표상으로 만들어낸 현실과는 다른 대상을 갖고 노는 놀이이다(조복희 외, 2001). 급격한 언어 발달에 따라 상징놀이는 다양해진다. 언어는 유아 사고의 시야를 넓혀준다. 언어를 통해 유아는 과거를 다시 체험할 수 있고, 미래를 예측할 수 있으며, 사건을 다른 사람에게 전달할 수도 있다.

물활론적 사고(animism)는 생명이 없는 대상에게 생명과 감정을 부여하는 것으로 움직이는 것은 모두 살아있고, 모든 사물은 생명이 있어 생각하고 감정이 있다고 믿는다.

③ 구체적 조작기(concrete operational stage: 6~11세)

구체적 조작기의 가장 큰 특징은 조작(operation)이 이루진다는 점이다. 즉, 분류, 보존, 계열, 유추, 관계 및 포함에 관한 개념이 형성되어 이에 관련된 사고가 거의 완전하게 된다. 또한 자기중심적인 언어와 사고를 탈피하여 타인의 조망이나 입장을 이해할 수 있게 되고, 가역적 사고와 탈중심화 능력이 습득되어 두 가지 이상의 요인을 고려하는 것이 가능해진다.

가역성(reversibility)이란 사고가 진행되어 온 과정을 거꾸로 되밟아 갈 수 있으며, 진행되어 온 행위를 거꾸로 말소해 나감으로써 원상을 회복할 수 있는 속성을 말한다. 즉, 동일한 양의 물을 모양이 다른 그릇에 담으면 물의 양이 같다고 생각하는 경우이며, 다르다고 판단하는 것은 가역성이 부족한 경우로 비가역적이다. 구체적 조작기의 아동은 진흙덩어리로 만들어진 비행기 모형이 다시 진흙덩어리로 돌아간다는 사실을 이해한다.

구체적 조작기의 아동이 가역적 사고를 한다는 것은 보존개념을 발달시킨다는 것을 의미한다. 6세가 되면 수 보존개념을 습득하고 7~8세가 되면 면적과 질량 보존개념을, 11~12세가 되면 부피 보존개념을 습득한다.

탈중심화(decentration)란 자기중심적 사고에서 벗어나 문제의 한 측면 이상을 고려할 수 있는 능력이다. 7~9세쯤 되어서야 탈중심화 되어 사물의 다양한 측면을 생각할 수 있게 된다.

그러나 이 단계의 사고는 여전히 한계가 있다. 구체적인 사물을 다루는 데는 논리적이나 미래에 대한 예측, 가설적인 상황 등에 대해서는 미숙하며, 과학적인 개념이나 추상적인 개념에 대한 사고는 형식적 조작기가 되어야 비로소 가능해 진다.

④ 형식적 조작기(formal operational stage: 12세 이후~)

구체적 조작기의 아동은 구체적 사물에 대해서만 논리적, 체계적으로 사고할 수 있다는 한계가 있다. 그러나 이 시기(11~12세)에 이르면 완전한 논리적인 사고가 가능해 지기 시작하며, 추상적 개념과 상징물을 대상으로 하는 지적조작이 가능해진다. 또한 문제해결에 있어서도 가설을 설정하고 이를 연역적으로 추리하며, 실증적으로 검증하는 등의 과학적 사고 방법이 가능해 진다. 또한 자기의 사고에서 논리성을 분석하고 평가하는 등의 고등한 정신기능이 발달된다. 아동기와 청소년기에 이르면서 존재, 진리, 정의, 도덕성과 같은 심오한 문제에 대해서도 사고가 가능해진다.

(4) Piaget 이론의 교육적 시사점

Piaget 이론은 인지발달 이론 중 가장 포괄적이며 독창적인 이론으로 바람직한 유아 교수-학습방법을 구성하기 위한 하나의 틀로 인정받아 왔다. Piaget 이론은 교사들이 유아들의 발달양상 및 단계를 이해하고, 발달단계에 따라 적절한 교육내용을 선정하고 조직해야 한다는 것을 시사해주고 있으며, 유아들의 능동적이고 적극적인 학습행동이 교육의 효과를 결정하는데 가장 중요하다는 것을 강조한다.

Piaget 이론의 교육적 시사점은 다음과 같다(강경미, 구광현, 백경숙, 2005).

첫째, Piaget는 유아 개개인의 사고 작용에서 지식의 구성이 내적으로 유도된다는 것에 초점을 둔다. 유아는 성인이 가르치는 대로 배우는 것이 아니라 스스로 자발적인 학습을 한다는 것이다. 즉 유아는 자발적으로 환경을 탐색하면서 지적 발달을 이룬다. 따라서 학습자인 유아가 능동적으로 다양한 탐색, 발견을 할 수 있도록 교육환경이 구성되어야 할 것이다.

둘째, Piaget 이론에서 유아는 성인의 사고방식과는 달리 각 발달단계에 따라 독특하게 사고한다. 인지발달의 단계별 진전은 보편적이며, 예측가능하다. 유아의 사전 경험이나 개인 유아의 흥미 등을 고려하여 학습자인 유아의 발달 수준에 적합한지를 고려하여야 할 것이다.

셋째, 유아 개개인이 지식을 구성할 때, 교사는 바른 개념이나 분절된 지식을 전달하는 교사 주도적인 방법에서 벗어나 유아들이 직접 사물을 조작해 보는 구체적 활동과 직접적 경험을 통해 질문하고 결과를 비교하는 학습자 주도적인 적극적인 방법으로 변화되어야 할 것이다. 따라서 유아가 직접 사물을 조작해 볼 수 있는 지지적인 환경을 구성하는 것이 중요하다.

이와 같이 Piaget 이론은 영유아교육에 많은 시사점을 주었다. 그러나 발달단계에서 각 단계에 도달하는 연령은 개인의 경험과 문화에 따라 다를 수 있다는 점은 한계로 지적되고 있다.

2) Vygotsky 이론

(1) Vygotsky 이론의 배경

Vygotsky

러시아의 심리학자 Lev Vygotsky(1896~1934)는 인지발달의 근원을 사회적 상호작용에 두고, 타인의 중재를 통해 타인의 인지기능이나 기술이 아동에게 점차 내면화된다고 보았다. 발달을 제대로 이해하기 위해서는 진화를 통한 인류의 발달(계통발생), 역사를 통한 인간의 발달, 유아기와 성인기를 통한 개인의 발달(개체발생), 단일과제나 활동에 대한 유아나 성인능력의 발달 등 네 가지 수준의 발달과정을 고려해야 한다고 하였다(Cole, 1990). 인지발달에 영향을 주는 사회적, 문화적 변인들에 관심을 두는 점에서 그가 제시한 이론은 사회문화적 접근, 사회역사적 접근, 혹은 문화역사적인 접근으로 불린다(황해익, 최혜진, 2000).

Vygotsky는 아동들이 세상을 보는 관점을 이해하기 위해서 교사가 가정 혹은 보호자의 문화에 대해 먼저 알아야 한다고 하였다. 문화적 지식에는 상호작용할 때 사용하는 언어, 공유하는 신념, 상호작용 방법 등이 포함된다. Piaget는 단계를 거치면서 인지적 발달이 개개의 아동들에게 발생한다고 믿는 반면, Vygotsky는 Piaget가 말하는 단계들을 모든 아동들이 반드시 거치는 것은 아니라고 생각하였다(Rogoff & Chavajay, 1995). Vygotsky는 아동이 타인과의 상호작용을 통하여 문화적으로 중요시되는 과제를 성취한다는 사실을 강조한다.

(2) Vygotsky 이론의 주요 개념

Vygotsky 이론의 가장 기본적인 특징은 언어 및 사고발달의 개인적 패턴을 언어가 조형되고 사용되는 사회-역사적 맥락(socio-historical contexts)에 관련지어 분석한다는 것이다(John-Steiner, 1990). 그의 이론의 핵심 개념들인 '사고', '언어', '발달'이라는 용어들을 사회적 사회작용과 관련지어 살펴보면 다음과 같다(김언주, 구광현, 2002).

① 사회적 상호작용과 사고

Vygotsky의 이론에서 가장 핵심적인 특징은 발달에 있어서 생물학적 요인과 사회적 요인 간의 상호작용의 역할을 강조한다는 것이다. 전통적으로 생득적 본성(nature)과 문화(culture)는 별개의 것으로 받아들여져 왔던 것에 반해 발달과정에서 이들의 변형 및 통합을 강조하는 Vygotsky의 이론은 언어 및 사고발달의 제 측면에 대한 연구에 독특한 시각을 제공하는 것이다. 이러한 관점에서 보면, 언어발달은 인류의 보편적인 생물학적 유산이 특정의 역사적·개인적 맥락에 있어서 개인의 심리적 조직과 구조로 변형(transform)되는 것이다.

② 사회적 상호작용과 언어

사실 신생아의 타인에 대한 의존의 필연성은 생물학적으로 보편성을 이루는 것이며, 이는 근본적으로 인간의 학습이 지니는 사회적 본질을 규정하는 것이다 (John-Steiner & Tatter, 1983). 이렇게 볼 때 언어는 즉각적인 주변 환경에 대한 적응을 통해서 생존하기 위한 인간의 생물학적 요구에서 비롯되는 변형과정에서 결정적인 역할을 수행하며, 이는 사회적 상호작용의 결과를 통해서 축적되는 것이라 할 수 있다. 이러한 설명과 관련하여, Vygotsky는 언어가 문화화(enculturation)과정 및 개인화(individuation)과정에 있어서 핵심적 역할을 한다고 주장한다. 즉, 아동은 언어를 통해 자신을 돌보는 사람들의 지식과 태도를 내면화 하며, 언어는 아동에게 개인 자신에 대한 개념(sense of the individual self)을 발견하는 수단을 제공한다는 것이다. 이러한 관점은 언어 및 언어발달에 대한 연구는 개인의 내적 측면과 외적 측면 혹은 인지적 측면과 사회적 측면의 이분법적 구분의 행태를 극복하여야 함을 시사한다.

아동들은 언어습득에 있어서 '발판'이 되는 많은 경험을 사회적으로 제공받는다. 자녀에 대한 부모의 언어제공에 관한 여러 연구들은 아동과 그들의 양육자 간의 매우 미세한 상호작용을 잘 밝혀주고 있다. 아동이 스스로의 탐구를 통해 무엇인가를 발견하는 것과 보호자의 잘 조절된 반응을 통해 그 발견한 바에 대해 의사소통을 하고 그것을 확인하는 것 간의 연결은 스스로의 탐구를 통해 성취한 사고와 사회적 상호작용을 통해 성취한 언어 간에 최초의 연합을 이루도록 해준다. 따라서 아동들은 감각을 통해 발견한 세계와 그들의 주변에서 그들을 길러주고 반응을 제공해주는 사람들의 언어를 통해 친숙해진 세계 간에 일련의 조화와 일치를 경험한다. 이와 같은 언어와 사고 간의 또 언어적 학습방법과 비언어적 학습방법 간의 결합은 아동들이 그들의 보호자와 함께 하는 구체적이고 반복적인 활동 또는 담화의 내용을 통해 발달한다(Nelson et al., 1978).

Vygotsky는 사회적, 문화적 상호작용이 고등정신기능의 내면화에 있어서 중요한 역할을 한다는 것을 발견하고, 그 과정에서 기호라는 매개를 사용한다는 것을 밝혀냈다. 이러한 기호들은 다양하지만 그중 가장 사회적 표상이 되는 언어에 관심을 두었고, 언어의 발달과 사고의 발달 간의 관계를 밝히기 위해 노력하였다. 그는 언어의 발달단계를 원시적 단계(primitive stage), 소박한 심리(naive psychology) 단계, 자기중심적 언어(egocentric speech) 단계, 내적 언어(inner speech) 단계 등 네 단계로 구분하였다.

③ 사회적 상호작용과 발달

Vygotsky의 이론에서 주목할 또 하나의 특징은 근접발달 영역(the zone of proximal development: ZPD)이라는 개념이다. 근접발달 영역이란 "독자적인 문제해결에 의해 결정된 아동의 실제의 발달수준(level of actual development)과 성인이나 또래 등 보다 유능한 타인의 지도하의 문제해결에 의해 결정된 잠재적 발달수준(level of potential development) 간의 간격"으로 정의할 수 있다(Vygotsky, 1978: 86). 일반적으로 유아의 실제적 발달 수준은 이미 성숙된 발달의 결과이며, 유아가 혼자서 알고 행동할 수 있는 수준을 의미하며, 근접발달 영역은 아직 성숙되지 않았지만 성숙의 과정에 있고, 가까운 장래에 성숙될 것이지만 현재는 아직 봉오리 상태에 있는 것을 말한다.

근접발달 영역은 학습과 인지 발달이 일어나는 역동적인 민감성 지역이다. 유아가 독자적으로 할 수 없는 그러나 유의미한 타인의 도움을 받아 할 수 있는 과제들은 이미 성숙된 기능들보다는 현재 발달과정에 있는 정신적 기능들을 자극한다. 따라서 Vygotsky는 유아들의 계속 성장 중에 있는 인지적 과정에 초점을 둔다.

근접발달 영역 내에서 어떤 문제해결에 직면해 있는 아동들에게는 문제를 해결할 수 있는 단서를 제공하거나, 세부사항과 단계를 기억할 수 있도록 조력하고, 꾸준히 시도하도록 격려하는 도움이 필요한데, 이러한 조력을 Bruner 등은 건설현장에서 공사인부를 도와주는 비계에 비유하여 비계설정(또는 발판제공, scaffolding)이라고 하였다. 부연하면, 이 개념은 학습자들이 타인(혹은 타인과의 대화)에 대한 의존으로부터 자신에 대한 의존으로 점진적으로 옮겨가는 방식을 설명하는 것이며, 사고란 하나의 개인적 성취인 동시에 하나의 사회적 성취임을 강조하는 것이다(그림 3-6 참조).

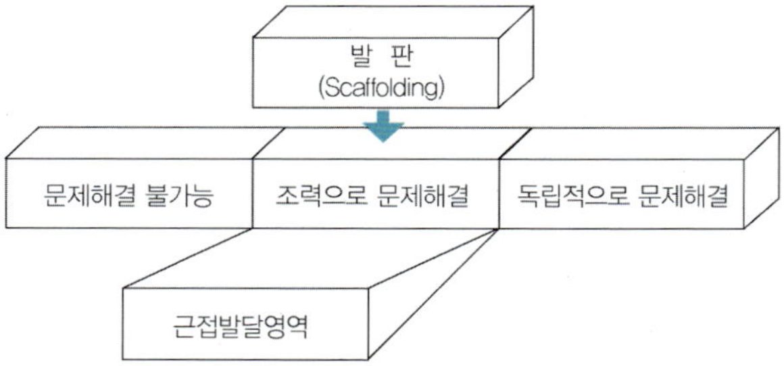

그림 3-6 근접발달 영역과 비계설정

자료: Eggen & Kauchak(1992)

(3) Vygotsky 이론의 교육적 시사점

Vygotsky 이론의 가장 주목할 만한 시사점은 사회문화적 맥락의 중요성을 보여주었다는 점이다. Vygotsky는 사회문화적 맥락이 발달에 영향을 미치는 요인의 하나라고 본 것이 아니라 그 자체가 유아의 활동을 결정짓고 따라서 유아의 인지를 발달시키는 요인이라고 보았다. 서구사회가 개인과 사회를 각기 독립적인 것으로 보고 개인의 발달에만 주의를 기울였다면, Vygotsky는 개인과 사회를 분리할 수 없는 하나의 단위로 보고 이 둘 간의 상호작용을 통해 양자 모두의 발달이 일어나는 것으로 발달이 일어나는 단위를 달리 설정한 것이다.

Vygotsky 이론의 또 다른 공헌은 발달과 학습 간의 관계를 분명히 한 점이다. Vygotsky는 학습이 발달을 일으킨다고 주장한다. 근접발달 영역에서 학습이 이루어지면 그것이 내재화되면서 유아의 인지발달 단계는 높아진다. 그리고 이것은 다시 유아의 근접발달 영역을 변화시켜 새로운 능력이 근접발달 영역에 들어오게 되고 다시 학습이 일어나게 되는 것이다. Vygotsky 이론에서 근접발달영역이란 개념은 학습이 일어날 수 있는 한계를 설정해 주는 동시에 학습과 인지발달의 관계도 명확하게 해 주는 중요한 역할을 한다(강경미 외, 2003).

(4) Piaget와 Vygotsky의 관점 비교

Piaget와 Vygotsky는 모두 아동을 적극적인 유기체로 보았다는 점에서는 유사하지만, 인지발달에 관한 견해에는 상당한 차이가 있다. Piaget는 아동이 혼자서 세계에 대해 폭넓은 이해를 구성하는 작은 과학자라고 설명하는 반면, Vygotsky(1978; 1986)는 아동이 타인과의 관계에서 영향을 받으며 성장하는 사회적 존재임을 강조한다. 그에 따르면, 인간의 정신은 독립적인 활동이 아닌 사회학습의 결과이며, 일상에서의 문제해결은 성인이나 혹은 보다 뛰어난 또래로부터 영향을 받는다. 이처럼 사회의 보다 성숙한 구성원과 상호작용하는 동안 자신의 문화에 적합한 인지과정이 아동에게 전이된다. 따라서 Vygotsky는 상호작용에 필수적인 요소인 언어습득을 아동의 인지발달에 가장 중요한 변인으로 간주한다.

Piaget와 Vygotsky의 관점을 비교하여 제시하면 다음과 같다(전윤식, 이영석, 1990).

① 환경에 대하여 Piaget는 물리적 환경에 주로 관심을 갖는데 반해, Vygotsky는 역사적, 문화적 환경에 주로 관심을 갖는다.

② Piaget는 논리적 구조의 형성은 개인 내(intrapersonal) 과정, 즉 평형과정에 기초한다고 보는 반면에, Vygotsky는 처음에 대인적(interpersonal)에서 시작하여 그 다음 개인 내 과정을 거쳐 다시 대인적 과정에 기초한다고 본다.

③ 발달적 진화관에 있어 Piaget는 발달은 보편적으로 불변적 계열이라고 함으로써 비교적 결정론적인 발달관을 갖고 있는데 반해, Vygotsky는 발달의 단계란 사회적 조건과 유기체의 구조 간의 역동적 산물이기 때문에 변화가 가능하다고 본다.

④ Piaget는 발달의 개인차에 별로 관심이 없는데 비해, Vygotsky는 아동발달

에 어떠한 개인차가 있다고 본다.

⑤ Piaget는 발달을 등심원의 확대와 같이 나타나는 포섭적 팽창이라고 보는데 반해, Vygotsky는 나선적 팽창이라고 본다.

5. 동물행동학 이론

1) 동물행동학 이론의 배경

동물행동학(ethology) 이론은 Darwin의 진화론적 관점에서 동물과 인간의 행동을 연구하는 학문으로 인간발달에 있어서 생물학적인 역할을 강조한다. 동물행동학자들은 모든 유기체는 생존적 가치를 높이는 종 특유(species-specific)의 행동을 선택하면서 환경에 적응하는 방식으로 발달한다고 본다. Lorenz와 Tinbergen은 진화과정과 적응행동 간의 밀접한 관계를 강조함으로써 동물행동학의 기초를 확립하였고, 1960년대에 Bowlby는 동물행동학 이론을 인간의 발달에 적용하여, 유아와 어머니 간의 애착관계를 연구하였다.

2) Lorenz의 각인이론

(1) 각인

Konrad Lorenz(1903~1989)와 그의 동료인 Tinbergen은 자연 환경에서 동물의 행동 관찰을 통해 선천적으로 생존가능성을 높이는 행동패턴이 있음을 발견

Lorenz

했다. 이들 중 가장 잘 알려진 것이 각인이다. 각인(imprinting)은 태어나서 처음 접하는 대상에게 애착을 형성하는 선천적인 특성으로, 거위 같은 새들의 새끼가 부화된 직후부터 어미 새를 따라다니는 종 특유의 행동이다. 이러한 행동을 통해 새끼는 어미와 가까이 있게 되므로 먹이를 얻어먹고 보호받을 수 있기 때문에 생존 가능성이 높아진다. 각인은 생후 초기에 제한된 기간 내에서만 일어나는데, 만약 이 기간 동안 어미가 없으면 대신 어미를 닮은 대상에 각인이 일어날 수도 있다(Lorenz, 1952).

Lorenz(1965)는 또한 각인되는 대상의 범위가 종에 따라 각기 다르다는 것을 발견하였다. 기러기 새끼에게는 움직이는 것이면 무엇이든 각인되는 것으로 보인다. 실제로 움직이는 보트에도 각인된 경우가 있었다. 반면, 물오리 새끼들은 Lorenz가 어떤 높이 이하로 몸을 구부리고 꽥꽥거리는 소리를 지를 때에만 그에게 각인되었다.

(2) 결정적 시기

각인현상은 유아발달과 교육에 광범위하게 적용되고 있는 결정적 시기라는 개념을 이끌어 냈다. 결정적 시기(critical period)란 제한된 시간 내에 유아가 특정 적응적 행동을 학습하도록 생물학적으로 준비되어 있으며, 그 행동을 학습하기 위해서는 환경 내의 적절한 자극이 있어야 한다는 것을 의미한다. 즉 각인은 어린 동물이 일단 생후 초기의 특정한 시기 동안 어떤 대상에 노출되어 그 뒤를 따르게 되면, 그 대상에 애착하게 되는 것을 의미하는데, 여기서 특정한 시기가 결정적인 시기가 된다. 만약 결정적 시기 이전이나 이후에 대상에 노출되면 애착은 형성되지 않는다. 즉, 일단 결정적 시기가 경과해 버리면 그 동물로 하여금 다른 대상에게 애착하도록 하는 것이 불가능해 진다.

동물연구를 기초로 한 결정적 시기의 개념이 인간발달 영역에 적용되면서 민감기(sensitive period) 또는 최적의 시기(optimal period)라는 용어로 사용되기도 한다. 민감기는 특정 능력이 발달하는데 최적의 시기로 유아는 이 시기 동안에 특정 환경의 자극에 대해 특히 민감하게 반응한다. 이 시기를 지난 후에 그 능력을 발달시키려면 오래 걸리고 혹은 회복이 불가능할 수도 있다.

3) Bowlby의 애착이론

(1) 애착

Bowlby

John Bowlby(1907~1990)는 각인현상을 인간 발달의 영유아－양육자 간의 관계에 적용하였다. 의사이자 정신분석학자인 Bowlby는 제 2차 세계대전 후 고아원에서 성장한 유아들에게 타인과 친밀하고 지속적인 관계를 형성하지 못하는 등 여러 가지 정서적 문제가 있음을 발견하였고, 이 유아들이 생의 초기에 어머니에 대한 확고한 애착을 형성할 기회가 없었기 때문에 친밀한 인간관계를 맺지 못하는 것으로 해석하였다. 이러한 관심은 그로 하여금 동물행동학적 이론을 인간관계(특히 영유아와 어머니 간의 애착관계)에 적용하도록 만들었다(정옥분, 2002).

인간은 다른 어떤 종보다 오랫동안 무능력한 상태로 있기 때문에 생존을 위해서 돌봐 줄 사람이 필요하다. 그러므로 유아는 어머니의 보호를 유도하며, 어머니에게 갖는 애착은 동물과 마찬가지로 중요한 생존적 기능을 갖는다.

유아가 태어나서 자신을 돌보는 사람, 특히 어머니와 강한 정서적 유대를 맺게 되는데 이것이 애착관계이다. Bowlby는 유아의 애착행동(미소짓기, 옹알이하기, 잡기, 매달리기, 울기 등)은 선천적인 사회적 신호라고 하였다. 이러한 행동들은 부모로 하여금 유아에게 접근해서 보살피고, 상호작용 하도록 유도할 뿐만 아니라 유아를 먹이고, 위험으로부터 보호하고, 건강한 성장에 필요한 자극과 애정을 기울이게 해 준다. 이것은 인간의 진화적 유산의 일부로서 다른 영장류와도 공유하는 적응기제이다. 유아의 애착발달은 새끼 새에게서 보여지는 각인형성보다 훨씬 복잡한데, 어머니(또는 양육자)와 장기간에 걸친 유대관계를 통해 형성된다(정옥분, 2013; Bretherton, 1992).

(2) 애착의 발달

Bowlby는 유아의 애착행동은 무분별한 사회적 반응단계(0~3개월), 변별된 사회적 반응단계(4~6개월), 적극적 · 능동적 접근과 접촉추구의 단계(7개월~3세), 목표수정 협력 단계(3세에서 아동기 말까지)의 네 가지 과정을 거쳐 발달한다고 보았다(구광현, 이희경, 김보현, 2012).

또한 Bowlby(1988)는 인생에서 첫 3년이 사회 · 정서발달의 민감기라고 보았다. 즉, 첫 3년간이 친밀한 정서적 유대를 형성하는데 매우 민감한 시기이며, 만약 이 기간 동안 그런 기회를 갖지 못한다면, 나중에 친밀한 인간관계를 형성하는 것이 거의 불가능하게 된다고 주장하였다(이 책의 8장 3절 애착발달 내용 참조).

4) 동물행동학 이론의 교육적 시사점

동물행동학 이론은 생물학적, 환경적 영향에 진화론적 견해를 더함으로써 유아발달에 대한 관심을 넓히고, 연구자들이 유아행동의 기능적인 측면에까지 관심을 갖도록 하였다. 동물행동학 이론은 인간발달에 대한 중요한 생물학적 기여들을 확인함으로써, 학습 이론의 극단적인 환경강조에 건강한 균형을 제공하였을 뿐만 아니라 생태학적 이론에 중요한 전제를 보강해 주었다. 특히 교육과 발달에 광범위하게 적용되는 결정적 시기라는 개념을 이끌어 냈다.

Bowlby의 주장처럼 영아의 선천적인 신호와 반응이 사회성 발달을 위한 생물학적 기본계획의 일부분이라면 부모가 영아에게 적절하게 반응해 줄 때 발달은 가장 잘 진전될 것이며, 동물행동학 이론은 부모가 영아의 신호에 반응하기 위해 내적 경향을 따라야 함을 시사한다.

동물행동학 이론은 진화의 맥락에서 인간의 발달을 보는 것의 중요성을 보여준다. 또한 유아에 대한 겸손한 태도와 아울러 성인이 원하는 방식으로 유아의 행동을 바꿀 수 없음도 시사한다. 유아들은 발달이 적절하게 진행되려면 주의 깊게 보살펴져야 하는 반응과 신호를 갖추어야 한다. 그러므로 부모는 행동을 변화시키려고 하기에 앞서 건강한 발달을 위해 마련된 자연의 계획을 어떻게 따를 것인가를 이해해야 한다.

6. 생태학적 이론

동물행동학 이론이 생물학적인 요인을 강조하는 것과는 달리 생태학적(ecological) 이론은 환경을 매우 중요시한다. 생태학적 이론에 따르면, 영유아의 발달은 진공상태에서 이루어지는 것이 아니라 가족, 친구, 친척, 종교단체, 학교 등 여러 가지 환경의 영향을 받는다. 또한 대중매체나 유아 자신이 속한 문화 뿐만 아니라 세계 각국에서 일어나는 사건에 의해서도 영향을 받는다. 따라서 생태학적 이론은 인간 개개인이 몸담고 있는 실제 삶의 맥락 내에서 그 생태환경을 보다 체계적으로 구조화 하고 이들 환경체계와 개인 간의 관계를 이해하는 데 연구의 초점을 둔다.

1) Bronfenbrenner 이론

Bronfenbrenner

Urie Bronfenbrenner(1917~2005)의 생태학적 이론은 인간발달을 사회문화적 관점에서 이해하려는 것이다. Bronfenbrenner(1989)의 생태학적 체계모델(ecological system model)은 아동의 발달을 도모하기 위해 다 수준 체계의 환경적 조화를 강조하며 아동은 직접적인 환경 내에서의 상호작용 뿐만 아니라 대중매체나 정치적 환경 등 보다 큰 범위의 환경에서도 상호작용을 하며 성장한다고 주장한다. 따라서 개인을 이해하기 위해서는 그의 가족, 지역사회, 나아가 국가나 세계까지 총체적인 맥락에서 조명해야 한다는 것이다. 이 이론은 개인을 둘러싸고 있는 환경을 미시체계, 중간체계, 외체계, 거시체계, 시간체계의 다섯 가지 체계로 구분한다. 이들은 유아를 둘러싸고 있는 직접적 환경으로부터 유아가 살고 있는 문화적 환경까지를 다 포함한다. 다음의 그림 3-7은 Bronfenbrenner의 생태학적 체계모델이다. 아래에서는 이 모델의 주요 개념과 다섯 가지 체계에 대해 살펴본다(강경미 외, 2003).

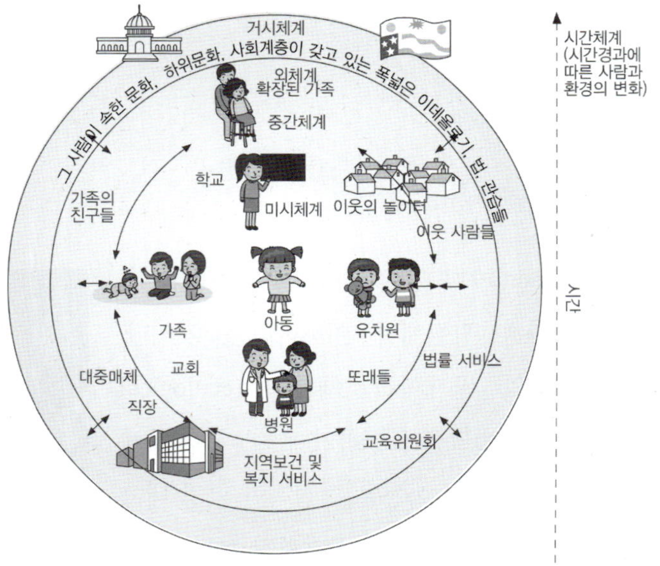

그림 3-7 Bronfenbrenner의 생태학적 체계모델

생태학적 환경(ecological environment)은 러시아 인형(마트로시카 인형)처럼 한 구조가 그 다음 구조 속에 끼워지는 일련의 겹구조(nests structure)들로 근접한 것에서부터 좀 더 먼 것까지 서로 다른 다섯 가지 체계에 담겨져 있다. 생태학적 환경은 발달하는 개인에게 영향을 미치는 즉각적인 상황(situation), 즉 개인이 반응하는 대상이나 그가 얼굴을 마주 대하며 상호작용하는 사람들을 초월한 확대된 개념이다. 여기서 중요시되는 것은 장면(setting)에 함께 있는 또 다른 사람들 간의 관계, 그 관계의 본질 그리고 그 관계가 직접 그 개인을 다루는 사람들에게 영향을 줌으로 발달하는 사람에게 간접적으로 주는 영향들이다. 이러한 즉각적인 환경 내에서의 상호관계들의 복합체를 미시체계라고 한다.

상호연결성(interconnectedness)의 원리는 장면들 내에서 적용될 뿐 아니라 장면들 간의 연결에서도 똑같은 힘의 결과로 적용된다. 발달하는 개인이 실제 참여를 하든 아니든, 사건이 발생하므로 그 사람의 직접적인 환경에 무엇인가 일어나도록 영향을 끼치는 경우까지 적용된다. 전자가 중간체계, 후자가 외체계이다.

끝으로, 겹구조로 된 상호관련된 체계들의 복합체는 특정 문화 혹은 하위문화에 공통되는 사회적 제도의 이념과 조직 위를 덮고 있는 아치 형태로 이러한 일반화된 형태를 거시체계라 부른다. 따라서 주어진 사회 집단 내에서 미시체계, 중간체계, 외체계의 구조와 본질이 마치 같은 모델에 의해 구성된 것처럼 유사한 경향이 있고, 그 체계들은 유사한 방식으로 기능한다. 그러나 이와 반대로 서로 다른 사회집단 간에는 그 구성체계들이 현저히 다르다. 그러므로 서로 다른 사회적 계층, 다른 인종, 종교집단이나 혹은 전체 사회를 특징짓는 미시체계, 중간체계, 외체계를 분석, 비교함으로써 이러한 더 큰 사회적 맥락이 인간발달을 위한 환경으로 갖는 생태학적 특성을 체계적으로 설명·구분할 수 있게 된다. 여기서의 인간발달 생태학은 적극적으로 성장해 가고 있는 인간과 그 발달하고 있는 개인이 살고 있는 즉각적인 장면의 변화하는 속성이 발전적으로 상호조절(mutual accomodation)하는 것을 과학적으로 연구하는 분야이다. 이 발전적 상호조절 과정은 즉각적인 장면과 장면 사이의 관계에 의해 영향을 받으며, 또한 그 장면들은 더 큰 맥락에 의해 영향을 받는다.

(1) 미시체계

미시체계(microsystem)는 발달하는 개인이 독특한 물리적·물질적인 특성을 가진 환경 내에서 경험하는 활동, 역할 및 대인관계의 유형이다. 여기서의 환경이란 가정, 유아교육기관, 놀이터 등과 같이 사람들 간에 쉽게 얼굴을 마주 대하며 상호작용에 참여할 수 있는 장소이다. 활동, 역할 그리고 대인관계가 미시체계를 구성하는 요소이다.

여기서 유아는 중앙에 위치하고 유아의 근접환경이 미시체계이다. 미시체계는 유아가 살고 있는 집의 크기, 근처에 있는 운동장의 시설물, 학교 도서관에 구비된 장서의 크기 등과 같은 물리적 특성을 포함한다. 또한 유아의 가족, 친구, 학교, 이웃이 이 체계에 포함된다. 이들은 유아의 발달에 관련이 있는 특성들을 소유하는데, 또래집단의 사회경제적 지위, 부모의 교육수준, 교사의 정치적 신념 등이 그것이다.

이 미시체계 내에서 유아와 부모, 친구, 교사, 코치와 같은 사회 구성원들과 대부분 직접적인 상호작용이 이루어진다. 유아는 환경의 영향을 받는 수동적인 존재가 아니라 환경을 구성하는 능동적인 주체이다. 미시체계는 유아가 성장하면서 변화한다.

(2) 중간체계

중간체계(mesosystem)는 발달하는 개인이 적극적으로 참여하는 둘 이상의 환경들 간의 상호관계로 이루어진다. 예를 들어, 유아의 경우, 가정, 유아교육기관, 학교와 이웃, 동료 집단 사이의 관계들이며, 성인의 경우는 가족, 직장, 사회생활 사이의 관계 등이다.

중간체계는 미시체계들 간의 상호관계, 즉 환경들과의 관계를 말한다. 중간체계는 발달하는 개인이 새로운 환경으로 이동할 때마다 형성되거나 확대된다. 이를 테면, 부모와 교사 간의 관계, 형제관계, 이웃친구와의 관계 등이 그것이다. 이러한 일차적인 연결 이외에도 상호연결성에는 많은 부가적인 형태의 상호연결 고리들이 있다. 즉, 두 환경에 적극적으로 참여하는 서로 다른 사람들 간의, 사회조직망 내에서의 중재적 연결, 환경과 환경들 간의 형식적, 비현실적 의사소통, 그리고 분명한 현상학적인 영역인 한 영역 내에 존재하는 다른 환경에 대한 지식과 태도의 정도와 본질 등이다. 일반적으로 이 체계들 간의 관계가 밀접할수록 아동의 발달은 순조롭게 진행된다.

(3) 외체계

외체계(exosystem)는 발달하는 개인이 적극적인 참여자로 관여하지는 않으나 발달하는 개인이 속한 환경에서 일어나는 일에 영향을 주거나 영향을 받는 사건이 발생되는 하나 또는 그 이상의 환경을 의미한다. 예를 들면, 유아의 경우, 부모의 직장, 손위 형제가 다니는 학교, 부모의 친구, 정부기관, 사회복지기관, 대중매체, 직업세계 등이 여기에 포함된다. 유아는 이러한 외체계에 참여하지는 않지만, 이러한 환경들은 유아의 행동에 영향을 미친다. 예를 들면, 부모의 직장 상사는 부모가 어디에서 일할지, 언제 일할지, 얼마만큼 벌지, 언제 휴가를 갈 수 있는지, 자유로운 근무시간을 허용할지 등을 결정한다. 더욱 중요한 것은 고용주는 아버지나 어머니를 도시에서 시골로 전근시킬 수도 있고, 완전히 해고시킬 수도 있다. 이러한 결정들은 자녀의 미시체계 및 중간체계에 심각한 영향을 미칠 수 있다.

학교정책을 결정하는 교육제도는 유아들에게 중요한 의미를 갖는 외체계 변인의 예이다. 유치원이나 어린이집에 다니는 유아가 어떤 활동에 참가할지 그리고 어떤 교육과정과 방과후의 활동이 제공될지를 교육부(교육청, 교육위원회) 등의 기관이나 위원회에서 결정한다. 이들 기관은 재정수지를 맞추기 위해 도서관을 폐쇄할 수도 있고, 음악이나 미술과목의 예산을 줄일 수도 있으며, 방과 후 활동을 없앨 수도 있다. 어른들은 유아의 최대 이익을 항상 염두에 두면서 그들의 외체계에 대한 결정을 하는지 자문해 볼 필요가 있다. 불행히도 그러한 결정에는 유아의 이익보다는 예산이나 정치적 고려가 우선하는 경우가 흔히 있다.

(4) 거시체계

거시체계(macrosystem)는 개인의 생활에 영향을 주는 특정한 맥락이 아니라 문화체계 내에서 존재하는 제도상의 조직으로 경제체계, 사회체계, 교육체계, 법

체계 및 정치체계와 같은 문화 또는 하위 문화에 해당한다. 여기서 문화란 한 세대에서 다음 세대로 전수되는 행동 유형, 신념, 관습 등을 일컫는다. 유아가 속해 있는 사회문화적 배경은 유아의 발달에 지속적인 영향을 미친다. 즉, 거시체계는 신념, 태도, 전통을 통해 유아에게 영향을 미친다. 거시체계는 일반적으로 다른 체계보다 더 안정적이지만, 때로는 사회변화(예를 들면, 평화체제에서 전쟁체제로 변화)에 따라 변할 수 있다(Elder & Caspi, 1988). 거시체계는 유아의 삶에 직접적으로 개입하지는 않으나, 전체적으로 보면 아치처럼 펼쳐 있는 사회계획을 포괄함으로써 비록 간접적이기는 하나 매우 강력한 영향력을 발휘한다.

이와 같이 유아와 환경과의 상호작용적인 관계를 중요시 하는 생태학적 접근법은 영유아를 둘러싼 환경을 거시체계로 보면서 유아의 사고, 인성, 행동 등을 이해하려고 한다.

(5) 시간체계

시간체계(chronosystem)는 유아발달에 영향을 미치는 시간적 차원을 말한다. 유아에게 있어 환경은 항상 일정하게 영향을 주는 정지된 상태가 아닌 늘 변화하는 역동적인 것이다. 형제자매의 출생, 학교, 입학, 이사, 부모의 이혼 등의 사건들은 유아와 환경과의 관계를 변화시키고 발달에 영향을 미치는 새로운 환경을 조성한다. 이러한 환경의 변화 시기는 중요한 영향 요인이 된다. 예를 들면, 부모의 이혼이 유아에게 미치는 영향에 관한 연구에서 연구자들은 이혼의 부정적인 영향은 이혼한 첫 해에 최고조에 달하며, 딸보다 아들에게 더 부정적인 영향을 미친다는 것을 발견하였다. 그리고 이혼 후 2년쯤 되면 가족 간의 상호작용은 안정을 되찾는다. 사회문화적인 환경과 관련해서는 한 세대 이전에 비해 더 많은 여성들이 직업 갖기를 희망한다. 이와 같은 상황에서 시간체계는 유아의 삶에 지대한 영향을 미친다.

발달에 영향을 미치는 사건은 외적으로 부과될 수도 있으나, 유아 내부에서 일어날 수도 있다. 유아는 자신의 주위환경과 경험을 선택하고 수정하고 창조할 수 있다. 즉, 유아에게 주어진 환경은 매우 다양하므로 긍정적인 환경과 부정적인 환경 중에 어느 측면의 환경을 선택하느냐는 유아의 신체적·지적·인성의 특성과 부여된 환경적인 기회에 영향을 받는다. 따라서 생태학적인 이론에서 발달은 환경에 의해 통제되거나 내적인 힘에 의해 결정되는 것이 아니라, 유아는 환경의 산물이면서 동시에 산출자이며, 이 두 가지가 서로 영향을 주고 받는 관계에 있다.

2) 생태학적 이론의 교육적 시사점

Bronfenbrenner의 생태학적 이론은 유아를 둘러싼 환경을 겹겹의 구조로 체계화하고 다양하고 체계적인 분석을 통해 이들 각 체계와 유아발달 간의 상호관련성을 보여 주었다. 또한 개인-과정-맥락모형 등 보다 세분화된 과정중심적 연구방법을 통해 중재프로그램이나 정책방향을 위한 실질적인 제언을 하는 데 크게 기여하였다(정옥분, 2013).

이와 같은 체계이론이 시사하는 바는 영유아의 발달에 긍정적 영향을 주기 위해서 다양한 수준의 다양한 관계를 다루는 프로그램을 제공해야 한다는 점이다. 이와 관련한 예방과 처방프로그램으로는 부모와 자녀 간의 의사소통, 아동학대 예방과 대응, 이혼에 대한 대처, 사회적 적응훈련 등이 있을 수 있다.

Bronfenbrenner의 이론은 이전의 단선적이고 인과론적인 시각에서 통합적이고 전체적이며 역동적인 인간-환경관계에 대한 시각으로의 전환점을 제공하였으며, 환경의 제반요소들과 끊임없이 상호교류 하는 인간의 적응적이고 진화적인 인간의 특성을 강조하였다(구광현, 가영희, 이경철, 2016).

동물행동학적 접근과 생태학적 접근은 개인과 환경 맥락 간의 관계를 검토한다는 공통점이 있다. 그러나 행동생물학적 이론은 모든 문화권에 공통적인 발달적 뿌리를 찾으려는데 반해, 생태학적 이론은 각 문화권 특유의 발달적 양상을 식별해 내려는 점에서 차이가 있다.

생각해 볼 거리

이 장에서 다루어진 내용을 바탕으로 학습자 각자 다음의 문제들에 대해 정리해 본 후, 그 내용을 수업에서 질문이나 토의 자료로 활용해 보자.

1. 이 장에서 특별히 새롭게 학습한 내용이 있다면, 그 내용을 열거해 보자.
2. 이 장에서 특별히 관심을 끌었던 내용은 어떠한 것이며, 그 이유는 무엇인지 정리해 보자.
3. 이 장에서 다루어진 내용 가운데 한 가지를 택하여 그 내용이 실제 교육장면에 어떻게 응용 또는 적용될 수 있는지를 설명해 보자.
4. 이 장에서 특별히 어려움이나 싫증을 느낀 내용은 어떠한 것이며, 그 이유는 무엇인지 정리해 보자.
5. 이 장을 학습하면서(또는 학습한 결과) 더 자세히 알아보고 싶다고 느낀 주제나 내용은 무엇인지 정리해 보자.

Chapter

04

태내기 및 신생아기 발달

인간의 생명은 남성의 정자와 여성의 난자가 서로 만나 결합하는 순간부터 시작된다. 이러한 결합을 수정이라고 하며, 이때 한 개인의 성별과 특성이 결정되고 하나의 생명체로서 성장하게 된다. 따라서 인간발달의 첫 단계인 태내기에 형성되는 모든 기관의 구조와 기능은 한 개인의 신체 및 행동발달의 기초가 된다. 또한 출생 전 태아의 발달상태는 출생 후 영유아의 성장과정에 큰 영향을 미친다. 신생아기는 출생 직후부터 1개월까지로 태아가 모체의 자궁 내에서 의존생활을 하다가 출생 후 새로운 환경에 적응하는 시기이다. 이 시기는 아기의 행동발달의 출발점으로 출생과 더불어 많은 생리적 변화를 경험하게 된다. 따라서 신생아기는 인간의 전체발달에서 아주 짧은 기간이지만 사망률과 이환률(morbidity)이 가장 높은 위험한 시기이기 때문에 신생아가 주변환경 변화에 잘 적응할 수 있도록 특별한 관심과 집중적인 보호가 필요하다.

이 장에서는 영유아발달의 근원이 되는 임신 및 태내기 발달 그리고 출산 및 신생아기 발달에 대해 차례로 살펴본다.

1. 임신과 유전

1) 수정

인간생명체의 기원은 단세포로 시작되며, 이 세포는 남성의 성세포인 정자(sperm)가 여성의 성세포인 난자(ovum)의 벽을 뚫고 들어가 결합해서 형성되는 생식세포이다. 이러한 생식세포의 결합과정을 수정(fertilization)이라고 하며 한 개체의 생명은 이 수정과 더불어 시작된다.

정자가 난자의 세포막에 닿게 되면, 난자의 세포막이 부풀게 되면서 그 안으로 정자가 침입하게 된다. 그리고 일단 하나의 정자가 난자의 세포막을 뚫고 진입하게 되면, 난자세포막에 변화가 생겨 다른 정자의 진입을 막게 된다.

수정을 통해 정자의 핵과 난자의 핵이 결합하면 하나의 완전한 세포가 형성된다. 이 단일세포를 수정란(fertilized ovum) 또는 접합체(zygote)라고 하는데, 이 접합체 안에는 하나의 단세포에서부터 시작해서 성인의 수준까지 발달할 수 있는 수많은 유전정보가 담겨 있다(김현택 외, 1998).

정자는 24시간에서 48시간 동안 난자를 수정시킬 수 있는 능력을 보유하고 있지만 난자는 난소를 떠난지 약 24시간이 지나면 수정이 불가능하게 된다. 따라서 정자가 24시간 이내에 난자를 만나야만 수정이 가능하며 만약 이때 수정이 이루어지지 않으면 정자는 여성의 체내에서 백혈구에 의해 죽게 되며, 난자는 자궁과 질을 통과해서 체외로 배출된다. 그 결과, 또 다른 난자와 정자의 수정과정이 반복되는 것을 방지한다.

2) 유전

인간이 다른 동물과 구별되는 이유는 인간 특유의 염색체(chromosome)를 갖고 있기 때문이며, 따라서 인간의 발달은 남성의 생식세포인 정자와 여성의 생식세포인 난자가 가지고 있는 생물학적 특성인 유전적 소인(경향성, predisposition)에 의해 결정된다. 유전은 부모로부터 자녀에게 전달되는 특성이나 기질을 의미하며 이를 유전인자(gene)라고 한다. 유전인자는 염색체 또는 화학명으로 DNA(Deoxyribo Nucleic Acid) 속에 들어 있으며 사람마다 각기 다른 유전정보를 가지고 있다(김태련, 장휘숙, 1994).

인간의 염색체는 총 23쌍(46개)으로 되어 있다. 이 중에서 22쌍은 상염색체이고, 23번째 한 쌍은 성염색체이다. 한 개의 염색체 안에는 약 2만 개의 복잡한 분자로 구성된 유전인자가 이중으로 나선형의 모양을 하고 있다(Mussen et al., 1979; 그림 4-1 참조).

DNA의 배열과 특성은 개인마다 다르며, 이러한 개인의 유전인자 독특성을 인자형(genotype)이라고 하고, 겉으로 드러나는 특성을 표현형(phenotype)이라고 한다.

유전에 따른 인간의 특성은 그 영역에 따라 차이가 있다. 키와 머리색, 피부색 등 신체적인 특징은 거의 절대적으로 유전에 의해 결정되며, 개인의 능력이나 기질, 정서적 안정성 등 심리적인 특성 역시 유전적 소인의 영향을 받는다.

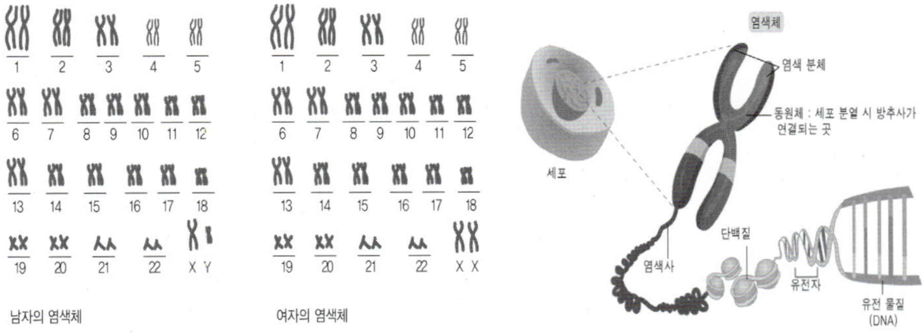

그림 4-1 인간의 염색체와 DNA

3) 성의 결정

인간의 수정란(접합체)은 정자와 난자를 포함해서 각각 23개씩 46개의 길고 실같은 모양의 염색체들로 구성되어 있다. 또한 각각의 염색체는 유전의 기본단위인 수천 개의 유전인자를 포함하고 있다. 23쌍의 염색체들은 각 쌍마다 크기, 모양, 유전적 기능이 서로 일치하며 이중에서 23번째 쌍은 성염색체로서 인간의 성을 결정한다. 남자의 23번째 염색체 쌍은 X염색체 한 개와 Y염색체 한 개로 되어 있으며, 여자의 경우는 두 개가 모두 X염색체로 구성되어 있다. 따라서 수정시 난자 X에 진입된 정자의 성염색체가 Y이면 남성(XY), X이면 여성(XX)이 된다.

4) 쌍생아

쌍생아는 수정시 정자의 수와 난자의 배출 수에 따라 일란성 쌍생아(identical twins)와 이란성 쌍생아(fraternal twins)로 구별된다. 단일접합체형 또는 일란성 쌍생아들은 수정된 한 개의 난자가 수정 후에 두 개로 분열된 경우로, 분리된 후에 각각 독립적인 개체로 발달하게 된다. 일란성 쌍생아는 하나의 접합체가 분열해서 동일한 유전자를 공유하기 때문에, 외모나 다른 유전적 특성도 비슷하게 된다.

이형접합체형 또는 이란성 쌍생아들은 난소에서 배출된 한 개 이상의 난자가 각각 다른 정자와 모두 수정이 된 것이다. 자연적인 상황에서도 일란성 쌍생아 출생 비율이 높은데 최근에는 임신촉진제 사용이나 인공수정의 경우가 늘어나면서 발생 비율이 더 높아지는 경향이다. 이란성 쌍생아는 서로 다른 난자와 정자에 의해 만들어져 유전적 구성이 다르기 때문에, 외모가 유사하지 않으며, 동성이 아닌 경우도 있다(조복희, 2000).

2. 태내기 발달

태내기는 수정란(접합체)이 형성된 순간부터 태아가 출산되기까지의 약 40주(280일)를 의미한다. 그러나 이 40주는 임신기간을 쉽게 알아내기 위해서 여성의 마지막 월경주기 첫날부터 계산한 것이며, 정확한 태내기의 기간은 정상출산인 경우 약 38주로 266일이다.

태내기 발달은 수정이 포함되어 있는 발아기(배포기 또는 배종기, germinal period), 배아기(embryonic period), 태아기(fetus period)의 3단계로 구분한다. 첫 단계인 발아기는 수정의 순간부터 수정란이 안정적으로 자궁벽에 착상하기까지의 약 2주간이며, 두 번째 단계인 배아기는 신체의 주요 기관들이 형성되고 심장이 뛰기 시작하는 3주에서 8주까지이다. 그리고 마지막 세 번째 단계인 태아기는 9주에서 40주까지로, 신체기관들이 거의 발달하고 기능하기 시작하면서 태아가 완전히 성장해서 출생하기까지의 기간이다.

1) 발아기

난자와 정자가 수정하여 접합체를 이루고 난 후에 수정란(접합체)이 나팔관을 거쳐 자궁에 착상하기까지의 약 2주간을 발아기(배포기 또는 배종기)라고 한다. 수정 후 36시간 내에 수정란은 급속한 세포분열기로 접어들면서 수정 후 72시간(3일)이 되면 32개의 세포로 분열되고 1주일이 지나면 약 100~150개의 세포가 된다. 이와 같이 수정란은 세포분열을 거듭하면서 난관내부의 섬모운동과 난관의 수축작용으로 나팔관과 난관을 지나 자궁 속으로 내려온다. 수정 후 4~5일경에 수정란이 자궁에 이르게 되면, 세포를 둘러싼 투명막은 없어지고 액체가 차 있는 공모양의 미분화된 포배아 상태로 1~2일 동안 자궁 안에서 자유롭게 떠다니다가 자궁벽에 착상(implantation)하게 된다(그림 4-2 참조). 이때, 포배아는 착상된 상태에서 세포분열을 계속하면서 내부세포와 외부세포 두 개의 세포 덩어리로 분리된다. 세포의 안쪽 내부세포층은 장차 배아의 체부를 형성해서 태아로 발달하게 되는 부분으로 먼저 세포가 한쪽으로 뭉치면서 배아판을 형성하게 된다. 이 배아판은 상하(上下) 두 층으로 나뉘어져 있는데, 상층인 외배엽은 배아기에 중추신경계를 비롯하여 말초신경계, 표피, 손톱, 머리카락 등의 기관으로 발달하게 되며, 하층인 내배엽은 소화기계, 간, 췌장, 타액선 그리고 호흡계로 발달하게 된다.

미분화된 포배아세포가 자궁벽에 착상하는 과정은 쉽지 않기 때문에 모든 수정란이 성공적으로 자궁벽에 착상하는 것은 아니다. 따라서 비정상적인 수정란의 수를 포함해서 4개 중 3개는 태내발달의 첫 단계인 착상에서 실패하고 임신이 이루어지지 않는다.

포배아의 또 다른 세포인 외부세포층은 배아를 보호하고 발육하기 위한 조직으로 발달한다. 장차 융모막이 되는 이 부분은 영양세포층으로 배포기 동안 자궁벽의 안쪽을 덮어 주는 융모라고 하는 작은 실과 같은 구조를 만들어 내면서 포배아가 자궁에 완전하게 착상할 수 있도록 도와준다. 또한 영양세포층은 태반과 탯줄로 발달해서 태내기 동안 태아를 키우고 보호하는 또 다른 중요한 역할을 하게 된다.

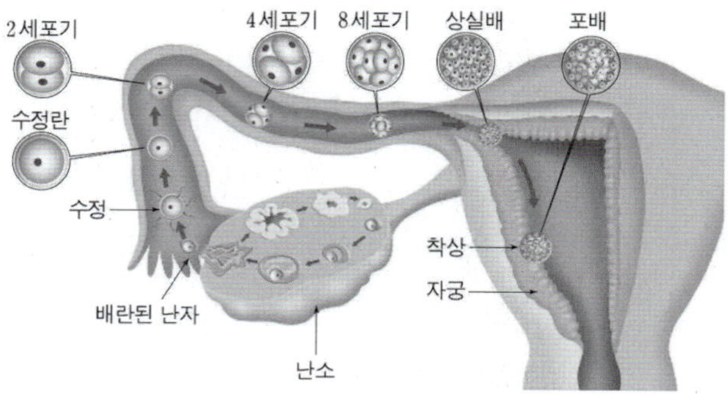

그림 4-2 **수정과 착상**

2) 배아기

수정 2주 후 미분화된 배아세포(포배아)가 착상준비를 하면서 약 150개의 세포를 갖게 된다. 이 세포덩어리가 자궁 내에 완전히 착상하게 되면 이를 배아(embryo)라고 한다. 따라서 배아기는 수정 2주 후부터 8주까지의 기간으로 포배아가 자궁벽에 착상한 후부터 약 6주간을 의미한다.

(1) 배아기 발달 특징

배아기는 신체 기본조직이 형성되면서 각 기관이 발생하는 단계로 발달이 급속하게 진행되는 시기이다. 즉, 배아기가 시작되는 수정 후 2~3주 경의 배아의 크기는 약 0.7cm 정도밖에 되지 않지만 배아기 말기에는 사람의 형태를 갖추게 될 정도로 성장하게 된다. 따라서 배아기는 임신의 전 과정 중 가장 중요한 시기로 이때 결함의 정도가 심한 배아는 대개 자연적으로 유산된다. 또한 배아기에 발생하는 작은 손상이나 문제 역시 앞으로 태아발달에 심각한 결함과 장애를 초래할 수 있기 때문에 세심한 주의가 필요하다.

(2) 배아의 발달과정

수정 3주 배아기로 접어들면 외배엽의 세포분열이 내배엽의 세포분열보다 훨씬 더 활발하게 진행되면서 중간층인 중배엽이 새로 생성되고 배아의 모양은 활처럼 구부러지게 된다. 또한 배아를 형성하는 내세포층은 성격이 각기 다른 3배엽으로 발달하여 인체의 각 장기를 형성하는 기초가 된다. 가장 외층인 외배엽(ectoderm)은 신경체계, 감각기관, 피부의 상피조직, 머리칼, 분비선(한선, 타액선, 점액선), 손톱, 발톱, 치아가 되며 중간층인 중배엽(mesoderm)은 근육조직, 골격, 연골, 인대, 결합조직, 순환계, 비뇨기, 생식기 등으로 발달한다. 그리고 내층인 내배엽(endoderm)은 소화기관, 호흡기관, 갑상선, 흉선, 췌장이나 간과 같은 생명기관으로 발달하게 된다.

수정 후 4주가 되면 배아의 크기가 약 1cm 정도로 발달하며 복면에서 굴곡되어 두부와 미부로 구분된다. 두부의 안면에는 눈, 코, 귀의 원기가 생기고, 미부는 사지의 발생과 함께 손과 손가락들이 형성, 분화된다. 또한 4주 말이 되면, 심장이 형성될 뿐 아니라 이미 박동하기 시작한다.

수정 후 5주 경부터는 소화기관의 분화와 함께 신경계의 분화가 시작되면서 뇌도 중뇌, 소뇌, 연수의 세 가지 구조로 발달하게 되며, 눈은 각막과 렌즈(수정체)가 형성된다.

수정 후 약 6~7주가 되면 귀가 형성되고, 태아는 기본적 골격을 갖추게 된다. 이때 사지가 몸에서 밖으로 나오게 되면서, 처음에는 상박(upper arms)이 나타나고 다음으로 전박(forearms), 손, 손가락이 나타난다. 며칠 후에는 다리도 팔과 비슷한 형태와 순서로 발달하게 된다.

수정 후 7~8주가 되면, 배아의 순환체계는 이제 스스로 기능하게 되고 또한 미분화된 생식선으로 알려진 생식융기가 나타나면서 태아의 성이 발달하기 시작한다. 태아가 남성이면 Y염색체를 가진 유전자가 미분화된 생식선을 고환으로 만들기 위한 생화학적 반응이 나타나며, 만일 태아가 여성이면 생화학적 반응 없이 난소를 생성하게 된다.

8주 말이 되면, 배아의 길이는 약 2.5cm, 무게는 약 14g이며 몸체는 더욱 굴곡되고 얼굴이 분화되며 최초의 근육수축이 일어난다. 이와 같이 임신 2개월 동안 배아는 비록 그 크기는 매우 작지만 내부적으로 신체기관과 조직을 거의 모두 갖추고 외형적으로는 인간의 모습과 비슷한 형태로 발달하게 된다.

3) 태아기

태아기는 X-ray상에 태아의 뼈세포가 나타나는 수정 8주 말 경부터 출산할 때까지를 의미하며, 배아기에 발달하기 시작한 신체기관들이 각 부분별로 정교하게 성숙되는 기간이다. 즉, 배아가 태아로 발달하면서 출생에 이를 때까지 태아의 신체 각 기관의 구조와 기능이 보다 더 완전하게 발달하는 한편, 각 기관들마다 서로 다른 속도로 성장하면서 태아의 모습은 완전히 인간의 형태로 바뀌게 된다.

태아기에서 가장 중요한 발달은 신경체계와 신장, 체중의 발달이다.

(1) 신경체계의 발달

태아기 이전까지 가장 발달이 적게 이루어지는 부분은 신경계이다. 신경계는 두 종류의 기본세포인 보조세포와 신경세포로 구성되어 있다. 보조세포는 신경이 죽거나 손상되었을 때 그것을 제거하거나 신경과 신경을 서로 연결, 분리시킴으로써 뇌조직을 단단하게 지탱시켜 주는 일종의 접착제 역할을 하는 세포이다. 보조세포는 임신 13주부터 발달하기 시작하여 출생 후 2년이면 완성된다.

신경세포는 뇌와 신체의 한 부분에서 다른 부분으로 계속해서 정보를 받고 전달하는 연결기능을 하는 세포이다. 신경세포는 세포체(cell body), 수상돌기(dendrites), 축삭돌기(axon)와 신경종말섬유(terminal fibers)로 구성되어 있다(그림 4-3 참조). 가장 먼저 발달하는 세포체는 수정 10~20주 안에 발달하며 신경세포의 중심부에 위치하고 있다. 단백질을 합성해서 뉴런의 각 부위로 전달하는 역할을 한다. 세포체에 관으로 연결되어 있는 축삭돌기와 신경충동을 받아들이는 주요 수용체인 수상돌기는 임신말기 2개월 동안에 발달하기 시작하여 출생 때까지 크기가 증가하면서 기능이 점점 더 복잡하게 된다. 축삭돌기의 끝 부분에 위치한 신경종말섬유는 신경체계에서 들어온 메시지를 전달하는 기능을 한다(Todd et al., 1995).

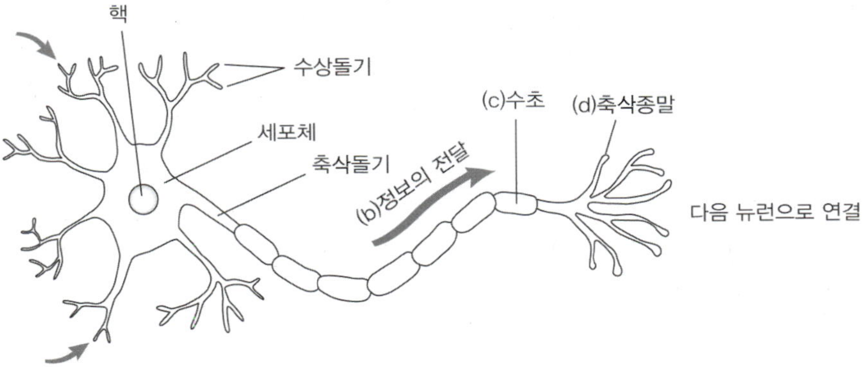

그림 4-3 신경세포(nerve cell)

또한 두 개의 수상돌기가 만나는 부분이나 수상돌기와 신경종말섬유가 연결되는 부분, 즉 두 개의 신경세포가 연결되는 부분을 접합부 또는 시냅스(synapse)라고 하며, 시냅스에서의 메시지 전달기능은 신경전달물질(neuro-transmitter)의 화학적 작용에 의해 이루어진다.

그러나 태아기 초기의 신경계 발달은 단순하여 짧은 축삭돌기가 달린 세포체가 대부분이며 수상돌기는 거의 발달되지 않은 상태이다. 임신 8~10개월 그리고 출생 후 첫 2~3년 동안에 축삭돌기의 길이가 길어지면서 수상돌기의 기능이 급속하게 발달하게 된다. 또한 신경세포의 연결부위인 시냅스의 형성은 신경계 중에서도 가장 더디게 발달해서 정상적인 기능은 대부분 출생 후에나 가능하게 된다(Huttenlocher, 1994).

(2) 신장과 체중의 발달

태아의 신장과 체중은 신경계와 마찬가지로 태아기 후반부에 크게 발달한다. 신장은 체중보다 빠르게 발달해서 임신 20주에 이미 출생시 신장의 1/2이 되는 반면에 체중은 임신 32주가 되어야 출생시 체중의 절반에 이르게 된다.

임신 3개월부터 출산까지 진행되는 태아의 전반적인 신체발달 과정은 다음과 같다(강경미, 구광현, 백경숙, 2005; 그림 4-4 참조).

① 임신 3개월

태아의 길이는 약 7.6cm이고 체중은 30g 정도가 된다. 모발이 나기 시작하고 최초의 눈썹이 생긴다. 눈은 상하안검이 유착된 상태이고 망막층이 형성되기 시작한다. 손가락과 발가락을 완전히 구별할 수 있으며 손톱, 발톱도 생긴다. 골수에서는 혈액의 시초가 보이고 유치의 씨가 생기며 소화계와 배설체계가 함께 작용하면서 태아는 영양분을 소화하거나 배설할 수 있다. 또한 3개월 말이면 외성기가 분명해지면서 태아의 성이 초음파에 의해 구별될 수 있으며 생식체계는 이미 미성숙한 난자 혹은 정자세포를 포함하고 있다.

② 임신 4개월

태아의 신장은 20.3~25.4cm, 체중은 약 170g 정도로 발달한다. 이때부터 태아는 근육을 움직이게 되고, 사지운동(motor)이 시작되면서 모체는 태동(quickening)을 느낄 수 있다. 태아의 활동은 점점 증가해서 발로 차고, 몸을 굽히고, 뒤집고, 주먹을 쥐거나 손가락을 빨기도 한다. 장운동도 활발해지면서 장내에는 태변이 있다. 태아의 심장박동을 청진기로 들을 수 있고, 단단해진 골격은 초음파에 의해 탐지된다. 또한 16주 말이면 비중격(nasal septum)과 구개열(palate)이 합쳐지며, 이때 연합이 실패하면 구개파열(cleft palate)이 된다. 임신 4개월 말 경에 이르면 태아는 분명하게 인간의 외형을 갖추게 된다.

③ 임신 5개월

태아의 신장은 30.5cm, 체중은 약 340~450g 정도로 발달한다. 손톱이 단단해지고 피부가 두꺼워지며, 눈썹, 속눈썹, 머리털이 나타난다. 태내에서 비교적 활발하게 움직이기 때문에 모체는 자주 태동을 느끼게 된다. 태아의 심장박동은 산모의 배에 귀를 가까이 대고 들을 수 있을 정도로 강하다. 태아의 피부는 배냇솜털(lanugo)이라고 불리는 얇은 체모층으로 덮여 있으며, 또한 땀선과 피지선이 기능하면서 분비된 태지가 태아표면에 부착되어 있다.

④ 임신 6개월

태아의 성장 속도는 다소 늦어지면서 신장은 35.6cm, 체중은 약 600g 정도가 된다. 피부는 붉고 주름이 잡혀 있으며 지방이 쌓이기 시작한다. 하루 24시간 동안 규칙적인 호흡을 유지할 수 있으며 우는 소리도 낼 수 있다. 또한 6개월 말이 되면 눈의 형태가 완전해지면서 눈을 감고 뜨는 시각적 운동이 가능하며 청각도 기능하기 시작한다. 그러나 이 시기에는 아직 자궁외 생활이 불가능하며 보육기(incubator) 내에서의 생존 확률도 희박하다.

⑤ 임신 7개월

임신의 마지막 3개월이 되면 신장은 40.6cm, 체중은 약 1.4~2.3kg 정도로 발달한다. 임신 후 24~28주 사이에(대개 7개월에) 태아는 생존가능연령(age of viability)에 도달해서 조산하는 경우에 약 5% 정도는 생존할 수 있다. 출생하면 울 수 있고 반사유형이 완전히 발달해서 감각기관의 반응도 정상적으로 나타난다. 또한 7개월 말 경이 되면, 키는 약 40cm까지 크고 체중은 급격히 증가해서 2kg까지 육박한다. 이때 태아 체중의 대부분은 피부 바로 밑에 위치한 지방층으로 신생아를 외부 온도변화로부터 보호하는 역할을 한다.

⑥ 임신 8개월

태아의 신장은 45.7~50.8cm, 체중은 약 2.3~3.2kg 정도로 발달하며 자궁 밖에서의 생활은 보육기 내에서 2/3 정도가 생존 가능하다. 자궁 내 제한된 환경 때문에 동작과 활동이 감소하면서 지방층이 태아의 몸 전체와 신체 모든 기관에 고르게 발달하게 된다. 또한 임신 8개월 말 경에는 태아의 신체가 전반적으로 효율적인 기능을 하며 이때부터 조금씩 출생에 대한 준비를 하게 된다.

⑦ 임신 9개월

태아의 신장은 50.8cm, 체중은 약 3.2kg 정도로 자궁 외 생활도 가능하다. 피부는 탄력이 있으며 체부는 둥글고 부드럽다. 9개월 중반에 이르면 태아의 활동이 느려지고 수면이 증가한다. 성장을 거의 끝낸 태아는 제한된 공간 내에서 가장 편안한 자세로 자궁의 밑 부분에 머리를 아래로 한 자세, 소위 태아자세로 사지를 구부리고 있다. 심장속도가 빨라지고 노폐물도 더 많이 배출된다.

⑧ 임신 10개월

태아의 신장은 50~52cm, 체중은 약 3.2~3.5kg 정도이다. 성숙아로서의 특징을 갖추고 있으며 자궁 밖으로 출산하면서 태내 기간은 종료하게 된다. 성숙태아 즉 신생아의 외모는 담홍색의 피부로 솜털과 두꺼운 태지로 덮혀 있으며 전신에 약간의 주름이 있고 몸은 비교적 풍만한 상태이다.

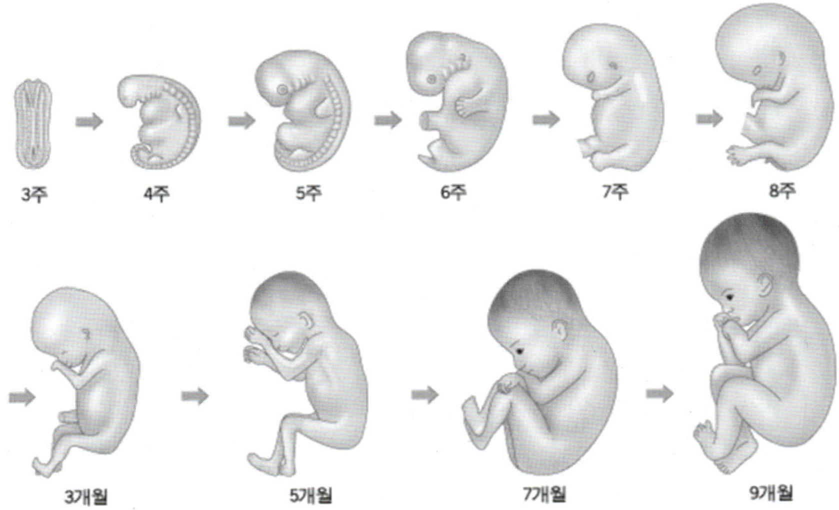

그림 4-4 태아의 발달과정

3. 태내기 발달이상

태내기 발달에서 일어날 수 있는 문제는 크게 수정되는 순간에 발생하는 유전적 결함의 문제와 수정 후 환경적 사건에 의해 발생하는 신체기형의 문제들로 나누어 볼 수 있다. 선천적 결함(congenital defect)이나 장애는 고정된 순서에 의해 진행되는 태내기의 발달시기와 과정에 여러 가지 문제를 수반하여 태아성숙에 영향을 줄 뿐만 아니라 신생아기의 정상적인 발달에도 지장을 초래하게 된다(김광웅, 방은령, 1992).

1) 유전적 요인

전체 수정란 중에서 3~8%는 정자나 난자가 정확하게 분열하지 못하여 염색체 수가 많거나 적게 되는 유전인자 자체의 결함을 가질 수 있다. 이러한 비정상적인 임신의 90% 이상은 자연적으로 유산되며, 살아있는 태아의 1% 정도만이 유전적 결함을 갖고 출생하는 것으로 추정하고 있다.

(1) 염색체 이상

대부분의 염색체 이상은 세포들이 감수분열 할 때에 양쪽이 똑같이 분리되지 않아서 정자나 난자로 들어가는 46개 염색체의 수가 부정확하거나 또는 염색체의 비정상적인 분포로 인해 발생한다. 이러한 형태의 염색체 이상은 대부분이 치명적이어서 한 개의 비정상적인 생식세포와 결합된 접합체는 더 이상 발달하지 못하고 자연 유산하게 된다. 또한 출생한다고 해도 수정시 염색체 자체의 결함과 잘못된 결합으로 인해 여러 가지 기형이나 발달장애를 초래하게 된다.

태내진단과 검사를 통하여 식별해 낼 수 있는 염색체 이상은 상염색체 이상과 성염색체 이상으로 구분할 수 있다.

① 상염색체 이상

상염색체(autosome)란 남성과 여성이 모두 가지고 있는 22개의 유사한 염색체 쌍들이다. 상염색체 이상의 제일 흔한 유형은 가외(加外)로 상염색체를 가지고 있는 정자나 난자가 정상적인 생식세포와 결합하여 47개의 염색체(2개의 성염색체, 45개의 상염색체)를 가진 접합체를 형성하는 경우이다.

이러한 상염색체 이상 중 가장 흔한 형태는 신생아 800명 중에 1명 정도로 발생하는 다운 증후군(Down syndrome)이다. 삼체형과 전위형 두 가지 형태가 있다. 삼체형(trisomy 21)은 21번 염색체의 수가 정상보다 하나가 더 있어 3개의 염색체를 갖고 있기 때문에 전체 염색체 수는 47개가 되며 다운 증후군의 대부분을 차지한다. 전위형(translocation 15/21)은 21번 염색체 한 개가 15번 염색체로 이동함으로써 발생한다.

삼체형의 다운 증후군 아동은 경사진 이마, 돌출된 혀, 짧고 뭉뚱한 팔다리, 납작한 코, 아몬드 모양의 눈 등의 독특한 신체적 특징과 함께 평균 지능지수 50 정도의 지적장애(정신지체)를 동반하게 된다. 또한 선천적으로 눈과 귀, 심장 등에 결함을 가지고 있는 경우가 많고 질병에 대한 저항력도 약해서 조기 사망률이 높다. 따라서 이들 대부분은 장애 때문에 경제적 자립이 불가능해서 보호시설에서 보내게 된다. 그러나 특수교육이나 개인교육을 받게 되면 자신의 기본 욕구를 처리하는 법과 또한 일부는 읽고 쓰는 것도 배울 수 있어 정상아동과 유사한 발달과업도 성취할 수 있다.

② 성염색체 이상

인간의 성을 결정하는 성염색체(sex chromosome)는 23번째의 염색체이다. 따라서 성염색체 결함이나 이상은 바로 23번째 염색체 쌍이 불완전하거나 부정확하게 분열되는 것이며, 400명 중 1명 정도 출현한다(Berch & Bender, 1987). 일반적으로 비정상적인 성염색체를 가진 유아들은 다운 증후군에서와 같은 심한 발달지체를 동반하지는 않지만 특이한 신체적 특징과 함께 인지적 결함이 나타난다. 가장 흔한 성염색체 이상은 X나 Y염색체를 한 개 더 가지고 태어나는 XXY 또는 XYY의 경우로 비교적 남성의 발생률이 높다. 그리고 여성인 경우에는 하나의 X염색체(XO)형태가 가장 많은데, 때로는 3(XXX)개, 4(XXXX)개, 5(XXXXX)개의 X염색체를 유전 받는 예도 있다.

- 허약 X증후군(Fragile-X syndrome)

이 증후군은 X염색체가 구부러져 있거나 너무 가늘어서 나타나는 것으로 변형되기 쉬운 X염색체에서 이름이 유래되었다. 주요 원인은 유전자, 즉 X염색체 위에 있는 비정상적인 유전자가 모친으로부터 아기에게로 유전될 때, 깨지거나 또는 결함이 있는 대립유전자와 결합하면서 문제가 발생한다. 허약 X증후군은 열성유전으로 남자 1,250명 중에 1명 정도로 주로 남아에게서 많이 출현하며, 여아에게도 나타날 수 있으나 이 경우에는 지적으로 정상이거나 약간 경미한 인지적 손상만 나타나게 된다.

허약 X증후군의 남아는 얼굴이 길고 귀와 고환이 크며 또한 비정상적인 뇌파와 함께 마비·경련 등의 신체장애가 나타나기도 한다. 지능이 정상인 경우도 있으나 대체로 정신지체의 확률(약 75%)이 높아 유전으로 인한 정신지체아 중에서 다운 증후군 다음으로 많이 나타난다. 이외에도 불안이나 과잉행동, 주의결함, 의사소통장애, 대인관계 결함 등의 심리적 장애가 수반되기도 한다.

- 여성의 성염색체 이상

(a) 터너 증후군(Turner syndrome, XO): 여성의 성염색체 이상으로 X염색체가 하나밖에 없는 XO형이며 전체 염색체 수는 45개이다. 여아 2,500명 중에 1명 정도로 출현한다. 터너 증후군을 가진 소녀의 약 80% 이상이 X나 Y염색체를 하나도 가지고 있지 않는 비정상적인 정자에 의해 수정된 정상적인 X난자에서 만들어진다. 그러므로 터너 증후군의 여아는 여성생식기관을 가지고 있지만 염색체가 쌍으로 되어있지 않기 때문에 감수분열을 못하여 생식이 불가능하며 또한 생식선의 발달이 불완전하여 제 2차 성기능이 발달하지 못한다(Bee, 1997). 따라서 사춘기가 되어도 어린아이 모습을 그대로 유지하며, 대체로 몸집과 키가 작고, 손가락과 발가락이 짧고 굵으며 가슴은 넓고 유방은 작고 발달되지 않는다. 지능은 50~70 정도로 언어능력은 정상이나 공간지각과 쓰기에 어려움을 보이는 경우가 많다. 성격은 유순한 편이고, 학습속도가 느리며, 대인관계가 미숙하고 자기주장이 부족하다.

(b) 다중-X 또는 'Superfemale' 증후군(XXX, XXXX, XXXXX): 성염색체가 세 개의 XXX로 구성되어 있다. 발생 빈도는 터너 증후군의 3배 정도 높아서 여아 1,000명당 1명 정도로 발생한다. 이 증후군은 여성으로서의 정상적인 외모와 함께 생식력을 갖추고 있어서 정상적인 성염색체 수를 갖는 아이를 출산할 수 있다. 그러나 흔히 성적 특성이 불완전하게 발달되고 정신장애와 정신병적 행동이 나타날 확률이 높다. 또한 지적인 특성에서는 언어추리 검사에서 가장 큰 결함을 나타내며, 지능은 평균보다 약간 낮은 편이다. 이러한 지적결함은 걷기, 말하기와 같은 연령별 발달이 지체되면서 생후 2세 정도가 되면 발견할 수 있다. 이 증후군에서의 발달지체와 지적 결함은 가외의 X염색체 수가 늘어남에 따라 더욱 심해진다.

- 남성의 성염색체 이상

(a) 클라인펠터(Klinefelter's) 증후군: 정상적인 남성 염색체에 X염색체가 하나 이상 더 첨가되어 나타나는 XXY, XXXY 혹은 XXXXY 증후군은 Y염색체를 가지고 있는 아버지로 인해 발생하는 염색체 이상이다. 남아 1,000명 중에 1~2명 정도로 출현한다(Bee, 1997). 이 증후군의 표현형은 남성의 외모로 남성 생식기관을 가지고 있지만 역시 염색체가 쌍을 이루고 있지 못하여 생식이 불가능해서 고환은 가지고 있으나 정자를 배출하지 못한다. 또한 이들은 X염색체가 하나 이상 더 있기 때문에 유방이 발달하고 체구에서 여성적 특징이 나타난다. 성격은 내향적이고 수동적이며, 수줍고 자존감이 낮으며 성에 관심도 없고 또래관계에 문제가 나타난다. 지적인 특성을 보면 클라인펠터 증후군의 남성 중 대략 20~30%가 언어지능에 결함이 있으며, 이러한 결함은 유전된 가외의 X염색체의 숫자가 증가할수록 보다 더 심각하다.

(b) Supermale 증후군: 외모의 표현형은 남성(XYY, XYYY)이고 정상적인 남성(XY)보다 훨씬 키와 체격이 크고 큰 치아를 가지고 있으며, 청소년기 동안 종종 심각한 여드름이 나기도 한다. 1,000명 중 1명의 비율로 출현한다. 생식력은 이들 남성 중 대다수가 비정상적으로 정자수가 적기는 하지만 대체로 수정 가능하다. 지적인 특성을 보면, Supermale 증후군의 지능지수는 정상적인 남성(XY)에게서 관찰된 것과 같은 범위에 있다. 따라서 이들이 지적으로 정상 이하이며 폭력적이고 공격적인 성향이 강한 것으로 알려져 왔던 이전의 사실들이 최근에는 모두 잘못된 것으로 입증되었으며, 또한 많은 수의 XYY에 관한 연구에서 이 증후군의 남성들이 정상적인 남성들보다 더 소극적이며 내향적이라고 보고하고 있다.

(2) 단일 유전인자 이상

유전학자들은 일반 성인이 보통 네 가지 정도의 단일 열성인자 질병이나 비정상적인 유전인자를 보유하고 있기 때문에 건강한 부모들에게서도 유전적 결함을 가진 자녀가 출생할 수 있다고 본다.

또한 유전인자 결함은 돌연변이(mutation)에 의해서도 발생할 수 있다. 돌연변이는 새 표현형을 만드는 한 개 이상 유전자들의 화학적 구조가 변화된 것을 의미하며, 이러한 유전변이는 대개 자연적으로 발생하지만 비교적 해로운 편이며 심지어 치명적이기도 하다. 이외에도 독성산업폐기물, 방사능, 음식물에 들어가는 농업 화학비료, 가공식품 첨가물 등과 같은 환경의 위험물질이나 독성오염에 의해서도 유전자 결함은 발생할 수 있다.

유전적 전이는 상염색체 우성유전, 상염색체 열성유전으로 분류된다.

① 상염색체 우성유전

상염색체 우성유전은 단순 우성유전인자에 기인하는 것으로 멘델(Mendel)의 유전 법칙으로 설명될 수 있다. 즉 한쪽 부모가 두 개의 정상적인 유전인자(열성)를 갖고 있고, 다른 한쪽 부모가 정상적인 유전인자(열성)와 표현형의 비정상적 유전인자(우성)를 갖고 있을 때 자녀가 비정상적인 우성유전인자를 받을 확률은 50대 50이다. 이러한 상염색체 우성유전에 의해 발생하는 질병 중에는 왜소발육증과 헌팅턴(Huntington) 무도병 등이 있다.

- 왜소발육증

  연골 발육 부전증이라고도 하며, 난쟁이의 한 유형으로 키가 작을 뿐만 아니라 머리를 제외한 전체 부분의 발달이 왜소하다.

- 헌팅턴 무도병(舞蹈病: chorea)

  이 병에 걸리면 사지를 떨고 몸통과 머리가 뒤틀어져서 마치 춤추는 모양을 하게 되는 질병으로 주로 35세 전후에 발병된다. 사회 규범에 무관심하며, 공격성・우울증・불안・망상・환각 등이 수반되는 정신병의 일종이다(Shiwach, 1994).

② 상염색체 열성유전

상염색체 열성유전은 단순 열성인자에 의한 유전으로 두 부모로부터 동일한 열성유전인자를 받았을 때에만 나타난다. 상염색체 열성유전에 의한 결함으로 나타나는 질병에는 페닐케톤뇨증, 겸상적혈구빈혈증, 낭포성 섬유증, 테이-삭스병 등이 있으며, 이러한 질병은 흔히 영유아기 사망의 원인이 된다.

- 페닐케톤뇨증(Phenylketonuria: PKU)

  이 질병은 단백질 분해과정에서 페닐알라닌(phenylalanine)을 타이로신(tyrosine)으로 분해하는 효소가 선천적으로 부족해서 정상적인 신진대사에 문제가 발생하는 것이다. 그 결과 우유를 포함해서 단백질 대사에 필요한 효소의 결핍으로 페닐알라닌이 소변에 그대로 배출되면서 이로 인해 새로운 세포가 형성되지 못한다. 또한 성장하면서 멜라닌 색소의 부족으로 아이의 모습이 부모들과는 다르게 흰 피부와 밝은 색의 금발, 파란 눈을 가지게 된다. 이 병은 주로 신경계를 공격하여 과잉활동과 함께 정신박약을 초래하게 된다. 페닐케톤뇨증은 코카서스인들에게서 100명당 1명 정도로 나타나며 아프리카인이나 아시아인에서는 잘 나타나지 않는 질병이다. 치료법은 단백질이 없는 음식을 이용한 식이조절이 유일한 방법이다(김경중 외, 2001).

- 겸상 적혈구 빈혈증(Sickle-cell anemia)

적혈구 세포의 이상으로 인하여 헤모글로빈을 만드는데 필요한 유전인자가 부족해져 그 결과 심각한 빈혈이나 황달증세가 나타나게 된다. 또한 산소공급의 장애로 통증과 부종, 기관손상 및 호흡기질환 등이 유발된다. 치료법에는 수혈, 진통제, 호흡기 감염치료를 위한 약물요법 및 골수이식 등이 있다. 주로 아프리카나 미국의 흑인, 지중해 지역에 사는 사람들에게서 나타난다(Schuman & Black, 1993).

- 낭포성 섬유증(Cystic fibrosis)

염소 수송을 담당하는 유전자 이상이 원인인 질병으로 주로 백인에게 나타난다. 점액분비선의 이상으로 인해 폐와 소화관이 폐색되어 호흡장애와 영양장애가 발생하며 대부분의 환자가 아동기나 청소년기에 사망하게 되는 치명적인 질병이다. 임신 전에 확인될 수 없으며 태내진단 역시 불가능하다. 치료법에는 기관지 배농이나 식이요법, 유전자 치료 등의 방법이 있다(Wolfson, 1996).

• 태이-삭스(Tay-sachs)병

이 질병은 유럽계 유대인과 프랑스계 캐나다인에서 3,600명 중에 1명 정도로 발생한다. 신진대사 장애로 인해 특정지방을 소화하는데 필요한 효소가 부족해서 지방이 뇌에 축적되면서 뇌세포의 파괴와 함께 신체장애 및 정신지체, 발달지체 등이 출현한다. 일반적으로 환자는 중추신경계의 퇴화로 인해 출생 후 4세 경에 사망하게 되며 아직 치료법이 없다.

2) 환경적 요인

신체 대부분의 기관이 급격하게 형성되는 임신초기 3개월은 태내발달의 민감기(sensitive period)라고 할 수 있으며, 이 시기에 태아가 산모를 통해 유해한 환경에 노출되면 발달에 심각한 손상을 입을 수 있다. 태아 기형의 원인 가운데 가장 중요한 환경요인은 산모의 연령이나 영양상태, 질병 또는 임신중에 섭취하는 약물 등으로 주로 산모와 연관되어 있다.

(1) 산모와 관련된 요인

태아는 생리적으로 모체와 밀착되어 있기 때문에 산모의 조건에 따라 민감하게 반응한다. 따라서 모체를 통해 들어오는 각종 바람직하지 못한 환경자극은 태아의 건강과 발달에 막대한 영향을 미치게 되며, 여러 가지 발달장애나 기형이 나타날 수 있다.

① 산모의 영양상태

수정 후 2주부터 태아의 혈액순환계통이 발달하면서 산모의 영양과 산소가 태아에게 공급되기 시작한다. 따라서 산모의 영양결핍은 태아의 성장발달을 저해해서 조산이나 사산 또는 체중 미달아를 출생할 확률과 출생 후 영아사망을 초래할 가능성을 높인다.

산모의 영양실조로 인한 태아발달에 피해가 비교적 큰 시기는 임신초기 3개월과 출산 전 마지막 3개월이다. 특히 임신초기의 영양결핍은 태아 신체기관의 형성 및 신경계 발달에 지장을 초래해서 태아사망이나 심각한 기형의 원인이 될 수 있다.

또한 임신 후기 3개월은 태아의 두뇌세포가 급속하게 발달하고 태아가 완전한 크기의 성숙아로 성장하는 시기로 이 시기의 산모의 영양결핍은 태아의 인지발달 결함과 함께 심각한 언어장애나 행동장애를 야기할 위험성이 높다.

이 외에도 산모의 영양결핍은 출생 후 영아의 정서 및 사회적 행동에도 영향을 미친다. 즉, 태내에서 영양실조를 경험한 아기들은 주변의 자극에 반응이 없거나 비활동적이고 까다롭기 때문에 양육자와 긍정적인 상호관계를 유지하기 힘들며 이로 인해 정서 및 사회성 발달에도 문제가 생길 수 늤다. 그러므로 임신 중 산모는 충분한 영양공급과 함께 적절한 운동으로 최적의 건강을 유지해야 한다.

② 산모의 임신연령

여성의 임신가능 기간은 첫 월경 시작 1~2년 후부터 폐경기 말기까지로 그 기간은 약 35년이다. 그러나 임신과 출산에 가장 이상적인 자궁 환경은 20대 초반에서 35세 사이이다. 산모의 임신연령과 태아의 정상적 발달과는 밀접한 관계가 있는데 20대 이전이나 35세 이후에 첫아이를 출산하는 경우에 태아의 위험부담이 많이 따르게 된다. 특히 10대 임부들은 임신 전후로 심한 스트레스와 함께 적절한 산전관리나 보호를 받지 못하기 때문에 임신합병증이 많을 뿐만 아니라 빈약한 영양관리로 인해 미숙아 또는 체중 미달아를 낳을 가능성이 높다. 반면, 산모의 연령이 너무 많을 때도 태아의 문제발생 가능성이 높은데, 특히 35세 이후에 첫아기를 가진 경우, 다운 증후군과 같은 염색체 이상을 가진 아기를 낳을 확률이 증가한다. 또한 임신합병증이나 유산, 사산, 난산 등으로 신생아나 산모 중 어느 한 편이 사망할 위험성도 20대 임부보다 훨씬 높다.

③ 산모의 약물복용

임신기간 중에 산모가 복용하는 영양제 등 모든 약물은 태반을 통해 태아에게 전달되기 때문에 각별히 주의해야 한다. 특히 임신 초기 3개월, 민감기에 약물을 함부로 복용하게 되면 신체적 기형을 초래하거나, 자연유산이 되기 쉽다. 임산부의 질병치료를 위해서 적절한 의학적 감독 하에 사용하는 약물들이 태아에게 안전한 경우도 있다. 그러나 성인에게는 거의 안전하고 무해한 약물도 태아에게는 치명적인 영향을 미칠 수 있기 때문에 임신 중의 약물복용은 최대한 금해야 한다.

태아에게 유해한 약물로는 항생제, 호르몬제, 마약, 신경 안정제, 마취제 등이 있으며, 아스피린이나 카페인이 다량 함유된 음료(커피, 홍차, 콜라) 등도 과다 복용할 경우 태아의 발달장애나 기형의 원인이 될 수 있다.

④ 산모의 음주와 흡연

산모의 습관적인 음주는 태반을 통해 태아의 몸에 알코올이 장기간 축적되면서 태아알코올 증후군(Fetal Alcohol Syndrome: FAS)을 일으킬 수 있는데, 그 특징은 다음과 같다. 먼저, 중추신경계통 장애로 지적발달이 정상적으로 이루어지지 못하고 정서가 불안정하다. 둘째, 성장장애로 인해 출생 시 신장과 체중이 평균치에 미달한다. 셋째, 피부색이 붉으며 턱의 비정상적인 발달로 얼굴모양이 정상인과 다르다(Furey, 1986). 이처럼 FAS 증후군 아기들의 발달지연은 신체기형과 함께 행동장애 및 정신지체 등 여러 가지 문제의 원인이 된다.

임신 중 흡연 역시 산모는 물론 태아발달에 큰 영향을 미친다. 흡연으로 인해 산모와 태아의 혈류 속으로 들어온 니코틴과 탄소산화물은 태반의 기능을 손상해서 모체의 산소와 영양분이 태아의 노폐물과 서로 교환하는 기능을 방해한다. 또한 흡연은 태아가 만성적인 산소부족을 경험하게 하여 태아의 뇌 이상을 초래하고, 소두증과 구순구개열 그리고 저체중을 유발하게 된다. 따라서 흡연하는 산모들은 비흡연 산모보다 유산이나 사산 혹은 출산 직후에 사망하는 신생아를 낳을 가능성이 크다. 그리고 소량의 지속적인 흡연 역시 태아의 체중미달이나 주의부족, 과잉활동 등의 행동장애와 발달장애를 초래할 수 있다(Chomitz, Cheung & Lieberman, 1999).

산모의 흡연은 출산 전 2~4주 태아의 체중이 급격하게 증가하는 임신후기에 가장 좋지 못한 영향을 미친다. 이 외에도 아버지가 담배를 많이 피우는 경우는 산모가 비흡연자라고 해도 간접흡연의 영향으로 저체중아의 출생확률이 비교적 높다(Dworetzky, 1990).

⑤ 산모의 방사선, 화학물질, 오염물질의 노출

방사선은 유전인자를 변화시켜 염색체 이상을 초래하거나 해로운 특성의 돌연변이 출현의 원인이 된다. 따라서 신체기관의 형성과 발달이 급속히 이루어지는 임신 초기에 태아가 방사선에 노출되면 심각한 손상을 받게 된다. 임신 이전의 방사선 투과 역시 생식세포의 염색체를 변화시키거나 자궁의 환경을 유해하게 만들 수 있다.

임신한 여성들이 일상 환경에서 접촉하게 되는 여러 가지 독성의 염료나 음식첨가물, 인공 감미료, 해충, 화장품과 같은 화학물질과 오염물질, 또는 공기와 물속에 포함되어 있는 납, 아연, 수은, 안티몬 등의 중금속물질들은 산모와 태아의 신체적 건강과 정신적 능력을 손상시킬 뿐만 아니라 태아 기형의 유발요인이 된다.

⑥ 산모의 질병

태내기 동안 산모가 어떤 병원균에 의해 감염되면 태반을 통해 배아나 태아로 전달되어 세포가 손상을 입거나 감염된다. 태아에게 전달되는 세균이나 바이러스는 여러 종류가 있으며 매우 위험한 것은 풍진, 임질, 매독, 당뇨병, 수포진, 주혈원충병, 에이즈(후천성 면역결핍증, AIDS) 등이다. 이외에도 천연두, 콜레라, 감기, 말라리아, 유행성이하선염, 독혈증, 결핵, 비뇨기감염 등이 있다.

⑦ 산모의 정서상태

대부분의 임신한 여성들은 정서적으로 민감하여 사소한 사건에 의해서도 쉽게 상처받거나 긴장하기 때문에 주위 사람들의 심리적 지원과 협조가 필요하다. 임신에 잘 적응하는 산모는 임신을 축복받은 사건으로 받아들이고 자신의 건강보다는 태아의 건강에 대해 더 큰 관심을 갖게 된다. 그러나 정서적으로 불안정하거나 임신을 기대하지 않았거나 결혼생활의 갈등이 있는 산모들은 임신을 혐오하거나 불행하게 느끼면서 근심할 가능성이 많다.

임신 중에 정서적으로 큰 충격이나 스트레스를 장기간 받게되면 자연유산 또는 조산 가능성이 높다. 또한 정서장애를 갖고 있거나 불안 또는 임신에 대해 부정적인 생각을 지닌 산모는 입덧이 심하거나 임신중독증에 걸릴 확률이 높다. 스트레스는 또한 산모의 면역체계를 약화시켜 산모와 태아를 감염성 질병에 취약하게 만든다. 이외에도 정서적으로 스트레스를 많이 받은 산모들은 빈약하게 먹고 담배와 알코올, 약물을 상용하는 경향이 있어 태아의 성장지체와 저체중을 가져올 가능성이 높다.

⑧ 산모와 태아의 혈액상반(태아적아구증)

Rh인자는 사람의 혈액형을 결정하는 인자 중 하나로 그 유무에 따라 Rh 양성과 Rh 음성으로 표현된다. Rh인자의 부조화(혈액상반)는 Rh+의 남성과 Rh-의 여성이 Rh+의 자녀를 임신하게 될 때 발생한다. 그러나 첫아이는 Rh+라고 해도 아무런 영향을 받지 않으며, 둘째 아이부터 치명적인 위험에 빠지게 된다. 태아와 산모의 혈관조직은 분리된 체계이긴 하지만 분만과정 중에 출혈로 인해 Rh-의 혈액과 Rh+의 혈액이 섞이게 된다. 그 결과 첫아이 출산 직후에 Rh-의 산모 혈액은 Rh+인자에 대항하기 위한 항체를 생성하게 되며, 둘째 아이를 임신할 경우에 이 항체는 태반을 통해 태아의 혈액 속에 들어가서 Rh+태아의 적혈구를 파괴하게 된다. 이러한 증상은 산모의 임신횟수가 증가할수록 더욱 더 심해진다. 파괴된 적혈구에 의해 분비된 독성물질은 태아에게 심한 황달증세와 함께 용혈성 빈혈, 간과 비장의 증대를 일으킬 수 있다. 또한 전신부종으로 인하여 태아 월령에 비해 체중이 2배가 되고 태아성장지연 현상이 나타날 수 있으며, 태아의 사산 또는 조산으로 이어질 수 있다. 그러나 최근에는 Rh−의 산모가 임신할 때마다 즉시 Rh면역 글로불린을 주사하여 Rh+항체 형성을 예방할 수 있게 되었다.

(2) 아버지 관련 요인

어머니 뿐만 아니라 아버지의 요인 역시 태아에게 영향을 미칠 수 있다. 아버지의 지나친 흡연, 음주, 약물중독, 독성의 화학물질에 대한 장기간 노출은 정자의 수 감소 또는 비정상적인 운동의 원인으로 작용하여 불임이나 태아의 염색체 이상을 초래할 수 있다(Brooks, 1991).

이 외에도 아버지의 연령은 태아의 이상을 일으키는 중요한 요인으로 작용한다. 마르팡(Marfan) 증후군과 연골발육부전증 등의 골격이상은 아버지의 연령이 높을수록 발생률이 증가하며, 다운 증후군도 아버지의 고연령과 관계가 있는 것으로 나타났다(Merewood, 1998).

4. 출산

출산은 임신 후 약 280일 경을 예정일로 계산하지만 예정일에 분만하는 산모는 4~5% 정도이며, 분만예정일보다 1~2주 정도 늦게 출산하는 경우가 대부분이다. 따라서 예정일을 중심으로 4주 사이에 출산하게 되면 이를 모두 정상분만으로 간주한다.

정상적 분만에 소요되는 시간은 진통이나 복압의 강약, 산모의 저항정도, 태아의 크기, 태아의 위치, 출산경험의 유무 등 개인에 따라 차이가 있다. 대체로 초산부는 총 12~15시간 정도이며, 경산부는 초산의 약 절반 정도의 시간이 소요된다.

1) 출산의 징후

산모에 따라 차이가 있지만 이슬, 진통, 파수 이 세 가지 증상이 출산의 신호이다. 그리고 이와 같은 출산의 신호는 대부분 이슬, 진통, 파수의 순서로 진행되지만 때로는 순서가 바뀌어서 나중의 증상이 먼저 출현하기도 하고, 복합적으로 출산의 증상이 동시에 나타나기도 한다.

(1) 태아의 하강

산모의 자궁 내에서 앉은 자세로 생활해 오던 태아가 출산을 위한 준비를 하면서 위치를 바꾸어 머리가 자궁의 하부로 내려온다. 이와 함께 임산부의 체형도 변해서 배의 아래쪽이 불룩한 모습으로 바뀌게 된다. 따라서 횡격막에 대한 자궁의 압박으로 호흡과 섭생에 어려움을 느끼던 임산부는 호흡이 다소 편해지고 위장의 압박도 덜 받게 된다.

(2) 이슬

분만의 표시로 가장 먼저 나타나는 징후는 이슬이다. 이슬은 끈끈하고 흰 점액에 피가 조금 섞인 분비물로 태아가 하강하면서 자궁의 양막에 부딪쳐서 양막의 일부가 자궁벽에서 떨어지면서 생긴다. 이슬이 비친 후 곧 진통이 시작되는 경우가 대부분이지만 때로는 2~3일이 지나도 진통이 오지 않을 수도 있으며 진통이 시작된 뒤에 이슬이 보이는 경우도 있다.

(3) 진통

이슬 다음에 출현하는 출산의 가장 현저한 징후는 진통이다. 이것은 자궁이 수축함으로써 일어나는 현상으로 처음에는 약하나 점점 규칙적이 되고 빈도가 잦아지면서 통증도 심해진다. 통증의 지속시간도 처음에는 10~20초 정도로 짧지만 간격이 줄어들수록 아픈 시간은 길어져서 1분 정도가 되고 마침내 진통이 지속적으로 오면서 분만이 시작된다.

(4) 파수

파수란 계속되는 진통과 함께 산모의 자궁구가 전부 열린 다음 양막이 파열되어 양수가 나오는 것을 말한다. 파수는 출산이 임박했음을 알리는 신호로 곧 바로 분만으로 이어진다. 진통이 시작되기 전에 파수되는 경우를 전기파수라고 하며, 진통이 일어나고 나서 자궁구가 완전히 열리기 전에 파수되는 것을 조기파수라고 한다. 전기파수나 조기파수는 쌍생아나 양수과다증, 노산 등의 경우에 주로 발생하며 난산이 되는 경우가 많다. 정상분만, 즉 순산은 자궁구가 전부 열린 다음에 파수되는 것으로 이를 적시파수라고 한다.

2) 출산의 과정

정상출산은 자궁 내 태아의 하강과 함께 혈액이 섞인 분비물이 비치는 이슬, 자궁이 수축되면서 나타나는 진통, 양막의 파열로 양수가 나오는 파수의 신호과정을 거친 후 시작된다. 출산은 크게 3단계로, 제 1단계는 개구기(진통기), 제 2단계는 출산기(태아 반출기), 그리고 마지막 제 3단계는 후산기(태반 반출기)로 구분할 수 있다(그림 4-5 참조).

(1) 제 1단계: 개구기(진통기)

개구기는 출산의 준비기로 규칙적인 진통이 오기 시작해서 자궁구가 완전히 열릴 때까지를 말한다. 진통초기에는 자궁수축이 15~20분 간격으로 약 30초 정도 계속되며, 중간에는 약 15초의 진통이 10여분 간격으로 오게 된다. 그리고 나중에는 1분 정도의 진통이 2~3분 간격으로 오면서 자궁 내 압력의 증가와 함께 자궁의 바깥 입구가 열리기 시작한다. 자궁구는 처음에는 상당히 느리게 열리지만 분만 1기가 끝날 무렵에는 빠른 속도로 열리게 된다. 진통은 태아의 머리가 산도에 고정되면서 양수를 막아 복압이 올라가면서 나타난다. 이때, 강한 진통과 함께 복압이 더욱 증가하면 양수가 터져서 유출된다. 자궁구가 완전히 열린다는 것은 산모마다 약간의 차이는 있으나 보통 10~12cm 정도 열리는 상태를 말한다.

개구기는 분만과정 중 가장 시간이 많이 걸리는 단계로 초산부의 경우 보통 10~12시간에서 길게는 24시간, 경산부는 약 7시간 정도 걸린다.

(2) 제 2단계: 출산기(태아 반출기)

이 시기는 자궁이 10cm 이상 전부 열린 상태에서 태아가 자궁경부와 질을 통과해서 완전히 출산할 때까지를 말하며 초산부는 보통 1~2시간 정도, 경산부는 약 30분 정도 소요된다. 자궁수축의 강도가 점점 강해지면서 산모는 복부에 힘을 주어서 태아가 몸밖으로 나올 수 있도록 한다. 태아는 산모의 골반을 돌아서 얼굴을 아래로 향한 상태에서 머리부터 나오게 된다. 그러나 신생아의 3~4% 정도는 다리나 엉덩이가 먼저 나오는 경우도 있는데, 이때에는 난산의 위험 때문에 대부분 제왕절개의 방법으로 인공분만하게 된다.

(3) 제 3단계: 후산기(태반 반출기)

마지막 단계인 분만 제 3기는 태아 출산 후에 부속물인 태반과 탯줄이 모체 내에서 떨어져 나오는 시기를 의미한다. 태아가 출산된 후에도 자궁은 수축을 계속해서 태반이 자궁벽에서 떨어져 내막과 함께 질을 통해 자연스럽게 배출되면서 분만은 완료된다. 5~15분 정도의 시간이 걸리며, 20분이 지나도 태반이 배출되지 않으면 자궁벽에 유착될 가능성이 있기 때문에 신속한 처치가 요구된다.

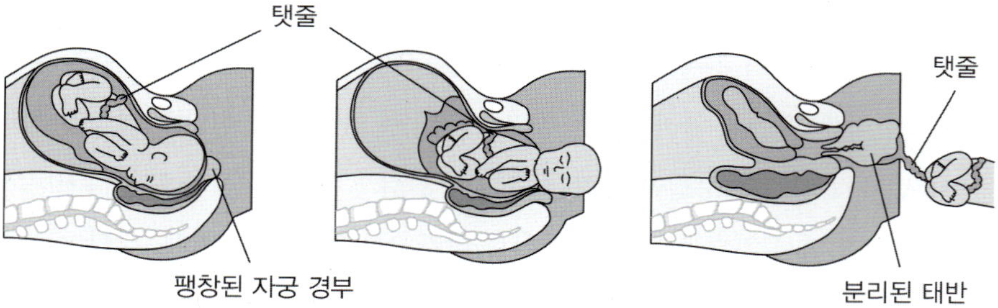

(1) 개구기: 자궁경부가 10cm 이상 완전히 열리게 된다. (2) 출산기: 태아가 산도를 통해 모체 밖으로 나온다. (3) 후산기: 태반과 탯줄이 배출된다.

그림 4-5 출산의 과정 3단계

자료: 정옥분(2013)

3) 출산 방법

출산은 여성의 인생에서 아주 특별한 경험이다. 다양한 출산 방법, 유형에 관한 정보를 제대로 알고 있다면, 자기에게 가장 잘 맞는 방법을 선택할 수 있다.

출산 방법은 자연분만(질식분만), 인공분만(제왕절개)으로 나누어 볼 수 있다.

자연분만이란 질을 통해 출산하는 것을 일컫는다. 자연분만에서는 질을 통해 아기의 머리가 먼저 나오면서 자연스럽게 분만이 이루어지는데, 이를 위해서는 출산 전에 아기의 머리가 엄마의 골반에 위치하여야 한다. 아기가 빠져나올 때 어려움이 있을 경우, 회음절개술을 시행하게 된다. 제왕절개는 질을 통해서가 아닌 산모의 복부를 절개하여 아기를 출산하는 수술적 방법이다. 분만에는 다음과 같은 유형이 있다.

(1) 수중분만

수중분만은 양수와 동일한 조건의 물속에서 아기를 낳는 방법으로 산모가 물이 담긴 욕조나 풀에 들어가 배가 완전히 물속에 잠긴 채 분만이 이뤄지는 방법이다. 진통부터 분만까지의 모든 과정을 물속에서 하거나, 진통만 물속에서 하고 분만은 물 밖에서 할 수도 있다. 보통 자궁 입구가 5cm 이상 벌어졌을 때 물속으로 들어가며, 진통의 횟수가 10분에 2회 이상으로 잦아진 상태여야 한다.

(2) 좌식분만

좌식분만법은 자연분만과 비슷하나 산모의 자세에 차이가 있다. 일반적으로 누운 분만 자세가 아니라 산모가 쪼그리고 앉는 자세를 취한다. 이 자세에서는 중력에 의한 분만 과정이 가속화되며, 누운 분만 자세보다 좀 더 편안하다.

(3) 라마즈분만

라마즈분만법(Lamaze method)이란 마음과 신체를 능동적으로 활용하여 진통과 분만 중의 통증을 되도록 많이 경감시키는 정신 예방적 분만법이다. 러시아에서 출산시 산모의 고통을 감소시키기 위하여 Pavlov의 조건반사 이론을 활용한 데서 시작되었으며, 이것을 기반으로 1951년에 프랑스의 산부인과 의사 Fernand Lamaze가 처음 도입하였다. 라마즈분만법은 크게 호흡법, 이완법, 연상법으로 구분되는데, 호흡법이 가장 많이 알려져 있으나 이 세 가지 요소가 삼위일체를 이룰 때 효과가 가장 크게 나타난다. 우선 진통이 시작되면 산모에게 기분 좋은 일이나 즐거웠던 일을 생각하게 하여 고통을 분산시킨다. 그리고 근육이 경직되어 피로감을 가중시키는 것을 피하기 위하여 온몸의 근육을 이완시키도록 한다. 다음으로, 출산 단계에 따라 적절한 호흡법을 적용하여 산모와 태아에게 충분한 산소를 공급한다. 산모는 출산시 이 방법들을 자연스럽게 적용할 수 있도록 출산 전에 꾸준히 연습해야 한다. 또 남편도 산전 교육과 출산에 동참하도록 하는 특징이 있다.

(4) 르봐이에분만

이 분만법은 Frederick Leboyer 박사가 1975년 '폭력 없는 탄생'이라는 저서를 통해 주장한 것으로 격렬한 자극(폭력)이 없는 분만법으로 알려져 있다. 이 방법은 아이가 세상에 나오는 순간 공포에 질려서 울부짖는 모습에서 뭔가 잘못이 있음을 느끼고 출산 과정에서 산모의 고통에만 관심을 둘 것이 아니라 태아를 위한 배려도 있어야 한다는 취지에서 고안되었다. 이 분만법은 탄생의 첫 순간을 아기의 입장에서 생각하여 아기에게 스트레스 없는 분만 환경을 만들어 주기 위해 시각, 청각, 촉각, 감정을 배려한다. 엄마의 자궁에서처럼 차분하고 조용한 분만 환경이 되도록 실내 조명의 밝기를 낮추고, 소음을 줄이며, 분만실 온도를 따뜻하게 한다. 이러한 요소들은 자궁 안과 밖의 급격한 환경 차이가 아기에게 미치는 영향을 완화해 준다.

(5) 겸자분만

겸자분만이란 아기의 머리를 감싸 집을 수 있도록 끝이 굽은 집게 모양을 하고 있는 겸자(鉗子, forceps)라는 도구를 사용한 분만방법을 말한다. 출산기가 지체될 시 제왕절개를 피하기 위해 많이 사용되었다.

(6) 무통분만

무통분만(약물분만)이란 마취를 통해 진통을 줄이고 근육을 이완시켜 출산이 쉽도록 유도하는 방법이다. 출산 시 산모가 진통을 심하게 느끼면 근육들이 긴장해 태아가 산도를 빠져나오는 데 어려움을 겪어 산도에서 오랜 시간 머무르게 되어 스트레스를 받게 된다. 이때 산모와 태아의 고통을 줄이기 위해 마취를 하여 통증을 줄임으로써 분만이 쉽게 진행되게 한다. 분만과정 중 투여하는 약물은 태반을 통해 태아의 혈액과 세포로 들어가 이후의 체중증가 둔화, 젖을 빠는 능력의 감퇴, 반응저하, 초기 학습과제 수행능력의 저하 등 인지발달이나 운동능력의 문제를 야기한다는 연구결과도 있다.

(7) 제왕절개분만

제왕절개분만이란 임산부의 배를 절개한 후 자궁을 일부 절개하고 절개 부위를 통하여 태아를 꺼내는 수술적인 인공 분만을 말한다. 로마 황제인 Julius Caesar가 이 수술로 출산을 했기 때문에 제왕절개(Caesarean section)라는 이름이 붙었다고도 하나 과학적 근거는 없다. 사산 또는 난산, 태위 이상, 전치태반, 제대탈출, 골반불균형, 과거 제왕절개 분만경험자와 아기의 머리 크기가 커서 산모의 골반을 통과할 수 없을 때 이 분만법을 사용한다. 이 분만법은 장협착증과 같은 수술 후 후유증, 세균감염의 위험성 외에도 자연분만보다 회복기가 길기 때문에 정상분만이 가능한 경우에는 이 방법을 삼가는 것이 좋다. 제왕절개는 정상분만에 비해 부작용 가능성이 크지만, 의술의 발달로 그 위험성이 현저하게 감소했기 때문에 태아나 산모가 긴급한 사태에 이르렀을 경우는 오히려 가장 안전한 분만법이라고 할 수 있다.

4) 출산관련 문제

출산은 매우 복잡하고 어려운 과정으로 출산에 걸리는 시간이나 진통의 횟수, 산모의 상태 등 여러 조건들이 출산하는 아기에게 영향을 미치게 된다. 출산과 관련하여 다음과 같은 문제가 있을 수 있다.

(1) 임신중독증

임신중독증은 임신 말기에 가장 주의해야 하는 질병으로 임신 중 여러 가지 병적인 상태를 보이는 증상이다. 전자간증은 임신 중 고혈압이 발견되는 경우라 할 수 있다. 고혈압과 동반되어 소변에서 단백 성분이 나오거나 혈소판 감소, 간 기능 저하, 신 기능의 악화, 폐부종, 두통, 흐린 시야 등의 동반 증상이 생기면 전자간증(pre-eclampsia) 또는 자간전증이라 하며 이는 질병이 더 진행한 형태이다. 자간증이라는 것은 임신 중에 고혈압성 질환을 원인으로 경련, 발작을 일으키는 경우를 말한다. 임신중독증은 심한 경우 임산부 사망의 주 원인이 되며, 태반 및 태아로의 혈류공급에 장애가 발생하여 태아의 성장부전이 발생하며 태아사망의 원인이 되기도 한다.

(2) 전치태반

태아의 머리나 둔부가 자궁입구에 위치해야 하는데, 자궁입구에 태반이 전부 혹은 일부가 놓여 있는 경우를 전치태반이라고 한다. 전치태반이 나타나는 빈도는 임신부 1,000명 중 5명 내외이다.

전치태반은 위치에 따라 완전 전치태반(자궁입구가 태반으로 다 덮여 있는 경우), 부분 전치태반(자궁입구가 부분적으로 태반에 덮여 있는 경우), 가장자리

전치태반(변연 전치태반: 자궁입구 바로 가장자리에까지 태반이 위치한 경우), 하위 태반(태반이 아래쪽에 있는 것은 분명하지만 자궁입구까지는 영향을 주지 않은 경우)으로 구분한다. 만삭이 아닐 때는 태아의 성숙도와 출혈 정도에 따라, 임신 주수에 따라 언제 제왕절개를 할 것인가 결정한다. 부분 전치태반, 하위 태반의 경우는 정상분만이 가능한데, 진통 시 출혈이 심해지면 수술을 시행하기도 한다.

(3) 유산

유산이란 태아가 생존이 가능한 시기 이전에 임신이 종결되는 것을 말한다. 크게 자연유산과 인공유산의 두 가지로 분류할 수 있다. 자연유산이란 의학적 시술을 시행하지 않은 상태에서 태아의 생존 가능 시기 이전에 임신이 종결되는 것을 말하며, 임신 주수를 기준으로 임신 20주 이전에 임신이 종결될 때를 말한다. 일반적으로 임신의 20% 이상이 자연유산 되는 것으로 알려져 있다. 자연유산의 80% 이상은 임신 12주 이내에 발생하는데, 이 시기에서 약 50%는 염색체 이상이 그 원인이다. 자연유산이 3번 이상 반복되는 경우는 습관성 유산이라고 한다. 한편, 인공유산이란 태아가 생존 능력을 갖기 이전의 임신 시기에 약물적 또는 수술적 방법으로 임신을 종결시키는 것을 말한다.

(4) 만산

만산이란 출산예정일을 2주 이상 초과하여 분만하는 경우로 모든 임신의 약 10% 정도가 이에 해당된다. 만산은 대부분 정상이지만 뱃속에서 태아가 계속 커져 태아와 자궁이 잘 맞지 않거나 자궁 내 태아의 위치가 비정상인 것 등이 문제가 된다.

출산과정에서 나타나는 위험요인 중에서 하나는 태아머리에 지나치게 압력이

가해져 일어나는 뇌혈관의 파열이고, 또 다른 하나는 태아가 모체로부터 분리되어 나올 때 적절하게 호흡을 시작하지 못해서 발생하는 산소결핍의 문제이다. 이러한 현상은 출산 시 체중미달이나 난산, 탯줄의 장애, 제왕절개에 의한 인공분만, 겸자분만, 흡인분만, 또는 출생직후의 취급소홀 등에 의해서 주로 발생하게 된다.

(5) 체중미달

신생아의 체중이 2.5kg 이하인 경우를 저체중 출생아(Low Birth Weight: LBW)라고 하며 대부분이 미숙아(조산아)이다. 미숙아는 출산 예정일보다 3주 이상, 즉 재태기간 37주 이전에 태어난 신생아를 말한다. 조산은 주로 조기 분만진통, 조기 양막파수, 임신중독증에 의해 유발되며 최근에는 자궁 내 세균감염이 주된 원인으로 밝혀지고 있다.

일반적으로 저체중 출생아들은 영아사망 또는 발달장애, 학습장애 등 여러 가지 위험요인을 정상체중의 아기들보다 더 많이 갖고 있다. 저체중 출생아들이 위험에 처할 확률은 출생 이후 보호의 질과 체중미달 정도, 가정환경에 따라 차이가 있다.

5. 신생아기 발달

신생아기는 출생 직후부터 1개월까지이며, 태아가 모체의 자궁 내에서 의존생활을 하다가 출생 후 새로운 환경에 적응하는 시기이다(박성연, 도현심,

1999). 인간의 전체발달에서 아주 짧은 기간이지만 출생과 함께 완전히 새로운 환경을 경험한다는 의미에서 매우 중요한 단계이다.

신생아는 출생과 더불어 독립된 존재가 되면서 신체 각 부분에서 많은 생리적 변화를 경험하게 된다. 신생아의 생리적 변화는 생후 처음 몇 시간 동안이 가장 현저하고 그 후로는 점차 감소하게 된다.

신생아기에 요구되는 가장 급격한 생리적 변화는 태생기순환(fetal or placental circulation)에서 독립적인 호흡(independent respiration)으로 전환하는 일이다. 즉 산소가 적고(hypoxic) 기생적(parasitic)인 자궁 내의 생활에서 공기중의 산소를 흡입해서 혈액순환을 시작해야 하는 자궁 외의 생활로 적응하는 과정이다. 대부분의 신생아는 부모가 상상했던 것만큼 귀여운 모습이 아니며, 작고 약해 보이지만 강인한 생명력을 가지고 이미 생존에 필요한 기술들을 알고 있다. 그러나 영아사망의 약 2/3가 출생 후 첫 주에 일어나기 때문에 출생 직후 신생아의 건강을 체크하고 적절한 조치를 취하는 것은 매우 중요하다.

1) 신생아의 첫 모습

신생아의 몸은 외부세균의 감염을 막기 위한 흰 빛깔의 태지로 덮여 있으며 라누고(lanugo)라 불리는 솜털과 함께 주름이 있다. 신생아의 피부색은 인종에 따라 다르지만 우리나라 아기의 경우 대체로 붉은 색이다. 출생 시 아기의 머리 크기는 신장의 1/4 정도로 몸에 비해 매우 크고, 두개골을 이루고 있으나 아직 완전히 봉합되지 않아서 천문(숫구멍)이라고 하는 연한 부분이 만져진다. 성인의 비율에 비하면 두개골은 크고, 얼굴은 작고, 길쭉하며, 머리둘레는 가슴둘레보다 크거나 비슷하고 팔과 다리는 짧은 편이다. 신생아는 남아, 여아 모두 젖가슴이 볼록하게 부풀어 있으며, 성기 역시 부어있는 상태로 때로는 여기에서 분비물이 나오기도 한다.

2) 신생아의 외부 적응과정

신생아의 자궁 밖에서의 생활은 복잡한 생리적 적응과정으로 호흡곤란과 순환부전이 급속히 나타나는 첫 24시간이 가장 중요하다. 이 기간 내의 사망률이 이후의 신생아기 전 기간의 사망률보다 훨씬 높다.

신생아가 스스로 호흡하고 생존하기 위해서는 먼저 호흡을 통해 새로운 형태의 혈액순환을 시작하며, 동시에 체온을 조절하고 음식물을 섭취해서 이를 배설할 수 있어야 한다. 첫 호흡을 하기 위해서는 폐에 가득 차 있는 양수와 점액이 제거되어야 하며, 분만과정 중에는 태아의 가슴에 가해지는 압력에 의해, 분만 후에는 외부 자극에 울음을 울며 액체를 밖으로 배출하게 된다. 이러한 신생아의 호흡이나 순환, 소화, 배설 및 체온 조절 기능은 출생 직후에는 아주 미약하나 24시간이 지나면서부터 급속하게 안정되면서 외부세계에서의 생존이 가능하게 된다.

3) 신생아의 생활주기

신생아의 일상생활은 낮과 밤에 걸쳐 수면과 각성정도에 따라 두 종류의 수면상태와 각성상태, 그리고 울기와 칭얼대기 등의 형태가 나타난다. 즉 깊은 잠에서 얕은 잠으로, 흥분상태나 배고픈 상태에서 칭얼대기와 울기, 잠이 완전히 깬 후의 활동적인 각성상태 그리고 다시 졸음상태에서 깊은 수면상태로 들어가게 된다.

이러한 주기는 하루 1~2시간 간격으로 되풀이 되면서 신생아의 일상은 잠자기, 울기, 먹기, 쳐다보기가 반복되는 생활이다(Bee, 1997).

(1) 수면

신생아들은 하루의 대부분을 잠으로 보내며 평균 15~20시간 동안 잠을 잔다.

대체로 생후 4개월이 되어야 밤에 깨지 않고 잠을 자며 생후 6~8주가 되면 수면 시간은 현저하게 줄어든다. 신생아 수면은 두 개의 형태로 분류할 수 있다. 첫째는 규칙적인 수면(regular sleep)단계로 눈은 감겨 있고 규칙적인 호흡을 하며 움직임이 없고, 조용한 깊은 수면상태이다. 하루 평균 4~5시간 정도이고 수면주기는 10~20분이다. 두 번째는 일명 렘(REM)수면이라고 하는 불규칙적인 수면(irregular sleep) 상태로 전체 수면의 절반을 차지할 정도로 많다. 눈은 감겨 있으나 호흡은 불규칙 하며, 약간의 근육 움직임이 있다. 하루 수면시간은 12~15시간이고 수면주기는 20~45분이다.

(2) 울기

생후 첫 6주 동안은 울음이 계속 증가하다가 그 후 차차 감소한다. 울음은 신생아에게 아주 중요한 역할을 한다. 신체발달에 있어 울음은 폐의 용량을 증가시키고 심장과 호흡체계의 활동을 조직하고 활성화하는 기능을 한다.

또한 울음은 배고픔, 불편함, 분노 등 양육자에게 주는 아기의 신호방법으로 유용한 단서가 될 수 있다. 그리고 아기의 요구와 상태에 따라서 울음의 양상은 다르기 때문에 양육자는 아기의 울음소리를 잘 식별할 수 있어야 한다.

신생아의 15~20%는 매일 오후 늦게나 이른 저녁시간에 특별한 이유없이 아주 심하게 운다. 영아 산통(infantile colic) 또는 배앓이라 불리는 이러한 울음은 기질적 또는 생리적인 원인으로 호흡조절이 원활하지 못하거나 생체리듬과 수면주기가 잘 맞지 않는 경우에 주로 발생한다. 영아 산통은 생후 2주 경에 나타나서 3~4개월에는 자연적으로 없어진다.

(3) 먹기

출산 후 1~2일이 지나면 산모에게서 젖이 나오기 시작한다. 출산 후 48시간

이내에 나오는 초유는 면역성분과 여러 가지 영양분이 많이 들어 있어 신생아의 태변 배설 및 전염병에 대한 저항능력을 돕는다.

신생아는 위장이 작고 원통형이어서 한꺼번에 많이 먹지 못하고, 소량으로 하루에 8~10회 정도 2~3시간 간격으로 먹게 된다. 또한 모유는 위를 통과하는 시간이 우유보다 짧아서 모유인 경우에 더욱 자주 먹는다.

모유는 우유에 비해 영양학적으로 매우 우수하다. 모유는 소화가 잘 될 뿐만 아니라 아기의 성장발육에 필요한 물질을 모두 포함하고 있다. 이에 반해 우유는 모유에 비해 칼슘과 단백질이 많아서 소화가 잘 안되며 두뇌발달에도 해로울 수 있다. 또한 지방은 입자가 커서 위에 부담을 주는 동시에 소화장애로 80% 정도만 흡수될 수 있다.

모유의 우수성 중에서도 특히 모유의 면역성분은 신생아의 호흡기와 위장감염을 예방하며, 우수한 단백질과 각종 영양성분은 두뇌신경의 발달을 돕는다. 이 외에도 모유는 우유를 먹는 아기에게서 나타날 수 있는 각종 알러지를 예방할 수 있으며 젖을 빠는 힘과 함께 근육운동은 신생아 턱근육의 발달과 치아배열에도 도움을 준다.

또한 어머니의 가슴과 우유병의 촉감 차이는 아기의 심리적 발달에 미치는 영향력도 다르다. 아기가 젖을 빨 때에 듣는 어머니의 심장박동 소리는 심리적 안정을 가져다주며 아기와 어머니와의 상호관계 형성에도 긍정적인 효과가 있다. 이 외에도 어머니의 젖을 먹이게 되면 준비하기에 간편하며 경제적일 뿐만 아니라, 어머니의 자궁수축을 촉진시켜 원상태로 회복시키는 기간을 단축시킨다. 또한 아기에게 젖을 먹인 어머니는 먹이지 않은 어머니보다 유방암의 발생빈도가 낮은 것으로 나타났다(김경희, 1999).

4) 신체 발달

(1) 신장과 체중

신생아의 신장과 체중은 성(sex)과 인종에 따라 다소 차이가 있지만 평균신장은 50~52cm이며 체중은 3.2~3.5kg이다. 남아가 여아보다 약간 우세하며 또한 초산부보다는 경산부의 아기가 약간 우세한 경향이 있다. 신생아의 신체 크기는 유전내용, 임신 중 산모의 영양과 건강상태에 따라 차이가 있다.

신생아의 신체구조는 성인과 많은 차이가 있으며 머리는 크고 동체(trunk)는 길며 하체는 짧다. 특히 눈 위의 면적과 얼굴과의 불균형이 가장 심하고 두위는 흉위보다 크다. 또 엉덩이는 작고 수족은 짧으나 팔은 다리보다 길다.

신생아의 신체비율을 성인과 비교하면 신장은 성인의 1/3~1/4이며, 머리는 성인의 1/2, 몸체는 성인의 1/3, 팔의 길이는 성인의 1/4, 다리는 성인의 1/5 정도이다. 따라서 신체의 각 부분은 동일한 비율로 발달하지 않고 단계별로 서로 다르게 발달한다.

(2) 머리

신생아의 머리 둘레는 약 33~35cm로 키의 약 1/4에 해당하며 성인머리의 1/2 정도 크기이다. 이러한 신생아 머리의 성장은 뇌의 발달과 밀접한 관계가 있다. 신생아는 두개골 상호간의 봉합이 완전하지 못해서 두부 정중선 전후에 2개의 부드러운 부위가 있다. 전방에 있는 것을 대천문, 후방에 있는 것을 소천문이라고 한다. 대천문은 생후 10개월 경까지 점차 커졌다가 그 후 축소되어 생후 16~18개월 경에 밀폐되며 소천문은 생후 6~8주 경에 완전히 밀폐된다(강봉규, 1995).

(3) 골격과 근육

신생아는 성인의 연골 206개보다 훨씬 많은 약 270개의 연골을 가지고 있어 부드러운 골격을 이루고 있으며, 이는 출생과정에서 일어날 수 있는 마찰을 방지하여 준다. 또한 신생아의 근육조직은 태내에서부터 발달된 것이기 때문에 출산 시에는 상당히 성숙한 상태이며, 팔과 손의 근육이 목과 다리의 근육보다 조금 더 발달되어 있다.

5) 생리적 발달

출산할 때 아기의 울음은 최초의 호흡으로 신생아는 1분당 35~45회 호흡하며 이는 어른의 2배 정도이다. 신생아가 울지 않은 상태로 방치되면 산소부족으로 인하여 심각한 뇌손상이 유발된다. 태내기 동안에는 탯줄을 통해 산소를 공급받고 이산화탄소를 배출하였지만 출생 직후부터는 스스로 호흡을 하게 된다. 신생아의 호흡은 일반적으로 얕고 불규칙하며 딸꾹질과 재채기를 하기도 한다. 혈액순환에 더 이상 태반이 필요하지 않으며, 열려 있던 좌심실과 우심실 사이의 판막이 생후 며칠 이내에 막히고, 폐를 통해 피가 순환한다.

출생 전부터 엄마와 태아는 독립된 순환기관을 가지고 독립된 심장박동을 한다. 신생아의 심장박동은 어른보다 빠르고 불규칙하며 속도는 1분에 120~160회 정도이다. 신생아의 체온은 성인보다 약간 높은 37~37.5°C로 신생아가 스스로 체온을 조절하여 주변 환경의 온도변화에 적응하기까지는 어느 정도의 시간이 걸린다. 신생아는 모체에서 면역성분을 받고 태어나기 때문에 생후 6개월 정도는 감기 등 바이러스에 의한 질병은 잘 걸리지 않는다.

대부분의 신생아는 생후 2~3일 경부터 체중이 감소하나 약 5일째부터는 체중이 다시 늘기 시작하여 10~14일이 되면 출생 때의 체중으로 회복한다. 출생 후

3~4일이 지나면 피부와 안구가 노랗게 변하는 신생아 황달증상이 나타날 수 있다. 이 현상은 간의 미성숙 때문에 일어나는데 대개는 심하지 않고 1주일이 지나면 간 기능이 원활하게 되어 회복된다.

신생아의 소화체계는 단백질과 당분을 흡수하고 소화시키기에 충분한 효소를 만들어 내지만 포화지방은 잘 흡수할 수 없기 때문에 모유보다 지방이 많은 조제분유는 신생아에게 적합하지 않다. 첫 1~2일에 산모에게서 나오는 황갈색의 초유는 태변배설을 촉진할 뿐 아니라 면역체를 함유하고 있기 때문에 신생아에게 먹이는 것이 좋다. 또한, 신생아는 성인에 비해 위의 모양이 수직이어서 많이 먹을 시 구토할 수 있으므로, 일반적으로 두 세 시간 간격으로 수유를 하고, 수유 시 공기를 같이 먹게 되므로 트림을 시켜주어야 한다.

신생아는 출생 후 며칠 간은 하루에 4~5회 태변을 배설하는데 검은 녹색을 띠며 끈끈하다. 태변은 태중에서 양수를 삼켜 직장에 고여 있던 것이다. 소변은 하루에 18회 정도로 자주 보며 요산염이 많기 때문에 기저귀가 황갈색이 되기 쉽다.

6) 뇌와 신경계의 발달

출생시 뇌의 무게는 약 350g으로 성인(1,350g)의 1/4이다. 체중에 대한 뇌의 비율은 출생 시에 가장 무겁다. 신생아기에는 뇌와 신경계의 피하층이 발달하여 초기의 반사 행동을 조절하며, 신생아의 기본정서와 일부 원시적인 운동 및 감각조절은 척수뇌간의 발달 및 대뇌반구의 분화에 의해 이루어진다.

그러나 신생아기에는 사고나 문제해결과 같은 고차원적인 기능을 수행하는 피질세포들은 아직 잘 발달되어 있지 않기 때문에 대뇌피질은 중추신경계의 작용에 거의 관여하지 않는다. 그러므로 신생아기의 신경기능은 원시적인 반사작용(primitive reflex)으로 출산 시에 첫 호흡을 자극하고, 신체 전해질 균형 유지를 도우며, 체온을 조절하는 자율신경계(autonomic nervous system)의 역할이 매우 중요하다. 그리고 이러한 반사운동기능은 신생아 신경기능의 이상유무를 파악하는데 중요한 단서가 되기도 한다(Schaffer, 1993; Newman & Newman, 1995).

신생아기의 반사운동은 어떤 특수한 자극에 의해 불수의적으로 일어나는 자율적인 반응을 의미한다. 대부분 생득적으로 가지고 태어나며 유형에 따라 수개월 동안 유지되다가 소실되거나 평생 동안 유지되는 것도 있다. 반사는 크게 생존에 필요한 능력인 생존반사와 생존에 필수적인 능력은 아니지만 이후 의식적인 운동으로 발전하게 되는 특수반사로 구분된다.

(1) 생존(적응)반사

- **포유반사**(Rooting reflex): 입 부근에 부드러운 자극을 주면 자극 있는 쪽으로 입을 벌리거나 또 아기에게 우유 냄새를 맡게 하면 그 쪽 방향으로 고개를 돌리고, 젖꼭지를 찾아 물 때와 같이 입을 벌리는 반사이다. 깨어있을 때는 3~4개월 경이면 사라지고, 잠잘 때는 7~8개월 경에 사라진다.
- **흡인반사**(Sucking reflex): 입에 닿는 것은 무엇이든지 무의식적으로 빠는 반사운동이며, 6개월 때부터 감소하기 시작하며 출생 후 자극이 없으면 사라진다.
- **연하반사**(Swallowing reflex): 음식물이 구강후부에 닿으면 삼키는 반사운동이다. 일생동안 소실되지 않는다.
- **기침반사**(Coughing reflex): 이물이 상기도 또는 코에 들어가거나 자극하게 되면 재채기 혹은 기침을 하게 된다. 평생 소실되지 않는다.
- **구역반사**(Gaging reflex): 설압자로 인두개, 혀근육부분을 자극하면 인두근이 수축하고 혀근육이 부분적으로 보이면서 구역질이 유발된다. 인두부위의 이물질 제거에 유용하며 평생 소실되지 않는다.
- **하품반사**(Yawn reflex): 체내 산소가 감소하면 흡입 공기의 양을 증가시키

기 위해 자발적으로 입을 벌리게 되는 반응이다. 일생동안 지속된다.

- **파악반사**(Grasping reflex): 손에 잡힌 것을 꽉 쥐고 놓지 않는 반사이며 이때 쥐는 힘이 매우 강해서 신생아를 지탱할 수 있는 정도이다. 또한 발바닥을 후방에서 전방으로 자극하면 발가락을 앞으로 오므린다. 이 반사는 3~4개월이면 완전히 사라진다.

(2) 특수(원시)반사

- **모로반사**(Moro reflex): 손으로 아기의 어깨를 받치고 몸을 지탱하면서 갑자기 머리를 떨어뜨리거나 급격한 자극을 가하면 아기는 등을 바닥에 대고 가슴을 편채로 손바닥과 손가락을 활짝 펴고 무엇을 포옹하듯이 팔을 벌리게 된다. 이때 반사의 모습은 대칭적으로 나타나며 다리와 둔부의 운동은 일정하지 않다. 생후 2개월 동안 가장 강하게 나타나고 생후 6~7개월이면 완전히 소실되는 반사이다. 특히 출생 시 뇌손상 또는 두개 내에 이상이 있으면 모로반사가 나타나지 않기 때문에 정상아 판별에 기준이 된다(김제한, 2000).
- **바빈스키반사**(Babinski reflex): 발바닥의 외면을 발꿈치에서 발가락 쪽으로 가볍게 긁거나 자극하면 발가락을 발등 위쪽으로 부챗살처럼 펴거나 구부리는 반사행동이 나타난다. 생후 8~12개월에 사라진다.
- **동공반사**(Papillary reflex): 눈에 빛을 비추면 동공이 작아졌다가 적응되면서 다시 확대된다. 일생동안 지속된다.
- **눈깜짝반사**(Blinking or corneal reflex): 갑작스러운 밝은 빛에 노출되거나 각막 근처로 물체가 접근하면 눈을 깜박인다. 일생동안 지속된다.
- **인형의 눈**(Doll's eye): 머리를 좌우로 천천히 움직이면 눈이 뒤로 쳐지면서 머리의 위치에 맞춰 눈을 즉각적으로 조절하거나 적응하지 못한다. 생후 약 1~2개월 경 아기의 시야고정이 가능하게 되면 자연히 사라진다. 그러나 계

속해서 나타나는 경우에는 대뇌손상을 의심할 수 있다.

- **놀람반사(Startle reflex)**: 갑작스러운 큰 소리나 심한 자극을 받게 되면 팔꿈치를 굽힌 채 손은 주먹을 쥔 상태로 팔을 벌려서 무엇을 끌어안으려는 자세가 된다. 생후 4개월 경에 사라진다.
- **목강직반사(Tonic neck, Fencing position reflex)**: 안정상태에 있는 아기의 등을 바닥에 대고 눕히면, 머리를 한쪽으로 돌리면서 돌린 쪽의 팔과 다리는 펴고 반대쪽의 팔 다리는 긴장된 상태로 구부린 자세가 된다. 생후 2~3개월 경에 사라진다. 그러나 영아기 후기에서도 이 반사가 출현하거나 계속 나타날 때에는 운동장애가 있음을 의미한다
- **보행반사(Stepping, Dancing reflex)**: 아기의 겨드랑이를 잡고 바로 세운 자세로 발바닥을 바닥에 닿게 하면 발을 번갈아 짚으며 마치 걸음마 같은 동작을 나타낸다. 생후 3~4개월 경에 소실되고 이후에는 의도적으로 발을 움직이는 행위로 대체된다.
- **위치반사(Placing reflex)**: 아기를 세운 자세로 쳐들고 아기의 발등을 책상 모서리에 스치도록 하면 무릎을 구부리면서 마치 계단을 오르는 것과 같은 동작을 하게 된다. 이 반사 역시 생후 3~4개월 경이면 사라진다.
- **일으키기반사(Traction reflex)**: 아기의 양손을 붙잡고 누운자세에서 위로 끌어당겨 일으키면 처음에는 머리가 뒤로 쳐지지만, 상체가 수직으로 되면서 머리를 고정시킬 수 있다. 이때 어깨, 상지의 근육이 수축되면서 아기도 끌어올리는데 협력하려는 자세를 취하게 된다. 생후 4개월 경에 사라진다.
- **수영반사(Swimming reflex)**: 아기의 배 부분을 수평으로 받쳐주면 아기는 팔과 다리를 교대로 움직이며 입으로 숨을 쉬는 동시에 마치 수영하는 자세가 나타난다. 이 반사는 생후 4~6개월이면 사라진다.

7) 감각기관의 발달

신생아는 주로 감각을 통해서 대상의 성질을 인지하고 환경의 자극에 반응한다. 그러므로 감각기관의 발달은 신생아 지각발달의 기초가 되며 아기의 인지발달과 운동능력 발달에 큰 영향을 미치게 된다.

신생아의 감각기관은 비교적 잘 발달되어 있어 거의 모든 감각능력을 어느 정도 갖추고 있으며, 출생과 함께 급속도로 성숙한다. 감각지각은 개인의 유전적 요인과 건강상태, 환경자극요인 등에 따라서 발달의 정도가 다르며 개인차가 있다. 특히 신생아는 약한 자극에 대해서는 잘 반응하지 않으며, 강렬하고 갑작스러운 자극 또는 고통을 주는 자극에 비교적 민감하게 반응한다. 신생아의 이러한 감각기능은 주위사람들로부터 생존에 필요한 도움을 얻을 수 있게 하며 후에 애착관계 형성에도 중요한 역할을 하게 된다.

(1) 촉각

촉각은 출생 시 가장 잘 발달된 특수감각으로서 얼굴(입술, 혀, 이마)과 손, 발바닥이 가장 예민하며 특히 통각과 온도감각 등이 잘 발달되어 있다. 통각은 출생 3일 후부터 빠르게 발달한다. 통각에 대한 감수성은 여아가 남아보다 더 민감하며, 신체부위의 통각반응은 하체보다 머리(입술, 속눈썹, 이마)부분이 더욱 민감하고 적극적인 반응을 나타낸다. 온도감각 역시 이미 잘 발달된 상태라서 차갑고 뜨거운 자극에 아주 민감하게 반응한다. 그 예로 우유의 온도가 너무 차거나 뜨거우면 호흡과 맥박이 불규칙하며 신체적으로는 우는 반응이 나타난다.

신생아의 피부접촉과 운동감각은 정상적인 성장발달에 필수적인 것으로 등을 부드럽게 두드리거나 배를 문지르면 얌전해지고, 고통스러운 자극에는 울거나 불쾌감을 나타낸다. 또한 움직임에도 민감해서 천천히 흔들어 주거나 안아 주면 울음을 멈추거나 잠이 들게 된다.

(2) 시각

출생 시 눈은 성인의 1/2 정도의 크기이며 구조적으로 불완전한 상태이다. 특히 모양체 근육(ciliary muscle)이 미숙하여 일정기간 물체에 집중하거나 협응하는 능력이 한정되어 있으며, 눈물샘 역시 2~4주까지는 기능하지 않는다.

그러나 출생 후 2일이 되면 안구가 빛이나 움직이는 물체에 순간적으로 집중하거나 혹은 물체를 따라서 눈이 움직이는 동공반사가 나타난다. 또한 빛을 비추면 눈을 감는 눈깜짝반사와 각막을 자극하면 눈이 감겨지는 각막반사도 보인다.

신생아의 시력은 매우 약해서 시력척도검사 기준에서 볼 때 법정맹인의 수준이다. 그러나 시력은 영아기 초기에 급속도로 발달해서 2세가 되면 거의 성인의 수준에 이르게 된다.

색채감각은 생후 15일이 지나야 색채식별이 가능하며 시각적 선호현상도 나타난다. 어두운 색보다는 밝은색(빨강, 노랑, 푸른색)을 좋아하고, 흑백대조 특히 기하학적 무늬와 바둑판 무늬를 좋아한다. 또한 직선보다는 곡선을 좋아하고 작고 복잡한 물체보다는 단순하고 큰 물체를 더 선호한다(Field, 1990).

신생아 대부분이 출생 직후에는 사시경향이 있으나 점차 눈의 협동작용이 완성되면서 사라지며, 출생 후 7~8주가 되면 협동과 집중작용은 거의 완전해진다.

(3) 청각

출생 직후에는 귓속에 양수 등 점액질이 들어있기 때문에 청각기관은 양호하나 기능은 잘 하지 못하는 상태이다. 그러나 청력은 출생 후 수일 내에 예민해진다.

습관화 연구를 통한 신생아의 청각능력 검사에서 소리를 높고 강하게 또는 낮고 약하게 변화시켜본 결과 아기의 맥박과 호흡, 운동정도에서 차이가 나타났다. 또한 계속해서 반복되는 소리에는 아기의 맥박이나 팔다리 운동이 감소했으나 새로운 소리에는 맥박과 운동이 증가했다. 그 예로 어머니의 자장가는 지속적인 음의 자극으로 잠을 자게 하는 효과가 있었다. 이러한 반응은 신생아가 소리를 구별할 수 있을 뿐만 아니라 소리강약의 차이도 느낄 수 있다는 것을 의미한다(Owens, 1993).

일반적으로 신생아는 다른 잡음보다는 사람의 목소리에 일찍부터 민감하며(Steinberg & Belsky, 1991) 특히 어머니의 말소리에 예민하다. 예를 들어, 생후 3일 된 신생아는 어머니의 음성과 다른 여성의 음성을 구별할 수 있으며, 2주 된 신생아는 울음을 멈추고 어머니의 목소리를 듣고, 4주가 되면 어머니의 음성을 완전히 식별할 수 있다(Morse & Cowan, 1982).

(4) 미각

신생아는 이미 미각을 가지고 태어난다. 출생 직후부터 단맛을 구분할 줄 알며 쓴맛, 짠맛, 신맛 등에 대해 강한 맛을 구별할 수 있는 능력을 보인다. 신생아 초기에는 맛을 느끼는 미뢰(taste bud)가 대부분 혀의 끝에 분포되어 있다. 따라서 신생아에게 단 것을 먹이면 천천히 빠는 반응을 보이며 윗입술을 움직이게 된다. 그러나 쓰거나 신 것을 먹이면 내뱉고 얼굴을 찡그리며 호흡이나 순환이 불규칙해진다.

(5) 후각

신생아의 후각은 출생 직후에는 미각과 같이 완전하게 발달되어 있지 않지만 불과 몇 주 이내에 여러 가지 다른 냄새를 구별할 수 있을 정도로 빠르게 발달한다. 즉, 신생아는 과일향에는 관심을 나타내지만 암모니아, 알코올, 식초와 같이 자극적이거나 강한 냄새에서는 얼굴을 돌린다(Cernoch & Porter, 1985). 또한 모유 영양아는 모유냄새를 맡을 수 있을 뿐만 아니라 자신의 어머니와 다른 여성의 모유냄새 구별도 가능해서 생후 6일 경부터 이미 자기 어머니의 가슴에 닿았던 헝겊을 다른 사람의 것보다 더 좋아하는 것으로 나타났다(McFarlane, 1977).

8) 운동발달

신생아의 감각기능에 비하면 운동기능은 아주 원시적이고 미숙한 상태로 생후 첫 해 동안에 서서히 발달한다. 신생아 운동은 전신운동과 신체 어느 부위의 특수운동으로 구분된다. 신생아 초기에는 신경계통의 발달이 미성숙하여 통합된 운동기능이 불완전하고 또 자극과 행동이 직접 결부되어 있어서 의식적인 조정이 불가능하기 때문에 전신운동을 보이지만 점차적으로 부분운동을 하게 된다. 전신운동은 출생 후 10일 동안 가장 활발하며 이때 신체 전체가 산발적으로 움직인다. 신생아의 이러한 운동은 에너지 소모가 많아서 빨리 피로해 진다. 신생아의 운동능력은 생후 2~3주 경이 되면서부터 빠르게 발달하면서 생후 1개월이 되면 턱을 바닥에서 들 수 있고, 2개월 정도가 되면 가까이 있는 물건을 손으로 치기 시작한다. 신생아의 운동기능의 특징은 다음과 같다.

① 운동횟수는 아침에 가장 활발하고, 정오에 가장 적다. 또한 만복 시보다는 공복 시에 운동량이 많다.
② 운동량은 명암과도 관계가 있다. 어두운 상황에서는 운동량이 많은 반면에 밝은 광선에서는 감소한다.
③ 옷을 두껍게 입혔을 때보다는 얇게 입혔을 때에 운동량이 많다.
④ 깨어 있을 때는 수면시 보다 9배 정도 운동량이 증가한다.
⑤ 남아가 여아보다 더 활동적이다.

9) 정서발달

신생아의 정서는 생후 2주부터 출현하기 시작한다. 그러나 생후 1~2주까지의 신생아의 정서는 아직 미분화된 초기의 상태로 막연한 흥분상태에 불과하다. 따라서 신생아의 정서적 특징은 대체적으로 불안정하고 격렬하며 변화가 많다. 또한 시간적으로는 지속시간이 짧고 출현빈도가 잦은 편이다(이옥형, 1999).

(1) 공포

큰소리가 나거나 자기를 돌보아 주는 사람이 없을 때 주로 나타나며, 공포에 대한 반응은 울음과 함께 갑자기 놀라고 호흡이 빨라지면서 눈을 감거나 손을 꽉 움켜쥐고 입술이 파래진다.

(2) 분노

배가 고프거나 욕구충족이 안될 때 또는 신체운동에 억제를 당하였을 때 주로 많이 나타난다. 공복이나 신체적인 불편함 때문에 울 때는 울음소리가 크지 않지만 급격한 환경의 변화에 의하여 불쾌감을 느끼게 되면 너무 격분하여 제대로 울지 못하게 된다.

(3) 애정

신생아의 피부를 어루만져 준다든가 부드럽게 마사지해 주면 즐거움과 만족감의 표현으로 팔다리를 움직이는 동작이 나타난다. 그러나 이와 같은 신생아의 행동을 애정반응으로 정확하게 구분하기는 어렵다.

6. 신생아기 발달장애

신체적 손상이나 기형을 가진 아기를 제외하고 대부분의 신생아들은 건강한 상태에서 정상적으로 발달하게 된다. 그러나 출생 시 문제가 발생하거나 바람직하지 못한 환경이나 부모역할로 인해 발달상의 문제와 장애가 출현하게 된다. 신생아기에 흔히 나타날 수 있는 발달문제는 신생아 질병과 사망, 어머니 우울증으로 인한 신생아 위험문제 등이다.

1) 신생아 질병

(1) 황달

황달은 간기능의 미숙으로 적혈구가 파괴되면서 생기는 색소를 처리할 수 없어 눈의 흰자위, 피부가 노랗게 되는 증상을 말한다. 신생아의 생리적 황달은 생후 2~4일에 출현해서 1~2주일 이내에 거의 없어지게 된다. 미숙아의 경우는 정상아보다 좀더 오래 가고 증상이 심한 편이다. 그러나 2주 이상 계속되거나 그 정도가 너무 심해서 발바닥까지 노랗게 되는 경우는 병적인 황달로 의학적인 치료를 받아야 한다.

(2) 습진(태열, 아토피성 피부염)

태열이란 일반적으로 유아습진을 말하며 주로 아토피성 피부염을 말한다. 아토피는 대개 우유나 음식물에 의한 것이 많지만 때로는 진드기나 주위 환경이 깨끗하지 못해서 일어나는 경우도 있으므로 항상 청결을 유지해야 한다. 습진이 발생하기 쉬운 아기는 특히 피부청결이 중요하므로 목욕을 자주 시켜 주고 건포 마찰로 살갗을 단련하는 것이 좋다. 또한 아토피성 아기의 체질은 유아기에 들어서 천식과 비염을 일으킬 가능성이 높으므로 의심스러운 증상이 나타날 때에는 조기에 원인을 찾아 치료해야 한다.

(3) 아구창

아구창 또는 구강 칸디다증(鵝口瘡, oral candidiasis, thursh)은 진균류인 칸디다(Candida albicans)가 구강점막에서 증식하는 병을 지칭한다. 젖을 먹인 후 입안을 잘 닦아주지 않은 경우에 입안 점막에 좁쌀만한 하얀 젖 찌꺼기같은 것이 묻어 있으며 이것을 떼어내면 불그스레한 피가 비치게 된다. 소독가제 수건으로 입 속을 깨끗하게 닦아주면 며칠 후면 없어지게 된다. 그러나 증상이 심한 경우에는 구강치료와 함께 약물치료를 해야 한다.

(4) 구토

신생아의 위는 성인과는 달리 병 모양의 원통형이기 때문에 먹었던 우유를 토하기 쉬우며, 감기와 같이 열성 질환이 있을 때에도 토할 수 있다. 그러나 이러한 원인이 아니고 반복해서 토할 경우, 장 폐쇄, 유문 협착증 등의 우려가 있으므로 즉시 의사에게 진찰을 받아야 한다. 아기가 구토할 때는 아기를 옆으로 눕히고 토물이 기도 안으로 들어가지 않도록 특별히 조심해야 한다.

2) 신생아 사망

생후 한달 이내에 일어나는 신생아 사망은 대체로 선천적인 이상이나 체중미달과 연관되어 있다. 따라서 출생 시 신생아가 정상적인 체중을 유지할 수 있도록 임신기간 동안 산모의 충분한 영양섭취와 함께 건강관리에 조심해야 한다.

3) 산모 우울증

출산전후로 대부분의 어머니들은 어느 정도의 우울증을 경험한다. 특별히 출산 후 4주 사이에 심해지는 우울감과 이로 인한 증상을 산후 우울증(postpartum depression)이라고 한다. 이는 산후 에스트로겐, 프로게스테론 등의 갑작스러운 호르몬 변화와 출산 및 육아 스트레스 때문에 나타난다. 산모는 아무런 이유도 없이 불안하거나 눈물이 나고, 식욕이 없으며, 죄책감을 경험하고, 밤에 잠을 잘 이루지 못한다.

대체로 우울증을 겪는 어머니는 아기와의 따뜻한 언어적인 상호작용이나 피부접촉이 적으며 아기의 울음에도 민감하지 못해서 적절하게 돌볼 수 없다. 이와 같이 출생초기 어머니와의 부정적인 관계형성은 아기의 성격과 정서발달에 영향을 미치기 때문에 아기 역시 얼굴표정이 적고 응시회피가 많으며 저항적이고 활동성이 낮은 경향이 있다. 또한 어머니의 성격적 성향이나 정신건강의 문제, 환경적인 스트레스로 우울증이 심한 경우에는 아기와의 부정적인 상호작용으로 아기를 위험상태에 처하게 하거나 방치할 수 있기 때문에 조기에 치료를 받아야 한다.

4) 신생아기 검사

신생아의 정상성 여부나 발달정도를 측정하는 검사로는 출생직후에 신생아의 건강상태와 적용여부를 측정하기 위해 실시하는 아프가(Apgar) 검사와 주위환경에 반응하는 방식을 측정해서 신생아 발달상태를 평가하기 위한 브레젤톤(Brazelton) 신생아행동평가 척도가 있다.

(1) 아프가 검사

Virginia Apgar(1953)가 신생아 상태를 평가하기 위해 개발한 도구로서 출생 직후 신생아의 건강 여부를 측정해서 신생아의 자궁 외 생활에 대한 최초의 적응을 판단하기 위한 검사이다. 신생아는 출생 후 1분, 그리고 다시 5분 후에 Apgar 검사를 받는다. Apgar 검사는 5개의 하위척도 즉, 외모(appearance), 맥박(pulse), 반사민감성(grimace), 활동성(activity), 호흡(respiration)을 관찰한 점수로 평가한다. 채점은 각 하위검사마다 0, 1, 2점을 주어 점수를 합산한다. 만점은 10점이고 최하점수는 0점이다. 총점이 7~10점인 아기들은 양호한 상태에 있으므로 코와 입에서의 흡인 및 일상적인 간호와 관찰을 하면 된다. 4~6점인 아기들은 중(中)정도의 상태로 기능이 약간 떨어져 있기 때문에 첫 24시간 동안 면밀한 관찰을 요하며, 때로는 소생술을 시도해야 한다. 0~3점인 아기들은 심하게 기능이 떨어진 상태이므로 소생술은 물론, 호흡 보조와 함께 중환아 간호가 요구된다(Steinberg & Belsky, 1991).

심박동수 측정은 Apgar 검사에서 첫 번째로 하게 되는 가장 중요한 관찰로 진단과 예후에 유용한 정보가 된다. 심장부위를 청진하거나 또는 제대와 복벽의 연결부위에서 촉진으로 맥박을 1분간 측정해서 100회를 기준으로 평가한다.

두 번째로 중요한 관찰은 호흡능력으로 보조기의 도움을 받지 않는 호흡수를 측정한다. 호흡수는 흡기 능력에 지연이 있는지 검사하기 위해 흉부를 청진하거나 흉벽의 움직임을 관찰하여 호흡의 깊이와 규칙성을 1분간 측정해서 평가한다.

세 번째의 반사능력은 신생아를 자극하여 일어나는 반응으로 평가한다. 코에서 흡인하거나 등을 가볍게 문지르거나 발바닥을 살짝 때리는 자극을 이용할 수 있다. 신생아가 기민한 상태에 있을수록 재채기, 기침, 울음 등의 반응이 더 빠르고 쉽게 나타나게 된다.

네 번째의 근육긴장은 사지가 굴곡상태로 얼마나 빨리 되돌아오는지를 관찰해서 근력과 활동력을 평가한다.

마지막 관찰내용은 신생아의 피부색이다. 모든 신생아는 출생 시 피부가 창백하다가 호흡이 시작되면서 붉어지게 된다. 사지는 출생 후 수 시간 동안 약간의 청색증이 보일 수 있는데 이는 불충분한 혈액순환으로 나타나는 현상이다.

분만 직후 1분 때의 점수는 자궁 외 생활에 신생아의 적응가능 여부를 판단하기 위한 것이며 이 검사점수로 소생술이 필요한지 여부를 결정하게 된다. 5분 후에 다시 검사를 하는 목적은 신생아의 상태를 재평가하기 위한 것이며, 특히 소생술에 대한 반응을 평가하기 위해서이다. Apgar 점수는 미숙아와 같이 이미 태중에서 발달에 문제가 있어서 저체중이거나 신체장애아 또는 출산과정에서 일시적인 산소결핍과 약물로 인해 호흡에 문제가 있는 경우에 주로 낮게 나타난다. Apgar 점수가 낮으면 낮을수록 질식으로 인한 사망률도 높다. Apgar 검사의 내용과 평가방법이 표 4-1에 제시되어 있다.

표 4-1 Apgar 검사의 내용과 평가방법

하위척도	점수		
	0	1	2
A(appearance) 외모(피부색)	몸 전체가 푸르거나 창백함	몸통은 분홍색이지만 사지는 푸른색	몸 전체가 분홍색
P(pulse) 맥박(심장박동률)	없음	느림(100회 이하)	급속함(100회 이상)
G(grimace) 반사자극 민감성 (얼굴표정)	무반응	얼굴을 찡그림	재치기, 기침, 울음
A(activity) 활동성(근육상태)	축 늘어져 있음	약하고 비활동적	강하고 활동적
R(respiration) 호흡(울음)	없음	약하고 불규칙	양호, 울음

(2) 브레젤톤 신생아행동평가 척도

브레젤톤 신생아행동평가 척도(Brazelton Neonatal Behavioral Assessment, BNBAS)는 신생아가 주위 환경에 반응하는 방식을 측정하기 위한 신경행동학적 평가검사로 출생 후 7~10일 경에 실시한다. 이 검사는 4개 차원의 총 27개 항목으로 구성되어 있다. 신생아의 상태조절능력, 반응능력, 운동능력 및 사람과 환경에 대한 신생아의 반응과 또 이와 관련된 상호작용적 행동을 평가해서 신생아 행동연구 및 진단도구로 사용된다.

이 검사의 구체적인 평가내용은 다음과 같다.

① **상호작용 행동**: 사람과 환경에 대한 민감성과 귀엽게 구는 행동

② **운동행동**: 반사능력과 근육상태, 손과 입의 협응능력

③ **생리적 조절**: 화가 난 후 진정할 수 있는 능력이나 현재의 각성상태에서 다른 상태로 변화시킬 수 있는 조절 성향

④ **스트레스에 대한 반응**: 시각적, 청각적 자극에 놀라거나 또는 이에 적응하는 능력

이 검사는 평균 수행이 아닌 최고 수행수준을 알아보는 역량검사로, 신생아의 발달적 이상과 함께 개인차를 알 수 있어 발달을 예측하는데 Apgar 검사보다 더 나은 지표가 될 수 있다(Snow, 1998).

생각해 볼 거리

이 장에서 다루어진 내용을 바탕으로 학습자 각자 다음의 문제들에 대해 정리해 본 후, 그 내용을 수업에서 질문이나 토의 자료로 활용해 보자.

1. 이 장에서 특별히 새롭게 학습한 내용이 있다면, 그 내용을 열거해 보자.
2. 이 장에서 특별히 관심을 끌었던 내용은 어떠한 것이며, 그 이유는 무엇인지 정리해 보자.
3. 이 장에서 다루어진 내용 가운데 한 가지를 택하여 그 내용이 실제 교육장면에 어떻게 응용 또는 적용될 수 있는지를 설명해 보자.
4. 이 장에서 특별히 어려움이나 싫증을 느낀 내용은 어떠한 것이며, 그 이유는 무엇인지 정리해 보자.
5. 이 장을 학습하면서(또는 학습한 결과) 더 자세히 알아보고 싶다고 느낀 주제나 내용은 무엇인지 정리해 보자.

Chapter

05

영유아기 신체 · 운동발달

영유아기는 사춘기와 더불어 인간의 발달시기 중 신체발달의 속도가 가장 눈에 띄게 빠른 시기이다.

생후 첫 365일 동안 아이들은 대근육 발달과 소근육의 움직임이 증가하면서 많은 신체 변화를 겪게 된다. 인지발달의 초석인 반사 반응기를 거쳐 아이는 주변 상황에 관심을 갖기 시작하면서 자신의 의지에 따라 스스로 몸을 움직일 수 있게 된다.

영유아기발달은 아이의 모든 발달의 기초이며 많은 시간과 반복된 연습을 통해 발달을 이어나간다. 특히 신생아의 신체발달은 목, 팔, 다리 등 균형과 안전성을 담당하는 대근육이 중추적인 역할을 수행하며 대근육의 운동은 아이의 정서적 안정감과 성격 형성에도 영향을 미친다.

이 장에서는 영유아기의 신체발달 및 운동능력발달에 대해 살펴본다.

1. 신체발달

영유아기는 일생 중에서 신체발달이 제일 급속하게 이루어지는 시기이며, 성장비율의 속도는 초기 6개월 동안이 가장 빠르다. 특히 출생 후 첫 1년 간은 신체와 뇌의 발달이 빠르게 진행되면서 1년 동안에 신장은 평균 20cm 자라서 출생시의 약 1.5배가 되고 몸무게는 약 7kg이 늘어나 출생시의 약 3배로 증가하며, 뇌의 크기는 출생시의 1.3배로 성장하게 된다. 이러한 영아기의 급성장을 '성장급등(growth spurt) 현상'이라고 부르며, 일생 동안 영아기와 사춘기에 두 번 나타나기 때문에 영아기를 제 1성장 급등기, 사춘기를 제 2성장 급등기라고 한다.

성숙의 관점에서 볼 때, 영아는 백일을 기점으로 발달의 전환점을 맞게 된다. 이 무렵이 되면 영아는 신생아의 모습은 사라지고 얼굴과 신체가 변화하면서 귀여운 아기의 모습이 나타난다.

1) 신체의 크기

신생아의 출생 시 신장은 남아가 약 50cm, 여아가 약 49cm로 남아가 여아보다 약간 큰 편이며 영아기의 신장발육도 남아가 여아보다 우세하다. **표 5-1**에서 보듯이, 영아의 평균신장은 생후 1년 동안 약 1.5배 성장하여 약 74~76cm가 되는데, 1년이 지나면서부터 증가속도가 차츰 감소하여 출생 후 2년이 되면 출생시의 1.7배인 약 85~87cm로 성장하며 3년이 되면 출생시의 1.8배인 95~96cm 정도가 된다(질병관리본부, 2017).

표 5-1 2017 소아청소년 성장도표 신체발육 표준치

남자				만나이 (개월/세)	여자			
신장 (cm)	체중 (kg)	체질량 지수 (kg/m²)	머리둘레 (cm)		신장 (cm)	체중 (kg)	체질량 지수 (kg/m²)	머리둘레 (cm)
49.9	3.3		34.5	0개월	49.1	3.2		33.9
54.7	4.5		37.3	1개월	53.7	4.2		36.5
58.4	5.6		39.1	2개월	57.1	5.1		38.3
61.4	6.4		40.5	3개월	59.8	5.8		39.5
63.9	7.0		41.6	4개월	62.1	6.4		40.6
65.9	7.5		42.6	5개월	64.0	6.9		41.5
67.6	7.9		43.3	6개월	65.7	7.3		42.2
69.2	8.3		44.0	7개월	67.3	7.6		42.8
70.6	8.6		44.5	8개월	68.7	7.9		43.4
72.0	8.9		45.0	9개월	70.1	8.2		43.8
73.3	9.2		45.4	10개월	71.5	8.5		44.2
74.5	9.4		45.8	11개월	72.8	8.7		44.6
75.7	9.6		46.1	12개월	74.0	8.9		44.9
76.9	9.9		46.3	13개월	75.2	9.2		45.2
78.0	10.1		46.6	14개월	76.4	9.4		45.4
79.1	10.3		46.8	15개월	77.5	9.6		45.7
80.2	10.5		47.0	16개월	78.6	9.8		45.9
81.2	10.7		47.2	17개월	79.7	10.0		46.1
82.3	10.9		47.4	18개월	80.7	10.2		46.2
83.2	11.1		47.5	19개월	81.7	10.4		46.4
84.2	11.3		47.7	20개월	82.7	10.6		46.6
85.1	11.5		47.8	21개월	83.7	10.9		46.7
86.0	11.8		48.0	22개월	84.6	11.1		46.9
86.9	12.0		48.1	23개월	85.5	11.3		47.0
87.1	12.2	16.0	48.3	2세	85.7	11.5	15.7	47.2
91.9	13.3	15.8	48.9	2세 6개월	90.7	12.7	15.5	47.9
96.5	14.7	15.9	49.8	3세	95.4	14.2	15.8	48.8

99.8	15.8	15.9	50.2	3세 6개월	98.6	15.2	15.7	49.3
103.1	16.8	15.9	50.5	4세	101.9	16.3	15.7	49.6
106.3	17.9	15.9	50.8	4세 6개월	105.1	17.3	15.7	49.9
109.6	19.0	15.9	51.1	5세	108.4	18.4	15.7	50.2
112.8	20.1	16.0	51.4	5세 6개월	111.6	19.5	15.8	50.6
115.9	21.3	16.0	51.7	6세	114.7	20.7	15.8	50.9
119.0	22.7	16.2		6세 6개월	117.8	22.0	15.9	
122.1	24.2	16.4		7세	120.8	23.4	16.1	
127.9	27.5	16.9		8세	126.7	26.6	16.6	
133.4	31.3	17.6		9세	132.6	30.2	17.2	
138.8	35.5	18.4		10세	139.1	34.4	17.8	
144.7	40.2	19.1		11세	145.8	39.1	18.5	
151.4	45.4	19.8		12세	151.7	43.7	19.1	
158.6	50.6	20.3		13세	155.9	47.7	19.7	
165.0	56.0	20.8		14세	158.3	50.5	20.3	
169.2	60.1	21.2		15세	159.5	52.6	20.8	
171.4	63.1	21.6		16세	160.0	53.7	21.0	
172.6	65.0	21.9		17세	160.2	54.1	21.1	
173.6	66.7	22.3		18세	160.6	54.0	21.0	

자료: 질병관리본부(2017)

출생 시 체중 역시 남아가 3.3kg, 여아는 3.2kg으로 남아가 여아보다 우세하다. 영아의 체중 증가율은 처음 1년 동안이 가장 높아서 출생 후 6개월 동안은 매 주에 150~210g씩 체중이 증가하고, 6개월에서 1년 동안은 매 주 90~150g씩 증가한다. 따라서 생후 3개월 경에는 남아는 6.4kg, 여아는 5.8kg으로 출생시보다 2배 정도 증가하며, 1년이 되면 남아는 9.6kg, 여아는 8.9kg으로 약 3배가 되고 3년이 되면 남아는 14.7kg, 여아는 14.2kg으로 출생 시 체중의 약 4배로 성장하게 된다(질병관리본부, 2017).

유아기에는 영아기에 비해 속도는 느린 편이지만 꾸준한 성장을 보인다. 2세 이후 유아의 키의 증가 속도는 매년 5~7cm 정도이며, 5세 경에는 출생 시 키의 2배 정도 되는 약 110cm가 된다. 유아기에는 체중의 발달도 신장 크기에 비례한다. 따라서 약 2세 경에는 출생시 몸무게의 약 3.7배가 되다가 만 5세 경이 되면 대략 출생시의 5.5배인 18~19kg 정도로 증가된다(표 5-1 참조). 2세 이후부터 사춘기 이전까지의 키와 몸무게에서 남아가 여아보다 약간 우세하다.

신체크기의 급격한 증가로 유아기에는 영아기에 비해 키에 대한 머리 크기는 그 비율이 훨씬 줄어들어 어른의 머리 · 키 비율과 비슷해져 간다. 6세 유아의 키는 어른이 되었을 때의 약 65%에 달하지만, 몸무게는 어른의 약 30% 정도에 불과하다. 가슴둘레는 어른의 60% 정도이고, 머리둘레는 90% 정도에 달한다.

신체 각 부위의 성장 속도가 다름에 따라 유아기 유아의 외모도 달라진다. 2세 경에 배가 나오고 살이 통통하게 찌고 다리도 짧았던 몸매는 6세 정도가 되면 배가 들어가고 살이 빠지고 근육이 발달하며, 다리는 길어져서 신체 비율이 어른과 비슷해진다. 그러나 어깨와 골반의 근육이 아직 덜 발달되어 남아는 어른과 같은 남성적 체격이 아니고, 여아도 어른처럼 곡선의 여성적 체격을 갖지 못한다. 즉 남아와 여아의 신체적 외모는 비슷하게 직선적, 평면적이다.

2) 골격과 근육의 발달

영아의 골격(뼈)은 성인에 비해서 크기도 작고 수도 적을 뿐만 아니라 비율, 형태, 구성에 있어서도 차이가 있다. 예컨대 손목뼈의 경우 성인은 9개인데 반해서 생후 1년의 영아는 3개 뿐이며 나머지는 계속 발달하면서 아동기를 거쳐 청소년기에 완성된다(정옥분, 2013). 또한 출생시 연하고 부드러운 뼈가 단단해지는 경화(硬化)현상이 서서히 나타나면서 신체발달 원리에 따라 손이나 손목의 뼈가 먼저 단단해지고 그 다음은 다리와 발로 진행된다. 그러나 점차적으로 하지의 골격과 근육발달이 빨라지면서 상지의 발달을 앞서게 된다.

또한 두개골의 뼈는 봉합이 채 이루어지지 않아서 6개의 천문(또는 숫구멍)이 남아 있는데 약 9~12개월이 되면 두개골이 자라고 그 사이에 무기물이 채워지면서 완전히 닫히게 된다. 그러므로 아직 봉합되지 않은 상태에서 두개골에 어떤 외부적인 압력이나 심한 손상을 입게 되면 신체기형이나 장애를 초래할 수 있다.

영아의 근육은 골격과는 다르게 출생 시 이미 형성되어 있어서 섬유의 수가 성인과 같다. 그러나 크기나 길이에 있어서 작고 연하며 근육의 신체비율은 남아가 여아보다 크다. 근육조직은 출생 시 35%가 수분으로 구성되어 있으며, 청년기까지 꾸준하게 발달하면서 점점 두꺼워지고 단단해진다. 근육의 발달 역시 골격과 같이 머리와 목의 근육이 몸통이나 사지의 근육보다 일찍 성숙하며 대근육이 소근육보다 먼저 발달한다. 생후 4개월이 되면 목근육이 발달해서 목을 조절할 수 있을 뿐만 아니라 머리도 들 수 있게 된다. 그러나 생후 1년 동안의 영아는 신체의 수의근이 완전히 조정되지 않은 상태라서 자유자재로 움직일 수가 없으며, 특히 다리근육의 발달은 더 늦어서 만 1년이 되어야만 걸을 수 있게 된다.

유아기에는 골격이 이전 시기보다 더 빠른 속도로 단단해진다. 뼈가 단단해짐에 따라 외양은 더 튼튼해지고 내부기관도 보호된다. 또 뼈의 성숙은 대뇌 및 신경계의 성숙과 함께 운동발달을 촉진하게 된다.

3) 치아의 발달

치아는 태아기에 유치의 씨가 형성되며 출생 후 6~8개월이 되면 유치(temporary teeth)가 나오기 시작한다. 일반적으로 1세가 되면 6개의 유치가 나오고 약 30개월이 되면 20개의 유치가 거의 다 나와서 성인이 먹는 음식을 먹을 수 있게 된다. 유치는 맨 처음 가운데 아랫니 2개가 나오고, 약 2개월 간격으로 가운데 윗니 2개와, 양쪽 간니, 첫 번째 어금니, 송곳니, 두 번째 어금니가 각각 위 아래 2개씩 나오게 된다.

유치가 나오는 시기는 영아마다 차이가 있으며 대체로 여아는 6~7개월 경에, 남아는 7~8개월 경에 나오기 시작해서 여아가 조금 빠른 편이다. 매우 드물지만 출생 시 이미 치아가 나와 있는 경우가 있고, 생후 1년 이후부터 유치가 나는 아기도 있다.

치아의 수는 3세 경이면 유치가 완전히 갖추어져 무엇이든지 마음대로 씹을 수 있게 된다. 5~6세가 되면 유치가 하나씩 빠지고 영구치가 생겨난다. 따라서 5세 이후까지도 손가락을 빠는 버릇을 가진 유아는 영구치가 나오는데 나쁜 영향을 미칠 수 있다. 한편 유아기에 치아가 발달하고 턱뼈가 확대됨에 따라, 영아기의 얼굴 부분이 크고 턱이 작던 얼굴은 아랫부분이 성숙하여 전형적인 어린이의 얼굴로 변화된다(**그림 5-1** 참조).

유치(Primary Teeth)

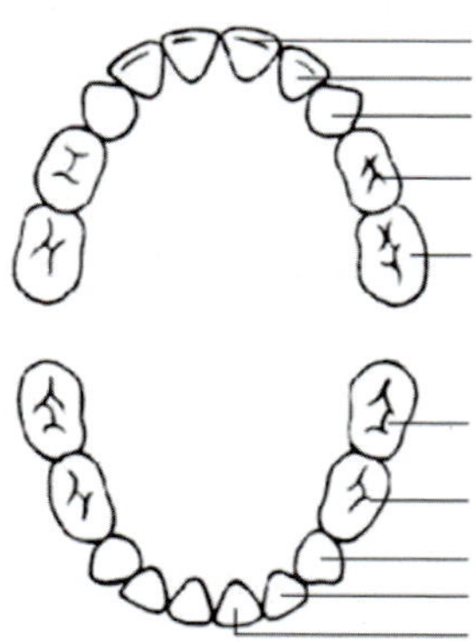

윗니(Upper Teeth)	이 나는 시기	이 빠지는 시기
가운데 앞니	8~12개월	6~7세
바깥 앞니	9~13개월	7~8세
송곳니	16~22개월	10~12세
첫번째 어금니	13~19개월	9~11세
두번째 어금니	25~33개월	10~12세
아랫니(Lower Teeth)	**이 나는 시기**	**이 빠지는 시기**
두번째 어금니	23~31개월	10~12세
첫번째 어금니	14~18개월	9~11세
송곳니	17~23개월	9~12세
바깥 앞니	10~16개월	7~8세
가운데 앞니	6~10개월	6~7세

그림 5-1 영유아의 치아발달 순서와 연령

4) 대뇌와 신경계의 발달

우리 몸의 신경계는 중추신경계와 말초신경계로 분류할 수 있다. 중추신경계는 뇌와 척수로 구성되어 있으며 우리 몸에서 느끼는 감각을 수용하고 조절하며 운동, 생체 기능을 조절하는 중요한 기능을 수행한다. 뇌는 머리뼈의 안쪽에 위치하고 척수는 척추관 안에 위치한다. 그림 5-2에 사람의 신경계 및 뇌 구조가 제시되어 있다.

뇌는 대뇌, 소뇌, 뇌간 등으로 이루어져 있으며 연수의 끝은 척수와 연결되어 있다. 대뇌는 두개골로 둘러싸여 있고 뇌척수액이 흐르고 있어 외부의 충격으로부터 보호받고 있다. 대뇌 단면의 바깥부분은 회백질로 이루어져 있고 신경세포체가 많이 모여있다. 속부분은 백질로 이루어져 있으며 신경섬유가 존재하고 있다.

척수는 연수에 이어진 긴 막대 모양의 중추신경으로 척추에 의해 보호되며, 우리 몸에서 느낀 감각을 대뇌로 전달하고, 대뇌로부터 받은 운동명령을 우리 몸으로 전달하여 우리 몸의 신경계와 뇌를 연결시키는 통로 역할을 한다.

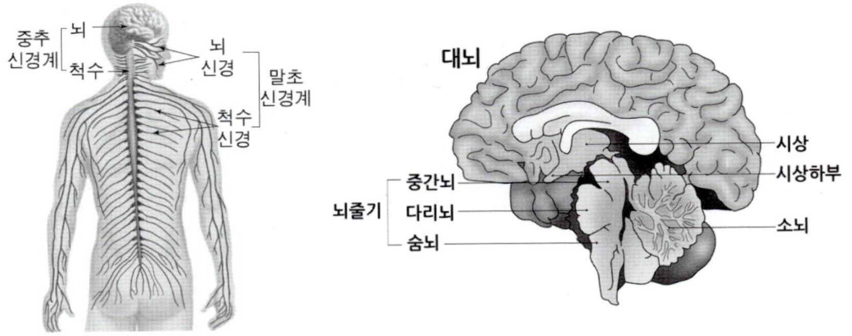

그림 5-2 사람의 신경계 및 뇌 구조

(1) 뇌의 구조

뇌는 크게 대뇌, 소뇌, 뇌간으로 나눌 수 있으며 각각의 기능에는 차이가 있다.

① 대뇌

대뇌는 뇌의 대부분을 차지하며 좌우 2개의 반구로 구성되어 있다. 감각, 지각, 운동, 기술, 상상력, 추리력, 언어능력, 통찰력 뿐만 아니라 자율신경계 조절, 호르몬 조절, 항상성 유지 등의 기능을 수행한다. 대뇌의 좌우 반구에서 나오는 신경은 연수에서 교차되므로 좌반구는 몸의 오른쪽, 우반구는 몸의 왼쪽 감각과 운동을 담당한다.

대뇌의 기능은 대부분 대뇌피질에서 담당하고 있다. 대뇌피질은 대뇌 반구의 표면을 둘러싸고 있는 회백질의 얇은 층으로 많은 주름과 홈이 있다. 대뇌피질의 각 부위는 위치에 따라 전두엽, 두정엽, 측두엽, 후두엽으로 구분되며 각각 다른 기능을 수행한다. 예를 들면, 단어를 볼 때는 후두엽, 단어를 들을 때는 좌반구의 측두엽, 의미있는 단어를 말하고 생성할 때는 두정엽과 전두엽, 측두엽의 활성도가 높아진다. 이를 통해 시각의 중추는 후두엽, 청각의 중추는 측두엽, 언어의 중추는 전두엽과 두정엽, 측두엽임을 알 수 있다(그림 5-3 참조).

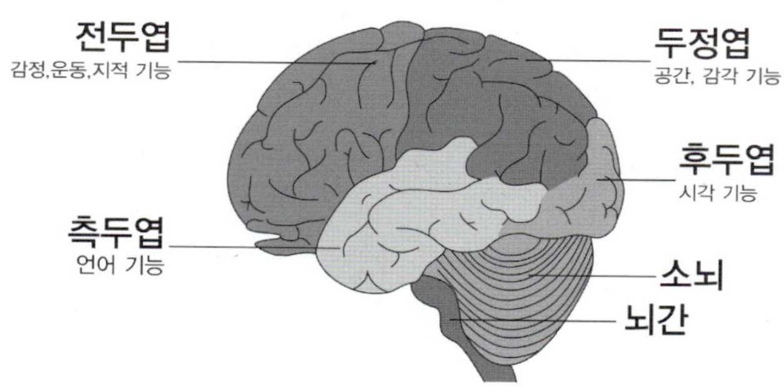

그림 5-3 대뇌의 기능

대뇌피질은 정보를 처리하는 기능에 따라 감각기로부터 오는 정보를 받아들이는 감각령, 감각령의 정보를 받아 이를 종합, 분석하여 운동령에 명령을 내리는 연합령, 연합령의 명령을 받아 수의 운동을 조절하는 운동령으로 구분하기도 한다. 대뇌피질은 부위에 따라 서로 다른 기능을 하도록 분업화되어 있고 한 부위가 갖는 정보는 다른 부위로 전달되어 복잡한 정신기능을 수행한다.

- **베르니케 영역**: 말을 경청할 때 활성화되는 부위이다. 언어 정보의 해석을 담당하므로 손상되면 말은 유창하게 하지만 의미 없는 말을 하며 말을 이해하지 못한다.
- **브로카 영역**: 말을 하는 기능의 부위이다. 손상되면 다른 사람의 말은 이해하지만 적절하게 자발적으로 반응하여 말하지 못한다.

② 소뇌

소뇌는 대뇌의 아래쪽이자 연수의 뒷쪽에 위치하며 뇌 전체의 10% 정도를 차지한다. 대뇌처럼 좌우 두 개의 반구로 나누어져 있다. 직접 수의 운동을 일으키지는 못하지만 수의 운동이 원활하게 일어나도록 조절한다. 몸의 자세와 근육 긴장도를 교정하여 보다 정밀한 운동이 가능하도록 하며 평형감각을 담당하여 자세를 유지시켜 준다.

③ 뇌간

뇌간(뇌줄기)은 대뇌반구와 소뇌를 제외한 나머지 부분을 말하며 수많은 신경섬유로 구성되어 있다. 뇌의 가장 아랫부분으로 생명 유지와 관련된 중요한 역할을 하며 간뇌, 중뇌, 뇌교, 연수로 구분된다. 뇌를 향하는 모든 감각 정보와 뇌로부터 유래된 모든 운동 명령은 뇌간을 통과한다.

- **간뇌**: 간뇌는 시상과 시상하부로 구분되고, 시상하부 밑에는 뇌하수체가 있다. 시상은 후각을 제외한 모든 감각기관으로부터 오는 자극을 대뇌 피질의 각 부분으로 선별하여 보내는 역할을 한다. 시상은 감각 정보와 운동 정보가 대뇌를 출입하기 위해 통과해야 하는 중요한 부위이다. 시상하부는 자율신경계의 최고 중추로 체온조절, 삼투압조절 등 항상성을 유지한다. 뇌하수체는 호르몬을 분비하여 다른 내분비샘의 기능을 조절한다.

- **중뇌**: 중뇌(중간뇌)는 후뇌와 전뇌 사이에 위치하지만 다른 뇌 부위에 비해서 크게 발달하지 않은 부분이다. 중뇌의 앞쪽에 있는 흑질과 적핵은 운동과 관련되고, 뒤쪽의 윗부분은 시각 반사와 관련 있는 부위이며 뒤쪽 아랫부분은 청각 시스템의 일부이다(김현주 외, 2019).
- **뇌교**: 뇌교(다리뇌)는 중뇌와 연수 사이에 존재하며 소뇌와 대뇌 사이의 정보전달을 도와주고 얼굴과 눈의 움직임에 관여한다. 연수와 함께 호흡조절의 역할을 한다.
- **연수**: 연수(숨뇌)는 척수와 뇌교 사이에 존재하며 호흡 운동, 심장 박동, 소화 운동을 조절하는 중추이며 기침, 재채기, 침 분비, 눈물 분비 등의 반사 중추이다. 또한 뇌와 척수를 연결하는 신경 다발이 연수를 통과하는데 이곳에서 신경의 좌우 교차가 일어난다.

뇌의 부위와 기능을 요약하면 그림 5-4와 같다.

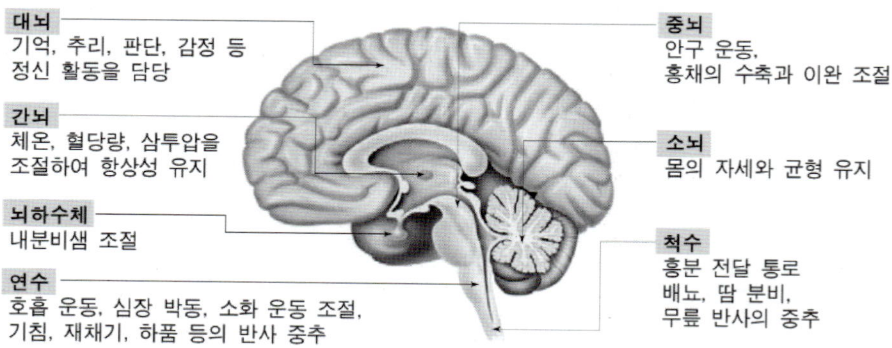

그림 5-4 뇌의 부위와 기능

자료: http://study.zum.com/book/12335

(2) 신경의 구조

앞서 살펴보았듯이, 우리 몸의 신경계는 중추신경계와 말초신경계로 구분된다. 중추신경계는 뇌와 척수로 구성되어 있으며, 감각기로부터 수용된 여러 감각 정보를 종합하여 적절한 판단을 하고 반응기에 전달할 명령을 만드는 역할을 한다. 뇌는 두개골 속에 들어 있고 몸무게의 2%를 차지하며 평상시 전체 산소 소모량의 20%를 소비한다. 뇌신경은 12쌍, 척수신경은 31쌍이 있다. 말초신경계는 기능에 따라 다시 체성신경과 자율신경으로 구분한다. 사람의 복잡한 행동은 뇌의 종합적인 기능에 의해서 이루어지며, 척수는 정보를 전달하거나 움직임을 위한 단순한 형태의 정보를 생성한다.

말초신경계는 중추신경계와 온몸을 연결하는 거대한 신경망을 이루고 온몸에 퍼져 있다. 뇌로부터 나와 각 기관에 분포하는 뇌신경과 척수와 신체의 각 부분을 연결하는 척수신경이 있다. 감각 기관에서 받아들인 자극을 중추신경계에 전달하고 중추신경계의 명령을 반응기에 전달하는 역할을 한다.

뇌를 비롯한 신경계는 수많은 신경세포들로 이루어진다. 정보전달을 위해 만들어진 신경세포를 뉴런이라고 한다.

뉴런(neuron)은 세 부분으로 구성된 세포로, 신경 세포체, 수상돌기, 축삭으로 구성된다. 그림 5-5는 뉴런의 구조를 보여준다.

신경 세포체(cell body)는 핵과 세포질로 이루어지고 뉴런에 영양을 공급하며 생장과 물질대사를 조절한다. 수상돌기(가지돌기, dendrite)는 신경 세포체로부터 뻗어 나온 짧은 돌기로, 다른 뉴런이나 감각 기관으로부터 자극을 받아들인다.

축삭(axon, 축색돌기)는 신경 세포체에서 뻗어 나온 하나의 긴 돌기로, 끝이 여러 개의 말단 가지로 나뉘어 다른 뉴런이나 근육에 흥분을 전달한다. 한 뉴런의 축삭돌기 말단은 다음 뉴런과 20nm의 좁은 간격을 두고 접해 있다. 이 뉴런과 뉴런의 접속 부위를 시냅스(synapse)라 하고, 떨어진 틈을 시냅스 틈이라고 한다.

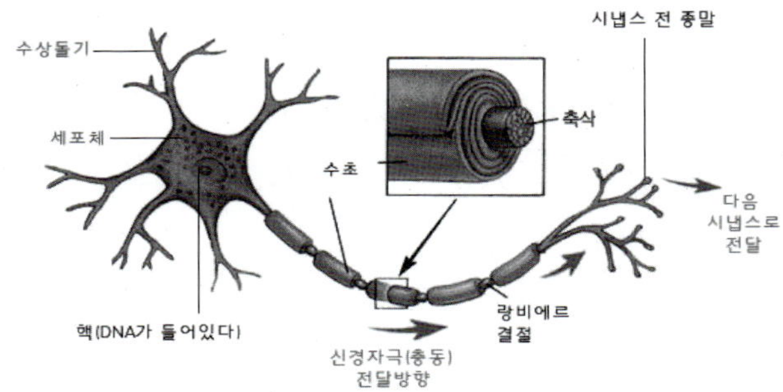

그림 5-5 신경세포(뉴런)의 구조

(3) 영유아기 뇌 발달

출생시 성인 크기의 1/4(300~400g) 정도로 가장 많이 발달했던 두뇌는 영아기에도 매우 빠른 속도로 성장을 계속해서 출생 후 6개월 경에는 600~700g으로 성인의 1/2이 된다. 이러한 두뇌 크기의 급속한 성장은 대뇌의 발달과 함께 영아의 운동기능과 지능발달에도 영향을 미치게 된다.

또한 뇌의 각 부위의 발달은 뇌의 구조적 기능발달과 연관되어 있다. 출생 시 이미 완전한 기능을 하는 뇌간(brainstem)을 제외하고, 감각정보를 담당하는 시상(thalamus)이나 운동기능과 자세조정을 관장하는 소뇌(cerebellum), 기억과 연관된 해마(hippocampus) 등은 영아기에 재편성되면서 기능이 계속해서 확장된다. 특히 인간의 사고나 지각, 판단 등 전체적인 인지능력을 관장하는 대뇌피질은 출생 시에 가장 적게 발달된 부분이기 때문에 영아기에 제일 많이 발달하게 된다.

영아기 대뇌피질 발달의 특징은 첫째, 뉴런(신경세포)의 크기가 증가하고 구조가 복잡해진다. 둘째, 신경세포 주위에 신체기능 통제와 반사운동 능력을 관장하는 마엘린(myelin)이라는 지방물질이 형성된다. 셋째, 각기 다른 대뇌피질의 부위에서 신경세포를 서로 연결하는 연접부(시냅스)의 수가 증가한다. 출생 후 3~4개월 영아기 초기에는 대뇌피질의 시각과 청각을 관장하는 시냅스가 급속도로 증가하고 고등 인지기능을 담당하는 대뇌피질의 전두엽 발달은 영아기 후반부에 절정을 이루게 된다. 넷째, 대뇌피질과 뇌의 다른 영역인 시상, 소뇌, 해마 간의 연결이 이루어진다(Huttenlocher, 1994).

이러한 영아기의 두뇌발달은 생물학적 요인보다는 환경적 요인에 의해 크게 영향을 받으며 개인차가 있다. 그 예로 영아기의 심한 영양실조는 뉴런의 수와 크기, 구조, 시냅스 형성에 지장을 초래해서 발달지체와 함께 심각한 뇌손상이 올 수 있다. 또한 영아의 감각경험은 뉴런의 형성과 발달에 영향을 주어서 환경적 자극이 많은 환경에서 성장한 영아는 환경적 자극이 결핍된 영아에 비해 뇌의 무게가 훨씬 더 무겁고 구조도 정교한 것으로 나타났다(Kolb, 1995).

뇌의 성장은 3세 경에 성인의 약 75%까지, 6세 경이 되면 성인의 약 90%까지 완성된다. 그러므로 6세 경에 이르면 학교교육에 임할 태세, 즉 정신 조작이 가능할 수 있는 신경조직이 갖추어지게 된다.

대뇌의 좌반구가 사고나 질병에 의해 손상되면 실어증이 일어날 수 있다. 보통 좌반구는 신체 오른쪽의 근육 운동을 그리고 우반구는 신체 왼쪽의 근육운동을 통제한다. 한편 **그림 5-6**에 제시한 것처럼 일반적으로 좌반구는 언어, 과학, 수학, 논리에 관한 정보를 처리하는 반면, 우반구는 음악, 미술, 공간지각, 창의성에 관한 정보를 처리한다. 좌반구와 우반구의 뇌 기능 분화는 영아는 물론 조산아에게서도 발견된다. 흥미로운 사실은 좌반구의 손상이 3세 이전에 일어나면, 실어증은 일시적 현상일 뿐, 유아는 정상적 언어 능력을 회복하게 된다고 한다. 그러나 손상이 아동기가 끝날 무렵에 발생할 때는 회복 속도가 느려 완전한 언어능력을 갖지 못하게 되며, 특히 사춘기 이후의 손상은 영구적 실어증을 초래한다고 한다.

이러한 사실은 좌반구와 우반구의 뇌 기능 분화는 어렸을 때 일어나지만, 3세 이전의 어린 뇌는 특정 부위에 손상을 입었을 때 그것을 보완하기 위하여 자체 내에서 재조직하는 생리적 적응 능력을 지니고 있음을 시사한다. 그러나 연령이 증가됨에 따라 생리적 적응 능력이 감소되기 때문에 성장한 이후의 대뇌 손상은 회복되기 어렵다.

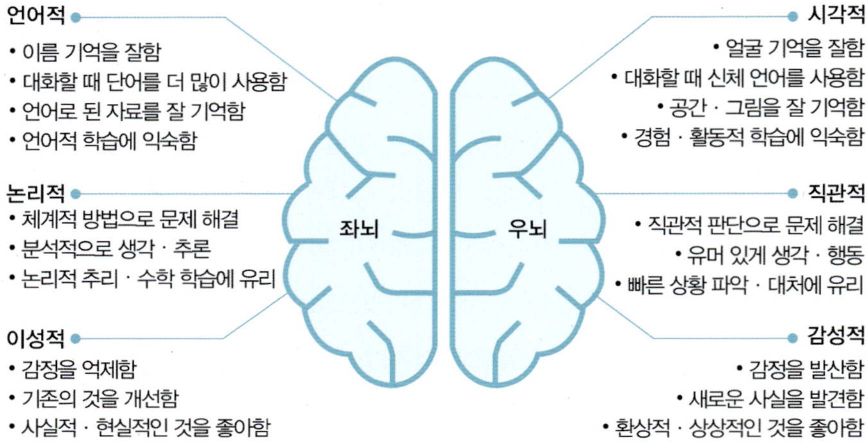

그림 5-6 **좌뇌와 우뇌의 기능**

5) 생리기능의 발달

영아기에는 규칙적으로 먹고, 자고, 배설하면서 인간으로서 생활하기 위한 가장 기본적인 생리적 습관을 형성하게 된다. 대체로 영아는 밤과 낮이 고정되면서 수면상태에 변화가 나타나고 수면시간도 감소한다. 또한 신체 성장과 함께 치아가 발달해서 이유식을 시작하며 배변훈련을 통해 자율적인 통제가 가능해진다. 이러한 영아의 먹고, 자고, 활동하는 생리적 기능의 주기적인 변화와 발달은 개월 수가 증가하면서 점차적으로 고정되며 규칙적으로 변하게 된다.

(1) 수면

하루의 80%인 18~20시간이던 신생아기의 수면시간이 점차 감소하면서 2~6개월에는 16~18시간, 6~12개월에는 14~16시간, 1~2세에는 12~14시간으로 줄어든다. 생후 6개월이 되면 대부분의 영아들이 밤에는 자고 낮에는 깨어있는 성인의 수면형태를 보인다. 따라서 밤에 한번 자는 시간이 늘어나서 약 4시간 정도 자고 낮에는 하루 2~3회 정도 약 2시간씩 자며, 전체적으로 자는 횟수는 4~5회로 줄어든다. 낮잠 시간이 감소하는 이유는 뇌가 성장하면서 그 시간에 활동을 하게 되기 때문이다(김경중 외, 2001). 영아기의 수면과 각성상태를 정리한 내용이 표 5-2에 제시되어 있다.

또한 이러한 뇌성장의 결과는 영아의 수면상태를 변화시켜서 신생아기 수면의 50%를 차지했던 불규칙적인 수면(REM; Rapid Eye Movement)은 생후 3개월이 되면 40%가 되고 생후 2년에는 30%로 감소하게 된다(정옥분, 2013).

일반적으로 영아가 심리적으로 불안하거나 또는 질병이나 공복감, 복통 등 신체적으로 불편한 경우에는 잠을 잘 자지 않고 보채게 된다. 이때에는 원인이 무엇인지 잘 관찰해서 신속하게 대처해야 한다. 또한 영아의 수면주기가 낮과 밤이 바뀐 경우에는 낮에 잠을 자지 않도록 유도하고 수면 전 밤에 목욕이나 수유를 하는 방법도 효과적이다.

표 5-2 영아기의 수면과 각성상태

상 태	특 징
깊은 수면 (규칙적 수면)	눈은 꼭 감고 몸의 움직임이 거의 없으며 호흡은 순조롭고 규칙적이다(non-rapid-eye-movement sleep).
활동적 수면 (불규칙적 수면)	얼굴표정이 자주 바뀌고 눈은 감고 있으나 가끔씩 눈꺼풀 아래로 눈동자가 빠르게 움직이는 것을 볼 수 있으며 호흡은 불규칙하다(rapid-eye-movement sleep).
조용하게 깨어 있음 (졸음상태)	눈은 뜨고 있고 호흡은 규칙적이며 신체적 움직임이 거의 없다.
활동적으로 깨어 있음	눈을 뜨고 있는 상태로 팔과 다리를 움직이며 호흡은 불규칙하다.
울거나 칭얼대기	눈은 반쯤 또는 완전히 감은 상태로 울음과 칭얼대는 소리와 함께 심하게 움직인다.

자료: 강경미 외(2003)

(2) 섭식

영아기의 빠른 신체적 성장과 발육과정에서 다양한 방법을 통한 적절한 영양공급은 매우 중요하다. 특히 이 시기에는 수유와 이유, 이유식의 개시 등 섭식의 방법이 바뀌며 이러한 섭식문제는 영아발달에 큰 영향을 미친다. 일반적으로 모유는 아기성장과 신체발육에 필요한 성분을 거의 갖추고 있는 완전한 영양식품이다. 모유는 영양소의 균형 뿐만 아니라 우유보다 흡수가 잘 되어 소화력이 높고 알러지 반응도 거의 없으며 아기의 설사, 폐렴, 기관지염과 같은 질환에 방어할 수 있는 면역성분도 갖추고 있다. 또한 수유동안 어머니와 아기 간의 따뜻하고 밀접한 심리적 접촉은 둘 사이의 친밀한 유대관계를 형성할 수 있게 한다.

영아는 주로 모유나 우유를 출생 후 5개월까지 섭취하고 6~7개월이 되면 유치가 나오기 시작하면서 씹고 깨무는 행동을 한다. 또한 이때부터 발육이 급속도로 증대되면서 모유만으로는 충분한 영양공급이 될 수 없기 때문에 이유식을 제공해야 한다. 처음 시작할 때에는 모유나 우유의 양을 조금씩 줄여가면서 소화되기 쉬운 유동식으로 적은 양을 주고, 반고형식, 고형식으로 서서히 전환해서 먹여야 한다. 이유식은 반드시 젖을 먹기 전에 주고 밥과 같은 고체음식은 생후 1년이 지나야 소화가 가능하기 때문에 영아의 발달을 충분히 고려해서 이유식을 정해야 한다.

또한 이유의 초기 경험은 영아가 성장하면서 형성하게 되는 식성과 깊은 관계가 있으며, 성격형성에도 중요한 요인이 되기 때문에 이유를 너무 일찍 시작하거나 강제로 진행해서는 안 된다. 따라서 영아의 건강상태 및 발달특성을 고려해서 영아가 부담을 느끼지 않고 즐겁게 먹을 수 있도록 적절한 이유시기와 방법을 결정해야 한다(이옥형, 1997).

(3) 배설

영아기 초기에는 대소변 통제에 필요한 근육과 신경이 성숙되지 않았기 때문에 직장에 대변이 차면 항문이 반사적으로 열려 배설을 하게 되고, 소변이 차면 방광의 근육이 자동적으로 이완되어 배출된다. 그러나 생후 4개월을 전후하여 영아는 소변과 대변을 규칙적으로 배설하게 되면서 약 6개월까지는 하루에 두 번 대변을 배설하고 그 이후에는 한 번 정도 배설한다. 또한 소변은 생후 1년까지는 보통 2시간마다 보게 되며 점차적으로 자는 동안에는 거의 배설하지 않는다.

용변통제는 영아기의 매우 중요한 발달과업이다. 소변통제는 보통 20개월이 되어야 가능하며, 대변통제는 13~14개월 경이 되면 실내에 유아용 변기를 사용해서 배설하게 된다. 그러나 개인차가 심해서 2세가 되어도 제대로 가리지 못하는 경우도 많다. 대변의 의사를 언어로 표현해서 도움을 받게 되는 것은 18개월 경이며 28개월 정도가 되면 혼자서 대변을 볼 수 있다. 그리고 혼자서 화장실을 갈 수 있는 시기는 4세 정도가 되어야 가능하다. 또한 소변은 낮에는 2세가 55%, 3세는 84%, 5세 경에는 95%가 통제가 가능하며 밤에도 통제가 가능한 비율은 2세가 41%, 3세는 66%이며, 7세가 되어야 90%에 육박하게 된다(Papalia & Olds, 1995).

용변통제는 가능한 한 빨리 형성 될 수 있도록 훈련을 시켜야 하지만 무리하게 강요하는 것은 영아의 성격이나 정서발달에 부정적인 영향을 미치게 된다. 일반적으로 아기가 혼자 일어서고 앉고, 걸을 수 있으며, 말을 알아듣고 배설활동에 흥미를 느끼는 때가 바로 용변훈련의 가장 효과적인 시기이다.

6) 신체발달과 영양

적절하게 균형을 이룬 영양 섭취는 유아의 신체 발달과 밀접한 관계가 있다. 부적절한 영양 섭취는 음식물을 적절히 섭취하지 못하여 일어나는 영양부족이 대부분을 차지하고 있지만, 지나치게 많은 칼로리의 음식물을 섭취함으로써 일어나는 비만의 문제 또한 점차 심해지고 있다.

(1) 영양실조

영양실조는 신체에 필요한 영양소를 부족하게 섭취하거나 충분한 양을 섭취하여도 흡수하는 에너지보다 소비하는 에너지가 많을 때 발생한다.

일반적으로 영양실조 문제는 출생 전부터 시작된다. 빈곤한 계층의 어머니들은 잘 먹지 못하고 태아 관리를 잘 하지 못하기 때문에 출생시 저체중이거나, 사산되거나, 유아사망의 원인이 되고 있다. 성장과정에서도 이들 유아는 영양실조가 되는 경우가 많다.

만성적인 영양실조 유아는 영양이 충분히 공급된 어린이보다 키가 작고, 마르고, 운동발달 및 지능발달이 뒤떨어진다. 영양실조 유아는 질병에 걸리기 쉽고, 저항력이 약하여 오랫동안 질병을 앓으며, 유아 사망률이 높다. 영양실조 유아는 스트레스 상태에서 흔히 나타나는 과민성 설사를 빈번히 앓고, 천식, 두통, 빈혈증, 청각과 시각의 상실 등 여러 가지 질병을 앓는 비율이 높다. 이들은 또한 둔감하고 위축된 행동장애를 가지고 있으며, 심리적 혼란 상태와 학습장애의 경향이 높다.

(2) 비만

최근에 우리사회의 경제 수준이 높아지고 생활이 윤택해짐에 따라 성인은 물론 소아비만이 문제가 되고 있다. 소아비만은 영아기, 5~7세, 사춘기에 가장 많이 발생하며, 50% 이상이 6세 이전에 시작된다. 생후 1년에 체지방률이 25~26%까지 증가하므로 비만해 보이나 첫 돌이 지나면 대부분 정상 체형이 된다. 그러나 너무 살찐 아이의 경우 비만으로 진행되기도 한다. 1세부터 6세까지는 체중에 비해 키가 상대적으로 빠르게 성장하므로 정상 체형으로 되지만, 3세 경부터는 비만에 주의해야 한다. 6세부터는 체중이 키보다 빠르게 증가한다. 따라서 다시 체지방이 증가하므로 4세에서 11세 사이에 시작된 비만의 대부분이 성인비만으로 진행하여 고도비만으로 되는 경우가 많다.

비만은 고혈압, 당뇨, 심장병과 같은 성인병의 원인이 될 뿐만 아니라 우리 사회에서 비만을 바람직하지 못한 특성으로 보고 있기 때문에 심리사회적 문제를 일으킨다. 예컨대, 비만아는 부정적 자아 개념을 갖기 쉽고, 자신감이 없으며, 다른 사람과 만나는 것을 꺼리는 경향이 있다. 비만은 소모하는 칼로리의 양보다 섭취하는 칼로리의 양이 더 많기 때문에 과다한 영양분이 체내에 축적된 결과이다. 그러므로 비만예방을 위해서는 양육과정에서 적절한 식생활습관을 형성하도록 하며, 적당한 운동을 하도록 격려하고, 정서적 문제를 갖지 않도록 배려해야 한다.

2. 운동발달

영아기 운동발달은 신체적 성장과 뼈와 근육, 대뇌중추신경계의 성숙이 통합된 결과로 개인의 발달속도와 성숙도에 따라 차이가 있다. 영아는 생후 1~2년 동안에 자신의 신체 대부분을 움직이고 활동할 수 있는 기본능력을 형성해서 스스로 조작하고 이동할 수 있는 운동능력을 갖추어야 한다. 영아의 운동발달은 신체발달과 마찬가지로 일정한 순서와 원리에 의해 진행된다.

영아기 운동발달은 크게 팔과 손으로 물체를 쥐거나 만지는 조작기능과 자신의 몸을 움직여서 장소를 이동하는 이행운동의 두 가지 발달이 있다. 조작기능은 소근육운동과 관련되며 이행운동은 대근육운동의 발달과 관련된다.

1) 조작기능의 발달

조작기능은 손과 팔을 이용해서 어떤 물체를 쥐거나 만지는 근육의 운동을 의미하며, 중추신경계의 발달과 연관되어 있다. 또한 조작기능의 발달은 손과 팔의 운동능력과 함께 눈의 발달과도 상관이 있으며 서로 협응(eye-hand coordination)이 가능해야 물체를 잡을 수 있다. 이러한 조작기능으로 신생아기에 나타나는 파악반사(grasping reflex)가 있지만 아기 자신이 의도적으로 파악하고 기능할 수 있는 시기는 시각적 공간지각이 발달하고 엄지손가락을 쓸 수 있는 출생 후 5개월 경이며, 정확히 잡을 수 있는 시기는 7~10개월이 되어야 가능하다(안영진, 1997).

눈과 손의 상호협응의 발달은 우선 신생아기에 어떤 물체를 보면 무조건 잡으려고 손을 휘젓는 행동에서부터 시작되며 이는 그 물체를 잡으려는 의도보다는 시각적 자극에 대한 관심의 표현이다. 그러나 생후 6~7주부터는 팔을 뻗쳐 물체를 잡으려는 행동은 감소하고 자기 손을 바라보거나 물건을 바라보는 시간이 점점 더 증가하면서 잡기 전 단계에 도달하게 된다. 그 후 약 3~5개월이 되면 영아가 눈으로 보고 잡는 단계가 되면서 이제는 시각적인 활동을 통해 물체를 먼저 눈으로 확인하고 손을 뻗어 잡으려는 행동이 나타난다. 그리고 이러한 반복적인 경험을 통해 눈과 손의 협응운동이 정확해지면서 사물의 조작기능이 발달하게 된다.

Halverson(1931)은 입방체의 적목(block)을 잡는 실험을 통해 손과 팔의 조작기능은 도달(reaching), 파악(prehension), 손조정(manipulation) 및 손가락 운동의 순서로 발달한다고 보고했다. Halverson이 제시한 조작기능의 발달과정을 보면, 출생 후 4개월의 영아는 어떤 물체에 전혀 손을 대지 못하다가 생후 5개월이 되면 물체에 손을 대거나 스치기는 하지만 잡지는 못한다. 생후 6개월에는 손 전체로 물체를 잡을 수 있게 되고, 7개월에는 손가락의 움직임이 나타나기 시작하면서 약 9개월 정도가 되면 손가락의 기능이 거의 발달되어 물체를 정확하게 잡을 수 있게 된다. 또한 영아가 약 1세가 되면 두 손가락을 사용하여 손끝으로 어떤 물체라도 잘 잡을 수 있으며, 숟가락도 사용할 수 있다. 그리고 이러한 조작연습을 계속하게 되면 영아기 말기에 가서는 손가락을 효과적으로 사용하여 모자나 양말을 혼자 벗거나 신고, 쓰기도 하며 병 속에 구슬을 집어넣었다 꺼냈다 하는 조작기능도 가능하게 된다. 각 월령에 따른 조작능력의 발달은 표 5-3과 같다(김경중 외, 2001).

표 5-3 월령에 따른 조작능력의 발달

월 령	조작능력
1개월	고리를 쥔다.
2개월	누워서 팔을 뒤로 쳐든다.
3개월	손을 폈다가 주먹을 쥐곤 한다.
4개월	팔을 뻗치지만 물체를 손이 닿지 못한다.
5개월	물체에 손이 닿기만 하고 잡지는 못한다.
6개월	물체를 손 전체로 서투르게 잡는다.
7개월	손가락의 움직임이 나타난다.
8개월	물체를 손바닥으로 잡는다.
9개월	물체를 손가락으로 잘 잡지 못 한다.
10개월	손가락을 사용하여 물체를 집는다.
12~14개월	두 손가락 끝으로 어떤 물체도 잘 잡고 또한 집을 수 있다.

아기가 유아기에 들어서면 대근육을 사용하여 움직이는 이행운동발달과 함께 작은 근육을 사용하는 조작기능이 급격히 증진된다. 지각이나 운동을 뒷받침해 주는 중추신경 및 대뇌의 발달이 5~7세 경에 이루어지므로 유아기 말에 활동기

능이나 근육협응이 특히 정교화된다.

2세 경의 유아는 간단한 물체를 끼워 맞추고, 6~8개의 적목(block)으로 탑을 쌓거나 기차 모양으로 길게 배열할 수 있으며, 책장을 넘길 수 있다. 크레용으로 직선을 그릴 수 있다. 그러나 아직 어른처럼 엄지손가락과 집게손가락을 사용하지 못하여 손의 사용이 미숙하다.

3세 경에는 눈과 손의 협응능력이 증진되어 옷의 단추를 풀 수 있고, 신발을 신을 수 있고, 엄지손가락과 집게손가락을 사용하여 숟가락이나 크레용을 쥔다. 그러나 아직 성인의 도움이 필요한 경우가 많다. 4세 경의 유아는 혼자서 옷을 입고 벗으나 복잡한 구조의 옷은 잘 입지 못한다. 스스로 손발을 씻고 치아를 닦을 수 있다. 또 혼자서 자기 신을 신고, 현관의 신을 짝지어 나란히 놓을 줄 알며 신발 끈을 맬 수 있다. 머리에 빗질을 한다. 젓가락을 사용하며, 가위를 갖고 종이에 그려진 윤곽을 따라 자를 수 있다.

3~4세 경에 손 사용의 선호가 확립되어 90% 이상의 유아가 오른손잡이로 확립된다. 최근 연구에서 손의 사용과 언어발달 사이의 관계, 손 사용과 지능 사이의 관계는 상관이 없는 것으로 밝혀졌다. 그러므로 어느 쪽의 손을 더 많이 쓰더라도 크게 문제 삼을 필요가 없다고 하겠다. 유아기 동안 유아가 어느 한쪽 손을 더 잘 쓰도록 훈련시키는 것이 가능하나, 이 시기가 지나면 변화시키기 어렵다고 한다.

5세 경에는 사각형과 삼각형을 그리며, 자신의 이름을 쓸 수 있고 1에서 5까지 숫자를 모방해서 그린다. 간단한 공작도 할 수 있다. 6세 경에는 글자를 쓸 수 있게 되고 20까지의 숫자를 쓰며 여러 가지 형태의 도형을 모방해서 그릴 수 있다.

유아기는 먹기, 옷입기, 씻기, 잠자기 등 일상생활에 필요한 기본적인 기술을 혼자서 수행할 수 있는 자조기술(self-help skill)을 습득하는 중요한 시기이다. 이러한 자조기술이 습득되기 위해서는 유아가 먼저 사물을 인식해야 하고, 그 다음 반복적인 감각 경험을 쌓아야 한다. 유아의 서투른 숟가락질로 음식을 흘리고, 단추를 잘못 끼워 옷 입는 것이 답답하더라도 그들이 스스로 할 수 있도록 기회를 마련해 주어야 미세운동이 점점 더 세련되게 발달할 수 있다. 또한 자조 기술이 발달함에 따라 유아는 개인적 욕구 충족을 위한 행동을 보다 많이 수행할 수 있기 때문에 능력감과 자신감을 갖게 된다.

2) 이행운동의 발달

영아기 최초의 이행운동은 배를 밑으로 대고 누워서 회전하는 것이다. 3개월부터는 발로 땅바닥을 차고 몸을 머리방향으로 이동해 간다. 5개월이 되면 엎드리는 운동을 할 수 있고, 8~9개월이 되면 배를 바닥에 대고 기는(crawling)운동이 시작되며, 10개월째 부터는 배를 바닥에 대지 않고 손과 발로 기는 운동이 완성된다. 이 기는 단계는 개인차가 심해서 어떤 영아는 중간단계를 거치지 않고 직접 기는 경우도 있다. 그리고 보행은 9~10개월 정도가 되면 물체를 잡고 일어서게 되고 11개월에는 붙잡고 도와주면 걸을 수 있다. 또 12개월에는 혼자서 일어서서 잠시 서 있을 수 있으며, 13개월이 되면 계단을 기어오르게 되고 15개월부터는 혼자 걷는다.

이와 같이 이행운동의 발달은 뒤집기, 앉기, 기어다니기, 일어서기, 걷기 등으로 처음부터 일정한 순서대로 진행되며 다른 기능과 마찬가지로 발달의 속도에는 개인차가 있다. 그 예로 대부분의 영아가 1년 3개월이면 거의 걸을 수 있지만 발달이 빠른 아이는 8개월에 이미 걷기 시작하고 늦은 아이는 20개월이 되어야 걷는 경우도 있다. 그리고 이러한 이행운동은 단순히 팔과 다리의 운동만이 아니고 뇌의 성숙, 즉 중추신경의 지령에 의해서 움직이는 것이다. 따라서 보행이 늦어진다는 것은 뇌의 발육에도 문제가 있다는 것을 의미할 수 있기 때문에 주의해야 한다. Shirley(1933)는 영아관찰 연구를 바탕으로 월령에 따른 운동발달 순서를 표 5-4와 같이 제시하였다(그림 5-7 참조).

표 5-4 월령별 운동발달 순서

월 령	운동발달
1개월	엎드린 자세로 턱을 들어올릴 수 있다
2개월	엎드린 자세로 어깨를 들어 팔로 자신의 몸을 지탱 할 수 있으며, 옆에서 뒤로 뒤집을 수 있다.
3개월	머리를 돌릴 수 있게 되며 손을 뻗쳐서 원하는 물체를 손이 닿을 수 있지만 잡지는 못한다.
4개월	받쳐주면 앉는다.
5개월	몸을 뒤집거나 엎드릴 수 있으며 무릎에 앉아서 물체를 잡을 수 있다.
6개월	의자에 앉아서 매달려 있는 물체를 잡는다.
7개월	혼자 앉는다.
8개월	배를 바닥에 대고 기게 되며, 받쳐주면 선다.
9개월	가구를 잡고 선다.
10개월	배를 바닥에 대지 않고 손과 발로 기어다닌다.
11개월	붙잡아 주면 걷는다.
12개월	가구를 잡고 혼자서 일어서며, 잠깐씩 서 있을 수 있다.
13개월	계단을 기어오른다.
14개월	혼자 일어선다.
15개월	혼자 걷는다.

그림 5-7 이행운동의 발달시기와 순서

유아기에는 자신의 몸을 움직여서 이동하는 이동운동이 급격히 증진되어 안정된 상태가 된다. 골격 및 근육의 성숙으로 유아기 말기인 5~6세 경의 유아는 걷거나 달리는 몸의 움직임이 거의 성인과 비슷할 정도로 자유롭다. 1세 이후 걸을 수 있게 된 유아는 점차 걸음걸이에 균형이 잡히게 되고 걷는 속도도 빨라진다. 2~3세 된 유아는 뛰다가 멈추는 속도 조절도 가능하며 두발을 모아 동시에 뛸 수도 있다. 자기 신체의 균형을 잡을 수 있으므로 계단을 기어오를 수 있고, 공 같은 장난감을 던질 수도 있다. 넓은 보폭으로 잘 달리는 편이지만 뛰다가 넘어지기도 잘 한다. 3~4세가 되면 유아는 대근육 조절 능력이 더욱 증진되어 뛰면서 속도를 조절할 수 있고, 넓이뛰기를 하며, 발을 바꾸어 가며 계단을 오를 수 있고, 발끝이나 발꿈치로 걸을 수 있다. 미끄럼, 그네를 탈 수 있을 뿐 아니라 세발자전거 타기도 가능해진다. 깡충뛰기와 깨금발을 할 수 있으며, 거의 실수 없이 공을 잡을 수 있으며 공을 머리 위로 던진다. 수영도 기회만 주어지면 배울 수 있다. 5~6세 된 유아는 출발·회전·멈추기를 효과적으로 해내며, 멀리까지 넓이뛰기를 할 수 있으며, 공도 잘 던지고 잡으며, 줄넘기를 할 수 있다. 다이빙이 가능하며, 평형을 잘 유지하면서 롤러스케이트를 타며, 평형대를 거의 완전히 균형을 잡고 건널 수 있고, 6세 경에는 두발 자전거를 탈 수 있다.

이 시기 유아는 당장 필요한 것이 아니라도 여러 가지 기초적인 운동 기술을 익히려고 열심히 노력하는 경향이 두드러진다. 이러한 노력은 능숙하게 할 수 있을 때까지 되풀이하여 나타나며, 이렇게 되풀이하기를 즐긴다. 또 모험적인 경향이 강하여 놀림을 받거나 부상을 당하여도 이에 굴하지 않고 습득을 위해 반복을 계속한다. 이 시기 운동발달은 신체 발달에 영향을 미칠 뿐만 아니라, 사회성 및 지적 발달에도 영향을 준다(이옥형, 1997).

생각해 볼 거리

이 장에서 다루어진 내용을 바탕으로 학습자 각자 다음의 문제들에 대해 정리해 본 후, 그 내용을 수업에서 질문이나 토의 자료로 활용해 보자.

1. 이 장에서 특별히 새롭게 학습한 내용이 있다면, 그 내용을 열거해 보자.
2. 이 장에서 특별히 관심을 끌었던 내용은 어떠한 것이며, 그 이유는 무엇인지 정리해 보자.
3. 이 장에서 다루어진 내용 가운데 한 가지를 택하여 그 내용이 실제 교육장면에 어떻게 응용 또는 적용될 수 있는지를 설명해 보자.
4. 이 장에서 특별히 어려움이나 싫증을 느낀 내용은 어떠한 것이며, 그 이유는 무엇인지 정리해 보자.
5. 이 장을 학습하면서(또는 학습한 결과) 더 자세히 알아보고 싶다고 느낀 주제나 내용은 무엇인지 정리해 보자.

Chapter 06

영유아기 인지발달

인지(cognition)란 인간이 지식을 습득하여 사물을 알게 되는 과정과 이 지식을 활용하여 문제를 해결하는 정신적 활동을 의미한다.

인지발달은 인간이 연령과 함께 발달해 가면서 일어나는 인지의 변화이다. 영유아는 연령이 증가하면서 인지과정을 통해 주변 세계를 이해하고 적응해 나간다. 즉, 감각기관이 발달하고 지능과 운동능력이 발달해서 자신의 신체를 조정할 수 있을 뿐만 아니라, 언어가 발달하면서 사람들과의 의사소통도 가능하게 된다. 또한 인지적 사고과정을 통해 공간과 시간으로부터 대상을 분리할 수 있으며 자아와 타인과의 관계도 인식할 수 있게 된다.

이 장에서는 감각, 지각, 주의, 기억 발달에 대해 살펴본 후, Piaget 이론을 중심으로 영유아기 인지발달의 특징을 살펴본다. 이어서 지능발달, 창의성발달에 대해 살펴본다.

1. 감각, 지각, 주의, 기억발달

감각(sensation)은 주위 환경으로부터 오는 여러 자극을 감각기관을 통해 받아들이는 것을 말하며, 지각(perception)은 이러한 감각을 분석해서 환경의 자극과 정보를 이해하고 의미를 부여하는 과정을 의미한다. 그러므로 주위 환경에 대한 정보를 얻기 위해서는 감각활동을 통한 지각경험이 우선되어야 하며, 이러한 감각과 지각능력은 인지발달의 기초가 된다(Berk, 1996).

영유아의 지각발달에는 두 가지 특징이 포함되어 있다. 하나는 감각수용기(눈, 코, 귀 등)의 감수성이 증가하는 것이고, 또 다른 하나는 감각수용기에 들어온 정보를 뇌에서 기억하고 해석하는 능력이 발달하는 것이다. 일반적으로 아기는 출생 직후부터 시각과 청각, 미각 등 기본적인 지각능력이 거의 발달되어 있으며 또한 대부분의 중요한 지각능력은 생후 1년 동안에 거의 완성된다.

지각발달을 설명하는 이론으로는 Piaget로 대표되는 첨가이론과 Gibson이 주장한 분화이론이 있다. 먼저, 첨가이론(enrichment theory)은 감각과 지각 간에 차이가 있다는 사실에 주안점을 두고 있다. 이 이론에 따르면 자극은 낮은 정보값을 가지고 있기 때문에 빈약하고 불충분한 감각만을 일으킬 뿐이다. 따라서 감각을 풍부하게 하는 자극 이외의 많은 다른 자원으로부터의 부가적인 정보 없이는 지각은 일어나지 않는다. 부가적인 정보는 초보적인 자극 집합을 인지도식에 대한 동화 및 도식의 조절을 통해 조직하는 것으로부터 얻어지거나 과거 경험에 의해 이루어지는 무의식적 추론으로부터 얻어지거나 혹은 기억된 심상들과의 연합으로부터 얻어질 수 있다. 결론적으로 지각은 경험의 증가로 인지도식이 정교화됨에 따라 풍부해지고 그에 따라 더욱 많은 심상 기억을 습득함으로써 풍부해진다는 주장으로 정교화이론(elaboration theory)이라고도 한다.

한편, 분화이론(differentiation theory)은 정보수집이론(information pick-up theory)이라고도 한다. 이 이론에 따르면 지각 정보는 자극물에 모두 내재되어 있기 때문에 지각은 우리가 주변 세계에서 직접 정보를 얻는 과정으로서 감각 자극 내에는 유기체가 탐지할 수 있는 것보다 언제나 더 많은 정보가 있다. 이 정보들은 처음에는 탐지하지 못하지만 환경과의 상호작용을 통해 자극 배열을 경험하고 연습한 결과 점차 분화할 수 있게 된다. 예를 들어, 처음에는 채소와 풀을 구별하지 못하다가 점차 먹을 수 있는 것과 먹을 수 없는 것으로 구분하여 채소와 풀을 식별하게 되고 또한 선택적으로 가릴 수 있게 된다. 이와 같은 과정을 거쳐 자극 정보가 분화됨에 따라 지각은 자극에 대해 더욱 변별력을 갖게 되고 외부 세계에 대한 지각은 더욱 정교하게 된다.

1) 시각발달

주위환경에 대한 감각정보의 80%가 시각을 통해 들어온다. 따라서 영유아의 시각발달은 인지능력 발달과 밀접하게 연관되어 있다. 신생아는 시각조절에 필요한 뇌회로가 충분히 성숙되어 있지 않아 시력이 매우 약하고 감각기관 중에서도 가장 늦게 성숙한다. 따라서 출생 후 몇 개월 동안은 심한 근시상태로 있다가 만 1세가 되어야만 정상시력을 갖게 된다(Dobson & Teller, 1978). 그러나 거리조절 능력은 빠르게 발달하여 물체에 시선을 고정시키는 것은 생후 첫 1~2주 이내에 가능하게 된다. 또 생후 1~2개월이 되면 대상의 거리에 따라 초점을 맞출 수 있으며, 2~4개월이 되면 영아는 어른의 얼굴표정을 감지하고 모방할 수 있다.

(1) 색지각

출생 시부터 이미 색에 대한 지각을 갖추고 있어 녹색과 적색을 구분할 수 있으며, 생후 2개월이 되면 빨강, 파랑, 주황, 초록색 등 기본 색깔 대부분을 구별할 수 있게 된다. 생후 4~6개월부터는 비교적 색조가 강한 색을 선호해서 일반적으로 빨간색과 파란색을 좋아하며 파스텔의 색상보다는 원색을 선호한다(Brown, 1990).

(2) 형태지각

영아는 물체의 형태를 명암이나 색깔보다 더 중요하게 지각해서 윤곽이 뚜렷한 부분을 전체보다 좋아한다. 또한 정지된 것보다는 움직이는 물체를, 흑백보다는 컬러를, 직선보다는 곡선을 선호하며, 출생초기에는 흑백대비가 뚜렷한 단순한 도형을 선호하지만, 점점 성장하면서 복잡한 형태를 좋아하게 된다(박성연, 도현심, 1999).

한편, Fantz(1961)의 형태지각 선호도 연구에서 출생 4일에서 2개월까지의 신생아와 영아를 대상으로 정상적인 사람의 얼굴과 눈, 코, 입이 뒤섞여 있는 얼굴, 눈과 코, 입이 없이 흑백으로 이분화된 사람의 얼굴을 보여준 결과, 신생아, 영아 모두 정상적인 사람의 얼굴을 가장 먼저 오랫동안 응시했으며, 그 다음은 눈, 코 입이 뒤섞인 얼굴이었고, 제일 짧게 응시한 얼굴은 흑백의 얼굴로 눈, 코, 입의 형태가 없는 얼굴이었다. 이와 같이 아기는 다른 사물에 비해 사람의 얼굴을 선호해서 출생 후 5일된 신생아는 색채나 모양보다 사람얼굴에 주의를 집중했다.

또한 Gibson(1969)의 연구에 의하면 생후 1~2개월부터 영아는 사람의 얼굴윤곽을 지각할 수 있으며, 생후 1개월에는 눈을 가장 먼저 응시하고, 2개월이 되면 눈, 코, 입 등을 구별하기 시작하면서 특히 입의 움직임에 주의를 집중하는 것으로 나타났다. 그리고 3개월 된 영아는 엄마의 사진을 알아보며 슬픈 얼굴, 기쁜 얼굴, 화난 얼굴을 구별할 수 있게 된다. 또 6개월 경에는 낯이 익은 얼굴과 낯선 얼굴을 구분 할 수 있으며 남여의 얼굴 구별도 가능하게 된다.

(3) 깊이지각

깊이지각은 형태지각과 함께 영아기에 매우 중요한 발달 중 하나이다. 영아의 깊이지각을 알아보기 위한 Gibson과 Walk(1960)의 시각절벽(visual cliff)실험(**그림 6-1** 참조)에서 가운데 통로를 중심으로 한쪽은 체크무늬의 나무판이 유리판 바로 밑에 있고 다른 한편의 절벽 쪽은 체크무늬의 나무판을 1.5~1.8m 아래에 놓고 유리판을 깔아서 두 개의 동일한 평면이 시각적으로 깊게 보이게 만들었다. 실험을 위해 생후 6개월 된 영아를 이 시각절벽 위에 올려놓고 반대편의 엄마에게로 오도록 했다. 그 결과, 영아는 엄마가 낮은 면에서 부르면 기어갔으나, 절벽 쪽 깊은 곳에서 부르면 뒤돌아가거나 유리판 위에서 울기만 하였다. 이는 바로 기어다닐 수 있는 영아는 깊이지각이 있다는 사실을 증명하는 것이다. 또한 같은 연령에서도 기어다닐 수 있는 영아가 그렇지 못한 영아보다 시각절벽 실험에서 더 많이 두려움을 표현했는데 이는 영아가 기어다니면서 떨어져본 경험에 의해서 학습된 것으로 설명하고 있다(Campos et al., 1970).

그림 6-1 Gibson과 Walk의 시각절벽(Visual Cliff) 실험

2) 청각발달

청각은 언어발달에 가장 중요한 소리지각능력이다. 아기는 청각능력을 갖고 태어나고, 시각과의 상호협응을 통해 주변의 자극에 반응하게 된다. 아기는 출생 후 3일이면 이미 엄마의 음성과 낯선 사람의 음성을 구별하기 시작하고, 생후 2~3주가 되면 엄마의 목소리를 확실하게 인식할 수 있게 된다. 또한 1개월 경에는 '바'음과 '파'음의 구별이 가능하고, 2개월이 되면 서로 다른 목소리에 다르게 반응할 뿐만 아니라 한 사람이 내는 다른 음색의 목소리 구분도 가능하다(Trehub & Rabinovitch, 1972).

생후 4~6개월이 되면 소리가 나는 방향을 정확하게 알 수 있으며 음악을 들려주면 좋아한다(Berk, 2012). 생후 6~8개월 된 영아는 소리의 높고 낮음에 따라 반응이 다르며, 비교적 높은 소리에 민감하게 반응하고 특히 여성의 높은 목소리를 좋아한다. 또한 이 시기에는 현존하는 언어에서 사용되는 모든 음소의 변별이 가능해지면서 생후 1년 정도가 되면 모국어의 음소만 구별할 수 있게 되고 청감각의 성숙과 함께 언어가 발달하기 시작한다(Werker & Tees, 1984).

3) 후각발달

Crook(1987)은 여러 가지 냄새를 묻힌 거즈를 영아의 코에 대고 그들의 얼굴표정과 신체의 움직임으로 이들의 후각반응을 연구한 결과, 바나나, 딸기와 같은 과일 냄새에는 기분 좋은 표정과 함께 몸이 움직이지 않았으나, 생선냄새는 약간 싫어하며 얼굴을 조금 찌푸렸으며, 썩은 계란냄새에는 고개를 돌리거나 얼굴을 찡그리는 반응이 나타나는 것을 확인하였다. 이와 같이 아기는 출생 시부터 엄마의 젖 냄새 뿐만 아니라 여러 가지 다양한 냄새를 식별할 수 있는 후각능력을 갖추고 있으며 성장하면서 더욱 더 민감하게 된다.

4) 미각발달

출생 시에도 기능하며 신생아기 때부터는 거의 완전하게 구별가능했던 미각은 2~3개월이 되면서부터는 특정한 맛에 대한 기호현상과 함께 거부현상도 나타나게 된다. 또한 4~5개월이 되면 영아는 이유식 준비를 하기 시작하면서 신생아기 때 싫어했던 짠맛을 좋아하게 된다(Harries, Thomas, & Booth, 1990). 미각은 영아기 말기에 가장 예민해지고, 음식에 대한 기호도 급격하게 발달하면서 특정 음식이나 새로운 음식을 잘 안먹으려고 한다(Berger, 1991).

5) 촉각발달

촉각은 영유아가 주변의 사물을 탐지할 수 있는 주요한 수단으로 인지발달에 매우 중요한 역할을 한다. 생후 6개월 경이 되면 영아는 주변의 사람과 사물에 관심을 나타내기 시작하면서 초기에는 입술을 사용하고, 나중에는 손을 사용해서 사물을 탐색하는 동시에 환경에 대한 지식을 습득하게 된다. 생후 1년이 되면 영아는 손의 촉감만으로도 익숙한 물체를 이해할 수 있게 된다. 그리고 온도감각이 발달하면서 주위 온도 변화에 매우 민감하게 반응하며 체온에 비해 높은 온도보다 낮은 온도에 더 민감해서 온도가 낮은 방안에서 옷을 갈아 입히는 경우 매우 불편해 하거나 몸을 많이 움직이게 된다(Humphrey, 1978).

또한 촉각은 영아가 주변 사람들과의 관계형성에도 중요한 역할을 한다. 영아를 안아주거나 쓰다듬어주면 좋아하면서 우는 것을 멈추기도 하고 또는 부드럽게 두드려주면 영아가 안정되면서 잠이 들기도 한다. 이러한 촉각의 경험은 초기 인간관계의 신뢰감 발달에 매우 중요한 요인이 된다(조복희, 2000).

6) 주의발달

주의(attention) 또는 주의력은 어떤 것에서만 의식을 집중시키는 것을 말한다. 예를 들어, 사람이 무언가를 배울 때 행위는 세심한 주의를 요구한다. 그러나 익숙해지면 다른 일도 쉽게 가능하게 되며, 실수를 했을 때 등 특별한 상황이 일어나면 다시 그 사람의 주의는 그 행위로 돌아간다. 주의는 외부 세계의 정보가 개인의 인지체계로 들어오는 첫 번째 과정이므로 영유아의 주의발달은 학습과 인지발달의 중요한 기초가 된다.

사람은 주변의 모든 자극에 동시에 같은 정도로 주의를 기울일 수 없다. 따라서 수많은 정보 중에서 주관적으로 필요 등에 의해서 특정 정보만을 선택하고 필요하지 않은 정보는 배제하게 되는데 이를 선택적 주의(selective attention)라고 한다. 영유아의 선택적 주의력은 연령의 증가와 함께 발달한다.

7) 기억발달

기억은 경험과 학습의 중심이 되는 정신적인 과정으로 정보의 부호화(encoding), 저장(storage), 파지(retention, 경험에서 얻은 정보를 유지하고 있는 작용) 및 인출(retrieval) 등의 포괄적인 인지과정이다(우현주, 2010). 정보처리 이론에서 기억의 구조는 시각, 촉각, 후각, 및 청각과 같은 감각으로부터 들어온 정보를 아주 짧은 기간 동안 정확하게 기록하는 저장체계인 감각기억(sensory memory), 인간의 의식 속에 일시적으로 존재하는 단기기억(short-term memory), 단기기억이 확장된 개념으로 정보들을 일시적으로 보유하고 각종 인지과정들을 계획하고 실제로 수행하며, 인지행위가 의식적으로 일어나는 처리체계인 작동기억(working memory) 및 일생 동안 저장되고 보존되어 언제든지 필요에 따라 인출할 수 있는 장기기억(long-term memory)으로 나눌 수 있으며(Burkholder et al., 2005; 우현주, 2010), 이러한 기억의 유형은 각각 다른 방식으로 정보를 파지하고 상실한다.

인간의 인지작용을 컴퓨터의 기능에 유추하여 이해하려는 입장을 정보처리 이론이라고 하는데, 이 이론에서는 인간의 인지작용을 외부로부터 정보를 습득하여 의미 있는 정보를 변형시키고, 기억 속에 저장하며, 필요시에 인출하는 정보처리의 기능을 가진 일련의 과정으로 본다. 즉, 부호화 – 저장 – 인출이라는 기억의 3단계로 이루어진다. 정보처리 모델의 구성요소는 정보가 저장되는 정보저장소와 정보의 이동을 의미하는 인지처리과정이 있다(구광현, 2019). 정보처리 이론에 따른 인간의 기억과정이 **그림 6-2**에 제시되어 있다.

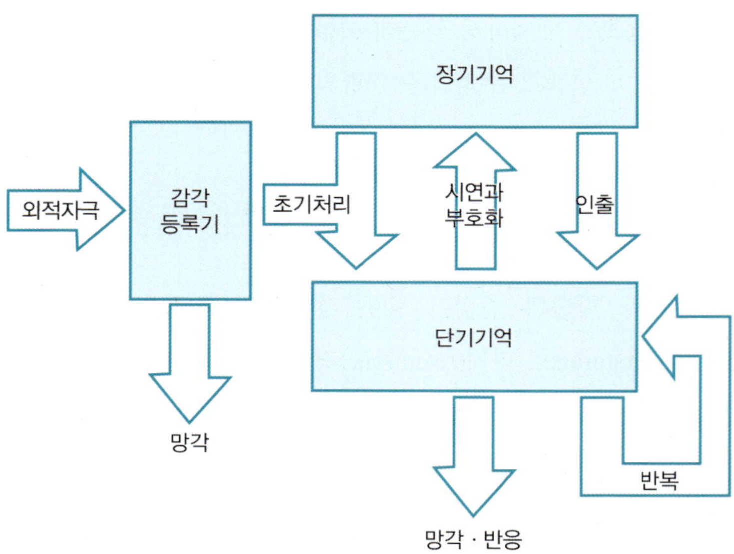

그림 6-2 기억의 과정

(1) 정보저장소

투입된 정보가 머무르는 장소를 의미하는 정보저장소(information store)는 정보의 저장에 이용되는 서류철이나 주소록 등으로 비유될 수 있다. 이러한 정보저장소에는 감각등록기, 단기기억(또는 작동기억), 장기기억 등의 세 가지 요소가 포함된다.

① 감각등록기

감각기억(sensory memory)이라고도 하며, 개인이 환경으로부터 눈이나 귀와 같은 감각 수용기관을 통해 정보를 최초로 저장하는 곳이다. 수용량에 제한이 없지만 주의집중하지 않으면 정보는 즉시 소멸되나 주의집중을 하면 단기기억 속으로 전이된다. 자극을 아주 정확하지만, 매우 짧은 시간 동안 저장한다는 특징을 가지고 있다. 시각은 약 1초 정도, 청각인 경우엔 약 4초 정도를 저장한다.

② 단기기억(short-term memory)

작동기억(working memory)이라고도 한다. 작동기억은 간단한 암산과 같은 정신작용이 일어나기 때문에 붙여진 이름이다. 단기기억에서는 많은 양의 정보가 의미 있는 형태로 부호화되고 약 20~30초 동안 저장된다. 단기기억은 정보의 양과 지속시간에 제한이 있기 때문에 청킹(chunking)의 역할이 중요하다. 청킹이란 분리되어 있는 항목들을 보다 큰 묶음으로, 보다 의미있는 단어로 조합하는 것을 의미한다. 예를 들면, 'm, u, s, i, c'라는 다섯 글자는 작동기억에서는 5개의 단위로 자리하지만, 이들이 'music'이라는 단어로 조합되면 한 개의 단위로 자리하게 된다. 이와 같은 청킹의 적극적인 활용은 제한된 작동기억의 수용량을 증가시키는 방안이 된다.

③ 장기기억(long-term memory)

무한한 정보를 영구적으로 저장할 수 있는 곳이다. 단기기억에 있던 정보는 시연이나 부호화에 의해 장기기억으로 전송되며 장기기억으로 전송되지 못한 정보는 소멸되어 망각한다. 장기기억에서는 짧게는 몇 분에서 길게는 평생 동안 저장되기도 한다. 장기기억은 일상기억과 의미기억으로 구분한다. 일상기억(episodic memory)은 주로 개인의 경험을 보유하는 장소이다. 일상기억의 정보는 주로 이미지로 부호화되며, 정보가 발생한 때와 장소를 기초로 조직된다. 그리고 일상기억은 기억되는 경험이 매우 의미 있는 경우가 아닐 때는 종종 인출에 실패하는 경향이 있는데, 이는 보다 최근에 발생한 정보로 인해 인출이 방해를 받기 때문이다. 의미기억(semantic memory)은 문제해결전략과 사고기술, 사실, 개념, 일반화, 규칙 등이 저장된다. 학교에서 학습하는 내용들의 대부분은 의미기억 속에 저장되고, 의미기억에 저장되는 정보들은 서로 연관을 맺으면서 체계적인 네트워크를 구성하게 되는데, 이는 장기기억 속에 존재하는 정보들이 따로따로 분리되어 존재하는 것이 아니라, 서로 관계성을 맺고 상호연결되어 있다는 것을 보여준다.

(2) 인지처리과정

인지처리과정(cognitive process)이란 어떠한 정보를 하나의 저장소에서 다른 저장소로 옮기는 내부적이고 지적인 활동을 의미하며 주의집중, 지각, 시연, 부호화, 인출, 망각 등의 처리과정이 포함되어 있다.

① 주의집중(attention)

자극에 반응하는 것을 의미한다. 주의집중의 특징은 그것이 선택적이라는 것이다. 감각등록기에 들어온 수많은 자극들은 주의집중을 하지 않으면 곧 유실된다. 따라서 특정한 자극에 관심을 갖고 주의집중을 함으로써 학습이 시작되는 것이다.

② 지각(perception)

경험에 의미와 해석을 부여하는 과정이다. 감각등록기에 들어온 자극에 일단 주의집중을 하면 그러한 자극에 대해 지각을 하게 되고, 일단 지각이 일어난 자극은 그것이 '객관적 실재'로서의 자극이 아니라 개인마다 다르게 받아들이는 '주관적 실재'로서의 자극이 된다. 같은 사물을 보고도 다르게 해석하는 경우를 우리는 자주 보게 된다. 지각은 과거의 경험에 좌우되며, 자극들을 잘못 지각한 경우 그리고 그러한 지각이 장기기억으로 전달된 경우 그것을 제거하는 것은 매우 어렵다.

③ 시연(rehearsal)

작동기억 안에서 이루어지는 처리과정으로서, 정보를 소리내어 읽거나 속으로 되풀이하는 식으로 그 정보를 계속적으로 반복하는 것을 의미한다. 작동기억 안으로 들어온 정보는 시연을 통해 파지(retention)가 되기도 하고 장기기억으로 전이가 이루어지기도 한다. 작동기억 안에서 시연은 의도한 목적을 달성할 때까지만 이루어진다. 예를 들면, 새로운 전화번호로 전화를 거는 경우 처음에는 잊어버리지 않으려고 번호를 반복함으로써 머리에 담아두지만, 일단 전화번호부에 기록(저장)해 놓고 나면 더 이상 번호를 기억하는 데 관심이 없어진다.

④ 부호화(encoding)

장기기억 속에 존재하고 있는 기존의 정보에 새로운 정보를 연결하거나 연합하는 것으로, 작동기억에서 장기기억으로 정보를 이동시키는 과정을 의미한다. 부호화는 정보처리모델에서 가장 중요한 인지처리과정이라고 할 수 있는데, 이는 부호화가 일어나지 않는다면 우리가 받아들이는 대부분의 정보가 단지 일시적으로 저장되기 때문이다. 새로운 정보가 장기기억 속으로 부호화되는 데 있어 가장 중요한 것은 유의미한 부호화가 이루어져야 한다는 것이다. 유의미화란 기계적인 암기와 대별되는 것으로, 장기기억 속에 하나의 생각과 다른 생각들이 연결되어 새로운 체제로 구축되는 것을 의미한다. 정보가 유의미하지 않게 단순히 암기로 부호화되는 경우에는 새로운 정보가 기존의 정보와 연결되지 못하고 각각 떨어져 있게 된다. 그러나 새로운 정보와 기존의 정보가 연결된다면, 그 정보는 더욱 유의미해지고 장기기억 속에 저장되는 것이 수월해질 수 있다.

⑤ 인출(retrieval)

장기기억에서 정보를 찾는 탐색과정이며, 부호화와 밀접하게 관련된다. 효과적으로 부호화되지 않으면 효과적으로 인출될 수 없음을 의미한다. 저장된 정보는 장기기억의 어딘가에는 분명 존재하고 있지만, 그 정보를 인출할 수 있느냐 하는 것은 정보에 어느 정도 접근할 수 있는가에 달려있다. 설단현상(tip-of-the-tongue)은 장기기억에 존재하는 특정한 정보에 대해 정확하게 접근할 수 없기 때문에 발생한다. 인출 방식에는 회상(recall)과 재인(recognition)이라는 두 가지 기억과정이 있다. 회상은 기억해내야 할 대상을 직접 보지 않는 상태에서 간접적 단서에만 의지하여 대상을 인출하는 방식이고, 재인은 표적을 직접 보고 있는 상태에서 그것을 사전에 접하였는지 판단하는 인출 방식이라 할 수 있다. 예를 들면, 회상은 '호영이의 전화번호가 뭐였더라?'를 떠올리는 것이고, 재인은 '전화번호부에 적혀 있는 전화번호들 중 호영이의 전화번호가 뭐지?'를 떠올리는 것이다. 간단히 비유하면, 주관식 시험은 회상검사에 해당되고, 객관식 시험은 재인검사에 해당된다.

(3) 기억능력 발달

영아기에는 재인이나 회상 등 기초적인 기억능력을 보여준다. 이후 유아기에 들어서면서 영아기에 비해 기억능력이 크게 발달하는데, 여기에는 네 가지 요인이 작용하는 것으로 보인다. 첫째, 정보를 저장할 수 있는 저장공간의 크기, 즉 기억용량의 증가, 둘째, 정보를 체계적으로 저장하고 인출할 수 있는 기억전략의 발달, 셋째, 기억과 기억과정에 대한 지식인 상위기억의 발달, 넷째, 연령증가에 따른 지식기반(knowledge base)의 확대가 그것이다.

① 기억용량의 증가

기억용량이 증가한다는 것은 정보를 저장할 수 있는 공간이 증가한다는 것을 의미한다. 기억공간에는 감각기억, 단기기억, 장기기억이 있는데, 감각기억과 장기기억의 용량은 연령에 따른 변화가 거의 없는 것으로 보이기 때문에, 기억용량의 증가는 단기기억 용량의 증가를 의미한다.

일반적으로 단기기억의 용량은 기억폭(memory span) 검사에 의해 측정된다. 기억폭 검사는 예를 들어, 숫자를 몇 개 불러준 다음 그 순서대로 말해 보도록 하여 정확하게 회상할 수 있는 항목수로 기억폭을 측정한다. 기억폭은 유아기에 급격히 증가하는 것임을 알 수 있다. 즉 2세 유아의 기억폭은 2개 정도이고, 5세 유아는 4.5개, 그리고 성인의 기억폭은 7~8개 정도이다.

② 기억전략의 발달

기억전략은 정보를 장기기억 속에 저장하고 그 정보가 필요할 때 인출이 용이하게 해 주는 의도적인 활동을 말하는데, 기억술이라고도 한다. 기억전략에는 기억해야 할 정보에 주의를 기울이는 주의집중, 기억하려는 것을 반복연습하는 시연, 관련있는 것끼리 집단화시키고 유목화하는 조직화, 기억해야 할 정보에 다른 것을 연결시켜 정보가 갖는 의미의 깊이와 폭을 더욱 확장시키는 정교화, 그리고 도움이 될 수 있는 단서를 사용하는 인출 전략 등이 있다. 기억전략은 대략 2세 전후에 나타나지만, 처음에는 그렇게 효율적이지 못하다. 그러나 아동기가 되면 기억전략은 크게 발달한다.

③ 상위기억의 발달

상위기억이란 상위인지의 일부로 기억과 기억과정에 관한 지식을 말한다. 즉, 자신의 기억능력을 알고 긴 내용이 짧은 내용보다 더 기억하기 어렵다는 것을 알고 어떤 기억전략을 사용하는 것이 효과적인지 아는 것을 포함한다. 3~4세 유아도 이미 초보적인 상위기억 지식을 가지고 있다.

④ 연령증가에 따른 지식기반의 확대

학습할 내용에 대한 지식이 있으면 내용 기억이 그만큼 쉬워지는데, 그 이유는 기억 속에 저장되어 있는 기존 지식과 빠르게 연결되기 때문이다. 영유아의 연령 증가에 따라 기억전략과 지식기반이 확대된다.

2. 인지발달

인지(cognition)란 환경에서의 감각적 자극이나 정보를 선택적으로 수용해서 기억이나 사고, 추리를 통해 문제를 해결하고 지식을 습득해 나가는 지적기능이다. 인지발달은 인간이 연령과 함께 발달해 가면서 일어나는 인지의 변화이다. 인지발달에 관한 대표적인 이론으로 Piaget 이론과 Vygotsky 이론을 들 수 있는데, 이 책의 3장에서 이미 이들의 이론을 상세히 다룬 바 있다.

Piaget는 인지발달단계를 감각운동기(0~2세), 전조작기(2~6세), 구체적 조작기(6~12세), 형식적 조작기(12세~성인)로 구분했다. 여기에서는 Piaget 이론을 기본으로 영유아기 인지발달의 특징을 살펴본다.

1) 감각운동기

(1) 감각운동의 발달

감각운동기(sensorimotor period)는 출생에서 18개월 또는 2세까지의 지적 발달의 특징을 의미하는 것으로 Piaget는 이 시기의 영아의 인지를 전상징적, 전표상적 또는 전반응적 감각운동 지능(sensorimotor intelligence)이라고 하였다. 그러므로 감각운동기에 영아의 사고에는 추상적 개념이나 언어가 내포되어 있지 않으며 또한 계획을 세우거나 의도적으로 행동하지 않고 주로 감각기관과 운동기능과의 관계를 통해 이해하는 것에 국한되어 있다. 이와 같이 감각기관을 통해 받아들인 정보에 대한 즉각적인 반응은 언어발달 이전의 지적행동 단계도 영아기 인지발달의 중요한 내용이다. Piaget는 감각운동기를 여섯 개의 하위단계로 구분했는데 감각운동 발달의 6단계는 다음과 같다.

① 제 1단계: 반사운동기(Reflexive Activity: 0~1개월)

반사는 영아가 환경에 적응하고 지식을 습득하는 가장 기초적인 도식으로 빨기와 잡기, 큰소리에 반응하기와 같은 행동이 있다. 이 시기에 가장 뚜렷한 반사는 빨기(sucking)반사로 아기는 젖꼭지 뿐만 아니라 입에 닿는 것은 모두 빨게 되며, 이와 같은 반사행동은 외부세계에 적응해 나가는 과정에서 계속적으로 발달하게 된다. 이 단계에서 인지발달의 특징은 첫째, 자신과 외부세계 간에 구분이 없으며, 둘째, 다양한 반사도식을 사용함으로써 영아는 환경에 잘 적응할 수 있게 된다.

② 제 2단계: 1차 순환반응기(Primary Circular Reaction: 1~4개월)

영아의 관심이 자기의 신체에만 국한되어 있다는 의미에서 1차 순환반응기라고 하며 영아의 여러 신체부분들이 서로 협응해 나가기 시작하는 단계이다. 순환반응이란 행동이 순환적이거나 반복적으로 일어나는 것을 의미하며, 그 예로 즉 영아가 우연히 손가락을 입에 넣어 빨기 시작하다가 그 결과가 흥미로우면 그 행동을 반복하게 되는 것이다. 또한 이 시기의 영아는 자기 손으로 잡을 수 있는 것은 무엇이든지 입으로 빨려고 하며 또한 보이는 것은 무엇이든지 잡으려고 한다.

이와 같이 영아는 보기와 잡기의 협응에 의하여 대상물을 찾아내서 잡을 수 있으며 또 손으로 만졌던 어떤 대상을 시각적으로 검토하기 위하여 사물을 자기 눈앞으로 가져와서 보기도 한다.

③ 제 3단계: 2차 순환반응기(Secondary Circular Reaction: 4~8개월)

영아가 자기 자신이 아닌 외부에서 흥미로운 사건들을 발견하고 이를 다시 반복하는 시기로 영아의 관심이 자신의 신체 외부에 있는 대상과 사건에 있다. 따라서 주변환경 속에서 우연히 수행한 어떤 행동이 흥미있는 결과를 초래할 경우 또 다시 그 결과를 유발하기 위해 동일한 행동을 반복하게 된다. 그 예로 손에 들고있던 딸랑이를 흔들어 소리가 났을 때 영아는 잠시 멈추었다가 다시 한 번 그 소리를 듣기 위해 딸랑이를 흔드는 행위를 반복하게 된다. 이와 같이 영아는 예전에 습득한 반응을 확인해 보기 위해 의도적으로 새로운 상황에 적용해 보거나 자기 스스로 사건을 만들어서 시험해 보기도 한다. 따라서 영아의 2차 순환반응은 선천적인 반사가 아니라 학습을 통해 이루어진 목표지향적인 반응의 결과이다. 영아는 이 단계에서 외부세계에 있는 어떤 사건이나 사물이 영아 자신의 행동으로 통제할 수 있다는 것을 이해하기 시작한다.

④ 제 4단계: 2차 순환반응 협응기(Coordination of Secondary Circular Reaction: 8~12개월)

이 단계 역시 영아의 관심은 주변 환경에 있으며 자신의 목표를 달성하기 위해 예전에 습득한 두 가지 이상의 행동을 결합하기 때문에 2차 순환반응 협응기라고 한다. 그 예로 영아는 상자를 잡으려는 목적을 달성하기 위해 방해물을 치우는 행동을 하게 된다. 이와 같이 영아는 하나의 목적을 성취하기 위해 수단이 되는 다른 도식을 이용하는 능력을 갖추게 되며 이러한 수단과 목적과의 관계도식에서 두 가지 개념을 습득하게 된다. 그중 하나는 인과개념에 대한 이해로 지능발달의 첫 신호가 되며, 두 번째는 사물이 눈앞에 보이지 않아도 여전히 존재한다는 것을 인식하는 대상영속성 개념이다. 그러나 이 단계에서 영아는 어떤 물체가 자신의 시야에서 사라지면 그 물체는 더 이상 존재하지 않는 것으로 지각하게 된다. 하지만 영아는 여러 가지 2차 순환반응을 조절해서 특정한 목표를 계속 지향하게 되면서 영아는 어떤 대상이 공간적으로 다른 대상보다 앞서며, 어떤 사건이 시간적으로 다른 사건보다 선행한다는 대상영속성 개념을 이해하게 된다.

⑤ 제 5단계: 3차 순환반응기(Tertiary Circular Reaction: 12~18개월)

이 시기는 영아가 자신이 한 행동의 결과를 알기 위해 의도적으로 여러 가지

도식을 다양하게 변화시켜보는 실험적 단계이다. 즉, 하나의 목적을 위해 여러 차례 같은 행동을 반복하거나 같은 목적을 얻기 위해 과거에 해보지 않았던 새로운 행동을 시도하게 된다. 예컨대, 영아는 처음에 장난감 북을 여러번 북채로 쳐보지만 또 다른 소리를 기대하고 연필이나 블록 등의 다른 물건으로 북을 치게 된다. 이와 같이 영아는 새로운 상황에 접하게 되면 적극적으로 모험을 시도해서 시행착오를 경험하게 되는데, 이는 외부세계에 대한 선천적인 호기심과 함께 영아 스스로의 학습을 통해 자신의 도식을 발달시켜 나가기 위한 것이다 (Snow, 1989).

⑥ 제 6단계: 정신적 결합기(Mental Combination: 18~24개월)

이 단계는 영아의 지적 능력이 매우 크게 성장하는 시기로 영아는 내면적으로 사고한 후에 행동하게 된다. 즉, 영아는 자신의 목적을 달성하기 위해 행동하기 전에 상황에 대해 사고하거나 자기 행동의 결과를 미리 예상하기도 한다. 또한 이 단계에서는 사고능력과 함께 추리능력도 발달해서 시행착오의 과정을 거치지 않고 신속하게 문제를 해결하게 된다.

이외에도 정신적 표상이 가능해지면서 이전 단계까지는 불가능했던 지연모방(deferred imitation)과 언어상징 학습이 가능하게 된다. 지연모방은 타인의 어떤 행동을 관찰한 후에 일정한 시간이 지난 후에 그 행동을 재현하는 것으로 언어의 개념학습과 함께 표상적 사고(representational thought) 능력이 발달해야만 가능하다.

(2) 대상개념의 발달

Piaget는 출생에서 2세 사이에 성취해야 하는 중요한 인지발달 과제로 대상개념(object concept)과 대상영속성(object permanence)개념을 들었다. 대상개념은 자신을 포함하는 모든 대상들이 독립적인 실체로서 존재한다는 것을 의미하며,

대상영속성개념은 사물이 눈앞에 보이지 않거나 만질 수 없을 때에도 여전히 존재한다는 사실에 대한 지식이다. 이러한 개념은 영아의 인지발달 단계와 병행해서 제 2차 순환반응기인 감각운동기 3단계에서부터 형성되기 시작한다. 그러나 영아기 초기에는 눈앞에 물건이 있다가 시야에서 사라지면 찾지 않거나 물건의 숨긴 장소를 이동하여도 계속해서 처음의 장소에 가서 찾는 오류를 범하게 된다. 대상영속성개념의 완전한 습득은 오류의 경험을 거쳐 정신적 표상이 가능한 제 6단계에서 완성된다. Piaget가 제시하는 대상개념의 발달단계는 다음과 같다.

① 1단계(0~2개월 경)

이 단계의 영아는 대상영속성의 개념이 전혀 없다. 눈앞에 보이는 시각영역 안의 대상은 쳐다보지만 그 대상이 시야에서 사라지면 더 이상 관심을 나타내지 않으며 보는 것을 중단하고 다른 행동을 한다.

② 2단계(1~4개월 경)

대상영속성의 개념이 아주 약하게 나타난다. 대상이 시야에서 사라진 곳을 잠시 바라보지만, 능동적으로 찾으려고 하지 않는다. 그 예로, 손에 들고 흔들던 딸랑이가 떨어지면 그 지점을 잠시 바라보다가 더 이상 관심을 나타내지 않는다.

③ 3단계(4~8개월 경)

이 단계에는 대상영속성개념이 형성되기 시작하면서 주변의 물체가 보이지 않아도 어딘가에 존재한다는 사실을 조금씩 이해하게 된다. 따라서 시야에서 사라진 대상물을 능동적으로 찾는 행동이 나타난다. 그러나 대상과의 시각적인 접촉에만 의존하기 때문에 대상이 눈에 보이는 경우에만 잡으려고 노력하며 시야에서 완전히 사라진 경우에는 없어지는 과정을 보았음에도 불구하고 찾으려고 하지 않는다.

④ 4단계(8~12개월 경)

시야에서 완전히 가려지거나 사라진 대상물을 적극적으로 찾으려고 노력하며, 사라진 자리에서는 즉시 찾아낼 수 있다. 하지만 이때는 영아가 자신의 행동과 대상물을 완전히 분리한 상태는 아니고 대상물이 있는 장소와 그것을 찾는 감각운동적 행동이 결합된 일종의 습관으로 물건을 찾는 시기이다. 그 예로 A장소에 숨긴 인형은 감추어도 찾을 수 있지만, 같은 인형을 B장소에 숨기면 찾지 못하고 계속 A장소에서만 인형을 찾으려하는 AB오류가 나타나게 된다.

⑤ 5단계(12~18개월 경)

대상과 대상에 대한 행동이 완전히 구분되어 4단계에서 나타났던 AB오류를 더 이상 범하지 않게 되는 시기이다. 그러나 영아는 아직 대상의 숨겨진 위치를 정신적인 표상으로 정확하게 추적하는 능력을 갖고 있지 못하기 때문에 대상영속성개념에 한계가 있다. 즉, 영아가 볼 수 있는 공간에서의 사물의 이동은 이해할 수 있기 때문에 대상영속성이 가능하지만 자신이 볼 수 없는 공간에서 이동한 대상에 대해서는 아직까지 표상능력을 갖추지 못했기 때문에 숨긴 사물을 정확한 위치에서 찾을 수가 없다.

⑥ 6단계(18~24개월 경)

대상영속성의 개념이 완전히 발달해서 눈앞에 없는 사물이나 사물의 상에 대한 내적표상이 모두 가능하게 된다. 따라서 보이는 곳의 이동 뿐만 아니라 보이지 않는 곳의 이동도 모두 이해할 수 있게 되면서 숨기는 장면을 목격하지 않은 대상물도 찾을 수 있다. 이와 같이 영아는 감각운동기 말에 가서야 비로소 이 세상 모든 사물들은 자신과 분리되어 있으며 또한 영속적으로 존재한다는 것을 이해하게 된다. 그리고 더 나아가 영아는 자신이 독립된 하나의 개체로서 이 우주 안에 수많은 대상물 중 하나임을 깨닫게 된다.

2) 전조작기

유아기는 Piaget의 인지발달 단계의 전조작기(preoperational period)에 해당하는 시기이다. Piaget는 전조작기의 인지적 특징을 전개념적 사고(preconceptual thinking, 2~4세)와 직관적 사고(intuitive thinking, 4~7세)로 구별하였다. 전개념적 사고단계에서는 내재적으로 형성된 보상을 여러 형태의 상징 혹은 기호로 표현하는 상징적 기능이 발달한다. 직관적 사고단계에서는 여러 가지 개념들이 발달한다. 그러나 아직도 불완전하고 부정확하여 비효율적 방식으로 논리적 문제에 접근한다. 이 시기 유아는 정신적 조작능력이 부족하기 때문에 사고는 논리적이기보다는 직관적이다.

(1) 상징적 기능

전개념기 유아는 이제 직접 보고 듣고 만지지 않아도 자신이 내적으로 형성하고 있는 표상을 여러 형태의 상징으로 표현할 수 있다. 이 시기 유아의 상징적 기능은 상상놀이, 그림, 언어를 통하여 가장 잘 나타난다.

① 상상놀이

상상놀이(fantasy)는 가상적인 사물이나 상황을 실제 사물이나 상황으로 상징화하는 놀이로서, 일반적으로 만 1세 이후부터 6세 사이에 나타나며, 1~3세 사이에 가장 빈번하다.

유아는 상상놀이를 통해 대상물, 사람, 상황 등의 속성을 재현할 수 있다. 소꿉놀이, 기차놀이, 병원놀이, 학교놀이 등 유아의 대부분의 놀이는 상상놀이에 속한다. 유아의 상상놀이는 언어발달과 함께 급속히 발달한다. 어린 유아는 사물을 가지고 어른처럼 행동하는 흉내놀이를 하다가 차츰 두 명 이상의 유아가 일정한 역할을 하는 사회극 놀이(socio-dramatic play)로 발달한다. 예를 들어, 2세 반 경에는 장난감 자동차에 조그만 인형을 앉히고 운전하는 흉내를, 3세

반 경에는 자신이 모자를 쓰고 큰 상자를 타고 운전하는 흉내를 낸다. 그러다가 4세가 넘으면 "우리 이사놀이 하자. 나는 운전수고 너는 조수고, 민아야, 너는 엄마 해."라며 사회극 놀이를 한다.

상상놀이는 유아에게 다음과 같은 중요한 의미를 갖는다(이옥형, 1997: 243).

첫째, 상상놀이는 유아의 상상력과 창의성을 기르는 가치로운 인지적 수단이다. 대부분의 전조작기 유아는 그들이 사용하는 상징물과 실제 대상의 차이를 알고 있다. 그럼에도 불구하고 이들 대상물을 내재적 표상에 의해 변용하고 확장하는 것은 성인들의 예술활동과 유사한 은유적 기능이다.

둘째, 상상놀이는 유아의 사회성과 인지적 발달능력을 촉진한다. 상상놀이 중에서 두 명 이상의 유아가 일정한 역할을 하는 사회극 놀이는 자신과 타인을 구별하고, 타인의 입장을 이해하며, 사회적 역할과 상호작용을 연습할 수 있는 중요한 기회를 제공한다.

셋째, 상상놀이를 통하여 유아의 공포와 좌절을 해소시킬 수 있다. 유아의 상상놀이 친구는 유아 자신과 유사한 성격과 특성을 지닌 생물체로서 유아가 자신의 내적 감정을 털어놓는 대상이기도 하고 유아가 저지른 비행을 책임지는 속죄양이기도 하다. 혼자 놀던 유아가 잘못을 저지르고 어머니에게 꾸지람을 듣게 되면, 그것은 내 친구가 저지른 행위라고 말한다. 상상의 친구를 이해할 수 없는 부모는 유아의 거짓말에 당황하고 걱정한다. 또한 유아는 놀이 속에서 괴물을 쳐부수고 아버지를 아래층으로 밀어버리기도 한다. 아직 언어로 자신의 내적인 감정을 명확히 표현할 수 없는 유아는 상상놀이를 통하여 자신의 억압된 감정이나 공포 혹은 좌절을 정화할 수 있다.

5세 경부터 사회극 놀이가 나타나며, 사회극 놀이에 적극적으로 참여함으로써 유아의 인지능력과 사회성 발달이 촉진된다는 사실이 여러 연구에서 입증되고 있다.

② 상징화

유아의 그림 역시 그들의 내적 표상이 표출되는 상징적 기능이다. 흔히 유아가 해를 그릴 때 눈, 코, 입을 그려 넣거나, 버스에 타고 있는 사람의 다리까지 그려 넣는 것은 유아가 보이는 것을 그대로 그리는 것이 아니라 자신의 머릿속에 있는 심상을 그리고 있음을 반영한다. Piaget(Piaget & Inhelder, 1969)는 Luquet(1927)의 아동화 연구를 바탕으로 상징적 기능으로서의 어린이 그림 발달과정을 4단계로 체계화하였다(이옥형, 1997).

- **우연적 사실성 단계**(fortuitous realism stage, 2~3세): 유아가 처음으로 연필을 잡을 수 있게 되면, 유아는 처음에는 직선 그 다음은 곡선과 나선형을 무작위적으로 끄적거리듯 그린다. 그러나 유아는 자신의 그림에 '우리집', '엄마', '아빠' 등 의미를 붙인다. 이처럼 우연히 나타난 단순한 형태에 의도적으로 의미를 붙이는 단계를 우연적 사실성 단계라고 하였다.
- **불확실한 사실성 단계**(obscure realism stage, 3~4세): 유아는 자신의 심상을 형태로 재현하려 하지만 매우 불확실하다. 예를 들면 유아의 사람 그림에서 손이나 발이 머리에 붙어 있고 몸통이 없거나, 모자가 머리에서 떨어져 허공에 있다.
- **지적 사실성 단계**(intellectual realism stage, 5~7세): 이 단계에서 그림의 형태는 실제 모습에 가까워지나, 앞의 단계와 같이 시각적으로 보이는 형태가 아니라 자신의 관념적 심상을 그림으로 표현한다. 예를 들면, 사람에게 눈이 두 개인 것을 알고 옆 얼굴에도 눈을 두 개 그리거나, 사과를 먹은 아동의 그림에서 아동의 뱃속에 사과를 투명인간처럼 그린다.
- **시각적 사실성 단계**(visual realism stage, 8~9세): 이 단계의 아동은 비로소 심상이 아닌 눈에 보이는 실제 세계를 그린다.

(2) 중심화

전조작기 유아들은 모든 현상을 한 가지 측면에서만 파악하고자 하며 동시에 두 개 이상의 측면을 고려하여 이를 통합하는 조작적 사고가 부족하다. Piaget는 이러한 전조작기 사고의 한계를 중심화(centration)라 하였다. 사고의 중심화 경향은 전조작기 인지발달의 거의 모든 특성에서 나타나지만, 자기중심성(egocentrism)과 직관적 사고(intuitive thinking)를 통해 가장 잘 알 수 있다.

① 자기중심성

자기중심성이란 유아의 언어, 사고, 행동에서 다른 사람의 역할과 견해를 고려할 줄 모르고, 다른 사람도 자신과 동일할 것으로 생각하는 사고의 특징을 말한다. 전조작기의 자기중심성을 가장 잘 나타내는 것은 공간조망과 언어이다.

- **자기중심적 공간조망**: 유아의 공간조망(spatial perspective)의 자기중심성은 Piaget의 '세 개의 산 실험(three mountain experiment)'에 잘 나타나 있다.

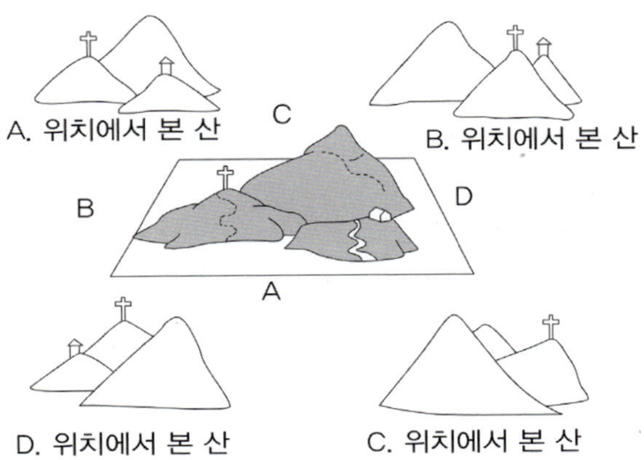

그림 6-3 Piaget의 세 개의 산 실험

실험절차는 먼저 그림 6-3과 같이 서로 다른 모양의 세 개의 산의 모형을 사각형의 테이블 위에 올려놓는다. 유아가 세 개의 산이 어떻게 보이는가를 알 수 있도록 테이블 주위를 한 바퀴 돌아보게 한다. 유아가 의자에 앉으면, 인형을 유아의 측면이나 맞은편 의자에 앉힌다. 그리고 유아에게 테이블의 각 면에서 바라본 산의 모습을 그린 4개의 카드를 제시하고, 인형이 바라보는 산의 모습을 나타내는 카드를 선택하도록 한다. Piaget의 연구결과에 의하면, 4세 유아는 4개의 카드 중 아무 것이나 선택하고, 5세 유아는 자신이 바라보는 산의 모습을 선택하였다. 그러나 6, 7세 아동은 다른 사람의 조망을 부분적으로 이해할 수 있기 때문에 생각하고 망설이고 다시 조사하나 때때로 오류를 범하며, 7, 8세 이후 아동은 오류 없이 인형이 바라보는 산의 모습을 정확하게 선택할 수 있었다. 이러한 실험결과는 전조작기 유아가 자신의 위치에서만 사물을 이해할 뿐 다른 사람의 위치에서 보이는 사물의 모습을 추론하지 못하는 사고의 한계를 지님을 말해 준다.

연령이 증가할수록 유아는 차츰 다른 자리에서 보는 산의 모습이 자기가 보는 산의 모습과 다르다는 사실을 깨닫게 된다. Piaget는 이를 탈중심화(decentration)라 하였다. 위 실험에서 나타났듯이 다른 사람의 입장에서 고려해 볼 수 있는 탈중심화의 습득은 유아기 동안 점차적으로 발달한다. 그러나 다른 사람의 관점에서 추론할 수 있는 조망수용능력(perspective-taking ability)은 7~8세 이후의 아동기에 이르러서야 확실하게 습득된다(Piaget, 1950).

그러나 Piaget가 주장한 것처럼 유아가 항상 자기중심적인 것은 아니다. 과제가 단순하거나 친숙할 때 다른 사람에 대한 조망수용능력은 더 어린 연령에서도 발견된다.

- **자기중심적 언어**: 자기중심적 언어(egocentric speech)는 듣는 사람이 자신이 하는 말을 이해할 수 있는지 여부를 고려하지 않은 채 자신의 생각만을 전달하는 전조작기 특유의 의사소통 양상이다. 이 시기에 있는 두 명의 유아가 대화하는 것을 보면 대개 상대방의 이야기를 들으려 하지 않고 독백과 같이 자기 자신의 이야기만 하면서도 대화의 불편을 느끼지 않는다. 두 유

아 모두 자기중심성 속에 있기 때문이다. 이러한 자기중심적 언어는 조망수용능력의 결핍으로 인해 나타나는 의사소통능력의 한계이다. 그러나 취학전 유아가 항상 자기중심적인 것은 아니다.

② 직관적 사고

직관적 사고란 대상이나 사태가 갖는 여러 속성 중 가장 현저한 한 가지 지각적 속성에 의해 판단하는 유아의 중심화된 사고 양상을 의미한다. Piaget에 의하면 자기중심성과 직관적 사고는 7~8세 경에 아동이 구체적 조작기에 접어들게 되면 극복된다. 유아의 직관적 사고는 보존개념과 유목포함 실험에서 잘 나타난다. 또한 유아의 물활론 사고나 꿈을 해석하는 방식에서도 직관적 사고가 나타난다.

- **보존개념(conservation)**: 보존개념이란 어떤 수, 양, 길이, 면적, 부피 등의 차례나 모양이 바뀌어도 그대로 그 특질을 유지한다는 것을 이해하는 능력이다. 전조작기 유아가 양의 보존실험에서 오류를 범하는 것은 지각적 특성에 의해 양을 판단하는 직관적 사고에 의해 지배되고 있기 때문이다. 유아는 세 개의 단계를 거쳐 보존개념을 습득한다(Piaget & Inhelder, 1969).

제 1단계: 4, 5세 유아는 아직 보존개념이 없다. 동일한 양의 두 개의 찰흙공을 보여 주고, 하나의 찰흙공을 유아가 보는 앞에서 소시지처럼 길게 만들었을 때, 이 연령의 유아는 찰흙소시지의 찰흙 양이 더 많다고 대답한다. 유아는 길이 차원이라는 단지 하나의 차원에 초점을 맞추었기 때문에 굵기가 가늘어졌다는 것을 이해하지 못하며, 찰흙소시지가 다시 찰흙공이 된다는 것도 이해할 수 없다.

제 2단계: 5, 6세 유아는 과도기에 있다. 이 연령의 유아들은 찰흙소시지와 찰흙공 중에서 어느 것의 양이 더 많은가를 결정하지 못한다. 찰흙소시지의 길이가 짧으면 찰흙 양이 같다고 말하고, 길면 찰흙 양이 더 많다고 말한다. 이 연령의 유아들은 사물의 외형에 의해 여전히 강한 영향을 받고 있기는 하지만, 양의 변화가 일어나지 않을 수도 있다고 생각하기 시작한다.

제 3단계: 6, 7세 아동은 보존개념을 이해한다. 6, 7세 아동은 소시지가 아무리 길게 보일지라도 찰흙 양은 동일하며, 찰흙소시지는 다시 찰흙공이 될 수 있다는 것을 이해한다. 소시지는 길이가 길지만 동시에 가늘다는 것을 알기 때문에 찰흙 양이 왜 동일한가를 설명할 수 있다. 이제 어린이는 길이와 굵기의 두 차원을 동시에 고려할 수 있다.

- 유목포함(class-inclusion): 조작은 유아가 전체와 부분의 논리적 관계 혹은 상위 유목과 하위 유목의 위계적 관계를 이해하는 능력이다. Piaget는 유아에게 노란색 구슬 2개와 빨간색 구슬 18개를 주고 각각의 구슬이 나무로 만들어진 것임을 확인시켰다. 그리고 나서 "빨간색 구슬이 더 많으냐, 나무구슬이 더 많으냐?"라고 물어 보았더니 취학 전 유아는 대부분 빨간색 구슬이 더 많다고 대답하였다. 이들은 빨간색 구슬이 노란색 구슬보다 많다는 사실에 압도되어 빨간색 구슬도 나무구슬임을 생각하지 못한다. 즉, 전조작기 유아들은 동시에 여러 차원에 주의를 기울이지 못하고, 한 가지 사실에만 주의를 기울인다. 7~8세 경의 아동은 직관적 사고에서 벗어나게 되어 유목포함 조작을 습득한다.

③ 물활론적 사고

전조작기 유아는 무생물도 살아 있으며 자신처럼 감정을 갖고 있고 의도를 가지며 사고할 수 있다고 생각하는 물활론적 사고(animism)를 한다. 유아의 물활론적 사고 역시 몇 개의 단계를 거쳐 발달한다.

처음에 유아는 사람에게 영향을 주는 것은 무엇이나 생명이 있다고 생각한다. 4~6세 유아는 움직이는 모든 것은 살아 있다고 생각한다. 예컨대, 태양이나 자전거는 움직이므로 살아 있으나, 나무는 움직이지 않으므로 살아 있지 않다고 본다. 6~8세의 아동은 스스로 움직이는 것만 살아 있다고 생각한다. 즉, 태양, 구름, 바람, 비, 강물은 스스로 움직이므로 살아 있으나, 자전거나 자동차는 스스로 움직일 수 없으므로 살아 있는 것이 아니라고 본다. 8세 이후가 되어야 비로소 아동은 과학적 생명관을 갖는다. 그러나 Piaget의 견해와 달리 후속 연구에서는 유아가 모든 대상물에 대해 물활론적 사고를 하는 것이 아님이 밝혀졌다(Bullock, 1985). 3세 유아도 로보트나 실물과 아주 닮은 동물 인형이 생명이 없다는 사실을 알고 있으며, 심지어 2세 유아도 의자가 스스로 움직이는 것을 보고 명백하게 놀라는 반응을 보여 기본적인 생명 개념을 가지고 있었다. 어린 유아도 구체적인 사물에 대해서는 생물과 무생물을 구별할 수 있으며, 태양, 바람, 구름과 같이 어른에게도 생명 개념의 혼돈이 올 수 있는 친숙하지 않은 대상에 대해서는 물활론적 사고를 한다는 것이다.

실재론(realism)은 정신적 현상과 물리적 현상이 미분화되어 정신적 현상에 물리적 속성을 부여하는 전조작기 유아의 특유의 사고를 뜻한다. 유아의 실재론적 사고가 가장 잘 나타나는 것이 유아의 꿈이다. 전조작기 유아는 꿈이 실제로 일어난 것이라고 믿는다. 4세 경의 유아는 자신의 꿈이 다른 사람에게도 보이며, 밤이나 하늘로부터 혹은 바깥의 빛으로부터 창문을 통해 들어오는 것이라고 생각한다. 또한 꿈꾸고 있는 동안 꿈이 자기 주위에 그대로 남아 있다고 생각한다.

유아에게는 꿈과 현실이 명백히 구분되지 않으며, 마음속으로 상상한 것과 현실의 상황이 엄격하게 구분되지 않는다. 유아가 엉뚱한 말을 하거나 거짓말을 한다고 여겨질 때 잘 살펴보면 꿈꾼 것이나 상상한 것과 현실이 잘 구별되지 않아서 일어나는 일일 경우가 많다.

5, 6세의 유아는 꿈과 실제적 사건을 어느 정도 구별할 수 있다. 이제 유아는 꿈은 사람의 머릿속에서 온다고 이해하지만, 아직도 꿈을 꾸는 동안 꿈은 자신의 몸 바깥에 있다고 생각한다. 6, 7세 경에 구체적 조작기가 되어야 꿈은 비실재적인 것으로 사람의 내부에서 오는 생각과 이미지라는 것을 이해하게 됨으로

써 꿈의 특성을 알게 된다.

다음에 제시되는 유아와 어머니 간의 대화는 유아들이 이 시기의 특성들을 어떻게 쉽게 사용하는가를 잘 보여준다.

민아: (창 밖을 바라다보면서) "(엄마), 비가 와요."
엄마: "응, 그래?"
민아: "야, 빗방울이 떨어져서 길바닥에 부딪치면 다쳐서 아플 꺼야."(물활론)
엄마: "음..."
민아: "이것 봐요, 빗방울이 창문에 동그라미 글자를 만들었어요."(상징화)
엄마: "비에 젖겠다. 비가 그칠 때까지는 집안에 있어라."
민아: "나는 안 젖을 거예요. 내가 아주 빨리 달리면 비가 내 몸에 닿을 수 없을 거예요."(자기중심적 사고와 마술적 사고)

3. 지능발달

어린이의 지적 특성을 이해하고 연구하는 또 다른 중요한 접근방법은 심리측정적 접근(psychometric approach)이다. 앞에서 살펴본 인지발달적 접근은 인지구조의 질적 변화에 초점을 맞추는 것에 비해, 심리측정적 접근에서는 지적 능력발달을 양적으로 측정하고 이를 근거로 지능발달을 이해하고자 한다.

지능심리학자들은 지능을 개인 간 능력의 차이를 일으키는 주요 특성으로 보고 있다. 그러므로 이들은 지적능력의 발달을 지능지수(IQ)의 개념으로 수량화하고 비교함으로써 개인차를 밝히려 하였다. 심리측정적 접근은 오래 전부터 어린이의 지적 능력을 연구하는 주요 이론체계가 되어 왔다. 최근에는 전통적인 지능이론을 보완하는 새로운 지능이론에 대한 탐색이 활발히 이루어지고 있다.

1) 지능의 개념

지능에 대한 본격적인 연구는 20세기 초에 시작되었다. 1890년대말 프랑스의 심리학자 Binet는 파리지역의 학교에서 특수교육을 받아야 할 아동들을 선별하기 위한 도구의 개발에 착수하였다. 마침내 그는 기억, 주의집중, 이해 등과 같은 고등정신과정(higher mental processes)을 측정할 수 있는 검사를 개발하였는데, 그 당시만 해도 지능에 대한 명확한 정의에 입각하여 지능검사를 개발한 것이 아니라, 우선 지능검사문항을 제작하여 현명한 아동과 우둔한 아동을 변별할 수 있으면 그것을 지능검사로 간주하였다. 그 결과 연구자들은 나름대로의 다양한 정의를 제시하게 되었고, 이러한 현상을 빗대어 지능이란 "지능검사가 측정하는 것"(Boring, 1923: 35)이라는 정의가 제시되기도 하였다.

오늘날에는 지능의 개념을 먼저 정의한 후 이 정의에 기초하여 지능검사를 개발한다. 지능이란 아이디어, 상징, 관계, 개념, 원리 등과 같은 추상을 다루는 능력(Terman, 1916), 혹은 목적적으로 행동하고 합리적으로 사고하며, 환경을 효과적으로 다루는 개인의 종합적 능력으로 구성된다(Wechsler, 1944). Estes (1982: 171)는 이상과 같은 지능의 의미에 근거하여 "지능이란 흔히 문제해결의 몇몇 요소들에 의해 특징지어지는 인지과정과 인지조작에 의해 방향지어지는 개인의 적응적 행동"이라고 정의하였다.

2) 지능의 구조

지능이 어떠한 요소로 구성되어 있는가에 대한 이론은 많이 제안되어 왔으나, 아직 학자 간에 견해의 일치를 보지 못하고 있다. 특히 최근에는 전통적인 이론을 보완하는 새로운 이론들이 제안되어 관심을 모으고 있다.

(1) 전통적 지능이론

① Spearman의 2요인설

일찍이 영국의 Spearman(1927)은 각종 정신검사를 요인분석해 본 결과 지능이 두 개의 요인으로 구성되어 있음을 발견하였다. 한 요인은 일반요인(general factor: g요인)이며, 다른 한 요인은 특수요인(special factor: s요인)이다. 일반요인은 정도의 차이는 있으나, 모든 개인이 공통으로 갖고 있는 능력이다. 오늘날 널리 쓰이고 있는 일반지능검사에서 잘 나타나고 있다. 특수요인은 특정 분야에 대한 능력이다.

② Thurstone의 군집요인설

Thurstone(1935)은 지능이 두 개의 요인이 아닌 여러 개의 요인으로 구성되어 있다고 주장하였다. 그는 당시에 발표되었던 지능검사를 모두 모아 요인 분석한 결과 일곱 개의 공통 요인을 추출할 수 있었다. 이들 일곱 개의 요인은 언어이해 요인, 공간 요인, 수리 요인, 지각 요인, 언어유창성 요인, 기억 요인, 추리 요인이며, 이를 기본 정신능력(primary mental abilities: PMA)이라고 한다. 군집요인설에 대한 비판이 있으나, 현재 사용되고 있는 대부분의 지능검사는 기본 정신능력의 개념을 활용하여 제작된 Thurstone식 지능검사이다.

③ Guilford의 지능구조모형

Guilford(1988)는 Thurstone의 이론을 계승 발전시켰다. 그러나 Thurstone의 이론이 지능을 일차원적 입장에서 기술하고 있기 때문에 지능을 충분히 설명하지 못하고 있다고 생각하고, 독특한 3차원의 지능구조모형(structure of intelligence model: SI)을 제안하였다.

Guilford의 지능구조모형(SI)은 주어진 정보의 내용(content)을, 어떻게 조작(operation)하여, 어느 수준까지 산출(product)하느냐의 3차원으로 구조화된다. 이 모형에서 지능은 그림 6-4에서와 같이 5개의 내용차원, 6개의 조작차원, 6개의 산출차원을 구성하는 요소들이 상호 조합[내용(5)×조작(6)×산출(6)]하여 얻어지는 180개의 상이한 하위정신능력으로 구성된다. Guilford는 이들 180개의 하위정신능력 중 지금까지 일부만이 밝혀졌으며, 나머지는 앞으로 계속 밝혀져야 할 과제라고 하였다.

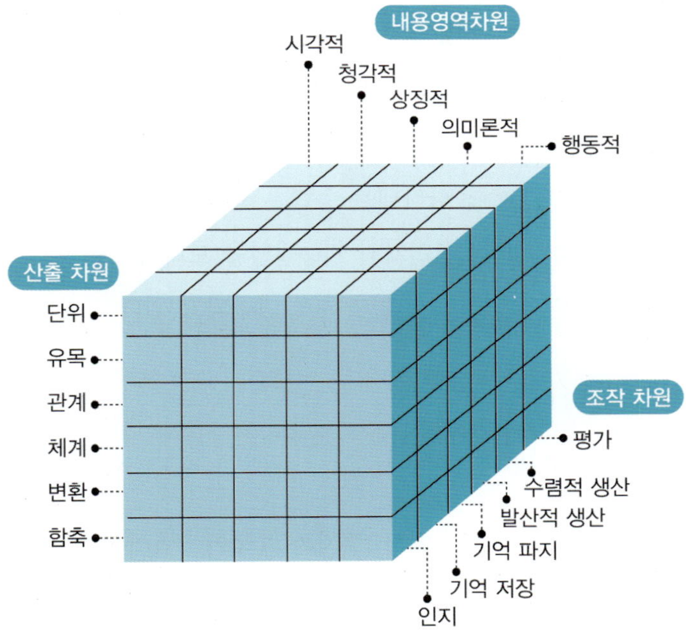

그림 6-4 Guilford의 지능구조모형

자료: 김언주, 구광현(2002)

④ Cattell과 Horn의 유동적 지능과 결정적 지능

Cattell(1963)은 지능에 관련된 모든 경험적 연구들을 보다 발전된 방법을 통해 요인분석 하였다. 여러 번 연구를 거듭했음에도 연구결과는 매번 크게 두 개의 요인으로 나누어졌으며, Cattell은 이를 유동적 지능(fluid intelligence: GF)과 결정적 지능(cristallized intelligence: GC)이라고 명명하였다.

Cattell의 유동적 지능·결정적 지능이론은 제자인 Horn에 의해 발전되었다.

유동적 지능(GF)은 유전적・생리적 영향에 의해 발달되는 지능이다. GF는 뇌와 중추신경계의 성숙에 비례하여 발달한다. 그러므로 GF는 청년기까지 발달하나, 생리적 발달이 쇠퇴하는 성인기 이후에는 점차 쇠퇴한다. GF는 속도, 기계적 암기, 지각력, 일반적 추리력 등의 능력에서 잘 나타난다.

결정적 지능(GC)은 환경・문화・경험의 영향에 의해 발달되는 지능이다. 따라서 GC의 발달은 가정환경, 교육정도, 직업 등의 영향을 받는다. GF는 성인기 이후 점차 쇠퇴하나, GC는 성인기 이후에도 계속 증가한다. 그러나 성인기 이후 GC발달도 환경의 질에 따라 차이가 있다. 즉 계속적인 자극을 추구할 때 GC의 발달은 보다 뚜렷하다. GC를 나타내는 능력은 언어이해, 문제해결력, 상식, 논리적 추리력이다. 특히 GC는 성인기의 지능발달을 보다 잘 설명하고 있다는 점에서 평생발달 심리학적 입장에서 활발하게 연구되고 있다(강경미, 구광현, 백경숙, 2005).

(2) 최근의 지능이론

전통적 지능이론은 학교교육에서 주지과목(국어・영어・수학・과학 등)의 학업성적을 예언하는 데는 비교적 적절한 편이다. 그러나 전통적 지능검사는 예체능 능력을 예언하지 못하고, 실제 생활과 관련된 능력을 간과하고 있으며 아동 및 청년기와 다른 성인기 지적 능력을 고려하지 못하고 있다는 비판을 받아왔다. 최근 이러한 약점을 보완하기 위한 대안적 이론들이 제안되고 있으며, 이에 대한 실증적 연구도 활발하게 이루어지고 있다.

① Sternberg의 지능의 삼원이론

Robert Sternberg(1949~)는 지능이 구성적 요소(componential components), 경험적 요소(experimental components), 맥락적 요소(contextual components)로 구성된다는 지능의 삼원이론(삼위일체이론, triarchic theory of intelligence)을

제시하였다(Sternberg, 1984; 1985). 모든 어린이는 세 측면의 능력을 어느 정도 가지고 있으나, 한 측면의 능력이 보다 현저히 높을 수도 있다.

- **구성적 요소**: 새로운 지식을 습득하고, 이를 논리적인 과제 해결에 적용하는 능력이다. 구성적 요소가 높은 어린이는 효율적으로 학습하고, 적절하게 문제에 접근하여 해결하며, 실행결과를 정확하게 평가할 수 있다. 이 능력이 뛰어난 어린이는 지능검사 점수나 전형적인 성취도 검사(표준화 학력검사, 학기말시험, 입학시험 등)에서 점수가 높다.
- **경험적 요소**: 통찰력과 혁신적 사고를 의미한다. 이는 마치 아인슈타인이 상대성 이론을 발견할 때처럼 새로운 정보를 이미 알고 있는 정보와 비교하거나, 기존의 사실을 새로운 방법에 결합시키는 것이다. 이 분야의 지능은 독창적인 학위논문, 과학자의 발명 및 발견, 예술가의 창작작품에서 찾아볼 수 있다.
- **맥락적 요소**: 현실 상황의 적응력이다. 이 능력은 현재 환경에 잘 적응하고, 보다 나은 환경을 선택할 수 있고, 환경을 적절히 조절할 수 있는 능력을 포함한다. 이 능력이 뛰어난 어린이는 다른 사람의 감정・동기・분위기 등을 올바로 파악하여 다른 사람과 원만한 관계를 맺을 수 있고, 실제 현실 사태에 잘 적응하며, 일상의 문제 해결 능력이 뛰어나다. 그러나 맥락적 요소는 전통적인 지능검사에서 얻은 IQ나 학업성적과는 무관한 능력이다.

Sternberg(1985, 1992)는 기존의 지능이론들이 지능의 근원을 오로지 개인, 행동, 그리고 상황 가운데 일부로부터만 찾으려 했기 때문에 불완전할 수밖에 없다고 가정하고, 보다 완전한 지능이론이 되기 위해서는 이 세 가지를 모두 고려하여야 한다고 주장하였다.

이후 Sternberg(1996)는 성공지능이라는 개념을 이용하여 자신의 지능이론을 설명하였다. 그가 말하는 '성공지능(successful intelligence)'이란 분석적・창조적·실천적이라는 세 측면의 생각을 잘 해내는 능력을 의미한다. 성공지능의 세 측면은 서로 관련되어 있다. 즉, 문제를 해결하고 아이디어의 질을 판단하는 데에는 분석적 지능이 필요하다. 그러나 문제점과 아이디어를 훌륭하게 파악하는 데에는 창조적 지능이 필요하다. 마지막으로 일상생활에서 훌륭한 아이디어와 분석 방식을 활용하려면 실천적 지능이 있어야 한다. Sternberg는 한 개인의 성공지능은 이들 세 측면의 지능이 균형을 이룰 때 가장 효과적이라고 주장한다.

② Gardner의 다중지능이론

Howard Gardner(1943~)는 지능이 높은 사람은 모든 영역에서 우수하다는 종래의 획일적 지능관을 비판하고, 지능을 한 문화권 또는 여러 문화권에서 가치 있게 인정되는 문제를 해결하고 결과를 창조해 내는 능력이라 정의하였다. 그는 주관적인 요인분석(subjective factor analysis) 방법을 통해 인간의 지능은 서로 독립적이며 상이한 여러 상징체계로 구성된다는 다중지능이론(theory of multiple intelligence)을 주장하며 7개의 각각 독립적인 지능을 제시하였다(Gardner, 1983).

- 언어적 지능(linguistic intelligence): 음운, 어문, 의미 등의 복합적인 요소로 구성되어 있는 언어의 여러 상징체계를 빠르게 배우며, 그에 관련된 문제를 해결할 수 있고, 상징체계를 창조할 수 있는 능력이다.
  언어적 지능은 좌반구가 주로 통제하는 지능으로, 유아기에 왼쪽 측두엽의 발달과 관련이 깊다. 어린이는 세상에 태어나서 다른 사람의 말소리를 들으면서 언어적 지능을 발달시키게 된다. 언어적 지능이 높은 사람은 문필가, 정치가가 될 소질이 있다.
- 음악적 지능(musical intelligence): 가락, 리듬, 소리 등의 음악적 상징체계에 민감하고, 그러한 상징들을 창조할 수 있으며, 그에 관련된 문제를 해결하는 능력이다. 음악적 지능은 언어적 지능처럼 청각 능력에 크게 의존하지

만 청각능력이 곧 언어능력이나 음악능력은 아니다. 말을 못하면서도 악기를 아름답게 연주하거나 훌륭하게 작곡을 하는 사람이 있다. 이렇듯 음악적 지능과 언어적 지능은 별개의 능력이다.

음악적 지능은 우반구의 영향을 받는다. 생후 2개월이 되면서 엄마의 자장가의 가락과 음조를 구별할 수 있게 되어 음악적 지능의 발달이 시작된다. 음악적 지능은 유아기 동안 현저히 발달하며, 아동기 이후에는 기술적 측면 이외의 음악능력은 발달하지 않는다. 음악적 지능이 높은 사람은 작곡가, 연주가로 성공할 수 있다.

- **논리수학적 지능**(logical-mathematical intelligence): 숫자나 규칙, 명제 등의 상징체계를 숙달하고, 그에 관련된 문제를 해결하는 능력이다. 논리수학적 지능에는 논리수학적 기억력, 논리수학적 창의성, 과학능력, 산수능력 등이 포함된다. 지금까지 대부분의 문화권에서 논리수학적 지능을 과잉 평가해 왔다. 한때는 논리수학적 지능이 곧 문제해결력으로 간주되기도 하였으나, 논리수학적 지능은 다른 지능처럼 지적 영역의 하나일 뿐이다. 이 능력의 발달은 Piaget의 인지발달 이론을 그대로 적용하여 설명할 수 있다. 즉 논리수학적 지능은 감각운동기, 전조작기, 구체적 조작기, 형식적 조작기의 순서로 발달한다. 이 지능이 뛰어난 어린이는 수학자나 과학자의 자질을 갖고 있다.
- **공간적 지능**(spatial intelligence): 도형, 그림, 지도, 입체설계 등의 공간적 상징체계를 숙달하고, 창조하고, 그에 관련된 문제를 해결하는 능력이다. 공간적 지능에는 공간적 기억력, 공간적 창의성, 예민한 시각 능력, 시각적 기억력, 시각적 상상력 등이 포함된다. 실어증을 앓는 훌륭한 화가가 있는 것을 볼 때 공간적 지능이 다른 지능과 독립적으로 존재하는 것을 알 수 있다. 영아기 동안 대상영속성의 개념을 습득하게 되면, 유아기와 아동기 동안 점차 전체적으로 공간관계를 이해할 수 있게 되며, 공간적 정보의 도

표적 형상을 만들어 내고 형체나 물체를 지각하고 이들의 변형을 이해하게 된다. 공간적 지능이 탁월하면 미술가, 조각가, 위상수학자, 물리학자, 항해사, 건축가, 외과의사, 바둑기사 등의 소질이 있다.

- 신체운동적 지능(bodily-kinesthetic intelligence): 춤, 운동, 표정연기, 악기연주 등의 상징체계를 쉽게 익히고 창조하는 능력으로 자신의 몸을 잘 가누고, 신체나 운동상의 문제를 잘 해결하는 능력이다. 아기는 대근육에서 소근육의 순서로 신체가 발달한다. 신체운동의 발달은 고도로 분화되고 통합된 수많은 신경적 근육적 발달을 필요로 한다. 이 지능은 훌륭한 무용가, 운동선수, 기술자, 연주자, 공예인, 배우, 외과의사, 발명가와 관련이 있다.
- 대인관계적 지능(interpersonal intelligence): 다른 사람을 이해하고, 무엇이 사람을 동기화시키는지 알며, 사람이 어떻게 서로 협동하는가를 아는 능력이다. 대인관계적 지능을 구성하는 능력은 각 개인 간의 차이점을 변별할 수 있는 능력, 다른 사람의 성향·동기·의도를 알아내는 능력이 포함된다. 사회적 지식을 다루는데 작용하는 창의적인 대인관계적 지능은 동물에게서는 발견되지 않는다. 또한 대인관계적 지능은 문화 간 다양성이 매우 뚜렷하여 문화 간 비교가 불가능한 측면이 있다. 대인관계적 지능의 발달을 보면, 생후 2개월 경에 다른 사람의 형태와 얼굴을 구분하고, 1세 경에 낯가림을 하면서 애착을 형성하게 된다. 2~5세에는 다른 사람의 역할을 시연해 볼 수 있다. 아동기에 이르면 사회적 기술 및 사회적 지식을 습득하며, 다른 사람의 의도와 생각을 알게 된다. 대인관계적 지능의 기술은 정치가, 종교인, 교사, 심리치료가, 사업가, 행정가에게서 고도로 정교화 된다.
- 개인 내 지능(intrapersonal intelligence): 자기 자신을 느끼고, 자신의 감정의 종류와 범위를 구별해 내고, 그런 감정에 이름을 붙이고, 자신과 관련된

문제를 잘 풀어내는 능력이다. 훌륭한 개인 내 지능을 가진 사람은 실행 가능하고 효과적인 모범으로서 자기 자신을 선택하여 자기 자신을 위해 진지한 삶의 목표를 세우고, 그 목표가 자신의 삶에서 효과적으로 작용하도록 한다. 개인 내 지능도 문화 간 다양성이 매우 뚜렷하다. 예를 들면, 개인중심적인 서구사회가 가족 중심의 동양사회보다 더 개인 내 지능을 강조한다. 개인 내 지능은 전두엽의 앞쪽 부분의 발달과 관련된다. 개인 내 지능이 손상된 대표적인 예의 하나인 자폐아는 자기를 지칭하는 말조차 쓸 수 없으나, 여타의 다른 능력 즉 음악·계산·공간·기계 영역에서는 놀라운 능력을 나타내기도 한다. 갓난아기가 모든 것을 막연한 흥분으로 느끼다가, 고통과 쾌락의 느낌이 분화되면서 개인 내 지능은 발달되기 시작한다. 개인 내 지능이 고도로 발달되면 내적 성찰력을 지닌 문필가, 공동체 구성원을 지도하기 위해 자신의 풍부한 내적 경험을 사용하는 현명한 조언가나 철학자가 될 수 있다.

이후 Gardner는 초기의 7개의 지능 외에 **자연적 지능(naturalistic intelligence), 실존적 지능(existential intelligence)** 등을 추가로 제안하였다(Gardner, 1999).

Gardner는 기존의 지능이론이 언어적 지능과 논리수학적 지능에만 초점을 맞추고 있기 때문에 학교나 가정에서 그 외의 지능이 우수한 어린이의 능력을 제대로 인정해 주거나 개발해 주지 못하였다고 비판하였다. 특히 그의 다중지능이론은 지금까지 지능이론 및 지능검사에서 무시되어 온 미술, 음악, 체육 등의 능력을 훌륭히 설명하고 있다.

다중지능이론에 대한 연구는 주로 개별화 수업과 재능교육과 관련하여 수행되어 왔다. 이들 연구는 개인 간의 능력의 상대적 위치를 비교하기보다, 한 개인의 지능의 프로파일을 찾아내어 그 개인의 지적 강점과 약점을 확인하며, 이를 보완해 주는 기능을 중시한다.

3) 지능의 측정

Gardner나 Sternberg의 이론은 학문 사회의 관심을 얻고 있지만, 아직 교육장면에서 전형적인 지능 측정 방식으로 자리 잡지는 못하고 있다. 현재까지 교육장면에서 사용되는 지능검사는 주로 전통적 접근, 특히 Thurstone 식의 심리측정적 접근에 바탕을 둔 검사들이다. 지능검사 분류의 기준이나 목적은 다양하지만, 가장 일반적으로는 측정목적에 따라 일반지능검사와 특수지능검사로 구분한다. Binet 지능검사를 비롯하여 대부분의 사용되는 검사는 일반지능검사이다. 따라서 여기에서는 대표적인 일반지능검사로서 오랫동안 세계적으로 사용되어 온 Binet 검사와 Wechsler 검사에 대해 간략히 살피기로 한다.

(1) Stanford-Binet 지능검사

1900년대 초 Alfred Binet는 표준화 지능검사를 만들었다. 원래, Binet와 그의 동료 Simon은 각 학년마다 지능검사를 차별화하여 사용했다. 초기에 그들은 지능을 수행정도에 대한 정신연령으로 설명하였다. 예를 들어, 6살 아동이 대부분 통과하는 과제에 성공한 아동은 정신연령이 6세이다. 그러나 더 성장한 사람들에게 이 방법을 적용하는 것에는 문제가 있었다.

Binet검사는 미국 스탠포드(Stanford) 대학의 L. Terman에 의해 변형되었다. 이것이 Stanford-Binet 지능검사로 알려진 개정판이며, 지능지수(IQ)의 개념이 첨부되었다. 지능지수는 검사에 통과한 항목수를 말하는 정신연령(Mental Age: MA)을 생활연령(Chronological Age: CA)으로 나누고, 100을 곱해서 소수점을 제거하는 IQ=(MA/CA)×100의 간단한 공식을 통해 산출된다. 예컨대, 6세 아동이 일반적인 8세 아동의 과제를 모두 해낸다면, IQ가 133이다. 이것은 (8/6=1.33×100=133)으로 계산한다. Stanford-Binet 지능검사는 하위검사를 가지며, 개인적으로 시행되는 지능검사이다. 초기에는 언어능력을 강조했고, 최근에는 언어를 사용하지 않는 다양한 동작 평가항목을 넣었다.

(2) Wechsler 지능검사

Wechsler 지능검사는 실시대상에 따라 유아용, 아동용, 성인용의 3가지 검사가 있다. 대부분 학령 아동이 사용하는 척도는 아동용으로 가장 최근의 것은 WISC-IV(the Wechsler Intelligence Scale for Children, 4판)이다. Wechsler 검사는 언어성 검사와 동작성 검사의 두 부분으로 되어 있다. 언어성 검사는 구술에 의한 질문과 응답으로 되어 있다. 동작성 검사는 주어지는 과제에 대해 동작을 통해 응답하는 하위검사이다. 각 영역의 능력 유형을 이해하면 아동의 상대적 강점, 약점에 대해 알 수 있다. 국내에서 사용되는 WISC-IV는 한국교육개발원에서 우리나라 실정에 맞게 수정, 제작한 검사로, 기존의 WISC-III에 있던 소검사 3개를 삭제한 후 새로운 소검사 5개를 추가하였고, 동작성 점수(Performance IQ)와 언어성 점수(Verbal IQ)로 나누던 기존의 분류 방식을 수정하여, 총 4개의 하위 지표, 즉 언어이해(Verbal Comprehension Index), 지각추론(Perceptual Reasoning Index), 작업기억(Working Memory Index) 및 처리속도(Processing Speed Index)의 지표 점수로 재구성되었다.

4) 지능발달과 교육적 쟁점

지능에 관한 여러 가지 논란거리 중 교육과 관련되는 몇 가지 쟁점들을 살펴보면 다음과 같다(김언주, 구광현, 2002).

(1) IQ의 안정성과 신뢰성

사람들은 IQ란 거의 변하지 않는 것이라고 믿는 경향이 있다. 과연 이러한 견해는 타당한가?

수많은 연구결과를 종합해보면, 유아기의 IQ와 그 후의 IQ 간의 상관 정도는 미미한 수준이나 5~7세 경부터 IQ가 안정되기 시작하여 12세 경부터는 매우 안정되는 양상을 보인다. 즉 12세 경, 같은 연령집단 내에서 IQ의 개인 순위는 그 후 연령이 증가해도 거의 변하지 않는다. 그렇지만 개인에 따라서는 변화의 폭이 심하여 어떤 개인은 IQ가 검사 때마다 20점 정도 달라지기도 한다.

이상에서 얻을 수 있는 잠정적 결론은 초등학교 취학 시부터 IQ는 안정되기 시작하여 초등학교를 졸업할 때에는 거의 안정되어 가지만, 개인에 따라서는 IQ가 측정 때마다 상당히 변하기도 한다는 것이다.

(2) 지능의 결정요인(유전과 환경 논쟁)

인간의 특성은 유전(heredity)과 환경(environment)에 의해 결정된다. 즉 두 변인은 인간발달에 필수적이다. 이들 변인 중 어느 것이 더 중요하냐 하는 문제는 무의미한 질문이다. 왜냐하면 삼각형의 면적계산에서 밑변과 높이 중 어느 것이 더 중요하냐를 결정하는 문제와 같기 때문이다. 그러나 지능에 대한 유전과 환경의 상대적 비중은 논의될 수 있다. 이를테면 피부, 눈동자, 머리색깔은 유전에 의해 좌우되나, 사용하는 언어(예: 한국어, 중국어, 영어 등)의 종류는 환경에 의해 좌우된다. 만일 유전요인이 완전히 동일(예: 일란성 쌍생아)하다면 지능의 차이는 환경의 힘에 의한 것이고, 반대로 환경이 완전히 동일하다면(사실상 불가능함) 지능의 차이는 유전에 의한 것일 것이다. 그러나 현재까지의 인간 지식으로는 유전과 환경의 영향을 완전히 상호배타적으로 분리할 수 없다는 데 문제가 있다.

일반적으로 지능이란 유전(H)과 환경(E)의 상호작용의 함수결과, 즉 지능=f(H · E)로 간주된다. 다시 말해서, IQ의 차이는 유전적 차이와 환경적 차이가 상호작용하여 발생하는 것이다.

유전적 차이와 환경적 차이가 지능에 미치는 영향은 일란성 쌍생아, 이란성 쌍생아, 형제, 타인 등과 같이 유전적 차이를 나타내 주는 것을 선택하되, 같은 집에서 길러졌느냐 하는 환경적 차이를 고려하여 연구될 수 있다. 함께 성장한 일란성 쌍생아들의 IQ 간의 상관은 r=.85로서 가장 높고, 그 다음이 다른 가정에서 성장한 일란성 쌍생아(r=.70), 동성의 이란성 쌍생아(r=.55), 같은 환경에서 자란 형제(r=.55), 다른 가정에서 자란 형제(r=.25), 타인(r=.00)의 순서로 나타났다. 이 자료는 유전과 환경의 유사성이 높아질수록 IQ간의 상관 정도가 높아지는 경향을 보이는데 반해 유사성이 낮아질수록 상관 정도가 낮아짐을 보여 준다.

Jensen(1969)은 IQ에 대한 유전과 환경의 영향에 관한 연구를 종합하면서 지능의 변산(variation in intelligence)의 약 75~80%가 유전에 의해, 20~25%가 환경에 의하여 결정된다는 결론을 내렸다. 이 연구는 유전이 환경보다 IQ에 더 많이 영향을 미친다는 것을 시사하는 동시에 IQ가 유전이나 환경 중 어느 한 변인에 의하여 결정되지 않는다는 것을 시사해 준다.

(3) 지능의 발달시기와 가정환경

Bloom(1964)은 표 6-1과 같이 세 연령단계에서 환경의 차이가 지능발달에 미치는 가설적 효과를 제시하였다.

표 6-1 세 연령단계에서 환경의 차이가 지능발달에 미치는 가설적 영향

연령단계	지능 성숙 백분율	결손	평균	풍요	결손-풍요
출생~ 4세	50	−5	0	+5	10
4~ 8세	30	−3	0	+3	6
8~17세	20	−2	0	+2	4
계	100	−10	0	+10	20

표 6-1을 보면 지능발달의 약 50%가 출생 후 4년 사이에 이루어진다는 것을

알 수 있다. 또한 환경이 빈곤한 경우에는 10점 정도의 지능결손이 발생하며, 환경이 풍요할 때는 10점 정도의 지능발달이 더 이루어져, 환경에 의해 약 20점 정도의 지능이 좌우되고 있음을 알 수 있다. 또한 출생부터 8세 사이의 환경에 의해 약 16점의 IQ가 좌우됨을 알 수 있다. 결론적으로 말해, Bloom의 연구는 지능발달에 환경이 약 20%(IQ로는 20점) 정도의 영향을 주되 조기환경이 중요하다는 것을 시사한다. 조기환경이란 가정환경으로 구성된다. 따라서 지능발달에 가정의 조기환경이 중요하다고 추론된다.

Wolf(1964)는 환경은 하위환경변인들로 구성되며, 각각의 환경변인은 개인의 특성 발달에 영향을 준다고 가정했다. 또한 그는 환경변인 가운데 부모의 수입이나 직업, 학력과 같은 지위변인(status variables)보다는 부모가 어린이와 상호작용할 때 구체적으로 어떻게 하는가 하는 과정변인(process variables)이 더 중요하다고 하였다. 그는 다음과 같은 세 가지 과정변인이 일반지능의 발달에 중요하다고 주장하였다.

- **성취동기에 대한 부모의 압력**: 자녀에 대한 지적 기대, 지적 발달에 관한 정보의 양, 지적 발달을 위해 사용하는 보상의 종류 등이 포함된다.
- **언어발달을 위한 부모의 압력**: 다양한 상황에서 언어사용의 강조, 어휘력증진 기회의 제공, 정확한 언어사용의 강조 등이 포함된다.
- **일반적 학습기회의 제공**: 책, 정기간행물 등의 공급을 포함하여 학습을 자극하는 환경변인이 포함된다.

(4) IQ의 증진(교육) 가능성

IQ가 환경의 영향에 의해 변화되며, 이런 변화는 어린시절의 가정환경 중 과정변인이 작용한다는 연구들을 기초로 유아기 어린이의 IQ를 증진시키려는 시도가 많이 이루어져 왔다.

지능개발 프로그램은 문화실조(cultural deprivation) 상태에 있는 아동을 대상으로 집중적으로 연구되어 왔다. 문화실조란 학습능력을 신장시킬 수 있는 경험의 상실을 의미한다. 문화실조 가정에서는 어린이에게 한정된 언어를 사용하고 부정확한 언어를 사용한다. 그리고 어린이의 질문에 대해 부정확하게 대답하며 어린이의 호기심을 억제시킨다. 그 결과 어린이는 지적 발달 측면에서 빈곤한 가정환경 속에서 자란다. 이러한 문화실조현상을 역설적으로 표현하면, 문화실조환경을 발달초기에 제거・개선해 주면 지적 발달에 유익할 것이라는 사실이다. 부연하면 문화실조 가정출신 아이들이 취학하여 겪게 되는 학습곤란, 학습결손현상은 조기교육을 통해 개선될 수 있다는 주장이다.

(5) 지능검사에 대한 오해와 올바른 이해

오랫동안 학교교육에서 교사들은 학습지도나 생활지도를 위해서 학생의 지능지수를 참고해 왔다. 현재에도 영재아, 학습부진아의 선별이나 특수교육, 상담 장면에서 IQ는 중요한 기초자료로 사용되고 있다.

그러나 지능검사는 비록 한 개인의 인지특성을 알아보는 하나의 유용한 방법이지만 결코 완전한 도구가 아니라는 점에서, 학업성취도, 학습동기, 환경변인 등 다른 요소들에 대한 고려를 하지 않은 채 IQ만을 유일한 기준으로 하는 것은 부적절하다는 지적이 계속되어 왔다. Sattler(1988)는 지능검사에 대해 흔히 교사들이 갖기 쉬운 오해 및 올바른 이해를 위한 설명을 표 6-2와 같이 제시하였다.

표 6-2 지능검사에 대한 오해와 올바른 이해

오해	올바른 이해
1. 지능검사는 타고난 지능을 측정한다.	1. 지능지수, 즉 IQ는 개인의 환경과의 상호작용에 기초한다. 따라서 지능검사는 배타적으로 타고난 지능을 측정하는 것이 아니다.

2. 지능검사는 잠재능력(capacity or potential)을 측정한다.	2. 지능검사는 잠재능력을 측정하지 않는다. 지능검사는 어떤 특정한 시점에서 개인의 인지적 기능 및 지식의 목록(repetoire)에 관한 정보를 제공한다.
3. 지능지수는 고정적인 것으로 결코 변하지 않는다.	3. IQ는 발달과정에서 변화하며 특히 출생후 5세까지에 그 정도가 심하다. 5세 이후에도 지능에 의미있는 변화가 나타날 수 있다.
4. 지능검사는 완전히 신뢰할 만한 점수를 제공한다.	4. 완벽하게 신뢰도를 갖춘 지능검사란 존재하지 않는다. 검사점수는 오직 한 개인의 능력에 관한 추정치일 뿐이다. 모든 검사점수는 하나의 가능성 내지는 확률의 형태로 보고되어야 한다.(예: "철수의 IQ는 _ 과 _ 사이에 있으며 그 확률은 90%이다.")
5. 지능검사는 개인의 지능에 관해 알기 원하는 모든 것을 측정한다.	5. 어떠한 단일검사로 지적행동에 관련되는 능력의 전체적인 스펙트럼을 측정할 수는 없다. 어떤 검사들은 언어적, 비언어적 능력만을 측정한다. 어떤 검사든 개인의 가능목록 가운데 표본만을 다룰 뿐이다.
6. 여러 가지 지능검사에서 얻어진 IQ는 호환성이 있다.	6. 비록 지능검사들 간에 서로 겹치는 부분이 있기는 하지만, IQ는 호환되지 않는 경우가 많다. 특히, 검사들이 지닌 표준편차가 다를 때는 그러하다.
7. 일련의 세트로 이루어진 검사는 개인의 수행능력에 관해 판단을 내리는데 필요한 모든 정보를 제공할 수 있다.	7. 어떠한 종합적인 검사도 개인의 능력에 관한 완벽한 설명을 제공하지는 않는다.

자료: Sattler(1988); 김언주, 구광현(2002: 67)

4. 창의성발달

1) 창의성의 개념

일반적으로, 무엇인가 특이하고 새로우며 독특한 것을 만들어 내는 능력을 창의성(창의력, creativity)이라고 한다. 그러나 창의적인 사람이 반드시 평범한 사람들과 달라야 한다는 것을 뜻하지는 않는다. Guilford(1959)는 창의성을 새롭고 신기한 것을 낳는 힘이라고 정의하였고, Taylor(1959)는 생산적 사고와 창조적 사고를 표현하는 복잡한 심리적 과정으로서, 인내성과 성취, 변화, 개선을 구하는 태도, 그리고 아주 큰 소신을 낳게 하는 정열 같은 것이라고 하였다. 한편 윤종건(1996)은 창의성을 기존의 요소들로부터 적어도 자기 자신에게는 새롭고 유용한 결합을 이루어 내는 능력이라고 정의하였다.

다양한 견해들을 정리하면, 초기에는 창의적인 사람이나 과정, 산출물과 같은 특정한 부분에 초점을 두었지만, 최근에는 사람, 과정, 산출물, 사회적 환경과 같은 다양한 맥락을 모두 고려하여 창의성을 개념화하고 있으며, 창의성의 핵심 요소로 '새로움'과 '적절성'을 포함시키고 있다. 즉, 창의성이란 창의적인 사람이나 집단이 창의적 과정을 통하여 창의적인 산출물을 생성하는데, 그 산출물이 사회적 맥락에서 유용성 기준을 충족시킬 때 창의적 산출물로 인정받을 수 있다고 보고 있다. 한편, 최근에 창의성교육의 필요성과 가능성에 대한 논의가 활발하게 이루어지면서, 창의적 능력은 선천적으로 가지고 태어나지만, 모든 사람은 적절한 노력과 훈련을 통하여 자신의 창의적 능력을 후천적으로 향상시킬 수 있다고 보는 관점이 우세하다(Plucker & Runco, 1999).

2) 창의성의 구성요소

창의적 행동과 창의적 산출물을 위해 필수적인 창의적 사고는 인지적 요소와 성향적 요소들 간의 상호작용으로 이루어진다. 학자들에 따라 차이가 있지만 창의적 사고를 위한 인지적 요소로는 주로 유창성, 융통성, 독창성, 정교성 등이 제시된다.

창의적 사고 기능을 제대로 작용할 수 있도록 하는 내적 동기나 태도적 특성에 해당하는 성향적 요소에는 민감성, 개방성, 인내심, 모험심 등이 포함된다.

(1) 창의적 사고의 인지적 요소

① 유창성(fluency)

유창성은 특정한 문제 상황에서 가능한 한 많은 새로운 아이디어를 산출해내거나 가능한 많은 방법을 제시할 수 있는 양적인 사고능력이다. 가능한 많은 아이디어를 만들어 낼 때 질 좋은 아이디어를 얻게 될 가능성이 높다는 점에서 유창성은 창의적 사고에서 반드시 필요하다. 유창성에는 도형 유창성, 언어 유창성, 개념화 유창성, 표현 유창성 등이 포함된다.

② 융통성(flexibility)

융통성은 고정적인 사고에서 벗어나 여러 다른 각도에서 다양한 해결책을 찾아내는 능력으로 일상생활의 복잡한 문제 상황에서 요구되며 문제를 해결하는 데 경직된 시각으로 사고하는 것을 방지한다. 자신에게 익숙한 시각에서만 생각하는 아이디어에는 한계가 있다. 그래서 지금까지와는 다른 새로운 해답이나 해결책을 만들어 내려면 새로운 시각, 안목, 관점을 가져야 한다.

③ 독창성(originality)

독창성은 기존에 이미 있었던 것에서 탈피하여 새롭고 독특한 아이디어를 산출하는 능력으로 자기만의 독특한 아이디어를 산출하고 고안하려는 의식적인 노력에 의해 가능하다. 창의적 사고의 이상적인 목표는 독창성을 추구하는 데 있다. 이러한 사고는 평소에 가능하면 특이하고 새로운 방식으로 문제를 해결하려는 태도에서 비롯된다.

④ 정교성(elaboration)

정교성은 다듬어지지 않은 기존의 아이디어를 보다 치밀한 것으로 발전시키는 능력으로서, 은연중에 떠오른 아이디어라도 소중히 여기고 이를 발전시켜 훌륭한 아이디어가 되도록 정교하게 다듬는 활동을 말한다. 은연중에 떠오른 여러 가지 아이디어를 정교하게 다듬어서 훌륭하게 발전시키는 작업이 창의적 사고의 마지막 단계에 필요하다.

(2) 창의적 사고의 성향적 요소

① 민감성

민감성은 주변의 환경에 대해 예민한 관심을 보이고 이를 통해 새로운 탐색 영역을 넓히려는 성향이나 태도를 뜻한다. 민감성은 일상생활에서 접할 수 있는 문제나 주위 환경에 대해서 세심한 관심을 가지고 당연히 여겨지는 것에 대해서도 의문을 제기하고 생각해 보는 능력이며, 사물이나 현상에 대해서 호기심을 가지고 끊임없이 질문하는 태도로서 새로운 발견의 기초가 된다.

② 개방성

개방성은 경험에 제한 없이 새로운 경험이나 생각을 기꺼이 수용하려는 능력으로 다양한 경험을 받아들이고 한계나 제한으로부터 벗어나 모든 가능성을 수용하려는 성향이나 태도이다. 개방적인 성향을 가진 사람일수록 융통성이 높아 창의적 사고가 가능해진다.

③ 인내심

인내심이란 불확실함을 견디며 끝까지 포기하지 않는 성향이나 태도로서 자신이 성취하고자 하는 일에 전념하여 몰두하는 것을 의미한다. 애매모호한 상황을 잘 참아내면서 어려운 상황이나 문제를 피하지 않고 과제가 해결될 때까지 끝까지 포기하지 않는 태도에서 창의적 사고가 가능하고 새로운 발견에 이른다.

④ 모험심

모험심은 실패할 가능성을 무릅쓰고 위험을 감수하며 하고 싶은 것을 하려는 성향이다. 새로운 상황을 회피하기보다 불확실한 결과에 도전의식을 갖고 부딪히는 성향으로서 문제 상황에 봉착했을 때 어려움에 좌절하지 않고 도전할 수 있게 하는 원동력이 되며 이는 창의적 사고의 기회를 높여준다.

3) 창의성의 측정

창의성은 창의성 검사에 의해 측정된다. 창의성 검사는 창의성을 발휘하기 위해 필요하다고 생각되는 능력을 평정하는 창의적 사고능력에 관한 검사, 개인의 성격과 태도를 측정하는 창의적 인성에 관한 검사, 창의적 산물을 만들도록 요구하고 그 결과물을 통해 평가하는 창의적 산물에 관한 검사로 분류할 수 있으며, 몇 가지 예를 들면 다음과 같다.

(1) 창의적 사고능력 검사

현재 창의성을 검사하는 도구 중에서 가장 많이 사용되고 있는 것은 Guilford의 확산적 사고 개념에 기초하여 개발된 Torrance(1966)의 창의적 사고검사(TTCT: Torrance Tests of Creative Thinking)이다.

Jellen과 Urban(1986)에 의해 개발된 창의적 사고 그림검사(TCT-DP: Test for Creative Thinking Drawing Production)는 여섯 개의 불완전한 도형 조각을 보여주고 자유로운 상상과 해석을 유도하여 독창적인 사고를 측정하는 검사이다.

(2) 창의적 인성 검사

Gough와 Heilbrun(1983)이 개발한 '형용사 체크리스트(ACL)'에 포함되어 있는 CPS(Creative Personality Scale)가 있으며 창의성과 관련된 프로파일을 제시하는 30개의 문항으로 구성되어 있다.

Khatena와 Torrance(1976)가 개발한 카테나-토란스 창의적 지각 검사(KTCPI: Khatena-Torrance Creative Perception Inventory)는 두 개의 설문지,

즉 자신감, 호기심, 상상력 등을 측정하는 '당신은 어떤 사람입니까?(WKOPAY: what kind of person are you?)' 부분과 민감성, 주도성, 자아의 힘 등을 측정하는 '나 자신에 대하여(SAM: something about myself)' 부분으로 구성되어 있다.

(3) 창의적 산물 검사

Amabile(1982)에 의해 개발된 합의적인 평정기법(CAT: Consensual Assessment Technique)은 피검사자에게 창의적 산물을 만들게 하고 전문가들이 창의성 정도를 평가한다.

4) 지능과 창의성

지능과 창의성은 서로 중복되는 면이 있으나, 이 두 특성은 별개의 독립된 특성이다. 어떤 어린이는 지능은 높으나 창의성이 낮고, 다른 어린이는 창의성은 높으나 그에 비해 지능이 낮을 수 있다.

일반적으로 창의성과 지능의 상관은 낮다고 한다. Guilford(1967)는 창의성과 지능과의 상관관계에 대한 여러 연구를 분석한 결과 상관계수의 범위는 r=−.72~.32로 창의성과 지능의 상관이 낮다고 하였다. 창의성과 지능의 관계를 다룬 여러 연구를 종합해보면 지능이 높다고 반드시 창의성이 높은 것은 아니나, 창의성은 일정수준 이상(보통이상)의 지능을 요구한다고 한다. 그러므로 지능이 아주 낮을 때 창의성을 기대하기는 어렵다.

5) 영유아발달과 창의성

유아는 본질적으로 창의적 존재이며 성인에 비해 사고 양식이 유연하고 개방적이며 상상력이 풍부하다(이경화, 유승희, 2010). 영유아기 창의성은 탐색활동과 놀이과정 등에서 모험적이며, 새롭고 적절한 아이디어를 표출하는 모든 표현 양식이라 할 수 있다.

2세 이후가 되면 대·소근육발달과 함께 인지적 정서적 통합이 가능해지면서 다양한 생각을 하게 된다. 특히 유치원에 다니는 만 3~5세 시기는 사고와 언어를 관장하는 전두엽이 집중적으로 발달하는 특징이 있고 창의적 사고발달이 활발하게 이루어지는 시기이다. 이 시기에 유아는 다양한 사물이나 상황에 대하여 보고, 느끼고, 생각하는 경험을 통해 창의적 사고가 발달하게 된다. 특히 창의성의 기본 요소인 유창성은 유아기에 성인 못지않은 능력이 발휘되기 때문에 늦은 시기나 단편적인 교육으로는 효과를 거두기 어렵다(김춘일, 1999).

창의성은 짧은 시간에 길러질 수 있는 것이 아니라 오랜 시간 동안 적절한 경험과 환경적 지원에 의해 쌓여 길러지는 것이다. 따라서 유아기는 창의성 개발의 최적기이며 정점에 이르는 시기라고 할 수 있으며(이경화, 2008; 최인수, 2011; Torrance, 1979), 유아기에 창의성교육을 받지 못하면 성인이 되어서도 창의성을 발달시키기 어렵다.

6) 창의성과 교육환경

인간은 누구나 잠재적으로 창의성을 지니고 태어난다. 그러나 성장과정에서 환경의 영향에 의해 창의성이 높은 어린이로 성장하기도 하고, 반대로 창의성이 전혀 없는 어린이로 성장할 수도 있다. 즉, 창의성의 발달은 환경의 영향을 크게 받는다(Osborn, 1963). 유아의 삶은 창의적 특성의 근원이 되며 일상생활 속에서 문제해결을 위해 탐구하고 즐기는 과정이 중요하다. 그러므로 유아에게 즐거움과 감동을 줄 수 있는 내용과 방법으로 지속적인 창의성교육이 이루어질 필요가 있다(교육과학기술부, 2011).

교육의 가장 중요한 목적은 학습자에게 생각하는 방법을 가르쳐주는 것이지만 그동안 교육현장에서 사고를 가르치고 훈련하는 과정은 소홀했다는 비판이 많다. 다행히도 최근 들어 창의성 개발의 필요성은 사회전반에서 더욱 강조되고 있으며, 사고는 훈련과 연습을 통해 배울 수 있으며, 의지만 있으면 사고기술도 향상시킬 수 있다고 보는 관점에서 창의적 사고기법을 교육현장에 적용하려는 시도가 증가하고 있다(주상윤, 2010). 이러한 측면에서 학교교육에서의 창의성 신장을 위한 보다 장기적인 교육계획 수립이 필요하며, 창의성 훈련이나 기법 역시 학교에서 활용될 필요가 있다.

창의성 개발을 촉진하기 위해서는 창의적 사고와 활동을 자극할 수 있는 환경이 조성되어야 한다. 무엇보다도 부모나 교사는 개방적이고 허용적인 분위기를 만들어 유아가 어떠한 생각이나 말을 해도 수용이 가능하도록 명령이나 강요, 위협, 설교, 비판 등을 삼가야 하며 유아가 진지하게 이야기하는 것에 대해 가볍게 받아들여 넘기기보다는 진지한 수용자세로 받아들여져야 한다.

유치원이나 어린이집 등 유아교육기관은 하루 활동시간 중 많은 시간을 보내는 장소이므로 다양하고 감각적인 경험을 하고 창조적인 자기표현을 이룰 수 있는 장소로 구성되어야 한다. 정서적인 측면에서는 물리적으로 안전하고 심리적으로 안정감을 주고 쾌적한 환경이어야 하며, 다양한 실외놀이 장소를 구비하여 주어야 한다. 또한 창의성이 발휘되려면 먼저 주변 환경에 대한 충분한 탐색이 이루어져야 하므로 영유아의 감각을 충분히 일깨워 줄 수 있도록 풍부한 감각적 환경, 상상놀이가 가능한 환경, 구성적인 놀잇감 제공과 같은 매력 있고 신선한 환경이 필요하다(교육과학기술부, 2011).

유아와 교육기관에서 오랜 시간 함께 지내는 교사의 역할은 창의성 신장을 위한 가장 큰 요인이다. 교사들이 유아들의 창의성을 길러주기 위해 할 수 있는 가장 중요한 일은 유아들로 하여금 그들의 창의성이 인정받을 것임을 알게 하는 것이다(Woolfolk, 1995). 궁극적으로 창의적인 업적을 남긴 인물들은 대부분 어릴 때부터 새로운 것을 탐색하고 개척하며 모험을 즐기는 경향이 있다. 운이 좋으면 교사나 친구들로부터 그들의 실험에 대해 격려를 받기도 하지만, 이들의 모험심은 흔히 반항으로 받아들여진다(Gardner, 1993). 하루하루 교실에서 바쁘게 생활하는 가운데 교사들은 스스로가 무슨 일을 하고 있는지 깨닫지도 못한 채 유아들의 창의적인 생각들을 억누르는 경우가 많다. 교사들은 독창성과 상상력을 수용하거나 또는 거부함으로써 유아들의 창의성을 촉진시키거나 억제할 수 있는 가장 좋은 위치에 있다. 따라서 유아에게 창의적인 프로그램을 적용하기에 앞서 창의성과 관련된 교사교육이 필요하다.

창의적인 교사로서의 역할은 몇 가지 특별한 방법으로만 가능한 것이 아니다. 따라서 교사는 유아의 창의적인 사고력을 신장하기 위하여 유치원 교육과정과 연계하여 실내·외 활동을 위한 교육계획을 잘 구성하는 등의 기능적인 역할뿐만 아니라 교사 자신이 창의성 교육에 관한 의지와 신념을 가지고 스스로 보다 창의적인 사람이 되도록 노력해야 한다(교육과학기술부, 2011).

생각해 볼 거리

이 장에서 다루어진 내용을 바탕으로 학습자 각자 다음의 문제들에 대해 정리해 본 후, 그 내용을 수업에서 질문이나 토의 자료로 활용해 보자.

1. 이 장에서 특별히 새롭게 학습한 내용이 있다면, 그 내용을 열거해 보자.
2. 이 장에서 특별히 관심을 끌었던 내용은 어떠한 것이며, 그 이유는 무엇인지 정리해 보자.
3. 이 장에서 다루어진 내용 가운데 한 가지를 택하여 그 내용이 실제 교육장면에 어떻게 응용 또는 적용될 수 있는지를 설명해 보자.
4. 이 장에서 특별히 어려움이나 싫증을 느낀 내용은 어떠한 것이며, 그 이유는 무엇인지 정리해 보자.
5. 이 장을 학습하면서(또는 학습한 결과) 더 자세히 알아보고 싶다고 느낀 주제나 내용은 무엇인지 정리해 보자.

Chapter

07 영유아기 언어발달

언어는 인간의 의사소통의 수단으로 자신의 생각과 의사를 표시하며 서로 정보를 교환하는 생활의 도구이다. 또한 언어는 단순히 의사를 전달하는 도구로서의 기능만을 하는 것이 아니라 한 개인의 사고와 밀접하게 관련된다. 따라서 인간은 자신과 타인이 사용하고 있는 언어를 정확히 이해하고 발음해야 하며, 언어의 여러 구성요소를 이해하고, 규칙에 따라 언어를 적절하게 사용하는 방법을 학습해야 한다. 또한 사물에 대한 개념을 계속해서 배워나가야 한다.

언어를 이해하고 사용하는 것은 영유아기의 중요한 성취 중의 하나이다. 울음에서부터 시작된 영아의 언어는 출생 후 9개월이 되면 성인의 목소리를 모방한 언어를 사용할 수 있으며, 1세 말경에 이르면 대부분의 영아들은 한 개의 단어로 의사소통을 하게 된다. 또한 2세 경이 되면 두 마디 문장을 말하면서 차츰 성인의 말을 흉내 낸다.

이 장에서는 언어의 기본요소, 언어발달 이론, 영유아기 언어 발달과정, 언어발달에 영향을 미치는 요인에 대해 살펴본다.

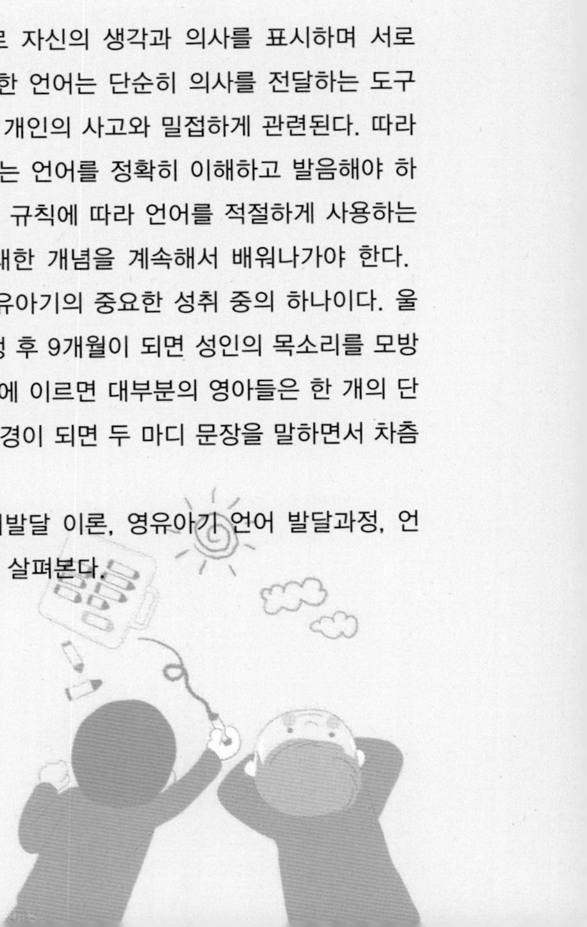

1. 언어의 기본 요소

인간은 언어를 가지고 있기 때문에 자신의 정보나 아이디어, 감정 등을 다른 사람에게 전달할 수 있으며, 이것 때문에 복잡한 사회생활을 무리 없이 해 나간다. 또 언어가 있기 때문에 주위의 사물과 경험했거나 경험하지 못한 일들에 이름을 붙여 주변 세계를 변별하고 분류하는 등 사고활동을 할 수 있다.

인간의 언어활동은 기능상으로 듣기, 말하기, 읽기, 쓰기의 네 가지 형태로 이루어진다. 언어는 여러 가지 요소들로 구조화되어 있는 매우 복잡한 의사소통 체계이다. 언어의 기본 요소로는 음소(phoneme), 형태소(morpheme), 단어(word), 구(phrase), 절(cluase) 등이 있다.

언어학에서는 이러한 기본 요소들을 형태(form), 내용(content), 사용(use)에 따라 음운론, 형태론, 구문론, 의미론, 화용론 등으로 구분한다.

1) 음운론

음운론(phonology)은 언어의 소리체계를 의미하는 것으로, 소리의 강약, 억양, 발음 등이 포함된다.

소리의 기본 단위를 음소라고 하는데, 모든 언어에는 모음과 자음의 기본 음소가 있으며, 이들의 수는 적게는 10개에서 많게는 100개가 넘는다. 우리말의 음소는 자음(ㄱ, ㄴ, ㄷ, ㄹ, ㅁ, ㅂ, ㅅ, ㅈ, ㅊ, ㅋ, ㅌ, ㅍ, ㅎ, ㄲ, ㄸ, ㅃ, ㅆ, ㅉ, ㄱㅅ, ㄴㅈ, ㄴㅎ, ㄹㅁ, ㄹㅎ, ㅂㅅ 등) 24개와 모음(ㅏ, ㅑ, ㅓ, ㅕ, ㅗ, ㅛ, ㅜ, ㅠ, ㅡ, ㅣ, ㅐ, ㅒ, ㅔ, ㅖ, ㅚ, ㅝ, ㅞ, ㅟ, ㅢ 등) 19개로 구성되어 있다.

모음과 자음을 구별하고, 그 발성적 특징을 이해하게 되는 것은 음운론적 발달의 대표적인 예이다. 모국어의 음소를 정확하게 발음하는 능력을 습득하는 것 또한 음운론적 발달에 속한다.

출생 후 4개월까지 영아는 인간의 언어를 구성하는 150개의 '소리'를 구별할 수 있는 능력이 있다고 한다. 그러나 생후 1년 경이 되면 모국어에 없는 소리는 내지 않고, 모국어에 있는 소리만 낼 수 있게 되는데 이것은 주위에서 모국어만 듣게 된 결과라고 한다. 이와 같이 인간의 소리를 거의 모두 낼 수 있게끔 발달하는 것을 음소의 확장(phonemic expansion)이라 하고, 점차 모국어의 음소만 소리내게 되는 것을 음소의 축소(phonemic contracting)라고 한다.

2) 형태론

형태론(morphology)은 단어의 구성을 의미하는 것으로, 형태소(morpheme)는 뜻을 가진 최소의 언어단위로 더 이상 작은 단위로 쪼개질 수 없는 최소의 의미단위이다. 모든 단어는 한 개 이상의 형태소로 구성되어 있다. 예를 들어, '영아'라는 단어는 한 개의 형태소로 구성되고, '우리의'는 두 개의 형태소, 즉 '우리'와 '의'로 구성된 단어이다. 언어발달에서, 영아는 음소를 발성할 수 있게 된 후에라야 형태소를 발성할 수 있다. 형태소를 지배하는 규칙은 일련의 소리가 의미 있는 순서로 발생할 것을 정해준다.

3) 구문론

구문론(syntax)은 의미 있는 구와 절 그리고 문장을 형성하기 위해 단어가 배열되는 방식을 말한다. 문장을 이해하기 위해서는 문장의 구조에서 구문을 이해할 수 있어야 한다. 문법적으로 맞는 말과 맞지 않는 말이 있는데, 형태론과 구문론의 규칙이 결합된 것을 문법이라고 한다. 따라서 구문론적 발달은 단어를 문법적으로 정확한 순서로 배열하여 문장으로 만드는 능력과 문법의 규칙을 이해하고 구사하는 능력의 발달을 의미한다. 외국어를 배울 때 가장 힘든 일 중의 하나는 새로운 구문형태를 익히는 것이다.

4) 의미론

의미론(semantics)은 단어와 문장의 의미를 말한다. 모든 단어에는 일련의 의미론적 특징이 있다. 예를 들어 '소녀'나 '부인'은 '여성'이라는 단어와 같은 의미를 지닌다. 어떤 문장이 구문상으로는 정확하지만 의미론상으로는 정확하지 않은 경우가 있다. 예를 들면, "우리 아빠가 임신했어요."라는 문장에서, 이 문장은 문법적으로는 하자가 없지만 의미론적 규칙에는 맞지 않는다. '아빠'라는 의미와 '임신'이라는 의미가 일치하지 않기 때문이다.

5) 화용론

언어의 중요한 기능 중의 하나가 의사소통이다. 화용론(pragmatics)은 의사소통을 효율적으로 하기 위해 언어를 적절하게 사용하는 규칙을 말한다.

화용론은 사회언어적 지식(sociolinguistic knowledge)을 포함하는데, 모든 문화에는 언어가 어떻게 사용되어야 하는지에 대한 규칙이 있다. 예를 들어, 우리말에는 존댓말과 낮춤말이 있다. 화용론적 발달은 유아들이 다른 사람과의 의사소통을 원활히 할 수 있도록 도와준다.

2. 언어발달 이론

영유아의 언어발달을 설명하는 주요 이론으로는 생득 이론, 학습 이론, 상호작용 이론 등이 있다.

1) 생득 이론

생득 이론은 인간의 언어발달은 선천적으로 가지고 있는 생래적 기제에 의해 이루어진다고 보는 입장으로 천성주의 이론이라고도 부른다. 생득 이론을 주장하는 대표적인 학자는 A. N. Chomsky(1928~)와 E. H. Lenneberg(1921~1975)이다.

Chomsky는 영유아들이 전에 들어본 적이 없는 말을 산출하고 이해하며 들어본 것 이상으로 새롭고 문법에 맞는 문장을 만들어 내는 것으로 보아 언어발달은 타고나는 어떤 기제에 의해 이루어진다고 보았다. 즉, 언어를 이해하고 배우는 능력은 인간의 고유한 특성으로 인간의 뇌 속에는 언어의 보편적인 지식, 즉 언어의 심층구조가 이미 구축되어 있기 때문에 인간은 태어나면서부터 언어습득(획득)장치(LAD: Language Acquisition Device)를 통해 언어를 생산해 낼 수 있다고 주장했다(그림 7-1 참조). 또한 Chomsky는 언어를 문법적 구조인 두 가지, 즉 의미해석에 관한 정보를 나타내는 심층구조(deep structure)와 음성해석에 관한 정보를 나타내는 표면구조(surface structure)로 구분하였다. 영아의 초기언어발달은 심층구조인 언어습득장치를 통해 언어를 수용했다가 외부환경으로부터 어떤 특정한 소리나 반응을 접하게 되면 서로 의사소통이 가능한 적절한 형태, 즉 동일한 표면구조로 언어를 산출하게 되며 이것이 바로 모국어의 학습이다.

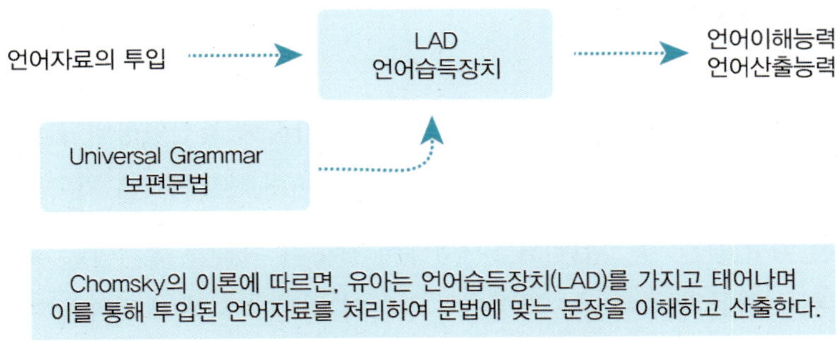

그림 7-1 Chomsky의 언어습득장치

자료: 류종렬(2016)

Chomsky와 유사하게, Lenneberg도 언어를 이해하고 산출하는 것은 인간의 고유한 능력이라고 하였다. 즉, 언어란 두뇌 중심부에 위치하고 있는 조음장치와 인간의 말소리를 다른 소리와 구별해서 질적으로 다른 방법으로 처리하는 특수한 청각조직을 통해서 발달된다고 본다. 그러므로 언어는 이러한 생리기관의 성숙에 의존한다는 것이다. Lenneberg는 감각운동의 발달과 언어의 발달을 비교해 보면, 언어습득의 기본 순서는 어떤 문화적·환경적 차이에도 불구하고 같은 비율로 이루어진다고 하였다. 예를 들면, 옹알이를 시작하는 시기, 첫돌 전에 첫 단어를 말하는 것, 그리고 두 돌 전후에 이어문(二語文)을 표출하는 것은 어느 문화권에서나 공통적인데 이는 언어습득에 생리적 발달이 우선되어야만 하는 사실을 입증한다는 것이다.

생득 이론의 또 다른 근거는 신체발달이 이루어지는 시기에 언어발달도 쉽게 빨리 이루어진다는 사실이다. 사춘기 이전의 어린이는 그 이후의 성인들보다 더 쉽게 빨리 외국어를 학습한다. 사춘기 이후에 언어학습은 더 어렵고 대부분 더 많은 언어학습을 필요로 한다. 뿐만 아니라 두뇌손상을 입어서 언어산출에 장애가 생긴 경우에도, 나이 어린 아동일수록 회복될 가능성이 더 크다. 이상의 내용은 언어발달은 생득적인 것이며 신체발달과 관계가 있음을 보여준다. 그러나 생리적 성숙만으로 언어발달 전체를 설명하기에는 한계가 있다.

2) 학습 이론

학습 이론은 인간의 언어를 다른 행동과 마찬가지로 조건형성의 결과가 환경의 선택적인 강화를 받아 학습된 것으로 보고 언어의 습득과정을 자극과 반응의 연합으로 설명한다. 이는 언어발달과정에서 환경의 역할을 강조하는 것으로 영아가 주위 사람들과 접촉하는 과정에서 강화의 원리에 의해 소리와 언어를 배우게 된다는 것이다.

강화원리를 적용한 대표적인 학자는 Skinner이다. Skinner(1957)는 동물실험을 토대로 인간의 언어발달을 설명하려고 하였다. 예를 들어, 한 영아가 임의로 이런 저런 소리를 내거나 남의 소리를 모방한다고 하자. 이때 부모나 주위 사람이 성인의 말과 가장 닮은 특정한 소리에 주의나 칭찬 등으로 강화를 한다. 그러면 영아들은 강화를 받는 소리를 더욱 자주 나타낸다. 강화는 어른의 말과 가장 유사할 때 준다. 즉, 아기가 '마마' 소리를 내면 '맘마, 엄마'와 비슷하므로 엄마가 영아에게 미소를 짓거나 먹을 것을 주게 되면 영아는 엄마의 이러한 행동에 강화를 받아 '마마'라는 말을 자주 쓰게 되고 곧이어 '엄마'라는 말을 할 수 있게 되는 것이다. 또한 영아의 언어표현이 정확하고 적절한 경우에는 강화를 하고 적절치 못한 경우엔 강화를 하지 않으면 잘못된 언어는 자연스럽게 사라지게 되며, 이러한 과정을 통해 영아의 언어는 수정되거나 진보한다.

언어발달이 언제나 위의 예와 같은 조건형성에 의존한다면 부모는 어린이가 어떤 단어나 문장을 말할 때마다 강화를 해야 할 것이다. 그러나 실제로는 한 번도 강화를 준 적이 없는 단어를 어린이가 사용하는 것을 볼 수 있고, 어린이의 언어발달 속도가 부모의 강화빈도와는 비교도 되지 않을 만큼 빠르다는 점에서 이 이론의 설명에는 한계가 있다.

한편, Bandura(1977)는 사회학습 이론의 관점에서 영유아의 언어발달은 직접적인 강화에 의해서도 이루어지지만, 사회적 상황에서 강화 없이 타인의 언어

행동을 관찰하고 모방함으로써 이루어진다고 보았다. 즉 영유아는 모델이 되는 다른 사람이 하는 말을 듣고 상대방의 언어형식과 구조를 모방하는 과정에서 언어를 습득하게 된다는 것이다. 만일 어린이가 모델을 접하지 않는다면 자기 모국어, 어휘, 문법적 구조를 습득하지 못할 것이다. 바로 이 모델 때문에 한국 어린이는 한국어를, 영국 어린이는 영어를 배우는 것이다.

그러나 모방이나 관찰이 영아의 어휘발달이나 문법습득에 중요한 역할을 하지만 영아가 단순히 성인의 말만 모방해서 언어를 습득하는 것이 아니다. 영아는 자신이 이해하고 있는 어떤 규칙을 사용해서 언어를 배우며, 때로는 이미 배운 언어를 사용하고 연습하는 과정에서 새로운 언어를 배우는 것이다. 예컨대, 이어문 시기에 "아버지는 밖으로 나가려고 하신다"를 모방할 때, 그들 특유의 전보식 언어(전문 언어)인 "아빠 나가."라고 말한다든지, 어린이가 하는 실수, 예컨대, "아빠가 나에게 붙잡았어." 등은 성인의 말을 단순히 모방하는 것이 아니라, 어린이가 어떤 나름대로의 규칙을 활용하고 있음을 보여준다.

3) 상호작용 이론

상호작용 이론에서는 사회적, 성숙적, 인지적인 여러 요인이 언어발달에 영향을 주며, 이러한 요인들이 상호작용하여 언어가 발달한다고 본다. 상호작용 이론은 Piaget로 대표되는 인지적 상호작용 이론과 Vygotsky로 대표되는 사회적 상호작용 이론으로 나누어 볼 수 있다.

(1) Piaget의 이론

Piaget는 언어는 다만 인지구조의 발달에 따라 출현하는 상징적 표상이라고 보았다. 언어발달은 어린이가 출생시에 가지고 태어나는 기초적인 능력인 반사기능을 통해서 습득하는 감각운동적 도식의 형성을 토대로, 즉 인지발달을 토대로 성취되어 나가는 것이지, 결코 Chomsky 등 다른 언어학자들이 주장하듯이 언어를 통해서 인지발달이 이루어지는 것은 아니라는 것이다. 오히려 언어란 마음과 같은 다른 상징적 표상체계에 포함되는 상징적 의사전달 기호에 불과하다. 그러므로 Piaget는 인지발달이 언어 이전에 선행되어야 한다고 생각한다.

Piaget는 이와 같은 관점에서, 인지구조의 발달적 특징에 따라 어린이의 언어를 구분하였다. 즉, 7세 미만의 전조작기 영유아는 인지적으로 자기중심적 사고 특징을 가지고 있으므로, 그 시기의 어린이가 산출하는 언어 역시 인지적 특성과 일치되어 자기중심적 특성을 보인다. 어린이가 구체적 조작기에 이르러, 인지적으로 구체적 조작이 가능해지고 타인의 관점을 말할 수 있게 되면, 어린이의 언어는 자기중심적 특성을 벗어나서 듣는 이를 고려하는 사회적 언어로 변화되어 간다. 다시 말하면, 자기중심적 언어에서 사회화된 언어로 발달해 간다.

Piaget는 언어를 인지발달의 한 부차적인 산물로 보는 입장에 있으므로, 어린이의 언어발달상 나타나는 문법적 복잡성의 습득, 복잡한 구문의 사용, 언어책략의 사용 등은 언어별 차이를 뛰어넘는 인지구조의 보편적 발달이라는 측면에서 이해될 수 있다는 입장이다.

(2) Vygotsky의 이론

Vygotsky는 Piaget의 생각과는 달리 언어가 사고발달을 유도한다고 보았다. 언어는 사고의 사회적 도구로서 사고발달은 언어와 어린이의 사회 문화적 경험에 의해 부수적으로 발달한다는 것이다. Vygotsky는 언어와 사고의 관계에 대하여 "생각과 말의 관계는 살아 있는 과정이고 생각은 말을 통해 생겨난다. 생각 없는 말은 죽은 말이고 말이 포함되지 않은 생각은 그림자"라고 하였다. 또한 그는 개체 발생적 차원에서 언어와 사고는 그 뿌리가 다르다고 주장하였다. 2세 이전의 어린이들의 사고와 언어의 기원은 다르지만 2세 경이 되면 사고와 언어가 상호작용하여 사고는 언어적이 되고 언어는 합리적이 된다고 주장한다.

Vygotsky는 언어의 형식을 외적 언어와 내적 언어로 분류했으며 외적 언어는 남에게 소리내어 하는 말이고, 내적 언어는 자기에게 소리 없이 하는 말이라고 했다. 그런데 어린이의 언어발달 단계에 있어서는 외적 언어와 내적 언어가 분명히 구분되지 않고, 내적 언어도 소리내어 말하는 과도기가 있다는 것이다. Piaget는 이 단계의 언어를 자기중심적 언어라고 하고 점차 사회적 언어로 발달해 간다고 본 반면에, Vygotsky는 반대로 외적 언어가 먼저 나타나고 언어발달의 최종단계에서 내적 언어가 나타난다고 보았다. Vygotsky에 의하면, 외적 언어와 내적 언어의 연결 부분은 Piaget가 말하는 자기중심적 언어에서 찾을 수 있다.

요약하면, 영유아의 언어발달에 대해 생득론자들은 언어란 인간에게만 고유한 능력이며 어린아이의 언어습득은 단순한 모방과 강화에 의한 것이 아니라 타고난 LAD를 통해 창조적으로 이루어진다는 점을 강조한다. 행동주의자들은 언어를 자극과 반응, 모방과 강화에 의해 형성된 일련의 습관이라고 보며 어린아이의 언어습득에서 강화를 중시한다. 반면에 상호작용론자들은 생득론자가 고려하지 못한 인지, 정서, 사회적 상호작용까지 고려하여 언어습득의 최종 목표인 의사소통 기능을 중시한다.

3. 언어발달과정

영유아의 언어의 발달과정은 크게 두 단계로 구분한다. 첫 단계는 언어 이전의 발달기간으로 분화되지 않은 울음소리에서부터 의미 있는 첫 단어를 말할 때까지의 1년 동안이며, 두 번째 단계는 언어습득 기간으로 단일 언어의 사용에서부터 완전한 단어를 말할 수 있게 되는 생후 1년에서 영아기 말기까지이다.

1) 언어 이전의 발달

(1) 울음

아기의 울음에는 분화되지 않은(미분화된) 울음과 분화된 울음이 있다. 출생 시의 첫 울음에서 생후 1개월까지의 울음소리는 분화되지 않은 것으로 반사적인 울음이다. 이 시기의 울음은 의사전달의 수단으로 아기의 요구를 표시할 수 있는 유일한 방법이지만, 분화가 되지 않아 울음소리가 배가 고파서 우는 것인지 혹은 고통이나 공포로 인해서 우는 것인지를 구별할 수 없다. 이러한 초기의 울음소리는 다른 청각자극보다 더 반사적이어서 신생아 집단에서 한 아기가 울면 다른 아기들도 같이 따라 우는 경향이 있다.

생후 1개월에서 2개월 사이에는 분화된 울음이 나타나는 시기로, 어머니는 아기의 울음소리의 음조와 강도로 아기가 배가 고픈지, 고통스러운지를 알 수 있다. 이 시기의 울음소리는 처음에 비해 짧게 끊어지는 경향이 있고, 울음으로써 의사전달이 가능하게 되며 기술이 점차 발달된다.

(2) 쿠잉

출생 후 약 2개월이 되면 영아는 수유 후에 또는 자기가 애호하는 대상물이나 양육자의 얼굴을 바라보면서 꾸르륵하고 목 울리는 소리를 내기 시작하는데 이를 쿠잉(cooing)이라고 한다. 이때의 영아의 발성은 기쁨이나 즐거움의 표현이다. 최초의 쿠잉은 모음과 비슷하나 성장함에 따라 자음이 삽입된다.

(3) 옹알이

아기는 생후 2개월 경부터 성대(vocal cords)로 공기를 내보내는 신경근육이 발달하기 시작하면서 자신의 의도대로 '바바', '다다' 등의 자음과 모음을 음절로 구성하여 옹알거리게 되는데, 이러한 영아의 음성놀이(vocal play) 또는 연습을 옹알이(babbling)라고 한다. 옹알이는 언어발달의 기초가 되기 때문에 매우 중요하며, 농아나 부모가 청각장애인 경우에는 옹알이가 나타나지 않는다. 또한 옹알이는 영아가 모국어의 음소를 습득하는 시기가 되었음을 의미하는 것으로 성인과 대화하는 시간이 늘어나면서 상당히 증가하는데, 생후 6~8개월에 절정에 이르렀다가 1년이 지나면 점차 감소하게 된다.

발달과정을 보면 3~4개월이 되면 혼자 소리로 옹알거리며 주로 모음이 여러 가지 형태로 표현된다. 이러한 경로를 통해 영아가 내는 소리는 점차 다양해지면서 인간이 내는 소리를 거의 모두 낼 수 있을 정도로 음소의 확장현상이 나타난다. 5~6개월부터는 제법 자주 옹알거리며 '음마', '마마', '나나' 등의 옹알이를 자신의 귀로 듣고 몸을 움직이면서 하게 된다. 8개월이 되면 옹알이는 절정에 이르게 되며, 9~11개월이 되면 성인들이 말하듯이 중얼거리며 옹알이와 함께 '엄마', '빠빠', '다다' 등의 의미 있는 말을 하기 시작한다.

(4) 음성모방

아기가 6~7개월이 되면 물체의 소리나 말소리를 들었을 때, 그것과 아주 비슷한 음성을 내게 된다. 하나하나의 소리 그 자체보다도 말의 리듬이나 억양 등의 말 전체의 모방이 먼저 나타난다. 10개월 경부터 음성모방은 한결 뚜렷해진다. 그리고 단순한 음성의 모방뿐 아니라, 그것이 의미하는 대상이나 상황에 관련지어 모방한 음성을 말하게 된다. 이렇게 해서 자발적으로 특정한 대상이나 상황을 향해서 특정의 소리를 발하게 되면 그 음성이 곧 첫 단어(first word)가 되는 것이다. 음성모방은 모국어에 필요한 소리를 습득하는 중요한 활동으로 자기소리 모방과 타인소리 모방으로 구분할 수 있다.

- **자기소리 모방**: 아기 스스로 소리를 만들어 반복해 내는 자기소리 모방은 생후 6개월 경부터 시작하여 8~9개월에 절정을 이루다가 사라진다. 자음과 모음이 결합하면서 '마마', '바바' 같은 소리의 재복제(reduplication)가 빈번해지고 억양 패턴이 독특해 진다. 발음의 강약으로 자신의 감정을 표현하며 이러한 발음의 강세는 영아의 단어 식별에 첫 번째 단서가 된다.
- **타인소리 모방**: 생후 9개월부터 영아는 성인의 목소리를 모방하기 시작한다. 특히 성인의 소리를 메아리처럼 그대로 모방하기 때문에 반향음내기(echolalia)라고 한다. 이때 영아는 자신이 들었던 단어들을 선별적으로 사용함으로써 단어를 구분하기 시작한다. 단순한 소리보다 단어로 된 어휘를 더 잘 모방하려는 경향이 보이며, '까까', '맘마', '빵빵' 등 음식이나 활발히 움직이는 사물을 나타내는 단어를 훨씬 쉽게 모방하는 경향이 있다. 이러한 성인의 소리모방은 단어가 증가하기 시작하는 영아 말기와 유아 초기 언어발달에 매우 중요한 역할을 한다.

(5) 몸짓말

생후 9개월에서 11개월 경부터 아기들은 타인과의 의사소통에 몸짓을 자주 사용한다. 옹알이와 함께 자신의 욕구와 정서를 몸짓으로 대신하거나 보충하려 하는데, 이러한 몸짓을 몸짓말(gesture language) 또는 베이비사인(baby sign)이라고 한다. 예를 들면, 손을 벌리고 웃는 것은 안아달라는 의사표시이고, 숟가락이나 그릇을 밀어내는 것은 먹기 싫다는 의사표시이다. 이와 같이 불완전한 언어능력을 보완하기 위한 몸짓말은 월령이 증가함에 따라 다양해지며 어휘력이 발달할 때까지 단어와 몸짓을 함께 사용하면서 어느 정도 어른들과 의사소통도

가능해진다.

영아는 언어로 의사소통을 하기 전에 타인의 말을 이해하고 듣는 것이 먼저 발달한다. 즉, 타인의 얼굴 표정, 음성, 몸짓에 의해 그의 말뜻을 짐작하고 이에 반응하게 된다. 이때 만일 영아의 울음이나 몸짓말에 주위 사람들이 말을 하지 않거나 대응하지 않는 경우에는 언어발달이 지연될 수도 있다.

2) 언어 습득 이후의 발달

(1) 일어문(一語文) 시기

10~13개월이 되면 대부분의 영아들은 한 개의 단어로 의사소통을 하기 시작한다. '엄마', '아빠', '맘마'라는 단어들이 최초로 습득되는 의사소통의 언어수단이다. 이 시기의 영아들은 한 개 단어를 한 단어 문장으로 사용하는 경향이 있는데, 이때 하나의 낱말은 한 단어가 아니라 의미 있는 문장이 되는 것이다. 이때 어린이가 말하는 단어는 명사 그 자체의 뜻이 아니라, 하나의 단어가 상황에 따라서 여러 의미를 함축하고 있다. 예를 들면, 배고플 때 "엄마"는 "엄마 젖 줘!", 엄마에게 혼났을 때 "엄마"는 "엄마 미워", 과자를 사러 엄마와 같이 마트에 갈 때의 "엄마"는 "엄마 빨리 와"의 뜻이다. 따라서 듣는 사람은 말하는 영아의 억양과 몸짓, 얼굴 표정과 같은 신체언어(body language)를 참조하여 의미를 이해해야 한다.

또한 이 시기의 영아들은 하나의 단어를 과잉확대(overextension)하거나 과잉축소(underextension) 해서 사용하게 된다. 그 예로 개를 '멍멍이'라고 알고 그 말을 사용할 경우, 다리가 4개 있고 개와 비슷하게 생긴 동물 모두에게 적용하거나 또는 아빠와 비슷하게 보이는 남자에게 모두 '아빠'라고 부르는 과잉확대 현상이 나타난다. 과잉축소는 과잉확대와는 반대로 일반적인 의미와 범위를 축소해서 특수한 경우에만 새 단어를 적용해서 사용하는 경우이다. 그 예로 자신의 집에서 기르는 개에게만 개라고 부르거나 자신의 동생에게만 아기라는 말을 사용하는 것이다.

영아기 초기언어에서는 대명사, 동사, 명사들이 절반을 차지하게 되며 이중에서도 명사를 가장 많이 사용해서 의미 있는 첫 문장을 말하게 된다. 2세 경이 되면 주격조사(은, 는, 이, 가)를 배우고, 또한 1~2개의 단어를 습득하기 시작하면서 영아의 언어발달은 가속화해서 약 200개의 단어를 구사하게 된다. 따라서 이때를 언어 폭발의 시기라고 한다.

(2) 이어문(二語文) 시기

일반적으로 영아는 18~20개월 경이 되면 두 단어를 결합하여 말을 하게 된다. 이때 두 개의 단어는 같은 의미와 내용의 연속적인 표현으로 단일 단어의 의미를 가진 두 마디 말의 형태인 것이다. 두 단어의 결합은 보편적으로 50개 정도의 단어를 사용할 수 있을 때 가능하다. 이때 사용하는 단어는 호칭이거나 감탄사, 지시어인 경우가 대부분이기 때문에 의미에 있어 한 단어의 시기와 별 차이가 없다. 그러나 점차 성인의 문장을 반복하거나 영아 스스로 대상과 행위를 구별해서 문장을 만들고 또한 주어와 술어와의 관계를 이해하게 되면서 "엄마 까까", "아빠 빠방" 등 상황에 따라 비교적 구체적으로 표현하게 된다. 그리고 같은 또래의 영아들끼리 이와 같은 형태의 언어를 주고받으며 대화를 나누기도 하는데, 이러한 말을 영아들끼리만 뜻이 통하고 알아들을 수 있는 언어라 해서 표현적 은어(자곤, expressive jargon)라고 한다.

영아는 타인의 말이나 소리를 따라 할 때 자신의 귀에 익숙하거나 모방하기 쉬운 말들만 골라서 하는 경향이 있다. 또한 자신의 생각을 표현할 때 명사, 동사 및 형용사의 내용어는 그대로 유지하지만, 조동사나 관사, 전치사 등의 기능어는 생략하고 말하는 경향이 있다. 이러한 형태의 말이 마치 전보처럼 중요한 단어만 나열한다고 해서 전보식 언어(telegraphic speech)라고 한다. 영아들이 전보식 언어를 사용하는 이유는 어휘수가 제한되어 있는 한편, 성인의 문장을 모방하기에는 영아의 기억이 너무 짧고, 또한 서서히 더 많은 정보를 가진 단어들을 습득하기 위해 필요한 초기 인지적 법칙을 배워나가는데 시간이 걸리기 때문으로 보인다.

아울러 영아기의 아기들은 아직 타인 조망능력이 발달하지 못했기 때문에 현재를 중심으로 자기 위주의 언어를 사용한다. 또한 영아들은 언어능력에서도 시제 등 여러 가지 변화가 따르는 언어규칙을 습득하지 못한 상태로 자신이 들은 말을 몇 번이고 반복하면서 말의 소리를 내는 것 자체를 즐기게 된다. 이와 같이 영아의 언어는 상대방을 의식하지 않고 대부분 자신의 요구와 상태에 따라 표현하기 때문에 자기중심적 언어(egocentric speech)라고 한다.

(3) 삼어문(三語文) 이상의 시기

어린이가 두 단어를 연결시켜 사용하는 법을 알게 되고 나서, 2세 후반~3세쯤이 되면 세 단어를 연결시켜 사용할 수 있게 된다. 세 단어 말에는 대개 두 단어 말에서 빈번히 사용되었던 동사가 사용된다. 그러나 세 단어가 조합되어 있다고 해서, 모두 세 단어 말은 아니다. 즉, 두 단어 말의 경우와 마찬가지로, 세 단어가 모두 의미 관계를 갖지 않고, 한 단어는 아무 의미없는 호칭어, 감탄어인 경우가 있다.

어린이가 세 단어 이상의 문장을 구사하게 되면서부터, 언어에는 서서히 문법적 체계가 나타나기 시작한다. 한글의 경우에는 여러 가지 격조사가 나타나기 시작하며 동사의 과거형, 미래형, 전치사 등을 사용할 수 있게 되고, 의문문, 수동문, 그리고 복합문장도 만들 수 있게 된다. 그러나 문법적 구사는 아직 불완전하며, 특정 형태의 문법적 오류를 반복하기도 한다. 확인 부가의문문이나 과잉일반화 혹은 축소화가 그 예이다.

- **확인 부가의문문**: 유아가 사용하는 많은 문장이 긍정문도 부정문도 아닌 특이한 문장, 즉 확인부가 의문문(tag question)이다. 예컨대, "이거 맛있어, 그렇지?"와 같은 문장이다. 이와 같이 토를 달아서 확인조로 물어 보는 부가의문문을 사용하는 것은 아동이 자신의 말에 대한 확인을 필요로 하기 때문이다(Brown, 1973).
- **과잉일반화와 축소화**: 유아의 언어는 과잉일반화(overgeneralization)와 축소화(underextension)현상이 자주 나타난다. 우리 말에서 주격조사 '가'를 사용하는 것은 앞의 명사가 받침이 없는 글자의 경우이고('아빠가 오신다.'), 받침이 있는 경우에는 '이'를 붙이게 된다('바람이 분다.'). 그러나 유아가 이러한 문법적 기능을 구별하기 전까지 "바람이가 분다.", "삼촌이가 오신다." 등과 같이 자신에게 익숙해진 주격조사를 모든 경우에 적용하는 과잉일반화 현상이 있다. 영어권에서 유아가 과거를 나타낼 때 'ed'를 붙인다는 규칙을 알게 되면, 모든 동사에 'ed'를 붙여 과거형태로 사용하는 현상('go-goed') 역시 과잉일반화의 한 예라 할 수 있다.

  한편 축소화란 유아가 자신이 먼저 경험한 것을 토대로 단어의 의미를 구체적인 상황에 한정시키는 경우를 말한다. 후라이드 치킨을 좋아하는 3세 유아는 토막내어 튀긴 닭고기만 '치킨'이고, 삼계탕처럼 닭 전부가 요리된 것은 치킨이 아니고 '닭고기'라고 구분하여 축소화하여 사용하는 것이 그 예이다. 이 유아는 치킨이나 닭고기에 대한 의미 자체보다 자신이 그 단어를 경험할 때 접한 구체적인 상황과 연관지어 그 단어의 의미를 한정시킨 것이다. 이러한 과잉일반화나 축소화 현상은 이후 어휘력의 증가와 문법의 습득으로 점차 사라지게 된다.

3) 어휘, 구문, 의사소통 능력의 발달

(1) 어휘발달

영유아가 사용할 수 어휘는 사용어휘와 이해어휘로 나누어 생각할 수가 있다. 이해어휘는 사용어휘보다 빨리 발달하는데, 어느 연령단계에서도 이해어휘가 사용어휘의 약 2배라고 한다. 이들에 대해 구체적으로 살펴보면 다음과 같다.

1세 전후에 이미 첫 말이 나타나지만, 한동안은 두드러진 어휘의 증거가 없다가 1세 후반부터 사용어휘가 급속히 증가한다. 20개월에 이르면 약 50개의 단어를 말할 수 있고, 말할 수 있는 단어의 약 4배를 이해한다. 유아는 하루에 평균 5개의 단어를 습득하며, 매년 평균 약 1,700개 이상의 기본단어를 학습한다. 그 결과 6세 경에 이르면 약 800개의 기본단어와 그와 관련된 변형단어(복수, 과거 시제 등)를 이해한다(Carey, 1978).

한국 유아의 어휘증가는 영어권 유아의 어휘증가와 다소 차이가 있다. 한국 유아들은 1세 전후하여 2~3개 단어, 2세까지 200~300개 단어, 3세까지 1,000개 단어, 4세까지 1,500개 단어 그리고 5세까지 2,000~2,500개의 단어를 말할 수 있다.

18~20개월 사이에 이어문을 말하기 시작한 유아는 그 후 2개월 정도 지나면 3개 이상의 낱말을 연결하여 보다 길고 복잡한 문장을 만들어 사용하기 시작한다. 그러나 이어문 시기 다음에는 세 단어 단계가 아닌 복수단어 단계(multi word stage)로서 2개 단어의 문장에서 5개 혹은 그 이상의 단어로 구성된 문장을 구사할 수 있다. 그러므로 이 시기에는 정확한 문법적 지식과 보다 깊은 수준의 의미론적 지식이 요구된다.

이어문기 이후 유아의 언어발달 수준을 측정하기 위한 하나의 지표로서 문장의 길이를 알아보는 평균 발화길이(mean length of utterance: MLU)가 흔히 사용된다. MLU는 유아가 사용한 전체 형태소의 개수를 문장수로 나눔으로써 계산한다. 형태소는 의미를 전달하는 최소단위로서 기본단어와 접두사, 접미사를 포함한다. 예를 들어, “개 간다.”는 두 개의 단어에 두 개의 형태소가 연결된 문장으로 MLU는 2가 된다. “개들 간다.”도 두 개의 낱말로 연결되어 있으나 ‘들’이라는 복수를 지칭하는 형태소가 첨가되어 세 개의 형태소가 있는 문장으로 MLU는 3이다. MLU는 단순한 문장의 양적인 길이가 아니라 문법적 지식의 정교화와 관련이 있다. MLU에 대한 측정은 적어도 평균 형태소의 길이가 4.0이 되기까지 1.5~4세까지의 유아의 전반적인 구문발달 수준을 알 수 있는 효율적인 지표로 평가되고 있다(강경미 외, 2003: 283-284).

(2) 구문론적 발달

이어문기 이후 언어발달에서 문법적 지식과 언어구사능력은 대단히 중요한 의미를 갖는다. Brown(1973)은 MLU 척도를 사용하여 세 명의 유아를 생후 18개월부터 4세가 될 때까지 자연스러운 환경에서 정기적으로 아동의 대화를 기록하는 종단적 연구를 통해 유아의 언어발달의 5단계를 제시하였다. 각 언어발달 단계의 특징을 요약하면 다음과 같다(강경미 외, 2003: 284-285).

- 단계 1: MLU가 2.0 이하

1.5~2세의 유아는 가끔씩 형태소를 결합하기 시작하여 두 단어를 조합한다. 각 단계에서 유아가 사용하는 형태소의 범위는 대단히 넓어 1단계에서 1~6개의 형태소를 사용하나, MLU는 2.0 이하이다. 이 시기 언어는 전보문식으로 기능어가 생략되어 있다. “엄마, 물”, “아빠, 빠이빠이”와 같이 의사소통을 위한 필수적인 단어만이 사용된다.

- 단계 2: MLU가 2.5 이하

유아의 언어는 아직도 전보문식이기는 하지만, 성인 언어의 기본이 되는 주어-동사-목적어 형식의 세 단어 문장을 사용하고, 관사, 전치사 등을 사용하는 어형변화가 나타난다. 또, 불규칙 동사에 규칙 동사를 적용하는 과잉규칙화(overregularization) 혹은 과잉확대(overextension) 현상이 나타난다.

- 단계 3: MLU가 3.0 이하

간단한 의문문을 사용할 수 있으며, 부정문과 수동형의 문장도 나타난다. Wh－의문문은 2~4세 사이에 발달하며, Who, Where, What, Whose를 사용한 의문문이 Why, How, When을 사용한 의문문보다 빨리 발달한다. 그것은 후자의 질문들이 보다 더 추상적인 답을 요구하기 때문으로 보인다. 두 단어를 말하기 시작할 때, 유아는 이미 부정이나 비존재를 표현할 수 있다. 그러나 이 시기 유아의 부정표현은 전체부정("no dirty", "no shoe")에 한정되어 있지만, 3단계에 부분부정이 가능해진다. 그러나 아직 문법적으로 정확한 부정문이 아니다.

수동형의 문장도 출현한다. 능동문과 수동문을 해석하는 유아의 능력을 연구한 결과에 의하면, 4세 경의 유아는 능동문과 수동문을 동일한 의미로 해석할 수는 있으나, 아직 완전하지는 못하다(Beyer, 1970).

- 단계 4: MLU가 3.5 이하/ 단계 5: MLU가 4.0 이하

유아는 종속절을 포함하는 문장을 말하기 시작하며, 4세 경에 4, 5개의 절을 한 문장 속에 포함시키는 유아도 있다. 5세 경에 이르면 문장구조를 이해할 수 있는 능력이 갖추어지기 시작하고, 유아기 이후에도 언어능력은 계속해서 발달한다. 2~4세 유아들 간의 MLU 발달속도의 개인차는 대단히 크다. 그러나 구문론적 발달 순서는 거의 일정하다.

우리나라 유아의 복문 사용은 서양 유아보다 약 6개월 내지 1년 정도 빠르다. 2년 5개월에서 2년 7개월 사이에 우리나라 유아는 대등, 시간적 연속, 원인, 한정조건, 동시성 및 대립의 의미를 갖는 접속사를 구사할 수 있다. 그러나 영어권의 유아는 3년 6개월 정도 되어야 동일한 접속사를 사용할 수 있다(조명한, 1982).

이 단계들을 통해 볼 때 유아의 언어는 성인의 언어보다 훨씬 문장이 짧고 단순 명확함을 알 수 있다. 유아가 언어사용에 능숙해짐에 따라, 문장은 점차 길어지고 복잡해진다. 이런 발달과정은 거의 모든 유아에게서 일정한 순서대로 예측 가능한 과정을 통해 일어난다.

(3) 의사소통 능력의 발달

언어는 인간이 타인과 의사소통을 하는 도구의 역할을 한다. 사회적 환경에 맞추어 언어를 산출하고 해석하면서 적절히 소통하려 할 때 대화자들은 그 사회의 언어규칙에 맞추어 문장을 구성할 수 있어야 한다. 따라서 어린이는 거의 동시에 언어 능력과 의사소통 능력을 습득하게 된다.

의사소통 능력은 언어사용 이전부터 발달하기 시작한다. 출생 직후 신생아의 울음소리부터 영아기의 미소, 응시, 울음, 표정, 몸짓 등과 같은 언어 전단계의 중요한 의사소통 수단이라고 부르는 신체언어가 있고, 성인기까지도 지속된다.

2세 경에 이르면 기본적으로는 언어적 의사소통 기술과 대상과 사회적 상황에 맞추어 자신의 언어를 적절하게 사용하는 화용론적 능력이 발달하게 된다. 이런 화용론적 발달에서 대화전략 또한 발달하게 된다. 전략의 하나는 방향 전환으로 말을 하는 사람이 현재 말한 것에 대해서 언급 뿐만 아니라, 다시 상대방에게 반응하도록 하는 요구를 첨가하는 것이다. 2세 영아는 순서마다 많은 단어를 생성할 수 없기 때문에 방향 전환이 드물게 나타나지만, 몇 해가 지나가게 되면 이 능력은 크게 증가한다. 또 다른 전략은 반어법적 의도로, 말의 형태가 그 의미와 완전하게 일치하지 않아도 말하는 것의 의미가 무엇인지 이해를 한다는 것이다. 예를 들어, 3세 경의 유아는 직접적으로 표현이 된 요청이 아니고 행동을 통해서 요청을 하는데 “왜 나 간지럽게 하지 않아?”와 같은 요청의 메시지를 이해한다. 그리고 효과적인 의사소통을 위해서 유아는 명확한 언어 메시지를 생성해야 하고 받은 메시지가 불명확하면, 좀 더 많은 정보를 요구할 수 있음을 인식해야 한다. 이를 참조적 의사소통 기술이라고 한다. 3세 경의 유아는 모호한 메시지를 분명하게 제시하도록 타인에게 요청하기도 하며, 이러한 능력은 연령이 증가하면서 더욱 발달해간다.

Piaget는 어린이의 의사소통 능력의 발달단계를 다음과 같이 구분하였다.

① 1단계: 자기중심적 언어

자기중심적 언어(egocentric speech)는 자기중심적 사고에서 비롯되는 표현형태를 의미한다. 자기중심적 언어는 대화의 첫번째 단계이지만 엄격히 말해서 대화라고 하기 힘들다. 스스로에게 말하는 경우가 많으며 타인에게 말을 한다 하여도 상호 소통의 기능은 없기 때문이다. 자기중심적 언어에는 다음과 같은 언어 유형이 포함된다.

- **반복**: 어린이의 반복언어(repetition)는 상대에게 일정한 뜻을 전달하려는 의사 없이 다만, 어떤 발음을 되풀이 흉내내고 반사적으로 익힌 단어나 음절을 반복해서 사용하는 경우를 말한다. 사회성이 고려되지 않는 자기중심적 언어 형태로서 일종의 옹알이 단계의 연속이다.
- **독백**: 독백(monologue)은 어린이의 말을 들어주는 상대의 존재 여부에 관계없이 자신의 생각을 말로 표현하는 언어유형을 의미한다.
- **집단적 독백**: 어린이의 자기중심적 언어 중 가장 사회화된 언어 유형인 집단적 독백(collective monolouge)은 대화의 시초라고 할 수 있다. 그러나 상대에게서 어떤 반응을 요구하지는 않는다. 다시 말해서, 어린이는 주변에 누가 있기 때문에 언어표현을 하지만 그를 대화의 상대자로 고려하지는 않는다. Piaget는 집단적 독백을 초보적 대화로 본다.

② 2, 3단계: 사회화된 언어

자기중심적 언어와는 달리 사회화된 언어(socialized speech)란 듣는 사람의 관점을 고려해서 사용하는 언어형태를 의미한다.

- **순응된 정보교환**: 순응된 정보교환(adapted information)이란 어린이가 자신에게 흥미있는 사건을 다른 사람에게 전달하려 하거나 상호 간에 공동목표를 위해 뜻을 종합하는 언어 유형을 뜻한다. "야, 이리와, 이것 봐, 여기 나비가 있어."라고 말하면, 친구가 뛰어 와서 "어디, 어디, 정말 나비구나."라고 반응하는 대화가 순응된 정보교환의 한 예이다.
- **비판 · 조롱**: 순응된 정보교환과 비슷한 성질을 띠지만, 타인의 일이나 행동에 대하여 비평하는 표현이 뚜렷한 언어 형태를 의미한다. 앞의 '나비'의 예에서 나비인 줄 알고 뛰어온 친구가 "그게 어디 나비니, 잠자리지, 넌 잠자리도 모르니?"와 같은 대화가 이 언어유형의 예라고 하겠다. 어린이는 지적이라기보다 감정적 성격을 띠면서 자신의 우월성을 나타내고자 할 때 이런 표현을 한다. 따라서 이때 다툼이나 경쟁이 유발되기도 한다.
- **명령 · 요구 · 위협**: 또래집단에서 힘센 어린이가 약한 어린이에게 "물 좀 떠와.", "그 장난감 나 줘.", "안주면 두고 봐, 너하고 안 놀아." 등이 이 언어유형의 예이다. 어린이는 생각과 의견을 나누기 위해서 친구들과 관계를 맺지 않고 단지 놀기 위해서 관계를 맺는다. 이런 경우 지적인 상호 교환은 적고 대개 명령이나 요구가 된다.
- **질문과 대답**: 어린이 상호간에 해답을 필요로 하는 모든 질문과 대답이 이에 속한다. "너 구슬 몇 개 가졌니?", "너 우리 집에 가서 놀래?"와 같은 질문은 "다섯 개", "그래, 가자."와 같이 분명한 답을 기대하는 언어표현이다.

Piaget에 의하면 1단계는 독백과 집단적 독백의 단계이다. 그런데 집단적 독백은 누군가 있어야 하므로 대화의 일면이 있는 것은 사실이나 사회화된 언어로는 볼 수 없다. 2, 3단계가 되면 언어는 사회화된 언어로서 대화의 특성을 띤다.

4. 언어발달의 영향요인

유아기의 언어발달은 유아에 따라 커다란 개인차가 있다. 유아의 언어발달은 인지적 발달 뿐만 아니라 정서적, 사회적, 성격적 발달에도 영향을 미친다. 여기에서는 유아의 언어발달에 미치는 주요 요인을 살펴본다(이옥형, 1997: 255-258).

1) 개인적 특성

(1) 성차

언어발달의 초기부터 남녀의 차이가 분명히 나타난다. 일반적으로 남아보다 여아가 언어발달의 속도가 빠른 것은 물론 어휘수, 발음, 문장의 길이, 문장의 복잡성 등 언어습득의 거의 모든 측면에서 우수하다. 언어발달에서 성차는 부분적으로는 남녀 간의 신체적 성숙의 차이에 기인하는 것으로 보인다. 즉, 일반적으로 여아의 신체 성숙비율이 빠르며 특히 뇌에서 언어기능을 맡고 있는 좌반구의 발달이 빠르다. 한편 부모의 양육방식이 아들과 딸에 따라 다른 것도 언어발달에서 성차가 나타나는 또 다른 요인이 되는 것 같다. 예를 들어, 여아가 울고 있을 때와 남아가 울고 있을 때 성인들의 반응과 언어적 상호작용을 분석해보면 영아기에서부터 여아에게는 정서적이고 관계지향적인 언어를 사용하는데 반해 남아에게는 인지지향적 태도를 보인다고 한다. 즉, 여아에게 상대적으로 언어입력 양이 많아지고 표현할 수 있는 기회가 더 주어지는 경향이 있다.

(2) 지적 능력

사람이 말을 하고, 듣고 쓰고 읽기 위해서는 적절한 기억력, 사고능력, 모방력, 문장구성력 등이 요구된다. 이 때문에 언어발달과 지적 능력의 관계가 많은 학자들의 관심사가 되어 왔다. 학자들에 따라 사고의 발달이 언어발달에 예속된다고 하여 언어를 강조하는 입장과 언어보다는 사고를 더 중요하게 생각하는 입장으로 대립되기도 하지만, 대체로 언어발달과 지적 능력은 정적인 상관관계가 있는 것으로 보고되고 있다.

(3) 심신의 상태

어린이는 보고 듣고 만지는 감각경험을 통해 여러 정보를 수집하고 이를 뇌에 전달하여 의미를 이해한 후, 언어로 표현하게 된다. 따라서 정상적인 언어발달을 위해서는 신체기관이 효과적으로 기능을 발휘해야 한다. 출생 시 체중미달 어린이는 이해능력, 사용 어휘 수 등에 있어서 언어발달이 뒤떨어지며, 형태의 유사점과 차이점의 구별능력이 덜 발달된 어린이는 단어와 글자 인식에 어려움이 있다고 한다. 그 밖에 일부 연구는 음운 변별력과 읽기 준비도 간에 정적 상관이 있음을 보고하였다.

한편, 어린이의 사회성과 정서상태도 언어발달과 관계가 있다. 언어는 사회적 맥락 속에서 습득되고 발달이 이루어진다. 따라서 친구가 없는 고립된 어린이보다 사회성이 잘 발달된 어린이의 언어발달이 더 빠르다. 즉, 친구와의 사회 접촉이 적은 어린이는 자기중심적인 언어를 사용하게 되고 대화를 나눌 기회가 적기 때문에 언어발달이 뒤떨어지게 된다.

또한 효과적인 언어학습을 위해서는 어린이의 정서가 안정되어 있어야 한다. 정서적으로 안정된 어린이는 양적으로나, 질적으로 말을 더 잘하는 반면에, 불안정한 어린이들은 언어장애를 일으켜서 말더듬기와 같은 증상이 생기기도 한다.

2) 가정환경

가정환경은 어린이가 언어학습을 하는 데 중요한 역할을 한다. 여러 연구결과에 의하면 여러 가정환경 변인 가운데 사회·경제적 조건, 부모, 형제 등 타인과의 상호작용이 언어발달과 특히 관계가 깊다.

(1) 사회·경제적 조건

일반적으로 가정의 사회·경제적 지위에 따라 어린이의 언어발달에 차이가 있음이 보고되고 있다. 즉, 중류계층 어린이의 언어능력이 하류계층의 어린이보다 더 발달되었다고 한다. 일반적으로 하류계층의 어린이는 중류계층이나 상류계층의 유아보다 제한된 수의 어휘를 사용하고, 문장이 세련되지 않고, 문법적으로 부정확한 말을 구사한다.

하류계층의 유아가 중류계층이나 상류계층의 유아보다 언어발달이 늦은 것을 설명하는 이론으로 언어결함 이론(language deficit theory)과 언어차이 이론(language difference theory)의 두 관점이 있다.

Bernstein(1971; 1973)이 제안한 언어결함 이론에서는 하류층의 어머니가 자녀에게 사용하는 말은 짧고, 문법적으로 단순하며, 주로 사물이나 사상을 나타내는 제한된 언어(restricted language)를 사용하는 데 비해, 중류층 어머니의 말은 더 길고, 문법적으로 복잡하고 정확하며, 감정, 정서, 동기, 의도 등과 같이 추상적 개념을 나타내는 정교한 언어(elaborated language)를 사용하기 때문에 하류층 유아들이 사용하는 언어는 중류층 유아의 언어보다 열등하고 결함이 있다고 보았다. 이러한 결함은 하류층 어린이들이 취학하였을 때 지적 성취와 학업성취에 지체를 초래하고, 어른이 된 후 취업에서도 부적응의 원인이 된다.

한편, 언어차이 이론에서는 하류계층 어린이들의 언어발달이 느린 것은 언어에서의 결함, 즉 하류계층의 어린이들이 언어규칙을 습득하지 못했기 때문이 아니라, 단지 그들이 하류 사회에서 사용되는 언어규칙을 적용하기 때문이라고 본다. 하류 사회에서는 그들 사회에서 통용되는 독특한 문장 형태나 어휘가 있으며, 대부분의 사태에서 그들은 정교한 언어를 사용할 필요성을 별로 느끼지 않는다.

(2) 부모, 형제 등 타인과의 상호작용

유아는 부모나 형제자매 혹은 다른 양육자와의 대화를 통한 상호작용 속에서 새로운 단어, 문장구조, 언어로 생각을 표현하는 법 등을 학습한다.

유아가 다른 사람과 언어적인 상호작용의 기회가 많을수록 언어발달이 촉진된다. 특히 어머니가 유아에게 하는 말은 초기 언어발달에 크게 영향을 미친다. 모유를 먹는 동안 어머니로부터 많은 이야기를 듣는 영아들은 그렇지 못한 영아보다 더 많은 소리를 낸다. 반대로 신호언어로만 의사소통을 할 수 있는 청각장애 부모 밑에서 자란 정상아들의 언어발달은 부진한 것으로 나타난다(Moskowitz, 1978). 어머니가 유아에게 말할 때 사용하는 억양, 단어, 말의 내용, 태도는 어른이나 나이 든 어린이에게 말할 때와 차이가 있다. 어머니는 어린 유아에게 말할 때, 자녀가 이해할 수 있는 수준의 언어를 사용함은 물론, 목소리의 높이가 더 높아지는 경향이 있고, 되풀이하여 말하고 억양은 과장된다. 문장은 짧고, 단순하고, 문법적으로 정확하고, 주로 현재에 관하여 이야기하는 경향이 있다. 이처럼 부모가 어린 유아의 연령에 따라 독특하게 언어적 상호작용하는 말을 모성어(motherese, parentese)라고 한다. 부모가 나이 어린 자녀에게 사용하는 말이 그 유아보다 조금 높은 그러나 이해할 수 있는 수준에서, 짧고, 단순하고, 분명한 문장을 사용할 때보다 언어발달을 더 촉진한다. 부모와 자녀간의 언어적 상호작용에서 자녀의 언어능력, 의도, 의미, 자녀의 반응 등의 여러 요인을 고려하여 적응시키는 부모의 민감성은 자녀의 언어발달을 가속화시킬 수 있다. 대부분의 어머니는 둘째 아이보다 첫째 아이에게 더 질문을 많이 하고, 더

말도 많이 하고, 더 관심을 기울이기 때문에 첫째 아이가 둘째 이하의 아이보다 언어발달이 더 빠른 경향이 있다.

어린이들의 형제 수, 형제 순위 등도 언어발달과 관련이 있는 것으로 지적되고 있다. 형제가 있는 어린이들보다 외동아의 언어발달이 빠른 편이다. 그 까닭은 형제가 없는 어린이들은 성인과의 언어적 상호작용이 많은데 비해서 형제가 있는 어린이들은 언어발달이 미숙한 형제와 언어 상호작용을 함으로 언어발달이 늦어지기 때문이다.

가정의 물리적·심리적 환경이 어떻게 조성되었느냐에 따라서도 어린이의 언어발달이 영향을 받게 된다. 여러 종류의 책과 교육적 놀잇감이 구비된 가정의 어린이가 언어발달, 특히 읽기능력이 우수하다.

3) 유아교육기관

영유아가 가정을 떠나 유치원, 어린이집 등 유아교육(보육)기관에서 최초의 사회적 경험을 하면서 언어발달은 급격하게 진행된다. 따라서 교육환경도 대단히 중요하다.

유아교육의 교수활동은 대부분 교사의 언어행동에 의해 이루어지게 된다. 즉, 교사는 언어를 매체로 하여 어린이와 긴밀한 상호관계를 맺게 되고 학습활동을 지도한다. 그러므로 유아교육에서 교사의 언어행동은 중요한 비중을 차지한다. 교사의 음성, 말투, 어휘 등이 교사 언어행동의 질을 좌우하게 된다. 즉, 거칠고 커다란 교사의 음성은 어린이를 당황하고 불안하게 만들며 부드럽고 잘 조절된 음성은 어린이를 편안하게 만드는 등 어린이의 정서적 측면에 영향을 미치는 동시에 언어 학습의 모델 역할을 하게 된다.

생각해 볼 거리

이 장에서 다루어진 내용을 바탕으로 학습자 각자 다음의 문제들에 대해 정리해 본 후, 그 내용을 수업에서 질문이나 토의 자료로 활용해 보자.

1. 이 장에서 특별히 새롭게 학습한 내용이 있다면, 그 내용을 열거해 보자.
2. 이 장에서 특별히 관심을 끌었던 내용은 어떠한 것이며, 그 이유는 무엇인지 정리해 보자.
3. 이 장에서 다루어진 내용 가운데 한 가지를 택하여 그 내용이 실제 교육장면에 어떻게 응용 또는 적용될 수 있는지를 설명해 보자.
4. 이 장에서 특별히 어려움이나 싫증을 느낀 내용은 어떠한 것이며, 그 이유는 무엇인지 정리해 보자.
5. 이 장을 학습하면서(또는 학습한 결과) 더 자세히 알아보고 싶다고 느낀 주제나 내용은 무엇인지 정리해 보자.

Chapter 08

영유아기 정서발달

모든 아기들은 태어나면서부터 상당한 차이를 보인다. 잠을 쉽게 드는 아기가 있는가 하면 온도가 조금만 달라도 잠을 잘 이루지 못하는 아기가 있고 어떤 아기는 조금만 배가 고파도 자지러질 듯이 울지만 어떤 아기는 거의 울지 않는다. 정서적 표현양식과 환경 자극에 대한 반응의 차이를 통해 영아들은 개인차를 보인다.

생의 초기 양육과정은 유아에게 끊임없는 정서적 자극을 제공하고 그 안에서 유아는 타고난 정서적 반응들을 표출하지만, 사회적 경험의 폭이 넓어지면서 타인과의 관계를 통해 기본적인 인간의 정서를 인식하고 타인과 상황을 고려하여 자신의 정서를 조절할 수 있는 능력을 갖게 된다.

이 장에서는 영유아기 정서발달에 관해 정서, 기질, 애착의 측면을 중심으로 살펴본다.

1. 정서발달

1) 정서의 개념과 기능

(1) 정서의 개념

일반적으로 정서(emotion)란 유기체가 외적 자극이나 내적 자극을 받을 때 갖는 희로애락 등과 같은 쾌·불쾌를 수반하는 의식 상태를 의미한다. 이러한 정서는 신체적으로 현저하게 표출되는 심리적 변화를 수반하는 격한 감정으로 나타난다. 정서와 비슷한 의미를 지닌 개념으로는 감정(feeling), 감성(affect), 기분(mood) 등이 있는데, 심리학 연구에서는 정서라는 용어를 보편적으로 사용한다. 정서란 주변 세계의 자극에 의해 발생하거나 수반되는 여러 가지 생리적 변화나 행동 등의 반응이라고 정의할 수 있다(정옥분, 2013). 따라서 정서는 우리가 기울이는 모든 노력, 즉 인지적 과정, 사회적 행동, 신체적 건강 등에서 핵심이 된다(Berk, 2006).

정서적 경험은 여러 가지 요소들과 변인들을 가지고 있으며, 그것들은 상호작용을 통해 다양한 정서적 경험을 만들어낸다. Parkinson(1995)은 이러한 요소들을 상황적 평가(situational evaluations), 신체적 변화(bodily changes), 표현적 행동(expressive behavior), 동기화된 행동들(motivated actions) 등 네 가지로 제시하였다.

어떤 자극에 대한 정서적인 반응은 아주 빠른 시간에 위에 제시된 네 가지 활동을 전개한다. 예컨대, 분노한 사람은 모욕의 견지에서 상황을 평가하고, 얼굴이 붉어지고, 심장박동과 같은 신체적 증상을 경험하게 되고, 이를 악물고, 양미간을 찌푸리는 등의 얼굴 표현을 보이고, 모욕을 준 사람에 대해 대항하고 싶은 충동을 느끼게 된다.

(2) 정서의 기능

정서는 인간행동에 있어서 동기유발과 의사소통의 주요 기능을 지닌다.

① 동기유발

정서는 현재 상황에 대한 정보를 제공해주고 환경에 적절히 대처하도록 행동을 활성화하는 동기유발의 기능을 지닌다. 예를 들어, 공포에 휩싸인 사람은 그 공포에서 벗어나기 위해 도망갈 것이고 분노에 휩싸인 사람들은 누구를 공격하게 될 수 있다.

② 의사소통

정서는 또한 일종의 대화, 의사소통의 기능을 지닌다. 우리는 정서를 표현하고 남의 정서를 읽음으로써 우리의 요구와 기대와 의도가 무엇인지를 전달하고 타인의 그것을 알게 된다. 정서의 보편성 역시 의사소통 기능과 관련되는데, 신생아나 선천적으로 시각 장애가 있어서 다른 사람들의 정서표현을 본 적이 없는 사람들도 기본적인 정서표현은 동일하다는 점에서 문화적 보편성이 존재한다.

언어능력이 부족한 영아에게 있어 정서는 내적 감정이나 생리적 충동 및 욕구를 표현하는 기능을 한다. 첫째, 영아의 정서표현은 자신의 상태를 양육자에게 알림으로써 양육자로 하여금 자기를 돌보게 하기 위한 기능이다. 둘째, 영아의 정서는 특정 자극에 대해 특정한 행동을 유발하기 위한 동기를 부여한다. 예를 들어, 배고픈 영아는 공복에 의해서 생기는 불쾌정서로 인해 팔이나 다리를 버둥대면서 울게 되며, 몸이 불편한 영아는 그 상황을 회피하기 위해 고통스런 표정과 함께 계속해서 울게 된다.

2) 영아기의 정서발달

신생아들은 맛과 냄새에 대해 뚜렷한 표정반응을 보이는데, 이는 신생아에게 이미 구별된 정서반응이 존재한다는 것을 입증한다. 또한 기쁨이나 슬픔과 같은 단순한 정서는 출생 시부터 존재하고 연령이 증가함에 따라 복잡한 정서와 함께 감수성이 점차 분화된다. 따라서 출생 시 미분화적이고 원시적이어서 자극에 대한 막연한 흥분만 나타나던 정서는 출생 3주부터 분화하기 시작하면서 먼저 단순한 불쾌정서만 나타나게 된다.

생후 1개월 된 아기의 정서는 자신만의 기질을 가지고 주위환경에 반응하다가 출생 후 3개월이 되면 불쾌와 만족으로 분화되고 6개월부터는 불쾌정서가 분노, 혐오, 공포로 발달·분화된다. 그리고 12개월이 되면 만족, 즉 쾌정서에서 분화된 애정과 의기양양이 나타나게 된다(성영혜 외, 1999).

행동주의학자 Watson(1919)은 인간의 정서는 태생적인 것으로 영아는 자극에 조건화되지 않은 세 가지의 정서반응, 즉 사랑, 분노, 공포반응을 이미 가지고 태어난다고 주장하였다. 또한 Sroufe(1979)는 출생 시에 신생아에게는 생리적 미소와 고통의 정서만 있지만 영아기부터 분화되기 시작하면서 출생 3개월에는 사회적 미소와 격노가 발달하고, 4개월에 웃음, 7개월에 노여움, 9개월에 공포, 18개월에 수치심, 그리고 36개월에는 죄책감이 발달한다고 하였다.

영아기의 정서발달을 정서표현, 정서이해, 정서조절, 정서표출로 구분하여 정리해 보면 다음과 같다.

(1) 영아의 정서표현

영아는 정서표현을 통해 양육자 및 주변 사람들과 관계를 형성하고 의사소통을 한다. 생애 초기에는 기쁨, 놀람, 공포, 분노, 슬픔 등의 기본정서를 나타내고, 걸음마기에 이르러 자기인식을 하면서부터는 자부심, 수치심, 죄책감, 부러움 등의 자의식적 정서가 나타나기 시작한다.

기본정서는 모든 문화권에서 공통적으로 나타나는 생물학적 반응으로 기쁨, 슬픔, 화남, 놀람 같은 단순한 형태의 정서이다. 이들의 공통 특성은 고등동물에서 발견되며, 모든 문화권에서 유사한 형태로 존재하며, 특징적인 얼굴 표정으로 나타나며, 생존 가능성을 증진시켜 준다는 점이다(권민균 외, 2012). 한편 자의식적 정서를 가지기 위해서는 자기인식과 각 문화권에서 요구되는 기준에 대한 인식이 필요하다.

① 기쁨

미소나 웃음으로 나타나는 기쁨의 정서는 양육자의 애정과 자극을 촉진하고 온정적이고 지지적인 양육자와의 관계를 통해 긍정적인 사회적 관계를 형성해 가도록 도와준다. 건강한 아기일수록 기쁨의 표현이 명확하고 자주 나타난다. 출생 직후에 나타나는 배냇미소는 선천적, 반사적인 것으로, 깊은 수면이나 부드러운 감촉 등과 같은 편안한 내적상태에서 비롯된 반응이다. 4주 경이 되면 영아는 움직이는 물체나 장난감 같은 외부의 자극에 대해 미소를 보인다. 또한 생후 6~10주 경에는 사람의 얼굴에 대해 사회적 미소를 지으며, 이러한 반응은 친숙한 사람과의 친밀감을 강화하는 역할을 한다. 6개월 경 영아는 친근한 사람과 상호작용할 때 더 미소짓고, 8~10개월 사이의 영아는 흥미를 보이는 성인에게 자신의 기쁨을 전달하기 위해 미소지으며, 10~12개월 된 영아는 상황에 따라 여러 종류의 미소를 짓고, 2세 경에 이르면 미소는 신중한 사회적 신호가 된다(Berk, 2012).

웃음은 미소와 마찬가지로 기쁨과 만족의 표현이다. 웃음은 3~4개월 경에 주로 반복되는 자극에 의해 나타나며, 생후 6개월이 되면 깔깔거리고 소리내어 웃는 등 행동으로 표현된다(Berk, 1996).

② 분노

출생 초기의 영아는 배고픔이나 고통 등 불쾌한 경험에 대해 울음으로 반응한다. 생후 4~5개월 경부터는 신체운동의 자유를 구속하거나 방해당했을 때 또는 가지고 있는 물건을 빼앗거나 갖고 놀지 못하게 할 때 갖게 되는 자신의 욕구와 희망에 대한 좌절을 분노로 표출한다. 영아가 성장함에 따라 분노의 표현방식은 초기에는 손, 팔, 다리를 격하게 움직이고 고통스런 울음으로 나타나지만 4~6개월 경에는 성난 목소리로 소리를 지르는 것으로 변화한다. 만 2세가 될 때까지 영아의 분노표현은 빈도와 강도가 모두 증가하는데, 2세 경에 최고조에 달하며 사랑과 관심으로 수용되지 않으면 공격성으로 발전하게 된다. 더 나아가 영아가 심한 분노나 공포자극에 지속적으로 노출되는 경우에는 정서적으로 불안해질 뿐만 아니라 불신감을 갖게 된다.

③ 공포

공포는 신체적, 심리적 위험에 대한 반응으로 나타난다. 출생 초기에는 갑자기 영아를 이동하거나 움직일 때, 큰 소리나 심한 고통을 주었을 때, 수면 시에 큰 자극을 줄 때 주로 놀라는 표정과 함께 우는 행동으로 공포반응을 나타낸다. 생후 약 6개월 경부터 공포의 정서는 분화되면서 새로운 대상이나 상황에 대해 공포감을 느끼기 시작하며 만 1세 경에 가장 심하게 나타난다. 애착이 형성된 사람과의 분리나 낯선 사람과의 만남은 영아의 공포를 유발하는 중요한 요인이 된다. 가장 흔한 현상은 친숙하지 않은 성인에 대한 반응으로 낯선 사람에 대한 불안(stranger anxiety)이다. 이러한 두려움은 영아가 낯선 사람이나 상황에 대해 스스로 극복하거나 대처하는데 어려움을 겪으면서 공포정서와 불안정서가 함께 나타날 수 있다. 영아가 지닌 두려움의 정서는 인지발달에 따라 위험한 사람이나 상황을 위험하지 않은 사람이나 상황과 구분할 수 있게 되고 점차 낯선 사람에 대한 불안과 공포가 사라지게 된다.

④ 애정

영아의 애정정서는 6개월을 전후하여 낯가림을 시작할 때에 자신을 돌보아 주는 사람에게 애착을 형성하면서 느끼게 되는 감정으로, 조용히 만져주거나 편안히 안아줄 때 미소를 짓거나 큰소리로 웃고 팔과 다리를 움직이면서 애정 표현을 하게 된다. 애정정서는 생후 1년 경에 뚜렷이 나타나며 사람 뿐만 아니라 자기가 가지고 노는 인형이나 장난감에 대해서도 애착을 형성해서 항상 그 물건을 가지고 다닌다. 이러한 애착행동은 18개월에서 24개월 사이에 절정을 이루게 된다.

⑤ 자부심, 수치감, 죄책감 등 자의식적 정서

생후 2년 경이 되면 자의식이 발달하기 시작하면서 비교적 복잡한 정서를 표현한다. 부끄러움이나 당황스러움의 표시로 손으로 얼굴을 가리거나 시선을 돌리고, 몸을 숨기는 등의 행동과 같은 영아의 행동은 과거의 경험이나 생각에 의해 평가된 후에 나타나는 제 2차적인 정서로 영아기 말 경부터 표현되기 시작한다.

자부심은 영아가 자신이 하고자 하는 일을 성공적으로 수행했을 때 나타나며, 반면에 수치심과 죄책감은 도덕적 위반이나 실패, 또는 부정적인 결과가 반복될 때 영아의 얼굴표정과 함께 행동으로 나타나게 된다(Park et al., 1997). 영아의 자아개념이 발달함에 따라 3세 경이 되면 양육자나 주변 사람들이 제공하는 칭찬과 비난에 민감해지는데, 자의식적 정서는 자기평가와 명확하게 연결되기 때문이다. 영아의 연령에 따른 정서발달의 시기를 정리해보면 표 8-1과 같다.

표 8-1 영아의 연령에 따른 정서발달

정서	개월
불편함/고통	출생시
관심/흥분	출생시
싫어함/혐오	출생시~3개월
슬픔	출생시~3개월
즐거움/환희	2~7개월
놀람	3~6개월
분노	4~7개월
호기심	4~7개월
경계심/두려움	4~9개월
심한 분노	7~18개월
애정/사랑	18~36개월
감정이입/동정	18~36개월
죄책감/당황함/수치심/자부심	24~36개월

(2) 영아의 정서이해

영아의 정서표현과 정서이해는 타인의 정서에 대한 이해능력과 밀접한 관련이 있다. 타인의 정서에 대한 이해는 대인관계에서 타인과 정서적 공감을 통해 상대방의 행동을 예측하게 해 주며, 이에 적절히 대응함으로써 원만한 사회적 관계를 이루도록 도와준다.

4개월 경의 영아는 목소리에 담긴 정서와 적절한 얼굴을 일치시킬 수 있다. 또한 자신이 응시하고 웃고 말소리를 낼 때 상대방도 같은 양식으로 응답하기를 기대하며 이에 대해 긍정적인 소리와 정서적 반응으로 응답한다(Berk, 2012). 8~12개월이 되면 영아는 불확실한 상황에서 적극적으로 부모의 정서적 반응을 살피고 자신의 행동을 조절하게 되는데, 이러한 영아의 행동을 사회적 참조라고 한다.

① 사회적 참조

사회적 참조(social referencing)는 불확실한 상황을 평가하기 위해 타인의 정서적 반응에 의존하는 것으로, 영아가 낯선 사람을 두려워할지, 낯선 장난감을 가지고 놀지, 시각절벽을 건널지 등을 결정할 때 양육자의 정서적 표현에 따르는 것을 볼 수 있다.

예를 들어, 이 책의 6장에서 살펴보았던 Gibson과 Walk의 시각절벽(Visual Cliff) 실험으로 돌아가 보자(그림 6-1 참조). 이와 유사한 실험에서 12개월의 유아를 시각절벽에 올려놓은 후 반대편에서 엄마가 긍정적 정서나 부정적 정서를 표현했다. 이 경우 유아는 엄마가 긍정적 정서표현을 하는 경우에만 시각절벽을 건넜으며, 엄마가 부정적 정서표현을 하거나, 시각절벽이 명백하게 위험한 경우에는 건너지 않았다(Sorce, Emde, Campos, & Klinnert, 1985).

그런데 영유아에게 애매하게 생긴 장난감을 제시하면 이들은 흔히 뒤에 앉은 엄마를 쳐다보았고, 이때 엄마가 긍정정서를 보내면 그 장난감에 접근했다. 반면 엄마가 부정정서를 보내면 장난감에서 멀어지는 행동을 보였다(Walden & Ogan, 1988). 이와 같은 영아의 사회적 참조 행동은 만 1세 무렵에 일관되게 관찰되는데, 이는 약 1세 정도에도 애매한 상황에 처하면 타인의 행동을 참조하며, 타인의 반응에 따라 자신의 행동을 조정한다는 점을 시사한다.

사회적 참조는 걸음마기 영아가 타인의 정서적 메시지에 반응하는 것과 더불어 자기 주변 환경의 안전을 평가하고 자신의 행동을 안내하며 타인의 의도와 선호성에 대한 정보를 얻는 데 매우 중요한 역할을 한다. 만 2세 경이 되면 사회적 참조를 통해 타인의 정서적 반응이 자신의 정서와 다를 수 있음을 알기 시작함에 따라 사회적 참조를 통해 자신과 타인의 사건에 대한 평가를 비교할 수 있게 된다.

만 3세가 되면 영아는 얼굴 표정과 상황단서를 사용하여 정서를 이해할 수 있으며, 특히 슬픔, 공포, 분노 등의 부정적 정서보다는 기쁨의 정서를 잘 이해하는데, 부정적 정서 중에서도 공포의 정서를 더 명확히 이해하고 슬픔과 분노의 정서는 혼동하는 경향을 보인다.

② 사회적 경험과 정서이해

정서이해에 있어서 양육자가 제공하는 사회적 경험이 매우 중요하다. 어머니가 영아와 대화할 때 정서에 이름을 붙이고 설명하고 표현할수록 유아는 더 많은 '정서 단어(emotion word)'를 사용하고 정서적 이해를 발달시키게 된다(Fivush & Haden, 2005; Laible & Song, 2006).

신생아는 다른 아기의 울음에 대한 반응으로 같이 울음을 터뜨린다. 어린 영아도 자신의 정서를 타인의 정서표현과 일치시키려고 하며, 양육자와의 면대면 대화에서 영아는 양육자와 정서적으로 밀접한 공감을 나타낸다(Zahn-Waxler, 1991). 자의식적 정서처럼 타인에 대한 정서이해는 타인과 구별되는 자아에 대한 이해를 필요로 한다. 2세 말 무렵 자의식이 강화됨에 따라 걸음마기 영아는 타인의 정서를 이해하고 타인의 감정에 자신의 감정을 이입할 수 있게 된다.

(3) 영아의 정서조절

정서조절(emotional regulation)은 자신의 정서상태를 조정하여 자신이 원하는 목표를 달성하기 위하여 사용하는 전략을 의미한다. 정서조절은 주의력, 생각과 행동을 억제하는 능력, 스트레스 상황을 완화시키기 위한 계획이나 그것을 적극적으로 선택하는 과정과 같은 인지적 능력을 필요로 한다. 영아기에는 제한적 정서조절능력을 지니고 있지만 양육자의 도움으로 인해 영아의 정서조절 전략은 점차 향상된다(Berk, 2012).

(4) 영아의 정서표출양식 습득

모든 사회는 언제, 어디서, 어떻게 정서를 표현하는 것이 적절한지를 밝히는 정서표출양식(emotional display rules)을 가지고 있다. 영아는 부모, 형제, 교사, 또래와 상호작용하면서 언제, 어떤 방식으로 정서표현을 하는 것이 적절한지에 대한 정보를 얻는다. 각 문화마다 정서표출양식이 다르게 나타나기 때문에 서로 다른 문화권의 영아는 정서표출양식에 대한 서로 다른 기준을 배워 나가는 방식으로 정서의 사회화가 이루어진다.

3) 유아기의 정서발달

분노, 공포, 환희 등 유아기에 나타나는 정서발달은 환경과 밀접한 관계를 가지고 진행된다. 예컨대, 애착이 형성될 시기에 애착 대상이 적절하지 못하거나 혼란한 경험이나 환경에 처하게 되면 성장 후에도 애정의 정서발달에 지장을 겪게 된다.

유아기 정서의 특징으로 4세 경에 특정 대상을 두려워하는 공포가 심해진다. 5세 경에 공포반응은 줄어드나 6세 경에 더욱 심해진다. 상상력의 발달, 관찰학습을 그 이유로 들고 있는데, 유아의 경험세계가 전보다 확장됨에 따라 불확실하고 불충분한 지식이 상상력과 결합되어 엉뚱한 공포가 생긴다.

유아의 기쁨은 애정과 밀접히 관계된다. 안고 귀여워하고 쓰다듬어 주면 유아는 기쁨을 느끼고 웃으며 자신의 애정을 표현한다. 4~5세 경에는 가까이에서 잘 해주는 사람과 상호적인 애정을 나누기도 하고 자기보다 어린 아기를 귀여워하고 보살펴 준다. 애정을 많이 받은 유아가 그렇지 못한 유아보다 정서적 · 신체적 발육이 빠르다.

3세에서 5세 경에는 주도성이 현저하게 발달한다. 이 시기의 유아는 자신의 신체와 주변 환경을 능숙하게 조절할 수 있게 되면 큰 성취감을 느낀다. 예를 들어, 스스로 대소변을 제대로 가린 후엔 자랑스러워하고 나무토막 쌓기 놀이에서 자신의 뜻대로 잘 쌓으면 기뻐하고, 실패하면 몇 번이고 반복하여 숙달하려고 노력한다. 이러한 태도는 유아가 환경에 더욱 잘 적응하게 되고 상호관계, 목적과 행동을 성취하는 자신의 능력에 대해 확신을 갖게 됨을 보여준다. 자신이 하는 일의 성공을 예견하고 스스로에게 가치를 부여하는 자아존중감(sense of self-esteem)은 성취감을 느끼고 자신이 유능하게 어떤 일을 해낼 수 있다는 느낌을 갖는 데서 발달된다.

이 시기 유아에게 중요한 타인은 가족이므로 가족들은 주도적 행동을 성취하려는 어린이의 노력을 돕고 격려해야 한다. 따를 수 있는 한계 내에서 유아의 호기심을 자극해 주고 자유를 허용하며, 애정어린 태도로 양육할 때 유아는 높은 자아존중감을 지니게 된다.

자신이 원하는 활동에 참여하고 어떤 목표나 계획을 세워 그것을 주도적으로 성취하고자 노력하는 유아들은 그들에 대한 부모의 지지도에 따라 주도성과 자발성을 갖거나 혹은 반대로 죄의식을 형성한다. 죄의식은 어린이가 계속적으로 부정적인 강화나 벌을 받거나, 부모나 다른 가족구성원이 주도적 행동을 하려는 어린이의 노력에 부끄러움을 느끼게 할 때 생긴다.

유아기의 주도성 발달은 양심의 발달과도 관계가 있다. 유아기에는 초보적인 양심, 즉 초자아(super-ego)가 나타나기 시작한다. 남근기에 이르러 유아는 오이디푸스 콤플렉스를 극복하기 위하여 같은 성의 부모를 동일시하게 되는데, 이때 부모의 태도, 가치 등이 유아에게나 가족에게 기대하는 행동에 반영된다. 유아는 부모의 이런 행동과 기대에 따라 부모의 가치관이나 태도를 자기 것으로 내면화하면서 초자아를 발달시키게 된다. 한편 유아기에는 가정에서부터 바깥세계로 서서히 사회관계를 변화시켜 나가기 시작한다. 이들은 계속 새로운 사람, 사물, 생각, 상황, 문제, 역할 등에 노출되는 기회가 많아진다. 따라서 동일시와 정체감 형성의 가능성은 커지고 그 양상은 복잡해진다(강경미, 구광현, 백경숙, 2005).

2. 기질발달

1) 기질의 개념

심리학에서 기질(temperament), 성격(character) 그리고 인성(인격, personality)은 감정과 생각의 다양한 방식을 설명하기 위해 사용되는 개념으로 서로 밀접하게 연결되어 있다. 하지만 이 개념들의 유사점이 각각의 의미를 종종 혼란스럽게 만들기도 한다. 간단히 말하면, 기질과 성격은 인성의 중요한 부분이라 할 수 있다. 기질은 유전자에서 나오는 인성의 자연스러운 부분이며, 생물학적이고 본능적인 인성의 일부로 여겨진다. 사실, 기질은 가장 먼저 드러나는 인성의 일부이다. 아기에게서도 다양한 기질을 볼 수 있다. 예를 들어, 어떤 아기는 긍정적인 감정이나 부정적인 감정을 더 잘 드러내고 더 느낄 수 있다. 어떤 아기는 기분이 더 좋거나 더 나쁠 수도 있다. 기질은 유전으로 물려받은 특질에서 나오기 때문에, 조종하거나 바꾸기가 어렵다. 어떤 식으로든, 기질은 항상 남아 있다. 그렇다고 이를 바꾸기 위한 노력을 할 수 없는 것은 아니다.

성격은 기질(물려받은 특질)과 후천적으로 배운 사회적 및 교육적 습관이 결합된 것이다. 즉, 이것은 기질의 타고난 요소와 살면서 배운 요소를 모두 포함한다. 성격은 삶에서 나온 경험 및 사회적 상호작용의 결과이다. 그래서 이러한 습관들이 기질과 생물학적 성향에 영향을 미친다. 그 습관은 성향을 조절하고 다듬어, 인격을 형성한다. 성격은 기질만큼 안정적이지 않다. 유전적이지 않기 때문에 발달 초기에 완전히 나타나지 않는다. 그것은 실제로 다양한 단계를 통해 나오고 청소년기 동안 가장 완전한 형태를 취한다. 그 이유로 우리는 성격을 수정하고 변화시킬 수 있는데, 예를 들면 사회적 교육을 통해 가능하다.

인성(인격)은 성격(기질과 배운 습관)에 행동을 결합한 것이다. 인성은 유전의 산물로만 볼 수 없으며, 개인에게 작용하는 환경적 영향의 결과이기도 하다. 인성이란 개개인을 구별하는 것이며, 시간이 지나면서 그리고 상황에 의해 영향을 받으면서 안정화된다. 인성은 개인의 행동 패턴을 형성하는 감정, 지각, 그리고 행동의 집합이다. 이것이 각자가 느끼고, 생각하고, 또한 행동하는 방식이며, 상호작용을 하고, 스스로 규제하고, 역동적인 시스템을 형성하는 과정의 집합이다.

영아기는 인성발달의 전 단계로 아동기 성격발달의 기초가 된다. 영아의 경우 성격 대신 기질이라는 용어를 많이 사용하는데, 그 이유는 기질이 인성의 핵심 요소로서 영아기에 나타나는 특이한 반응양식이기 때문이다. 따라서 영아의 인성발달에 관한 연구는 대부분 영아초기에 나타나는 행동 및 정서의 반응인 기질에 초점을 맞추고 있다.

일반적으로 기질은 한 인간의 행동을 특징짓는 기본적인 정서나 성격에서 나타나는 개인차로 유전에 기초한 인성발달 이전의 상태를 의미한다. 기질의 발달에 대해 알아보기 위해 실시한 뉴욕종단연구(New York Longitudinal Study)를 통해 Thomas와 Chess(1977)는 기질이 심리적 문제를 증가시키거나 스트레스를 주는 부정적인 가정생활의 영향으로부터 아동을 보호하는 데 중요한 역할을 한다는 사실을 발견하였다. 그리고 이러한 기질 특성은 고정된 것이 아니라 부모의 양육방식에 따라 변화될 수 있다고 하였다. Campbell과 Eaton(1995)의 연구에 따르면 1세 이전부터 이미 남아가 여아보다 활동적인데, 이러한 성차는 기질이 생물학적 요인의 영향을 받음을 시사한다. 한편, 기질적 반응의 개인적 차이는 출생 이전의 부모의 양육조건이나 사회 문화적인 환경과도 관련된다. 예컨대, 신생아의 정서적 반응은 임신 중 산모가 경험한 불안이나 우울증, 신경증과 밀접한 관계가 있다. 또 중국이나 일본의 아기들이 북미의 아기들보다 기질적으로 비교적 순하고 환경에 잘 적응하는 것으로 나타난다(Field, 1990). 이처럼 기질은 타고난 생물학적 요인을 기초로 환경과의 상호작용을 통해 한 개인의 독특한 행동양식으로 표출된다.

2) 기질의 차원

아이들은 우는 모습에서부터 자는 모습, 버릇 하나까지도 저마다 다른 행동을 보인다. 이렇게 생후 얼마 되지 않은 아이들이 독특한 개성과 행동방식을 나타내는 것은 이들이 가지고 있는 기질의 차이이다. 영아의 기질을 구분하기 위한 기질 차원(구성요소)은 학자들에 따라 차이가 있는데, 대표적인 견해로는 Thomas와 Chess의 NYLS 모형, Buss와 Plomin의 EAS 모형, Rothbart의 모형이 있다. 학자들이 자주 언급하고 있는 기질의 차원은 활동성, 반응성, 긍정적/부정적 정서성, 사회성, 주의집중성 등이다(Bee, 1997).

(1) Thomas와 Chess의 NYLS 모형

Thomas와 Chess(1977)는 뉴욕종단연구(New York Longitudinal Study)를 통해 영아의 기질 차원을 활동성, 규칙성, 접근/회피성향, 적응성, 반응강도, 반응역치, 기분(정서상태), 주의산만성, 주의집중성(지속성)으로 구분하였다(표 8-2 참조).

표 8-2 Thomas와 Chess의 기질 차원

차원	내용
활동성	잠을 잘 때 얼마나 많이 움직이는지, 적극적인 놀이활동을 얼마나 좋아하는지 등과 같은 신체활동량
규칙성	먹고 자는 시간이나 양이 얼마나 규칙적인지를 나타내는 일상생활의 규칙성
접근/회피 성향	새로운 장소나 음식, 사람, 활동 등에 얼마나 쉽게 접근하고 관심을 가지는지를 나타내는 수용 및 회피의 정도

적응성	새로운 환경이나 활동에 얼마나 빠르게 잘 적응하는지를 나타내는 적응의 용이성
반응강도	마음에 들지 않은 상황(예: 젖은 기저귀)에 접했을 때 얼마나 강한 반응을 보이는지 등 자극에 대한 반응강도
반응역치	큰 소리에 얼마나 반응하는지, 혼자서 얼마나 잘 잠자리에 드는지, 음식은 얼마나 잘 먹는지 등 새로운 반응을 유발하는데 필요한 자극의 강도
기분(정서상태)	긍정 혹은 부정 정서를 얼마나 많이, 강하게 표현하는지 등과 같은 비우호적인 행동에 대한 우호적인 행동의 양
주의산만성	한 자극에 집중할 수 있는 정도나 다른 자극에 의해 주의가 분산되는 정도
주의집중성(지속성)	과제나 특정 활동, 놀이 등을 끝까지 하려고 하는지 아니면 금방 포기하려고 하는지를 나타내는 활동의 지속시간과, 방해요소가 있을 때에도 계속하는 정도

(2) Buss와 Plomin의 EAS 모형

Buss와 Plomin(1975; 1984)은 행동유전학(behavioral genetics)의 관점에 근거하여 기질이 타고난 것으로 유아기에 비교적 안정적이며 성인기가 되어서도 유지되는 적응적인 특성이라고 보고, 기질 차원을 정서성(E), 활동성(A), 사회성(S)의 세 가지로 분류하였다. EAS 모델의 각 차원은 표 8-3과 같다.

표 8-3 Buss와 Plomin의 기질 차원

차원	내용
정서성(emotionality)	정서성은 자극에 대한 정서적 반응 정도를 의미한다. 어떤 영아는 큰 소리로 울거나 강한 분노를 표출하는 등 극단적인 정서반응을 보이지만, 또 어떤 영아는 정서적 반응을 드물게 표현한다.
활동성(activity)	활동성은 일상생활에서 나타나는 행동의 속도와 강도를 의미한다. 어떤 영아는 끊임없이 움직이며 새로운 것을 추구하고 격렬한 움직임을 즐기지만, 또 어떤 영아는 조용하고 정적인 활동을 선호한다.
사회성(sociability)	사회성은 타인과 함께하는 것을 선호하는 정도를 의미한다. 어떤 영아는 혼자 있는 것을 싫어하고 사람들과 함께 있는 것을 좋아하며 낯선 사람에게도 쉽게 접근하는가 하면, 또 어떤 영아는 다른 사람들과 함께하는 것을 꺼리고 낯선 사람에 대해 불편함을 나타낸다.

(3) Rothbart의 모형

Rothbart는 기질의 개인차를 행동적 반응의 개인적 특성에 따른 것이라고 보고, 각 개인이 지닌 정서적 특성을 강조하였다(Derryberry & Rothbart, 1997). 그는 특히 반응성과 자기조절의 생리적 기능에 따른 개인차에 기초하여 기질을 설명하였다. 반응성은 신경체계의 생리학적인 감수성을 의미하는 것으로 운동, 감정, 감각 반응체계의 각성으로 자극에 대한 영아의 반응정도를 의미한다. 자기조절은 주의집중이나 억제통제처럼 영아 스스로 반응성을 조절하는 통제력을 의미한다. 또한 Rothbart는 기질 차원을 좀 더 세분화하여 활동성, 주의력 간격/지속성, 강한 고통, 고통민감성, 긍정적 정서, 의도적 통제로 구분하였다(Rothbart, 2003; Rothbart & Bates, 1998; 표 8-4 참조).

표 8-4 Rothbart의 기질 차원

차원		내용
반응성	활동성	대근육활동의 수준
	주의력 간격/지속성	관심과 흥미의 지속되는 정도
	강한 고통	새로운 한경에 적응하는 시간과 더불어 강하고 새로운 자극에 대해 반응하는 걱정과 고통의 정도
	고통민감성	욕구가 좌절될 때 힘들어하고 울거나 고통스러워하는 정도
	긍정적 정서	기쁨과 즐거움의 표현 정도
자기조절	의도적 통제	적응적인 반응을 계획하고 실행하기 위해 자발적으로 반응을 억제하는 능력

자료: Berk(2012).

3) 기질의 유형

Thomas와 Chess(1977)는 기질의 차원을 기초로 영아가 나타내는 반응에 따라 순한 기질 아이, 까다로운 기질 아이, 느린 기질 아이 등 세 가지 유형으로 분류하였다. 이들의 연구에 따르면, 영아의 65%는 이 세 가지 유형 중 하나에 속하며, 나머지 약 35%의 영아는 이 세 유형이 혼합된 기질 특성을 나타낸다. 또한 이러한 기질적 특성은 생의 초기 환경적 경험이나 부모의 양육방식에 따라 변화될 수 있으며, 영아들은 각자의 특성에 따른 방식의 양육을 필요로 한다.

(1) 순한 기질 아이(easy child)

순한 기질 아이는 일상적인 생활습관이 규칙적이고 환경의 변화에도 잘 적응한다. 대체로 평온한 정서 상태를 유지하고 새로운 환경에 쉽게 적응하며 놀잇감을 가지고 혼자서도 잘 논다. 일반적으로 약 40%의 영아가 이 유형에 속한다.

(2) 까다로운 기질 아이(difficult child)

까다로운 기질 아이는 일상적인 생활습관이 불규칙하고 환경의 변화에 부정적이고 강렬하게 반응하는 경향을 보인다. 새로운 환경이나 낯선 사람에 대해 심하게 위축되는 경향을 보이며, 적응하는데 오랜 시간이 필요하다. 약 10%의 영아가 이 유형에 속한다.

(3) 느린 기질 아이(slow-to-warm-up child)

느린 기질 아이는 비활동적이고 온순하며 환경 변화에 대해 서서히 적응한다. 자극에 대한 반응을 겉으로 드러내지 않거나 약하게 드러내며, 새로운 경험에는 다소 부정적이지만 서서히 적응하는 경향을 보인다. 일상생활 습관은 순한 기질의 영아보다는 덜 규칙적이지만 까다로운 기질의 영아보다는 규칙적인 경향을 보인다. 약 15%의 영아가 이 유형에 속한다.

4) 기질의 발달

주의력 간격, 민감성, 사교성, 수줍음, 주의통제 등 기질 하위척도에서 높거나 낮은 점수를 받은 어린 아동이 몇 달에서 몇 년 후, 경우에 따라서는 성인기에 다시 평가할 경우 비슷하게 응답하는 것으로 나타났다(Caspi et al., 2003; Kagan, 2003; Rothbart, Ahadi, & Evans, 2000).

일반적으로 신생아나 걸음마기 영아의 경우 전반적인 기질의 안정성이 낮으나 유아기에 이르면 기질의 안정성은 어느 정도 유지하게 된다(Putnam, Samson, & Rothbart, 2000).

기질은 영아가 가지고 태어난 비교적 안정된 특성으로 성격에 있어서 개인차의 상당 부분은 유전적 요인의 차이와 관련된다(Rothbart & Bates, 1998). 하지만 환경적 영향 역시 강력하며, 유전의 영향력은 연령이 증가함에 따라 감소한다. 또한 주변 환경에 대한 영아의 접근방식은 영아에게 제공되는 경험의 영향을 받는다. 따라서 유전과 환경 모두 기질에 기여한다고 할 수 있다.

Thomas와 Chess(1977)는 어떻게 기질과 환경이 적절한 결과를 만들어 내는지를 설명하기 위하여 조화적합성 모델(goodness-of-fit model)을 제안하였다. 조화적합성이란 영아의 기질적 반응유형과 물리적, 사회적 환경 간의 조화를 말하는데 영아의 기질 특성이 환경의 요구나 기대와 일치하는 정도에 따라 영아의 사회적 상호작용이 달라진다는 것이다. Thomas와 Chess는 조화적합성 모델을 통해 적응적 기능을 강조하면서 개별 유아의 기질에 대한 인식을 바탕으로 자녀의 양육환경 구성의 중요성을 부각시켰다. 즉, 조화적합성 모델은 개별 유아마다 독특한 특성이 있음을 인지하고 자녀의 특성을 강점으로 만들어가는 양육환경의 중요성을 강조한다.

3. 애착발달

어린 시절에 유아가 양육자(어머니)와 형성하는 정서적 유대는 생애를 통해 지속적인 영향을 준다. 유아기에 형성되는 어머니와의 초기 애착관계는 유아의 자아감 발달 및 인지, 사회, 정서발달뿐 아니라 장차 타인과의 사회적 관계를 맺을 수 있는 능력에까지 작용한다.

1) 애착의 개념

발달심리학에서 애착(attachment)이라는 용어는 1960년대 John Bowlby(1907~1990)가 영아와 양육자 간에 형성되는 유대관계를 설명하기 위해 처음 사용한 것으로, '특정한 두 사람 간에 형성되는 애정적인 유대관계'로 정의했다(Bowlby, 1969). Ainsworth(1978)는 Bowlby의 이론을 발전시키면서 애착을 영아와 양육자(주로 어머니) 간에 형성되는 친밀한 정서적 유대감이라고 정의했다. 즉, 유아의 애착이란 어떤 특정한 대상과 능동적, 애정적 관계를 형성하는 것이며, 어느 정도 지속성이 있는 정서적 유대라 할 수 있다.

애착은 영아의 사회적 관계에서 가장 특징적인 행동이라고 할 수 있으며 생후 6개월 정도가 되면 대부분의 영아들은 특정인과의 애착관계를 형성하기 시작한다. 주로 양육자인 어머니 또는 아버지가 애착의 대상이 되고 점차적으로 다른 가족이나 친구에게로 확대된다. 영아의 애착행동은 애착대상과의 접촉을 유지하려고 노력하며, 애착대상과 함께 있으면 안락과 편안함을 느끼는 반면 다른 사람과 함께 있으면 불안과 초조의 반응을 보이며, 애착대상이 없을 때는 슬픔을 나타낸다. 애착행동은 단순한 접근 행동만을 의미하는 것이 아니라 애착대상을 심리적 안전기반으로 삼으면서 낯선 환경의 두려움을 견디게 해주는 마음의 보루로 작용하여 유아가 주위환경을 자유롭게 탐색하도록 한다. 즉, 울음, 미소, 소리내기 등의 신호행동이나 애착대상을 쳐다보기, 따라가기, 접근하기 등의 정향행동과 기어오르기, 껴안기, 매달리기 등의 신체적 접촉 등이 포함된다. 이러한 애착행동들은 상황적 요인에 따라 그 강도가 달라진다. 예들 들면, 유아가 배고프거나 아플 때에는 평소보다 강도 높은 애착행동을 할 것이다. 그러나 애착은 지속적인 정서적 유대이므로 상황적 요인에 의해 거의 영향받지 않는다. 애착행동이 나타나지 않아도 애착은 사라진 것이 아니라 내적으로 표상되어 있는 것이다.

인간의 애착행동 연구는 Lorenz의 각인행동(imprinting behavior)에 대한 연구에서 그 기원을 찾을 수 있다. 인공적으로 부화한 새끼오리에게 생물학적인 어미오리를 무시하고 결정적 시간 내에 Lorenz 자신을 어미로 부각시킨 결과, 새끼오리는 Lorenz를 어미로 알고 추종하였다. 또 Lamb(1977)은 영아와 어머니, 영아와 아버지의 애착관계를 연구한 결과, 영아들은 아버지보다 어머니에게 더 애착반응을 보이지만, 부모 중 어느 한쪽의 부모가 부재할 때는 함께 있는 부모(어머니 또는 아버지)에게 애착을 형성하는 것을 발견하였다(장휘숙, 1985). 그리고 이러한 영아의 어머니에 대한 애착반응의 원인은 어머니가 영아에게 젖을 먹여주기 때문이라는 수유(feeding) 이론이 주류를 이루었다.

그러나 Harlow와 Zimmerman(1959)의 원숭이 실험에서 새끼원숭이는 벨벳헝겊과 철사로 만든 두 종류의 모조 어미원숭이 중에서 먹이와 따스함이 있는 철사 어미원숭이보다는 부드럽고 포근한 촉감을 주는 벨벳헝겊의 어미원숭이와 더 많은 시간을 보내며 애착반응을 보였다. 따라서 영아의 애착은 수유와 같은 욕구의 충족 때문이 아니라 양육자와의 부드러운 접촉과 심리적 위안을 통해 형성된다는 것이 밝혀졌다(그림 8-1 참조).

그림 8-1 Harlow의 새끼원숭이 애착실험

애착은 영아가 울거나 도움을 청할 때 신속하게 애정을 보임으로써 형성되며 그렇지 못할 경우는 애착의 형성시간이 길어지고 강도도 약해진다. 또한 어린 시기에 바람직한 애착관계가 형성되지 않으면 아동기의 성격발달에 부정적인 영향을 미칠 뿐만 아니라 성장한 후의 대인관계에도 문제가 된다. 그 이유는 영아기에 안정된 애착을 형성하지 못하면 다음 단계로의 발전에 중요한 신뢰감과 자신감을 발달시킬 수 없기 때문이다.

2) 애착체계

애착체계는 인간의 진화된 많은 행동체계 중의 하나로, 생후 6개월에 조직되고 9개월 이후에 정교화되어 애착이 체계적으로 작용하도록 한다(Bowlby, 1973). 유아는 어머니(양육자)를 안전기반으로 삼으면서 어머니에 대한 접근(proximity)과 환경을 탐색(exploring)하는 행동을 하며 균형을 유지하는데, 이러한 안전기반 행동은 개인의 애착체계의 작용에 의해 나타나는 것이다. Bowlby에 의하면 개인의 애착체계는 목표수정 제어체계(a goal-corrected control system)로 발달한다.

이 체계의 목표는 안정감(security)인데, 유아는 양육자에 대한 이 목표를 유지하기 위해 양육자에게 접근하고, 환경을 탐색하며 안전기반 행동을 유지하기 위해 상황적 맥락에 따라 지속적으로 행동을 수정한다. 예를 들면, 유아가 안전한 상황에서는 양육자와 어느 정도 떨어져 있어도 환경을 탐색하지만, 공포나 스트레스를 경험하면 목표는 수정되어 탐색보다 양육자에게 접근을 추구할 것이다. 특히 어머니에게 불안하게 애착된 유아들은 익숙하지 않은 환경에 있게 될 때 탐색을 주저하게 되고, 안정적으로 애착된 유아들은 어머니가 있으면 낯선 환경이라도 탐색을 한다. 즉, 탐색을 위해 어머니를 안전기반으로 사용하는 것에 개인차가 나타난다.

유아의 애착체계는 생후 1년 동안 애착인물(어머니)과의 상호작용의 질과 특성에 의해 영향을 받는다. 따라서 어머니의 행동이 매우 중요하다(Belsky, 1988). 유아는 이런 관계에 기초하여 자신, 타인들, 세계에 대하여 정신적 표상을 구성한다. 이러한 정신적 표상이 '내적 수행모델(internal working models)'이며, 유아는 애착인물의 반응을 해석하고 예측하여 그가 받은 양육의 질에 근거하여 형성한 내적 수행모델로 현재와 미래의 행동을 계획한다. 만일 지지적이고 민감한 어머니를 가진 유아는 유능하고 사랑받는 자신 및 다가갈 수 있는 어머니의 내적 수행모델을 가질 것이다(Bowlby, 1973). 애착인물이 유아를 거부하고 무시한다면, 유아는 불안하게 애착되어 자신을 용납할 수 없는 부정적인 내적 수행모델을 형성할 것이다. Bowlby에 따르면, 부모의 내적 수행모델을 통해 전달된 애착형태는 어린 시절에 발달된다. 어머니의 수행모델은 자녀와의 상호작용 방식에 영향을 줄 것으로 가정되므로, 어머니의 애착에 관한 개념화는 자녀의 애착형성에 영향을 준다는 것이다. 부모가 어렸을 때 자신의 부모와 맺은 애착관계의 수행모델은 그들이 자신의 자녀와 맺는 애착관계의 질과 관련된다(Main, Kaplan & Cassidy, 1985). 그 외에도 많은 연구들이 애착관계에 대하여 세대 간의 연속성이 있음을 지지한다(Main & Goldwyn, 1991).

3) 애착행동의 발달단계

애착은 출생 직후부터 형성되는 것이 아니라 사물의 영속성 개념의 발달과 같이 어느 정도 인지발달이 이루어져야 하고 애착대상과 많은 상호작용을 해야 애착관계가 이루어진다. 즉, 애착체계는 생후 6개월 이후에 조직되고 9개월 이후에 정교화되는데 이 애착의 정교화가 애착행동의 발달을 뜻하는 것이다. 생후 약 6, 7개월 지나면 양육자와 영아 간의 애착관계가 발달하는데 어머니의 양육태도와 가족 환경이 비교적 안정적이라면 생후 3년 정도까지 동일한 애착관계를 지속한다고 본다. Bowlby(1969)는 영아의 애착형성을 4단계로 다음과 같이 구분했다.

(1) 전 애착단계(Preattachment Phase: 출생~6/12주)

출생 후 약 2개월까지 영아는 빨기반사, 젖 찾기반사, 파악반사 등의 감각적 접촉을 통하여 애착대상자인 양육자의 독특한 특성을 이해하게 된다. 영아의 울음이나 미소, 옹알이 등은 양육자로 하여금 자신에게 접근하게 하거나 양육자를 그들 곁에 두기 위한 노력이다. 또한 양육자 옆에 가까이 달라붙어 있거나 눈으로 추적함으로써 양육자와의 근접을 유지하려고 노력한다. 그러나 아직 애착이 형성되지 않은 시기로 낯선 사람과 혼자 남겨져도 영아는 별로 개의치 않는다.

(2) 애착형성단계(Attachment in the Making Phase: 6/12주~6/8개월)

영아의 애착반응은 몇 사람의 친숙한 성인에게 한정된다. 따라서 친숙한 사람이 나타나면 미소를 짓고 좋아하며 그가 떠나면 슬퍼하게 된다. 그 예로 영아는 어머니와의 상호작용에서 더 많이 웃거나 옹알이를 더 자주 한다. 또 이때 영아는 자신의 행동이 다른 사람에게 영향을 미친다는 것을 깨닫게 되면서 자신이 필요할 때 어머니가 언제든지 반응할 것이라는 신뢰감이 발달하기 시작한다. 그러나 이 단계에서 영아는 가장 친숙한 양육자는 물론, 한두 사람 다른 성인을 구별할 수 있음에도 불구하고 자기를 혼자 남겨놓고 양육자가 자리를 떠나도 분리불안을 나타내지 않는다.

(3) 애착단계(Phase of Clearcut Attachment: 6/8개월~12/18개월)

양육자에 대한 분명한 애착을 형성하며 애착대상에게 능동적으로 접근하거나 접촉을 시도하게 된다. 또한 다른 가족에 대해서도 애착행동을 보인다. 따라서 이 단계에서는 애착대상이 떠나게 되면 분리불안이 발생하게 된다. 분리불안은 모든 문화권에서 볼 수 있는 보편적인 현상으로 생후 9개월 전후에 나타나기 시작해서 15개월 경에 절정에 달하며 그 이후부터는 점차 감소한다. 이러한 분리불안은 애착대상이 시야에서 사라져도 계속 존재한다는 대상영속성의 개념을 습득했기 때문에 나타나는 현상이다. 따라서 대상영속성 개념을 습득하지 못한 영아는 분리불안이 출현하지 않는다.

(4) 상호관계형성단계(Formation of reciprocal relationship: 12/18개월~2세)

이 단계에서 영아는 사회적 관계에 대한 기본 개념을 습득한다. 따라서 양육자와 협력관계를 형성할 수 있으며, 영아의 인지능력 증대와 함께 타인의 소망이나 목표를 탐지하고 행동을 예측할 수 있게 된다. 그러므로 양육자가 언제 다시 돌아올지 알기 때문에 양육자가 돌아올 때까지 기다릴 수도 있으며 또한 분리불안도 감소한다. 그 예로 걸음마기의 영아들은 부모행동에 영향을 줄 수 있는 다양한 행동을 시도하며 또한 양육자에게 애착행동 대신 다른 조건을 제시하거나 요구하기도 한다.

4) 애착유형

영아기 애착의 유형은 부모의 일관성 있는 반응과 수용에 의해 결정된다. 안정애착의 부모들은 자신의 행동을 아이에게 맞추고 자주 웃어주며 풍부한 감정표현과 함께 많은 신체접촉을 하고 아기의 욕구를 잘 이해한다. 반면에 불안정애착의 부모는 신뢰가 부족하고 일관성이 없거나 조급하며 또 영아의 욕구에 민감하지 못하거나 정서적으로 우울, 불안한 경우가 많다.

Sroufe(1979)의 연구에 의하면 영아기에 안정된 애착관계를 나타냈던 아동은 다른 아동에 비해 자신감 있고, 사회적으로 유능하며, 협동적이고, 자율적이며 인기가 있는 반면, 불안정 애착유형의 아이는 고립 또는 단절되며 회피적이다.

Bowlby의 제자인 Mary Ainsworth는 Bowlby의 이론을 확장하여 8가지 에피소드로 구성된 '낯선상황(SS: Stranger Situation) 실험'을 통해 영아의 애착의 질을 평가해서 크게 안정애착과 불안정애착으로 구분했으며, 불안정애착을 다시 세분화해서 회피애착, 저항애착, 혼란애착의 3가지 유형으로 분류했다(Ainsworth 외, 1978). 각 애착의 특징은 다음과 같다.

(1) 안정애착

안정애착 유형의 영아는 주위를 탐색하기 위해 어머니로부터 비교적 쉽게 분리된다. 또한 영아는 어머니가 늘 자기 곁에 있으며 필요하면 언제든지 온다는 것을 알기 때문에 어머니와 분리되고 난 후에도 능동적으로 다른 위안을 찾고 안정감을 유지하다가 어머니가 돌아오면 반갑게 맞으며 쉽게 편안해진다. 연구대상 영아의 약 65% 정도가 이 유형에 해당된다.

(2) 회피애착

연구대상의 20% 정도를 차지하는 회피애착 유형은 어머니와의 관계에서 친밀감이 형성되지 않았기 때문에 낯선 사람에게 보이는 비슷한 반응이 나타난다. 따라서 어머니와 분리되거나 어머니가 방에서 나가도 별로 반응이 없고 울지 않으며 심지어 어머니가 돌아와도 무시하거나 회피한다.

(3) 저항애착

연구대상의 약 10~15%를 차지하는 이 유형의 영아는 어머니가 방을 떠나기 전부터 불안해하고 어머니 옆에 붙어서 주변 탐색을 하려고 하지 않는다. 또한 어머니가 방을 나가면 심한 분리불안을 나타낸다. 그러나 어머니가 돌아오면 접촉하려고 시도는 하지만 안아 주어도 안정감을 얻지 못하고 어머니를 밀어내면서 분노를 표출하거나 저항의 자세를 나타낸다.

(4) 혼란애착

혼란애착은 회피애착과 저항애착이 결합된 것으로 매우 불안정한 애착의 유형이다. 연구대상의 5~10%에 해당된다. 이 유형의 영아는 어머니와 분리되는 경우 전혀 반응이 없거나 아주 심한 불안을 나타내기도 한다. 그리고 어머니와 재결합했을 때 굳은 표정으로 어머니에게 접근하며, 어머니가 안아도 전혀 관심을 표현하지 않는다.

이와 같은 Ainworth 등(1978)의 낯선 상황 실험이 영아의 애착의 질을 측정하기 위한 중요한 지표가 되기는 하지만, 이 실험 하나만을 가지고 안정애착 또는 불안정애착으로 구분하기에는 주의가 필요하다. 따라서 최근에는 이 실험과 함께 Waters와 그의 동료(1995)들이 개발한 Q-sort(AQS: Attachment Q-set)도 많이 사용하고 있다. 이 도구는 "어머니가 방으로 들어오면 영아는 아주 크게 웃고 기뻐하며 어머니를 환영한다." 또는 "어머니가 움직이면 영아도 따라간다."와 같은 애착과 관련된 90개의 문항을 부모가 응답한 총점으로 평가해서 안정애착과 불안정애착으로 구분한다. 평가 결과는 낯선 상황 실험과 거의 일치하는 것으로 나타났다.

5) 애착반응

(1) 낯가림

낯가림(stranger anxiety)은 낯선 사람에 대한 불안 반응으로 대개 6개월에서 시작하여 8~10개월에 절정에 이르고 15개월 정도가 되면 점차 감소한다. 영아의 낯가림은 어머니에 대한 애착의 표현이며 영아기에 나타나는 보편적인 행동으로 간주된다.

영아는 이 기간 동안 낯선 사람이 요란하고 급하게 다가오게 되면 심한 불안을 나타내며 울거나 얼굴을 돌리는 등의 회피행동을 보이게 된다. 따라서 낯선 사람은 아이에게 점진적으로 접근하도록 배려해야 하며, 가능하면 애착형성 이전부터 낯선 사람과 접촉할 기회를 자주 제공하는 것이 중요하다. 또한 심하게 낯가림을 하는 영아는 어머니와 함께 있을 때 낯선 사람과 자주 접촉할 기회를 갖게 해주면 낯가림 현상이 감소될 수 있다.

대부분의 영아가 낯선 사람에 대해 불안 반응을 보이지만, 심한 낯가림은 영아의 탐색 활동을 감소시킬 뿐만 아니라, 심리적 불안과 위축을 초래해서 사회성 발달을 저해하기도 한다.

낯가림의 정도는 영아의 기질이나 환경요인에 따라 차이가 있다. 기질적으로 순한 아기가 까다로운 아기보다 낯가림을 덜 하는 것으로 나타났다. 또한 어머니의 양육태도가 수용적이면 애착관계가 빨리 형성되기 때문에 낯가림과 분리불안 현상이 일반 아이들보다 일찍 출현하게 된다.

(2) 분리불안

분리불안(separation anxiety)은 대체로 낯가림과 비슷한 시기인 출생 후 9개월 경에 시작하여 15개월에 절정에 달했다가 20~24개월 경이면 사라진다. 분리불안은 영아가 애착대상과 분리될 때 나타나는 반응으로 정상적인 애착관계를 형성한 영아들은 어머니와 분리되면 슬퍼하고 불안해하며 울게 된다. 또한 한동안 어머니와 분리되었다가 다시 만나게 되면 어머니를 붙들고 조금도 떨어지지 않으려는 반응을 나타낸다.

분리불안은 영아의 성숙 정도와 분리 이전의 애착유형과 강도, 사람이나 환경과의 친숙한 정도 및 분리기간과 같은 여러 가지 요인에 의해 결정된다. 그 예로 안정애착을 형성한 영아는 불안정 애착을 형성한 영아보다 분리불안 반응을 덜 보이는 경향이 있으며 어머니를 찾고자 하는 노력은 주변환경에 대한 탐색활동이 된다.

분리불안은 영아의 연령 증가와 함께 감소하며 또한 친숙한 사람이나 물건의 존재는 영아의 불안을 약화시키거나 상쇄하는 작용을 한다. 예를 들면, 어머니의 부재 시에 아버지의 존재는 영아에게 안정감을 준다. 특히 아버지와의 즐거운 놀이경험은 영아의 사회적, 정서적 발달을 도와서 나중에 영아가 또래와의 놀이에 성공적으로 참여할 수 있게 준비시키는 역할을 한다.

6) 애착형성의 영향요인

애착형성에 영향을 미치는 요인으로는 영아의 기질, 영아와 부모의 특성 그리고 양육의 질 등을 들 수 있다.

조산이나 발달지체, 신체장애 또는 심리적 장애가 있는 영아의 경우, 불안정 애착과 상관이 있는 것으로 보이며, 영아의 기질적 특성도 애착유형과 상관이 있는 것으로 보인다. 일반적으로 영아의 적응성은 안정애착과 정적 상관이 있으며, 영아의 활동성은 불안정애착과 정적 상관이 있는 것으로 나타났다. 아동의 적응력이 낮고 활동적일수록 어머니는 영아를 까다로운 것으로 인식하며, 어머니가 까다롭다고 인식하는 영아는 불안정애착 유형을 보일 가능성이 높다.

영아의 기질이나 특성 뿐만 아니라 어머니의 특성도 애착형성에 영향을 미치는 요인으로 작용한다. 어머니의 특성으로는 어머니의 성격, 연령, 사회경제적 지위, 어머니 자신의 양육과정 등이 애착형성에 영향을 미치는 요인이다. 연구결과에 따라 다소 차이는 있으나, 어머니의 성격특성 가운데 애착형성에 영향을 미치는 요인은 영아가 보내는 신호에 대한 민감성과 반응성이다.

안정된 애착을 형성한 영아의 어머니는 아기의 신호에 빨리 반응하고 적절한 도움을 주는 등 민감한 상호작용을 한다. 이와는 반대로 불안정애착이나 회피애착 영아의 어머니는 화를 잘 내고 아기와의 밀접한 신체접촉을 회피하며 자신의 감정을 표현하는 데 어려움이 있는 것으로 나타났다. 어머니의 연령이 어리거나 사회경제적 지위가 낮은 경우, 직장이나 경제적 사건에서 오는 스트레스가 많은 경우 불안정애착이나 회피애착이 많은 것으로 나타났다. 분만에 대한 준비여부, 산고, 모유 수유나 임신 우울증 여부에 따라 애착형성에는 차이가 있는 것으로 나타났다. 또한 성장과정에서 자신이 부모와 안정된 관계를 형성한 경우에는 자신의 자녀와도 안정된 관계를 형성하지만, 그렇지 못한 경우에는 어려움을 경험한다. 즉, 어린 시절 자신의 부모와의 관계가 이후 자녀와의 관계에 지속적으로 영향을 미치는 애착의 세대 간 전이가 일어나게 된다.

우리나라의 영아와 그 어머니를 대상으로 영아기 애착관련 변인과 모성행동 특성을 알아본 연구에서 영아의 애착안정성과 관련이 있는 변인은 영아의 기질과 모성 민감성으로 나타났다. 즉, 어머니가 민감한 모성행동을 보일수록, 영아가 기질적으로 순할수록, 영아는 어머니와 안정애착을 형성하는 것으로 나타났다.

어머니와 마찬가지로 아버지 또한 애착형성에 영향을 미친다. 아버지가 영아에게 보이는 애착행동은 어머니와 차이가 있다. 어머니는 주로 수유와 일상적인 양육을 담당하고, 아버지는 영아와 놀이를 하는 데에 시간을 많이 보낸다.

부모가 영아와 함께 하는 놀이의 본질도 서로 다른데, 어머니는 장난감 놀이, 까꿍놀이 또는 언어를 사용하는 놀이를 주로 사용하는데 반해, 아버지는 영아를 거꾸로 들거나 공중에 던졌다가 받기 또는 목말태우기 등의 신체적 놀이를 주로 한다.

이와 같은 차이로 인해 영아는 스트레스를 받는 상황에서는 어머니를 찾고, 재미있는 자극을 원할 때는 아버지를 찾게 된다. 그러나 '양육자로서의 어머니' 또는 '놀이상대로서의 아버지'는 어머니의 취업과 같은 사회적 변화로 인해 그 양상이 많이 변화하고 있다. 더욱이 어떤 문화에서는 아버지가 자녀양육을 주로 담당하기도 한다.

아버지와 10개월 된 영아 126쌍을 대상으로 한 연구에서, 안정애착을 형성한 아버지는 불안정 애착을 형성한 아버지보다 성격이 명랑하고 사교적인 것으로 나타났다. 이 아버지들은 좋은 부부관계를 유지하고, 일과 가족에 대한 긍정적 느낌을 가진 것으로 보고되었으며, 일과 가족 간에 균형을 잘 유지하는 것으로 나타났다.

낯선 상황에서 영아의 아버지에 대한 애착유형이 어떤가에 관한 우리나라의 연구에서, 영아의 신호에 대한 아버지의 민감성은 애착유형에 따라 차이가 있는 것으로 나타났다. 즉, 안정애착형 영아의 아버지는 회피애착형이나 저항애착형 영아의 아버지보다 적절한 반응을 더 많이 보였다.

결론적으로 영아의 아버지에 대한 애착은 어머니에 대한 애착과 마찬가지로 양육의 질, 아버지 또는 어머니와 영아가 갖는 전반적인 관계로부터 영향을 받는 것으로 보인다.

생각해 볼 거리

이 장에서 다루어진 내용을 바탕으로 학습자 각자 다음의 문제들에 대해 정리해 본 후, 그 내용을 수업에서 질문이나 토의 자료로 활용해 보자.

1. 이 장에서 특별히 새롭게 학습한 내용이 있다면, 그 내용을 열거해 보자.
2. 이 장에서 특별히 관심을 끌었던 내용은 어떠한 것이며, 그 이유는 무엇인지 정리해 보자.
3. 이 장에서 다루어진 내용 가운데 한 가지를 택하여 그 내용이 실제 교육장면에 어떻게 응용 또는 적용될 수 있는지를 설명해 보자.
4. 이 장에서 특별히 어려움이나 싫증을 느낀 내용은 어떠한 것이며, 그 이유는 무엇인지 정리해 보자.
5. 이 장을 학습하면서(또는 학습한 결과) 더 자세히 알아보고 싶다고 느낀 주제나 내용은 무엇인지 정리해 보자.

Chapter

09

영유아기 사회성발달

사회성이란 한 개인이 태어난 그 사회의 문화 속에서 살아갈 수 있는 생활양식을 습득하는 것으로 사회공통의 행동특성인 가치, 신념, 지식 등이 포함되어 있다. 그리고 이러한 사회성의 발달은 타인과의 상호작용 속에서 개인과 개인, 개인과 집단, 사회와 개인과의 관계를 조절해 나가면서 자아를 형성하고 사회의 일원으로서 살아가는데 필요한 타인과 협력할 수 있는 인간관계 능력을 배양하는 것을 의미한다.

이 장에서는 자아개념, 친사회적 행동, 공격성, 도덕성, 성역할, 사회인지 등 영유아의 사회성발달의 주요 양상에 대해 살펴본다.

1. 자아개념발달

아기는 자아의식이 없으며 자신과 다른 사람들을 분리하지 못한다고 한다. 그러나 곧 언제부터인가 자신의 신체와 다른 사람의 그것과의 차이를 인지하고 말할 수 있게 된다. 아기들이 자기 몸의 움직임의 느낌과 팔 다리의 모습, 자신의 울음소리 등을 언제부터 연상하는지 정확한 시기는 알기 어렵지만 아주 일찍부터 이러한 감각적 인상들을 바탕으로 신체적 자아를 인식하게 된다. 유아의 자아에 대한 이해는 인지적·사회적 발달과 함께 증가한다. 자아개념은 개인의 경험과 환경의 상호작용에서 개인 특유의 내용이 형성되고, 발달과정에서 개인이 지니는 욕구에 의해서 적절히 수정되고 변화된다(구광현, 이희경, 김보현, 2012).

1) 자아개념의 정의와 특성

(1) 자아개념의 정의와 구성요소

William James(1890) 이후에 자아라는 말은 두 가지의 의미로 사용되어 왔다. 하나는 '객체로서의 자아'(self as object)이며, 다른 하나는 '주체로서의 자아'(self as subject)를 말한다. 전자는 영어의 'me'의 의미로서 자신에 대하여 객관적으로 지니는 감정과 태도를 가리키며, 후자는 영어의 'I'의 개념으로서 자신의 행동과 적응을 통제하는 자기를 의미한다.

Rogers(1951)는 자아개념이란 스스로 느껴서 알 수 있는 현상의 장(phenomenal field)의 중핵적 구조이며, 자신에게 관련되는 모든 지각(知覺)을 의미한다고 하였다. Shavelson(1982)은 자아개념을 자신에 대한 지각의 총체라고 정의하면서,

이것은 타인과의 상호작용에 의해서 형성되기도 하고, 가족이나 친구와 같은 중요한 인물로부터 받는 강화와 평가에 의해서 형성되기도 한다고 주장했다. 여기서 자기지각의 총체적인 지각이란 '나'라는 것과 관련된 모든 지각을 말하며, '모든 지각'이란 '주체로서의 자아'는 물론 '객체로서의 자아'를 포함한다.

황정규(1984)는 자아개념에 대하여 자아자신감(self-confidence)과 자아존중감(self-esteem)이 같은 비중으로 구성되어 있는 것으로 보았다. 여기서 자아자신감이란 어떤 과제를 할 수 있다는 자기능력에 대한 신념이며, 자아존중감은 자기 자신을 자기가 얼마나 좋아하느냐 하는 개념으로 정의된다. 그는 자아자신감은 Maslow(1970)의 이론이 그 밑받침을 이루고 있고, 자아존중감은 Rogers(1951)의 이론이 기초를 이루고 있다고 하였다.

이러한 주장들에 의하면 자아개념이란 나(我)라는 것과 관련된 모든 지각이며 자신에 대한 개념화라고 할 수 있다(김언주, 구광현, 2002).

자아개념을 여러 측면으로 생각할 수 있는 것이 자아인식, 자아에 대한 정의 및 자아존중감이다. 자아인식(self-recognition)은 자아개념의 가장 기본적 단계의 개념으로 존재자아(existential self)라고도 한다. 즉, 자아인식은 자신과 타인이 별개의 존재임을 아는 것으로 이러한 개념이 형성되지 않는다면 한 유아가 자아개념을 가졌다고 말할 수 없다.

자아에 대한 정의와 관련된 개념이 범주적 자아(categorical self)로 자신을 연령, 크기, 성, 특정한 기술, 지식 등과 같은 범주로 정의하는 것이다. 유아가 자신을 정의하는 데 적용한 범주들의 값(예: 다섯 살이고, 키가 크며, 여자이고, 노래를 잘 부르며……)이 바로 그 유아의 자아개념이 된다. 유아는 인지가 발달해감에 따라 점점 더 복잡한 개념을 발달시키는 것처럼 자아개념도 점점 더 복잡해진다.

자아존중감은 자아개념의 정의적 측면으로 유아가 자신이 갖고 있다고 보는 자질에 부여하는 가치이다. 자아에 대한 정의와는 달리 자아존중감은 자아에 대한 평가적 속성을 갖는다. 따라서 "나는 키가 커요."라는 기술은 자아개념의 일부이나 자아존중감의 일부는 되지 못한다. "나는 멋있게 생겼어요."라는 기술은 자아존중감의 표현이 된다. 따라서 자아존중감이 높은 유아는 자신이 지각한 자신의 특성에 긍정적인 값을 주는 유아이며, 자아존중감이 낮은 유아는 자신의 특성에 부정적이거나 값을 주지 않는 유아이다(구광현, 이희경, 김보현, 2012).

(2) 자아개념의 특성

관련 연구를 종합해 보면 자아개념의 특성을 다음과 같은 몇 가지로 요약할 수 있다.

① 다면적이고 위계적인 특성

다면적 특성이란 각 개인이 자신의 학업적, 사회적, 신체적, 정서적 측면 등과 같은 여러 측면에 대한 자신의 지각을 구성한다는 것을 의미하며, 위계적 특성이란 가장 하위수준에서는 구체적인 자아개념들이 있고 차츰 정점에 이르면서 일반화된 자아개념이 존재하게 된다는 것을 말한다. 자아개념의 이론적 구조를 밝힌 Shavelson(1982)에 따르면 자아개념은 다면적이고 위계적으로 되어 있으며, 이 위계의 최상부에는 비교적 변경시키기가 어려운 일반적 자아개념(general self-concept)이 자리잡고 있다. 일반적 자아개념이란 자신에 대해 가지고 있는 일련의 신념들을 의미한다. 위계의 다음 수준에는 학업적(scholastic), 사회적(social), 정의적(emotional), 신체적(physical) 자아개념들이 위치하고 있다. 마지막으로 각 교과목이나 활동영역과 관련된 특수적 자아개념(specific self-concept)들이 위계의 하부에 위치한다.

② 안정적 특성

가장 상위에 있는 일반적 자아개념은 일단 형성되면 쉽게 변하지 않고 안정적이다. 이 안정성은 자아개념의 위계 차원에서 볼 때 하위 수준으로 내려갈

수록 덜 안정되어 변하기 쉬운 반면, 상위 수준으로 올라갈수록 안정성이 높아진다.

③ 발달적 특성

영유아의 자아개념은 총체적이고 미분화되고 상황의존적이지만 차츰 성장함에 따라 주체로서의 자아(I)와 객체로서의 자아(me)를 구분하기 시작하면서 여러 가지 형태의 자아개념을 분화시켜 나가고, 이와 동시에 분화된 자아 사이에 통합을 시도한다.

④ 평가적 특성

개인은 여러 상황에서 자신을 기술할 뿐 아니라 동시에 자신에 관한 평가를 하는데, 이때 평가의 기준은 어떤 절대적 이상일 수도 있고, 타인과의 비교일 수도 있고, 유의미한 타인의 지각이 어떤가에 대한 평가일 수도 있다.

2) 자아개념의 발달

Mead는 사회적 통제의 상호작용 속에서 타인들과의 특별한 일반적 관계에서 역할수행의 과정을 통하여 자아개념이 형성된다고 보았으며, Backman은 타인이 그를 어떻게 보는가에 대한 지각과 사회적 규범이나 타인들의 기대에 대하여 자기의 평가를 타인과 비교하는 과정에서 자아개념이 발달된다고 하였다.

영아의 자아개념은 주변환경에 대해 관심을 갖고 타인을 의식하기 시작하면서 형성된다. 영아가 자신과 환경을 구분할 수 있게 되면서 영아는 먼저 자신의 신체적 존재를 깨닫고, 그 후 타인과의 애착형성과정에서 다른 사람의 존재를 인식하게 되면서 서서히 자아개념이 발달하게 된다. 여기에서는 영유아기 자아개념의 발달적 단계를 정리해 본다.

(1) 영아기

자아개념의 기초적 단계는 존재적 자아인식의 단계로 자신을 타인과 구별하여 독립적으로 보는 입장이다. 이러한 존재적 자아개념이 생기기 전에는 자아개념을 갖고 있다고 말할 수 없다. 영아기는 자아개념 형성의 첫 단계로 자아인식을 하는 시기이다. 즉, 자신과 타인이 별개의 존재임을 알게 된다. 출생 초기에는 자기와 자기가 아닌 것을 구분하지 못하나 생후 6~8개월이 지나면서 사물에 대한 개념이 발달함에 따라 자기와 자기 이외의 것을 구분하는 개념이 발달하게 된다. Freud는 유아초기에는 엄마와 아이가 공생관계를 갖는다고 말했으며, Piaget도 영아는 엄마와 자신을 하나의 몸으로 생각한다고 보았다. 다시 말해서 아주 어린 유아들은 타인에게서 자아분리를 인식하지 못한다고 말한다. 이러한 분리의식은 사물개념과 함께 6~8개월 사이에 발달하는 것으로 보인다. Mahler (1976)는 영아가 자신과 엄마를 하나라고 보는 것에서 서로 분리되어 있는 존재라는 것을 인식해나가는 것을 '분리－개별화(separation-individuation)과정'이라고 칭하였는데, 이는 일차적 애정대상과 관련되어 유아 스스로가 독립됨을 말하는 것으로 어린 유아가 그의 어머니로부터 분리하여 주체성을 가지게 되는 과정을 말한다. 이러한 과정은 생후 4~5개월부터 36개월 사이에 나타난다. 여기서 분리와 개별화는 서로의 상호보완적 발달 단계에 놓여 있는 것으로 분리는 어머니와의 공생적 융합으로부터 유아가 벗어나려는 것을 말하고 개별화는 유아가 자신의 개인적 특성들을 성취하는 것으로 이루어진다.

일단 아기가 자신이 독립된 존재임을 알게 되면 이제는 시간과 공간을 초월하여 계속적으로 존재함을 알게 된다. 아기는 자기의 신체와 자기 자신을 하나의 단독적이며 계속적인 실체로서 볼 수 있게 된 후에야 안정된 자아개념을 발달시킬 수 있다고 본다. 아기가 18~24개월이 되면 거울 속에서 자신을 인식하고 좋아하며, 다른 아기의 사진보다는 자신의 사진을 보기를 좋아하며, 그림 속의 자신의 이름을 말할 수 있게 된다. 2~3세 경이 되면 비교적 안정되고 단일적인 자아에 대한 견해를 가지기 시작한다.

영아의 자아인식 수준을 측정하기 위한 거울실험(Lewis & Brook-Gunn, 1978)에서 아기의 코에 빨간 종이를 붙여놓고 거울 속에 비친 자신의 모습에 대한 영아의 반응을 관찰한 결과, 18개월 이상의 영아들은 코 위의 붉은 것을 보고 놀라서 그것을 만지려고 했으며, 그 이전의 아기들은 대부분 거울 속 아기의 코를 만지려 했다. 이와 같이 영아는 생후 1년 6개월 정도가 되면 자아에 대한 인식이 발달하면서 자신의 신체와 얼굴을 인식하게 되고 거울에 비친 자신의 모습을 알 수 있게 된다(그림 9-1 참조).

그림 9-1 Lewis의 거울실험

그러나 아기들이 자기에 대한 의식을 가지려면 우선 타인에 대한 의식을 가져야만 한다. 즉, 유아기의 자아개념은 생후 초기에 부모나 주위사람들과 사회적 접촉을 통해 형성되며 지적 발달과 병행하여 자아인식이 형성되어 간다.

(2) 유아기

유아기는 자아개념 또는 자기에 대한 이미지를 성, 몸집, 나이, 신장, 체중, 피부색 또는 특별한 기술이나 지식 여부로 분류할 수 있게 되는 시기이다. 유아가 자신을 식별하게 되면 이때부터 범주적 자아(categorical self)를 발달시켜 간다. 이러한 범주적 자아는 연령에 따라 차이를 보이는데 3~5세의 유아들에게는 연령과 성이 중요한 범주이다. 예컨대 사람들의 사진을 주고 집단으로 나누어 보라고 하면, 이 연령의 유아들은 어린 아기들과 어른들 또는 남자와 여자로 분류한다.

3~4세 경에 보여주는 또 한 가지 특징은 사물과 사람에 대한 소유개념을 형성하는 것이다. 내 장난감, 내 인형, 내 신발 등의 개념은 '나'에 속하는 것에 대한 자아개념의 확장을 뜻한다. 이 시기의 유아는 그의 능력이나 행동에 관한 타인의 판단을 모두 의심 없이 흡수하므로 유아기 초기의 주위사람들의 반응은 아동이 전반적인 자아상을 형성하는 데 영향을 준다. 또, 3~4세 된 유아들의 자아개념은 자기중심적 사고를 잘 반영하는데, 이와 관련하여 Piaget는 유아들은 자신이 눈을 감으면 다른 사람이 그들을 볼 수 없다고 생각한다고 지적하였고, Fröbel도 유아는 자신의 눈을 '영혼의 창'이라 생각하여 자신의 눈을 다른 사람이 직접 보지 않으면 자신의 참 자아를 보지 못한다고 생각한다고 언급하였다.

4~5세가 되면 범주적 자아가 잘 발달된다. 이 시기의 유아는 자신을 일련의 전체적인 차원에서 기술할 수 있고, 같은 차원에 의거하여 자신을 다른 유아와 비교할 수 있게 된다.

5~6세가 되면 자기 자신에 대한 느낌을 언어로 표현하기 시작한다. 5세밖에 안 된 유아가 마치 어른과 같이 긍정적이며 부정적인 자기 판단을 포함시키는 자아상을 가지고 있는 예를 흔히 볼 수 있다.

이후 학령기를 보내면서 자아개념은 점점 더 복잡해진다. 초등학교 어린이에서 고등학교 학생들에 이르기까지 여러 연령층을 대상으로 '나는 누구일까요?(Who am I?)'라는 질문을 주고 답을 쓰도록 한 후 그 결과를 검토했는데, 일반적으로 나이가 어릴수록 아동은 외적인 범주(나이, 외모, 주소, 좋아하는 활동 등)에 속하는 특성을, 나이가 들수록 아동들은 자신의 신념, 성격, 다른 사람들과의 관계, 자신의 성격적 특성 등을 설명하는 경향이 있음을 발견하였다(Montenayor & Eisen, 1977).

3) 자아개념 발달의 영향요인

(1) 사회적 요인

사회적 요인 중에 가정의 사회·경제적 요인이 유아의 자아개념 형성에 영향을 줄 수 있다. 물론 낮은 사회·경제적 지위를 가진 가정에서 자란 유아도 높은 자아존중감을 가진 아동으로 성장할 수 있으나, 문제는 부모들 자신이 낮은 자아존중감을 가지고 있는 경우, 이것이 아동의 자아개념 형성에 영향을 주기 때문에 아동 역시 낮은 자아존중감을 가질 가능성이 높다는 것이다. 따라서 자아개념은 부모의 육아방법에 의해서만 아니라 가정의 심리적 분위기에 의해 영향을 받는다.

(2) 기질적 요인

개인의 신체적 조건, 성, 기질, 유전적 특성 등이 자아개념 발달에 영향을 미친다. 남성 또는 여성으로서의 자아개념이 생기게 되는 발달적 근원은 개인의 초기 자아상과 관련된다. 특히 개인의 성별은 가정에서, 사회에서, 더 나아가서는 문화적 영향에 의하여 남성 또는 여성으로서의 역할이 부여되는 근원이 되어 이에 따르는 적절한 성역할을 할 것으로 사회가 기대하도록 만들며, 이것은 곧 개인의 행동유형까지도 결정하게 된다.

(3) 인간관계 요인

자아의 성장에 영향을 주는 또 다른 중요한 요인은 타인과의 인간관계이다. 인간은 일차적으로 사회적 동물이기 때문에 그의 가장 중요한 자아개념은 타인과의 경험에서 커다란 영향을 받게 된다.

영유아는 가정에서는 물론 유치원이나 어린이집에서 학급의 분위기나 교사의 기분, 교사와 또래들에 의한 수용 또는 거부에 의해서, 자연스럽게 보여주는 성공과 실패의 예측을 통해서 자기 자신을 알아가게 된다.

(4) 외상적 경험 요인

매일 매일의 일상생활에서 반복되는 작은 사건들은 개인으로 하여금 자기 자신에 대한 느낌을 조금씩 구성하도록 하여 결국은 자기 자신에 대한 영구적이고 지속적인 영향을 주는 자아개념을 형성하게 된다. 유아는 극적인 사건들에서 뿐만 아니라 일상생활의 수없이 많은 사건들에서 감지되는 그들 자신에 대한 태도와 감정의 뉘앙스로부터 자신이 주위 인물들로부터 받아들여지는지 아닌지를 알게 된다.

4) 자아개념 발달연구의 시사점

일반적으로 6세를 전후해서 확립되기 시작하는 자아개념은 생득적 구조를 가지고 있는 고정적인 것이 아니라 의미 있는 환경 속에서 계속적인 경험의 결과로 형성되는 것이다. 자아개념은 개인이 그 자신을 긍정적으로 보느냐 부정적으로 보느냐의 경향을 결정짓게 되는데, 일단 결정된 이 경향은 쉽게 변화하지 않는다. 즉 9세 때 긍정적인 자아개념을 가졌던 아동은 17세 때에도 긍정적인 자아개념을 가질 확률이 높다는 것이다. 결국 자아개념의 형성과 변화는 발달과정에서 개인이 처하는 환경에 의해서 달라지며, 따라서 유아기에서부터 긍정적인 자아개념을 길러주는 적절한 환경의 제공과 교육적 노력이 매우 중요하다고 할 수 있다.

자아개념 관련 연구결과의 내용을 정리해 보면 다음과 같다(여광응 외, 1993).

① 자아개념은 발달 초기에 부모와의 상호작용에서 형성되고 발달되며, 형성

된 자아개념은 인간관계를 통하여 계속적으로 수정되고 변화한다.

② 타인에 의한 평가의 경험이나 성공과 실패의 경험에 의해서 자아개념은 더욱 긍정적 혹은 부정적으로 변화한다.

③ 가정적 결손이나 외상적 경험은 부정적 자아개념을 형성시키며, 특히 정서적 동요는 자아개념의 변화에 영향을 준다.

④ 연령이 증가할수록 자아개념은 더욱 견고해지고 강화되며 성년기를 통하여 안정되게 된다.

⑤ 여자가 남자보다 자아개념의 형성에 있어서 가정환경의 영향을 더 받는다.

일반적으로 높은(긍정적) 자아개념을 지닌 아동이 보여주는 특징을 정리해 보면 다음과 같다.

① 부정적인 자아개념을 가지고 있는 아동에 비해 대체로 학교생활에 더 잘 적응하는 경향이 있다.

② 긍정적인 자아개념을 가진 아동은 외적 통제에 의하기보다는 내적통제에 의하여 행동하는 경향이 있다. 즉, 그들은 성공과 실패가 자기 자신에게 달려 있다고 보며, 자기의 행동이 단순히 외적 사건이나 운명 등에 의해서 통제된다고 생각하지 않는다.

③ 긍정적 자아개념을 가진 아동은 그렇지 않은 아동보다 더 많은 친구를 가지고 있으며, 많은 친구를 가지고 있다고 스스로 생각하고 있다.

④ 긍정적 자아개념을 가진 아동은 부모와의 관계가 보다 원만하다고 스스로 생각하고 있다.

교사는 다음과 같은 방법을 통해 유아의 자아존중감 발달에 기여할 수 있다.

① 미소를 자주 지어준다. 얼굴표정이나 다른 적극적인 수단을 통해 교사가 유아를 존중하고 인정하고 있음을 알려 준다.

② 유아에게 따뜻하고 친절하게 말해 준다. 언어의 위력을 십분 활용한다. 즉, "민아야, 그것은 그만 하고 이리 와서 이것을 해라."라고 하는 것보다 "민아야, 이제 우리를 도와줄 수 있겠니?"라고 하는 것이 훨씬 효과가 있다.

③ 유아가 말할 때 주의 깊게 듣는다. 그가 무엇을 말하려는지 진정으로 경청해야 한다. 다른 사람에게 줄 수 있는 가장 큰 선물의 하나가 바로 이 짧은 몇 초, 몇 분의 시간인 것이다.

④ 유아로 하여금 매일매일 목표를 세워 도전할 수 있게 도와준다. 그리고 목표를 달성할 수 있는 유아의 능력에 대해 자신감을 표현해 보게 함으로써 북돋아준다.

⑤ 유아마다 나름대로 최선을 다하도록 기대한다. 성취도가 높은 어린이 뿐 아니라 문제행동을 가진 유아도 교사의 기대에 도달하려고 노력하는 경향이 있기 때문이다. 긍정적인 기대의 결과는 놀라운 결과를 가져올 수 있다.

⑥ 유아의 자아의식 확대를 도와줄 수 있는 활동경험을 고안해서 실천한다.

2. 친사회적 행동발달

유아는 그가 속한 사회 구성원으로서 자신의 역할을 제대로 수행하기 위해서는 어떤 것이 사회에서 승인받는 행동이며, 어떤 것이 규제받는 행동인지를 학습해야 한다. 이러한 사회적 행동은 친사회적 행동(prosocial behavior)과 비사회적 내지는 반사회적 행동(antisocial behavior)으로 분류될 수 있다. 친사회적 행동이란 다른 사람과의 관계에서 사회적으로 바람직한 행동을 뜻한다.

1) 친사회적 행동

친사회적 행동은 타인에게 관심을 갖는 건설적인 행동으로 정의되며 그 범주에 돕기(helping), 나누기(sharing), 협동하기(cooperating), 위로하기(comforting), 이타행동(altruistic behavior), 도덕적 행동 등이 포함된다. 친사회적 행동은 이타성(altruism)에서 가장 잘 나타난다. 이타행동은 친사회적 행동이면서 도움행동의 일부를 이루고 있다. 우물가에서 놀던 어린이가 우물에 빠지는 것을 보면 누구든지 그 어린이를 구출해 내려고 한다. 이때 보상을 받는 것을 목적으로 그러한 행동을 하는 것은 아니다. 맹자가 말하는 측은지심(惻隱之心)이 곧 이타성에 가깝다(정양은, 1981). 친사회적 행동은 이타성을 포함하는 넓은 개념이다(구광현, 이희경, 김보현, 2012).

2) 친사회적 행동의 발달

친사회적 행동은 일정 수준 이상의 인지능력 및 정의적 능력이 요구되기 때문에 유아기 이후부터 현저히 발달한다. 그러나 신생아도 옆의 아기가 울면 따라 울고, 생후 18개월 된 유아들도 실제로 나누어 갖기, 도움행동 및 협동을 할 수 있다. 유아들이 장난감이나 간식을 나누어 갖는 것이 자기중심적이고 순간적이라 하더라도 아주 어린 시기부터 이타적 행동은 나타난다. 15개월에서 24개월의 유아들이 다른 사람들의 고통스러운 감정들, 즉 분노, 두려움, 슬픔, 아픔, 피로 등의 감정에 대해 어떻게 반응하는지를 관찰한 결과, 자신이 그런 나쁜 결과를 일으켰을 경우 상대방을 위로하고 도와주고 장난감을 주는 등의 행동을 보였다(Zahn-Waxler 외, 1979). 이타적 행동은 4~6세 경부터 증가하기 시작하여 9~10세 경에 가장 높은 수준을 보인다. 10세 이후 어린이의 이타적 행동이 증가하지 않는 것은 어린이가 성장하면서 점점 더 경쟁적이 되기 때문이라고 한다.

친사회적 행동을 할 수 있기 위해서 유아는 조망수용(perspective taking)능력, 감정이입(empathy), 그리고 도와줄 상황에서 적당한 행동을 선택하고 수행하기 위한 문제해결 기술의 세 가지 사회인지적 발달이 이루어져야 한다. 즉, 유아는 연령이 증가함에 따라 다른 사람과의 접촉 경험이 많아져서 다른 사람의 입장을 이해하고, 다른 사람의 감정을 대신해서 나누어 가질 수 있게 된다. 그 결과 다른 사람이 어떤 경우에 도움이 필요한지 알게 되고, 어떻게 도와주어야 하는지도 알게 된다.

친사회적 행동은 타인들에 대한 감정이입적 관심에 의해 자극된다. 유아도 다른 사람이 느끼는 감정을 함께 느낄 수 있다. 감정이입은 다른 사람의 감정 상태를 대리적으로 경험하는 것으로서 친사회적 행동을 매개하는 중요한 요인이다.

감정이입적 이해를 하려면 유아가 다른 사람이 생각하고 느끼는 바를 알고 이해하는 인지적 요소와 다른 사람의 감정을 대신해서 나누어 가질 수 있는 감정적 요소를 갖추어야 한다. 타인에 대한 감정이입적 이해를 할 수 있는 능력은 매우 일찍 발달하기 때문에 신생아들도 감정이입의 능력을 지니고 있어 한 신생아가 울기 시작하면 다른 신생아들도 따라서 울기 시작한다. 18개월 된 유아도 다른 아이가 넘어지는 것을 보면 울거나 겁이 나서 손가락을 빠는 행동을 한다. 이러한 반응을 원초적 감정이입(primitive empathy)이라고 부른다. 이러한 반응은 다른 사람의 상황에 대한 이해를 바탕으로 한다기보다는 조건화에 의한 반응으로서 설명될 수 있다. 대개 만 4세가 될 때까지는 의미 있는 정도의 이타성은 나타내지 못하나, 그 수준은 13세 정도까지 꾸준히 증가한다.

감정이입 외에 이타적 행동에 영향을 주는 요소로 기분(mood)을 들 수 있다. 어린이들이 행복하다고 생각하거나, 기분이나 분위기가 좋을 때, 어떤 과제에서 성공했을 때 상대방의 요구에 더 잘 응해 주거나 도와주려는 경향이 있다.

이러한 이타적 행동이나 이타심은 강화와 모델링, 조망수용능력의 훈련, 책임감의 부여, 규칙부여 등에 의해 촉진될 수 있다. 독립적이고 협동적인 놀이를 잘 하지 못하는 어린이들을 대상으로 싸움의 부정적인 결과를 강조하고 협동적이고 함께 하는 활동의 좋은 점을 강조하는 인형극을 활용하여 몇 주간 훈련 프로그램을 실시한 결과 협동적인 행동의 양이 증가하였다(Staub, 1971). 또한 다른 사람을 도와주는 행동 역시 칭찬과 보상, 모델링에 의해 크게 증가되리라는 가정을 가지고 이루어진 연구를 보면 어린이의 동정적 경향은 훈련 후에 증가하였다. 실제 상황에서의 이타적 행동경향은 어린이들이 그곳의 참여자와 좋은 관계를 가지고 있는 경우에만 참여자의 좋은 행동을 모방함을 볼 수 있었다. 즉, 정의적인(affective) 요소가 성인과 동일시하는 과정에 영향을 준다고 할 수 있다.

다른 사람의 역할을 조망하는 훈련도 이타적 행동을 위한 훈련으로 사용되고 있다. 대부분의 연구결과들은 상호 호혜적 역할조망 훈련을 받은 어린이들이 그렇지 않은 어린이들보다 다른 사람을 더 도와주는 경향이 있음을 보고하고 있다(Staub, 1971). 또한 책임감을 부여하는 것도 바람직한 결과를 가져온다. 반대로 어린이들 사이의 경쟁을 조장하는 것은 이타적인 행동을 감소하게 한다.

이타적 행동훈련에 관한 문화 간 비교연구를 보면 어린이들이 많은 일을 하도록 책임지워졌을 때, 특히 어린 동생을 돌보는 일들, 음식을 만드는 일에 참여하는 경우에 보다 높은 이타적 경향을 보이고 있다. 이와 함께 대가족의 경우 직업을 가진 어머니의 자녀들이 보다 높은 이타적 행동경향을 가지고 있음을 볼 수 있다(Whitings, 1975).

친사회적 행동은 연령의 증가와 더불어 점차 증가하는 경향이 있다. 이러한 경향이 나타나는 것은 어린이가 연령이 증가할수록 자기중심적 사고에서 벗어나서 다른 사람의 입장을 고려할 수 있게 되어 다른 사람들을 공감적으로 이해하는 능력이 발달하기 때문이다.

3) 친사회적 행동의 영향요인

유아의 친사회적 행동의 발달에 중요한 역할을 하는 사람은 부모이다. 부모가 따뜻하고 애정적이며 유도 기법에 의한 훈육을 실시할 때 유아의 친사회적 행동은 증대된다. 부모의 실제적인 행동방식도 중요하다. 부모가 다른 사람에 대해 친사회적인 방식으로 행동할 때 유아의 친사회적 행동도 증가한다.

어머니의 정서적인 반응이 유아의 이타적 행동에 영향을 주어 유아가 다른 사람과 물건을 나누어 쓰거나, 도와주거나, 위로하는 등의 행동으로 나타나게 된다. 이타적인 행동을 많이 보이는 어린이의 어머니는 다른 사람의 좌절에 대해 단순히 인지적 규명만을 하는 것이 아니라 감정적으로 강하게 반응하고 사회적으로 책임 있는 행동을 일깨운다. 또한 자신의 아이들의 요구에 민감하게 반응하고 위험이나 어려움을 잘 예측하는 '감정이입적 관심과 보살핌'의 특성을 보인다. 도덕적 언급("네가 친구를 울렸구나. 때리는 것은 좋은 일이 아니다." 등)과 원칙에 대한 언급("다른 사람의 눈을 절대로 찔러서는 안된다." 등)이 신체적 벌, 설명 없이 금지하는 것("하지 마.", "안 돼." 등)보다 이타 행동을 자극한다. 즉, 직접적인 명령이나 금지보다는 다른 사람의 감정적인 상태를 감지하고 동정심을 갖도록 해 주는 것이 보다 효과적으로 이타행동을 유발시킬 수 있다.

한편, TV 프로그램이 아동의 친사회적 행동을 증가시킬 수 있다는 증거를 제시한 연구도 많다. 아동은 TV의 폭력장면을 모방할 뿐만 아니라, 주인공의 도움행동, 협동, 타인의 감정이해 등 친사회적 행동을 모방한다. TV시청을 통하여 아동들은 사회적 태도나 생각을 학습한다.

유아의 친사회적 행동은 친사회적 행동을 하는 타인 모델의 관찰, 친사회적 행동에 대한 가르침, 강화, 타인과 같이 지내면서 친사회적 행동을 실제로 하여 봄으로써 학습된다. 또한 상황을 이해하고 타인의 행동을 생각하는 능력에 의해서도 영향을 받는다. 유아는 친사회적 행동을 하는 타인의 행동을 관찰하여 친사회적 행동을 증가시키며, 따뜻하고 양육적인 모델의 행동에서 많은 영향을 받는다. 부모나 교사의 모델 행동은 돕기와 공유하기 등과 같은 유아의 친사회적 행동 발달에 도움을 준다. 친사회적 행동의 모델은 실제 상황의 모델이 상징 상황에서의 언어적 설명이나 시범을 보여주는 것보다 효과적이다.

3. 공격성발달

앞서 살펴본 친사회적 행동에 대비되는 비사회적 또는 반사회적 행동은 주로 사회적 유능감이 부족하여 소극적, 고립적, 비사교적 특징이 두드러진 행동으로 적대적 인간관계를 촉진시키는 부정적인 사회적 활동을 의미한다. 그 예로는 이기적 행동, 훔치기, 거짓말하기, 언어적 모욕, 신체적 공격, 파괴 행동 등이 있다. 대표적으로 연구되는 반사회적 행동은 신체적 및 언어적 공격성이다.

1) 공격성

공격성(aggression)이란 신체적 또는 언어적 행위로서 사람이나 동물 혹은 사물에 대해서 해를 끼치는 사회적으로 바람직하지 않은 행동을 말한다. 일반적으로 공격성은 수단적(도구적, instrumental) 공격과 적대적(hostile) 공격으로 구분된다. 수단적인 공격은 다른 사람에게 피해를 주기보다는 어떤 보상을 얻기 위한 방편으로 공격적 행동이 나타나는 것을 말한다. 예를 들면, 다른 유아로부터 장난감을 빼앗은 유아는 놀이 친구에게 피해를 입혔다기보다는 장난감을 얻었다고 생각한다. 반면에, 적대적인 공격은 다른 사람을 해칠 의도를 가진 행동이다.

유아들이 보이는 공격성의 대부분은 수단적인 것이다. 주로 자신이 가지고 놀고 싶은 물건을 갖기 위해 밀고 당기는 등의 행동이다. 유아들은 분노하거나 다른 사람을 해칠 의도가 있는 적대적 공격은 많지 않은 것으로 보고되고 있다. 집단에서 공격성이 높은 유아는 10~15% 정도로 많은 수는 아니지만 이들이 다른 여러 유아들에게 커다란 피해를 준다. 뿐만 아니라 공격성이 높은 유아는 이후 문제아동, 비행청소년이 되는 경향이 상대적으로 높다.

2) 공격성 이론

공격성의 원인에 대해서는 선천적-후천적 원인에 초점을 두고 논쟁이 있어 왔다. 선천적인 원인을 강조하는 입장에서는 공격성은 선천적이어서 인간본성에 내재하고 있기 때문에 법과 질서를 엄격히 통제해야만 공격적인 본능을 억제하거나 승화시킬 수 있다고 주장한다.

반면에, 환경적 영향에 의해서 학습된다는 입장에서는 인간이란 원래 자비롭고, 행복하고, 선한데 억압이 심한 사회가 인간을 공격적이고 비행을 저지르도록 유도했다고 주장한다. 공격성이 발달하는 구체적인 원인은 욕구좌절, 이전의 공격행동이 강화를 받았던 경험, 부모나 또래의 행동 모방 등을 들 수 있는데, 이를 설명하는 대표적인 이론을 살펴보면 다음과 같다.

(1) 본능 이론(생리적 이론)

대표적으로 Freud는 인간은 투쟁하려는 생득적인 욕구와 본능을 가지고 있다고 주장하였다. 그는 모든 인간은 삶의 본능(eros)과 죽음의 본능(thanatos)을 가지고 태어나며, 공격성은 이 죽음의 본능에 기인한다고 보았다. 또한 인간은 자기 파괴적 욕망을 가지고 있기 때문에 공격적인 에너지는 어떤 방법으로든지 밖으로 분출되어야 한다고 믿었다. 이러한 개념을 수압설(hydraulic theory)이라고 부르는데, 이는 어떤 그릇 속에 물의 압력이 증가되는 것과 비슷한 것이다. 이러한 공격성이 분출되지 못하면 어떤 형태로든지 폭발하게 된다. Freud는 공격본능을 통제하고 승화시키는데 사회가 결정적인 역할을 하게 된다고 보았다. 다시 말하면 사회는 사람들로 하여금 이런 파괴적인 힘을 수용할 수 있게 하거나, 유용한 행동으로 전환시키도록 해 주어야 한다는 것이다.

Lorenz 등의 동물행동학자들은 모든 동물이 공격적으로 행동할 잠재력을 갖고 있는 것으로 미루어 공격적 행동에 대한 선천적 경향(본능)이 있다고 주장한다. Lorenz는 진화론적 입장에서 공격성이 동물의 생존을 위해 중요한 수단이 되며 현실적으로는 공격성을 감소시키거나 통제할 수 있지만 근본적으로는 선천적인 것이라고 보았다.

위의 Lorenz나 Freud의 이론은 모두 공격성을 설명하는데 한계가 있다. 즉, 공격성이 본능적이라는 입장은 공격성의 개인차, 즉, 어떤 사람이 왜 다른 사람보다 더 공격적인가를 설명하지 못한다. 또한 인간의 신체가 공격에너지를 생성하거나 축적한다는 신경학적인 증거가 없다.

또 다른 공격성에 대한 생리적 이론은 공격성이 호르몬의 영향에 기인한다고 보는 입장이다. 과다한 안드로겐(androgen) 호르몬이 공격행동을 증진시킨다는 것이다. 그러나 태내기에 안드로겐 호르몬이 과다 분비되어 신체활동 수준이 높았던 아기들이 양육조건에 따라 공격적인 아이가 되기도 하고 그렇지 않은 아이가 되기도 하기 때문에 공격성을 생리적 호르몬의 영향만으로 설명하는 것은 한계가 있다(Parsons, 1982).

(2) 욕구좌절 이론

유아들은 기본적인 욕구가 좌절될 때 공격적인 행동을 많이 한다. 강한 욕구좌절이 있으면 공격반응을 나타내기 쉽다. 집안일로 인한 갈등, 편애, 거부적인 육아방식, 지나치게 엄격한 훈육 등이 원인이 되는 수가 있다. 또 공격성은 성격의 미성숙, 즉 자기의 욕구를 사회화된 양식으로 충족시키도록 학습이 안 된 경우나, 자기의 욕구를 통제할 능력이 길러지지 않는 데서 오는 경우가 있다.

욕구좌절과 공격과의 관계는 Lewin(1941) 등의 고전적인 실험에서 설명되고 있다. Lewin 등은 흥미를 끄는 장난감을 가지고 노는 것을 저지당한 유아들과 그렇지 않은 유아들이 공격적 행동에서 차이가 있다는 것을 밝혔다. 이들은 실험에서 한 집단의 어린이들에게 재미있는 장난감이 가득 차 있는 방을 보여주고 나서 장난감을 가지고 놀지 못하게 했다. 어린이들은 창 밖에서 장난감을 바라보고, 갖고 놀게 될 것이라고 기대했으나 장난감을 가질 수는 없었다. 고통스럽도록 오래 기다리게 한 후, 어린이들에게 장난감을 가지고 놀도록 허락해 주었다. 또 한 집단의 어린이에게는 욕구좌절을 시키지 않고 직접 장난감을 가지고 놀게 해 주었다. 그 결과 욕구좌절이 된 어린이들은 장난감을 가지고 놀게 해 주었을 때, 장난감을 부수거나 벽에다 내던지고 짓밟는 등 파괴적으로 행동했다. 반면에, 욕구좌절을 당하지 않은 어린이들은 조용하고 파괴성이 적었으며 더 재미있게 놀았다. 욕구좌절은 분노를 느끼게 만드는 경향이 있고, 이러한 분노의 감정은 공격적 행동을 일으키는 중요한 요소가 된다.

Dollard와 Miller는 Freud의 이론을 수정 보완하여 욕구좌절이 공격을 유발한다는 욕구좌절－공격 이론을 제안하였다. 유아가 자기 목표에 도달하려고 시도할 때 다른 요인에 의해 좌절당하거나 방해받게 되면 화를 내거나 공격적인 반응을 하는 것을 자주 관찰할 수 있다. 그러나 실증적 연구결과에서 좌절되었을 때 공격적인 반응을 보이지 않는 경우도 있었으며, 좌절에 대해 건설적 반응이 학습되기도 하는 것으로 밝혀졌다(Davitz, 1952), 따라서 이 이론은 욕구좌절이 일으키는 여러 반응 중의 하나가 공격성이라고 수정하였다.

한편, 사람은 누군가가 의도적으로 괴롭히거나 해친다는 것을 지각하면 공격한다는 이론이 제기되었다. 즉, 인위적 욕구좌절은 비인위적인 것보다 더 많은 분노와 공격적 행동을 일으킨다. 욕구좌절이 우발적이거나, 무의도적이고, 정당화되고 이해할 수 있는 사정에 의한 것이라고 지각되면 공격적 경향은 적어진다. 욕구좌절에 대한 충분한 이유를 설명해 주면 공격적 감정은 최소화된다. 예를 들면, 동물원이나 놀이공원에 가기로 한 약속이 지켜지지 않았을 때 유아들의 희망은 좌절된다. 만일 비가 올지 모르기 때문에 또는 많은 동물들이 병을 앓고 있어서 동물원 구경이 어렵다고 설명하는 경우 그렇지 않은 경우보다 어린이의 공격성향은 감소된다.

(3) 학습 이론

학습 이론가들은 공격성도 다른 행동과 마찬가지로 강화와 모방을 통해 학습된다고 주장하였다. 특히 TV 등의 매체를 통하여 공격적 모델을 관찰함으로써 어린이의 공격성이 증진된다는 것이 여러 연구에서 입증되었다(Bandura, 1977). 강화와 모방을 통하여 습득된 공격성을 계속 유지시키는 요인으로 다음의 몇 가지를 들 수 있다(이옥형, 1997).

첫째, 공격성이 도구적인 가치(instrumental value)를 얻게 해주므로 공격성이 유지된다. 공격적 행동은 타협이나 차례를 기다리는 것보다 원하는 장난감을 빨리 얻을 수 있게 해 준다. 유치원에서 공격적 행동을 장기 관찰한 연구에 의하면, 공격적 행동의 3/4은 긍정적인 결과를 가져오며, 긍정적 결과는 공격적 행동을 증진시키는 것으로 밝혀졌다. 공격적 행동에 희생된 아동은 양보하거나, 피하거나, 원하는 장난감을 빼앗기고 우는 반응을 보였으며, 이러한 반응은 같은 희생자에게 공격적 행동을 되풀이하게 하는 계기가 되었다.

둘째, 공격성은 사회적 보상(social reward) 또는 사회적 승인(social approval)을 받음으로 유지된다. 예를 들면, 싸움에 이긴 남아가 남성답다고 칭찬을 받거나, 축구선수가 공격적인 경기로 인해 승리를 하고 환호를 받을 때 공격성은 계속 증진된다.

셋째, 공격성이 자기보호 수단 혹은 자아존중감의 수단이 됨으로써 공격성을 유지한다. 공격적 행동이 다른 아동의 자신에 대한 공격적 행동을 예방할 수 있으며, 자아존중감을 높일 수 있다고 믿음으로써 공격성이 증진된다.

(4) 사회인지 이론

Dodge(1980)는 공격성이 잘못된 사회인지적 판단에서 기인한다고 보았다. 공격적인 유아는 사회적인 정보를 처리하는 과정에 결함이 있기 때문에 적절하게 반응하지 못하고 공격적으로 반응한다. 즉, 사회인지가 왜곡되어 있어 또래의 행동에 적의적인 의도가 있는 것으로 지나치게 귀인시키는 경향이 높기 때문에 공격적으로 반응한다는 것이다. Dodge는 사회적 단서에 반응하기까지 5단계의 정보처리과정을 제시하고, 이들 다섯 과정 중 어떤 부분에 결함이 있을 때 공격적 행동이 유발될 수 있다고 하였다.

첫째는 부호해석 과정이다. 예를 들면, 날아온 공에 등을 맞았을 때 등에 아픔을 느끼고 그 원인을 찾기 위해 단서를 찾는 과정이다. 둘째는 정보해석 과정으로, 공을 던진 친구의 행동이 고의적인지 우발적인지 파악하는 과정이다. 셋째는 자신이 선택할 수 있는 반응을 탐색하는 단계이다. 넷째는 그 반응의 결과를 비교해 보고 가장 적절한 반응을 결정하는 단계이다. 다섯째는 선택한 반응을 수행하는 단계이다.

6세와 10세 아동을 대상으로 다른 또래 아동이 한 행동의 의도가 무엇인지에 대해 응답하도록 한 연구에서, 아동의 연령이 많을수록 또 공격적인 아동보다 비공격적인 아동이 더 많은 단서를 들으려고 하였다. 즉, 공격적인 아동은 비공격적인 아동이 부호화했던 적절하고 유용한 단서를 모두 부호화하지 못하였다(Dodge & Frame, 1982).

3) 공격성의 영향요인

(1) 연령과 성

공격적인 행동은 2세 경에 나타나기 시작한다. 공격성이 가장 많이 나타나는 시기는 약 4세 경이며 그 이후 감소하다가 취학 전에 다시 증가하는 경향을 보인다. 2~3세 유아의 일반적 공격행동은 신체적인 공격으로 나타나지만, 3~6세 사이에는 신체적 공격보다 언어적 공격, 즉 상대의 기분을 나쁘게 하는 말을 주로 사용한다. 이처럼 나이가 들어감에 따라 신체적 공격이 언어적 공격으로 바뀌는 이유는 부모의 제재와 더불어 난폭한 행동이 자신의 목적을 달성하는 데 적합한 도구적 수단이 되지 못한다는 것을 어린 유아도 깨닫기 때문이다. 또한 나이가 들면서 유아들은 다른 사람들의 의도를 잘 깨달을 수 있게 되고 자신에게 적대적 공격을 할 어린이들을 빨리 알아차릴 수 있게 된다.

3~6세의 나이 어린 유아는 자신에게 이익이 되는 무엇인가를 얻기 위해 공격을 가하는 도구적 공격을 많이 하나, 6세 이후의 나이 든 유아는 타인에게 고통이나 해를 가하는 것 자체가 목적인 적대적 공격을 보다 빈번하게 표출한다. 이러한 연령에 따른 변화가 나타나는 원인은 상대방의 의도에 대한 유아의 잘못된 귀인판단에 있다. 5~6세 경 유아에게 역할수행능력이 생기면서 타인의 의도나 동기를 추론할 수 있게 되나 타인의 우연한 공격적 행동의 원인을 고의로 해를 가하려 했다는 추론의 경향이 높아지기 때문이다(Hartup, 1974). 그러나 나이 든 아동기 아동의 적대적 공격은 잘못된 귀인판단 때문이 아니라 또래집단이나 성인들이 아동의 적대적인 공격적 행동을 묵과하는 데 기인한다는 설명도 있다(Ferguson & Rule, 1988).

공격성은 비교적 안정성을 갖는다. 유아기에 나타난 공격적 행동은 아동기와 청년기까지 계속되고, 성인기의 공격성과도 연관된다. Eron 등(1983)은 22년 간의 종단연구를 통해 8세 때의 또래에 대한 공격성이 30세가 되었을 때 범죄 행동, 교통 법규 위반, 음주 운전, 배우자에 대한 공격성, 자녀에 대한 체벌 등 다양한 유형의 공격성과 관련이 있음을 밝혔다.

대부분의 사회에서 남성이 여성보다 공격적이다. 이러한 성차의 원인에 대해 어떤 학자는 생물학적 관점으로 보는 반면, 어떤 학자는 사회화에 의한 것으로 주장하고 있다. 생물학적 관점에서는 남성 호르몬이 공격성을 유발하는 주요 원인으로 생각하고 있다. 즉, 사회화의 차이가 공격성에 영향을 미친다고 보기 어려운 어린 시기에 이미 공격성에 성차가 나타나고 있으며, 호르몬을 실험상 조작함으로써 공격성을 변화시킬 수 있다는 것은 생물학적 관점의 주장을 뒷받침해 주는 것이다(Maccoby & Jacklin, 1974).

이에 반해 보다 근래에 공격성의 성차는 생물학적 요인이 아니라 사회화과정의 차이에 의한 것이라는 주장이 강하게 제기되고 있다. 여성은 공격성을 외부로 직접 표출하는 것에 죄의식과 불안을 느끼도록 사회화되었기 때문에 공격적인 행동을 간접적이거나 사회적으로 용납될 수 있는 방법으로 표출할 출구를 찾게 된다. 성역할 기대를 의식하기 시작하는 2~3세 사이에 여아는 공격성이 감소하지만, 남아는 공격성이 여전히 그대로 지속되며, 남아의 공격성이 신체적 물리적인데 비해 여아가 언어적 공격성 표출 형태를 보이는 것은 남녀에 따른 사회화 과정의 차이 때문이라고 볼 수 있다(Tieger, 1980). 오늘날 대부분의 학자들은 공격성의 성차를 생물학적 관점보다 사회화과정의 차이에 의한 것으로 설명하고 있다.

(2) 부모의 양육태도

부모의 자녀 양육태도 또는 부모와 자녀의 상호작용 양상은 어린이의 공격성과 밀접한 관련이 있다. 유아의 공격성에 영향을 미치는 부모의 여러 양육태도 변인 중에서 공격행동에 대한 부모의 허용성, 처벌, 비일관성이 가장 관련이 높게 나타난다.

유아의 공격성에 대한 부모의 허용은 직접적인 보상의 효과와 비슷하다. 공격행동을 허용하는 부모의 유아는 공격적 표현에 대한 허용을 보장받았기 때문에 공격적 행동이 증가하게 된다.

처벌과 공격성의 관계에 대하여는 처벌이 공격행동을 줄인다는 주장과 처벌이 오히려 공격행동을 조장한다는 주장이 있다. 처벌이 공격행동을 감소시킨다는 이론은 공격행동에 대하여 처벌을 받음으로써 공격행동을 한 후 받게 될 처벌에 대한 불안, 즉 공격불안을 학습하기 때문에 공격성이 줄어든다고 보았다(Sears, Maccoby & Levin, 1937). 이에 반해 처벌이 공격행동을 조장한다는 이론은 일시적으로 처벌이 공격적 행동을 감소시키나 그 원인을 제거한 것이 아니며, 장기적으로 볼 때 처벌이 그 자체로서 공격행동의 모델이 되며, 처벌의 경험이나 처벌에 대한 예상 자체가 좌절을 일으킴으로써 공격성을 오히려 더 높인다는 것이다(Fashbach, 1970). 실제로 또래관계에서 공격적인 유아들은 처벌이 자주 사용되는 가정에서 자란 경향이 많으며(Eron et al., 1974), 벌이 심한 가정에서 자란 유아가 공격적인 비행을 저지르는 청소년이 될 확률이 높은 것으로 나타났다(Bandura & Valuers, 1959).

유아의 공격적 행동에 대하여 부모가 일관성이 없는 양육태도를 가질 때, 비일관성이 부분적 강화의 효과를 지니기 때문에 공격적인 행동을 계속 유지시키는 효과가 있다. 또 부모의 비일관적인 양육태도 자체가 욕구불만 상태를 조장하여 공격적 행동을 증진시키게 된다(Home & Sayer, 1990).

(3) 심리적 특성

무엇이 공격을 일으키는가를 이해하는 것과 마찬가지로, 무엇이 공격성을 감소시키는가를 이해하는 것도 중요하다.

① 정화

Freud는 인간은 본능적인 공격적 에너지의 저장소를 항상 가지고 있고, 상황이 어떠하든 간에 분출해야 할 공격성이 있을 때는 그것이 표현된 뒤에 공격적 욕구가 감소된다고 주장하였다.

공격충동이 나타났을 때 공격함으로써 그 충동을 없애는 과정을 정화(catharsis)라고 한다. 정화라는 생각의 핵심은 만일 공격적인 것을 느끼게 되면, 공격적 행위를 하는 것이 그 감정의 강도를 감소시킨다는 것이다. 그렇게 되면 덜 공격적으로 행동한다. 이러한 생각의 기본 입장은 공격 충동을 본능으로 해석하는 견해에 뿌리를 두고 있다.

정화는 그 사람이 화가 나 있고, 어느 정도 직접적인 방식으로 공격을 표현할 수 있고, 자기의 분노에 책임이 있는 사람, 즉 자신에 대한 공격자나 괴롭히는 자나 욕구 좌절자에 대해서 공격을 표현할 수 있을 경우에는 공격의 표현을 신뢰롭게 감소시켜 준다. 반면에, 공격은 더 공격하게 하는 경향을 갖게 한다고 가정할 수 있다. 공격을 감소시키는 방법으로서 정화에 의존하는 것은 부작용을 일으킬 수도 있다는 것이다. 즉, 탈억제(disinhibition)의 가능성이 있다. 대부분의 경우에는 공격이 금지되어 있으므로 공격충동이 생겨도 억제되는 경우가 많다. 그러나 만일 억제를 뚫고 공격하게 되면 다음에는 금기적인 억제의 효과가 없어지므로 더욱더 공격적으로 된다는 것이다. 따라서 공격을 표현하는 것은 보다 더 많은 공격을 일으킬 수도 있다.

② 처벌과 보복의 두려움

처벌의 두려움은 공격적 행동을 억제시킨다. 그러나 심한 처벌은 일시적으로는 효과가 높지만 장기적으로는 역효과를 가져 올 수 있다. 자라면서 심한 처벌을 받는 어린이는 극단적으로 공격적인 어린이가 되거나 성인이 된 후 폭력적 수단을 선호하는 경향을 보일 수 있다. 처벌이나 보복에 대한 두려움은 비이성적이고 충동적인 대응공격(counter aggression)을 자극할 수 있다. 공격성에 대해 자주 처벌을 받았던 어린이들은 보통의 경우보다 더욱 공격적이 되었다는 보고가 있다.

어린이가 공격적으로 행동하는 것에 대해 벌을 주는 것은 어린이에게 공격적으로 되지 않게 가르치는 효과적인 방법으로 볼 수 있지만, 그 반대의 효과도 일으킨다. 처벌의 위협은 가장 큰 제지효과를 갖는다. 그러나 집에서 공격적인 행동에 대해서 심하게 처벌을 받은 아이는 덜 심하게 처벌받은 아이보다도 집 밖에서 더 공격적으로 되는 경향이 있다.

연구결과를 보면 심한 처벌이 순종을 시키기는 하지만, 내면화는 거의 일어나지 않는다. 장기적으로 비공격적인 행동양식을 형성하기 위해서는 어린 시절부터 공격적인 행동을 좋지 않게 여기는 가치관을 내면화하는 것이 중요하다.

③ 학습된 공격억제

처벌의 위협은 직접적인 공격을 억제시키는데 일시적인 효과는 있지만 일반적인 해결책이 되지는 않는다. 처벌로 유아의 공격행동을 억제하는 것은 직접적이고 외현적인 공격행동을 줄일 수 있어도 공격충동 자체는 해소할 수 없다. 공격성이 외적인 통제조건에 의해서만 억제되기는 불가능하므로 공격적 행동을 통제하는 것을 학습해야 한다.

학습된 공격억제를 공격불안(aggression anxiety)이라 한다. 이는 공격충동이 생기면 불안해지는 심리상태를 말한다. 즉, 공격자체에 대하여 죄의식을 갖는 것이다. 공격불안은 공격행동을 내적으로 통제하는 심리기제로서 공격을 하지 않게 할 뿐 아니라 공격행동을 학습하는 것도 방해한다.

공격불안이 형성되는 과정은 유아기의 사회화 과정에서 내면화된 것이다. 그리하여 허용되는 공격행동과 허용되지 않는 공격행동을 구분하는 규범과 가치를 내면화하게 된다. 공격불안은 어린 시절에 훈련되기도 하지만 우리에게 중요한 사람들이 갖는 규범에 대한 내면화에서 나온다. 우리는 전 생활을 통해서 우리들과 가까운 집단이 갖는 사회적 규범을 학습하고 또 재학습하고 있다. 학습된 억제는 인간의 공격적 행위에 대해 우리가 지니고 있는 강력한 통제를 대표한다.

④ 전위

자기를 괴롭히는 사람에게 직접적으로 공격할 수 없을 때는, 공격충동이 그와 유사도가 가까운 사람에게 전위된다. 전위(displacement)는 대치된 표적에 대해서 공격을 표현하는 것이다. 어떤 사람으로부터 욕구좌절이나 괴롭힘을 당하지만, 그 사람에 대해서 보복할 수 없다. 그가 너무 강하거나, 눈앞에 없거나, 보복하기에는 너무나 불안하고 금지되어 있을 수 있다. 그런 상황에서는 어떤 다른 방법으로 공격을 표현하기 쉬운데, 그것의 하나가 전위, 즉 대치된 표적에 대해서 공격을 표현하는 것이다. 아버지가 늦은 시간에 놀러 나가는 것을 금하게 되면, 아들은 화가 나고 때로는 공격적이 된다. 아버지는 너무나 강하고, 아버지에 대한 공격에는 사회적 금기가 있기 때문에 자기 아버지를 공격할 수는 없다. 따라서 자기의 분노를 다른 사람에게 터뜨린다. 그가 할 수 있는 사람의 범위는 넓다. 어머니, 누나, 동생, 이웃집에 사는 같은 또래 등이 있다. 이와 같은 모든 사람은 어린이의 욕구좌절의 원천, 즉 그의 아버지에 대한 유사성의 면에서 연속선상에 놓일 수가 있다.

(4) TV의 폭력성과 공격성

유아의 공격행동에 영향을 미치는 요인으로서 TV의 폭력물 시청에 관한 관심이 부각되고 있다. 유아는 출생 직후부터 TV에 노출되며, 연령의 증가에 따라 TV시청은 급격히 증가한다.

공격행동을 설명하는 정화설과 탈억제이론은 TV의 폭력장면 시청에 관하여 각각 상반되는 예언을 한다. 정화설은 TV폭력 장면을 시청하면 공격충동이 정화되어 공격행동이 줄어든다고 주장한다. 왜냐하면 시청자는 공격적인 화면을 봄으로써 자신의 공격적 충동을 발산할 수 있으므로 실제적 공격행위를 할 가능성은 줄어든다는 것이다.

반면에, 탈억제이론은 공격행동이 오히려 증가한다고 주장한다. TV의 폭력장면 시청과 시청자의 공격적 행동 사이에는 높은 상관이 있다는 것이다. 즉, 폭력장면을 많이 시청한 사람일수록 자신을 공격적이라고 평가하였고, 또래들에 의해서도 공격적이라는 평가를 받았다는 것이다. 통제된 실험실 연구에서도 폭력적 프로그램을 시청한 어린이들이 중립적 프로그램을 시청한 어린이들보다 더 공격적이라는 사실이 밝혀졌다.

연구에 따르면 TV의 폭력장면에 가장 민감한 연령은 8~9세 정도이고, TV의 폭력시청과 어린이의 공격성과의 관계는 양방향적(bidirectional)이다. 즉, TV의 폭력시청은 어린이가 공격적이 되도록 하고 어린이의 높은 공격성은 TV의 폭력장면을 더 많이 시청하도록 유도한다.

4. 도덕성발달

1) 도덕성발달

도덕성(morality)은 사회생활을 해 나가는 데 있어서 옳고 그른 것을 구별할 수 있고, 이것을 자기 것으로 받아들여 행동하는 것이라고 말할 수 있다. 유아는 자라면서 부모로부터 또는 다른 어른이나 또래와의 상호작용을 통하여 자신이 속한 사회의 행동 규준을 습득하게 되고 도덕적으로 성숙되어 간다.

도덕성발달은 사회적으로 인정받을 수 있는 방식으로 행동하는 것을 배우는 중요한 과업의 하나이다. 유아기에 도덕성의 모든 특성이 동시에 발달하는 것은 아니다. 유치원 수준에서는 상당한 수준의 도덕적 행동을 할 수는 있지만 도덕적 규범이 내포하고 있는 진정한 의미를 이해하기는 어렵다. 또한 도덕적 행동을 하려는 실천동기에 있어서도 유아는 성인의 승인이라는 권위에 의존하는 것이 크다. 그러므로 유아가 실제로 도덕적 개념을 이해하고 자율적인 도덕적 판단을 하기 위해서는 이에 상응하는 지적 발달이 이루어져야 한다.

이렇게 볼 때, 건전한 도덕성 발달을 형성하게 하려는 교육적 노력은 유아의 각 연령수준에 적합한 지적, 정서적 특성을 고려하여 행동적인 습관형성에서부터 시작하여 점차적으로 도덕적 원리와 기준을 터득하는 통합된 교육방향으로 나아가야 할 것이다.

2) 도덕성발달 이론

영유아의 도덕성 발달과정을 설명하는 이론에는 정신분석 이론, 인지발달 이론, 학습 이론 등이 있다. 도덕성에는 정의적 요소, 인지적 요소, 행동적 요소의 세 가지 기본 구성요소가 있는데(Shaffer, 1988), 도덕성발달의 세 이론은 세 가지 기본 구성요소 중 하나를 중심으로 도덕성발달을 설명하고 있다.

일반적으로 심리학적 관점에서의 도덕성은 '개인에 의해서 내면화된 사회적 행위상의 문화적 규칙'으로 정의된다. 그러나 내면화 현상의 어떤 측면을 강조하느냐에 따라서 서로 다른 도덕성 발달 이론이 성립된다. 예컨대, 내면화의 행동적 측면을 강조하는 입장도 있고 내면화의 인지적 측면을 강조하는 입장도 있다. 내면화의 강조점이 다르다고 할지라도 도덕성이 한 개인에게 내면화된 문화규범을 의미한다는 점은 분명하다. 정신분석 이론은 도덕성을 정의적 속성인 양심으로 보았다. 그러나 Piaget와 Kohlberg는 도덕성을 정신 내부에 구조화된 개념으로, 학습 이론은 학습된 행동(습관)으로 보았다.

(1) 정신분석 이론

정신분석 이론에서 도덕성을 설명하는 기본개념은 '양심'이며, 도덕성발달은 '양심' 또는 '초자아'의 발달을 의미한다. Freud에 의하면 양심은 동일시라고 하는 심리적 과정에 의해 형성된다. 대개 4~5세 경인 오이디푸스 콤플렉스 시기에 초자아 형성을 이루기 위한 동일시가 이루어지기 때문에 도덕성 발달에 있어서는 유아기가 중요하게 고려된다. 어린이는 충동이나 욕구의 집합체로 도덕적 행동을 해낼 수 없으며, 성장해감에 따라 부모와의 관계를 통하여 점차로 사회의 규범에 따른 행동을 형성해가는 성향이 있다고 본다.

정신분석 이론에서 볼 때 내면화의 규준은 유아가 부모와의 동일시를 통해 형성하므로, 부모-자녀 관계가 친밀하고 온정적이어야 부모에 대한 동일시가 강하게 형성된다. 그러므로 성인은 유아가 동일시를 효과적으로 이용하도록 적극적인 모범과 사회적 · 도덕적으로 가치 있는 심리적 환경을 제공해 주어야 한다는 입장이다.

양심의 강도는 부모로부터 받는 애정적인 보살핌과 심한 처벌의 정도에 의존한다. 즉, 엄격하면서도 애정적인 가정에서 자라난 어린이가 보다 강한 양심을 발달시킨다는 것이다. 그러나 부모가 유아에게 충동의 억제를 가혹하게 요구할수록 더 강한 도덕성 발달이 이루어진다는 Freud의 주장은 타당하지 않다는 점도 확인되고 있다. 아버지로부터 심한 신체적 처벌을 경험한 유아들은 오히려 공격적이었고 자신의 행동을 적절하게 통제하지 못하였다(Baumrind, 1975).

정신분석 이론에서 볼 때 유아기는 양심의 기본이 형성되는 시기로서 유아는 부모와의 동일시 과정을 통하여 도덕성을 내면화하며, 유아의 충동을 가혹하게 억제할수록 양심을 발달시킨다. 또한 유아가 반드시 지켜야 할 일, 해서는 안 될 일에 대하여 분명하게 규제하는 엄격한 훈육이 필요하다. 그러나 애정이 깊은 부모의 엄격한 훈육은 양심의 발달을 촉진시킬 수 있으나, 애정 관계가 빈약한 부모의 엄격한 훈육은 적대감과 반발을 유발할 가능성이 크다.

도덕성 발달을 남근기의 갈등과 관련시킨 Freud의 견해는 다른 정신분석 개념과 마찬가지로 실증적으로 증명하기 어려운 단점을 가지고 있다. 또 신Freud 학파인 Erikson, Hartmann 등은 유아의 도덕성 발달이 심리성적 갈등에 의해서 발달되기보다는 심리사회적 갈등에 의해서 발달된다고 보았다.

Freud 이론에 의하면 오이디푸스 갈등이 완전히 해결되는 남근기 말(5세 경)에 가서는 유아의 도덕성이 완전히 성숙되어야 한다. 그러나 Piaget나 Kohlberg의 이론에서 보듯이 도덕 추론이 유아기를 지나서 아동기 이후에도 계속 발달한다는 점에서 남근기에 도덕성발달이 완성된다고 보는 것은 무리가 있다(Hoffman, 1970).

(2) 인지발달 이론

인지발달 이론에서는 도덕성 발달이 인지발달에 의존하며, 아동의 도덕성이 일정한 단계와 계열을 따라 발달한다고 주장한다. 인지론자들은 연령증가에 따른 인지구조의 변화를 양적 증대로 보지 않고 질적 변화로 보기 때문에, 도덕성 발달은 개인이 지닌 도덕적 태도와 개념이 도덕적 성숙의 단계로 변화해 가는 과정이라고 규정하고 있다. 따라서 도덕성의 발달은 개인이 그를 둘러싼 사회적 환경을 어떻게 인식하며, 사회 환경 내의 여러 가지 규범을 어떻게 개념화하느냐에 따라 결정된다고 볼 수 있다. 대표적인 학자로는 Piaget와 Kohlberg를 들 수 있다.

① Piaget의 도덕성발달 이론

Piaget의 이론은 도덕적 행위나 도덕성의 출발점을 개인의 인지능력의 발달과 그 발달단계에 의해 규정되는 개인의 선택적 판단능력에서 찾고 있다. 아동에서 성인으로의 성장과정에서 도덕개념의 발달은 명확히 구별되고 또 질적으로 다른 여러 단계를 거쳐서 이루어진다. 이런 도덕개념은 어린 아이들에게 여러 가지 도덕적 판단을 요구하는 상황을 제시한 후, 어린이들이 제시하는 판단이 어떠한 도덕적 사고구조를 지닌 것인가를 분석함으로써 추정이 가능하게 된다. 예컨대, "형이 나쁜 짓을 했을 때 이것을 아버지께 일러바치겠느냐?"하는 질문에 대해 어떤 유아가 "아버지께 일러바치지 않겠다. 왜냐하면, 일러바치면 아버지는 화가 나서 형을 심하게 혼낼 테니까." 또는 "형을 혼나게 하기 위해서 일러바치겠다." 또는 "아버지께 일러바치면 형이 나중에 내가 일러바친 것을 알고 나를 때릴 테니까 일러바치지 않겠다."는 등의 부류에 속하는 대답을 했다면, 이 유아의 도덕적 판단은 아버지의 권위에 대한 존중이나, 형제 간의 의리 또는 행위 자체의 가치보다는 누가 더 많이 때릴 것인가 하는 보복의 양이나, 처벌에 관한 요소에 입각한 판단에 머무른다는 해석이 가능하다.

Piaget는 도덕성을 도덕적 판단능력으로 규정하고 도덕성의 발달이 아동의 지적 능력 발달과 밀접하게 연관되어 있다는 사실을 강조하고 있다. Piaget는 다음과 같이 비슷한 내용의 이야기를 짝으로 제시하고 어린이들에게 어떤 것이 도덕적으로 더 나쁘냐를 판단하게 하였다.

이야기 1 : 철수는 문을 열다가 자기도 모르게 문 뒤에 있던 의자가 넘어지면서 그 위에 있던 컵 5개를 깨뜨렸다.

이야기 2 : 영희는 어머니가 외출하고 없는 사이에 찬장 위의 과자를 몰래 꺼내려고 의자에 올라갔다가 컵 1개를 떨어뜨려 깨뜨렸다.

위와 같은 내용을 아동들에게 말해 주고 철수와 영희 중 누가 도덕적으로 나쁜가를 판단하게 하였다. 대부분의 아동들은 철수가 더 나쁘다고 말하였다. 왜냐하면 철수가 컵을 5개나 깨뜨렸기 때문이다. 그러나 조금 큰 아이들은 영희가 더 나쁘다고 말하였는데 그 이유는 영희는 어머니 말을 안 들었기 때문이라고 하였다. Piaget가 관찰한 바에 의하면 아동의 도덕적 문제에 관한 사고에 있어서 눈에 띄는 뚜렷한 변화는 약 7세 경에 나타난다. 7세 이전의 아동은 그들이 일으킨 행위의 결과(손실의 양)에 비추어 그 행동이 비난받아야 한다고 판단한다. 7세에서 11세 사이의 아동들은 객관적 책임의 원리보다도 동기와 의도를 중시하는 주관적 도덕성 판단 시기에 들어가며, 행위의 결과보다는 의도에 비추어 잘잘못을 판단하게 된다.

Piaget는 아동의 도덕성을 타율적 도덕성과 자율적 도덕성으로 구분했으며, 아동의 도덕성은 타인에 의해 가치기준의 영향을 받는 타율적 도덕성에서 스스로 선택하고 결정하는 자율적 도덕성으로 발달한다고 하였다. 아동의 도덕생활을 타율과 자율의 수준으로 구분할 때, 타율의 수준에는 자신의 입장과 타인의 입장을 구별할 수 없어서 모든 것을 자기중심적으로 판단하는 자기중심주의와 어른의 권위에 맹목적으로 복종하고 그 권위가 절대적인 것으로 간주하는 권위주의 단계가 있다. 자율의 수준에는 또래관계에서 상호존중하고 협동하며 나아가 규칙이란 상대적이어서 획일적으로 적용하는 것이 아니라 상황에 맞게 적용되어야 한다는 공정의 단계가 있다.

- 제 1단계–타율적 도덕단계(heteronomous morality): Piaget에 의하면 3세에서 7세 무렵까지의 유아는 인지능력의 한계로 인하여 타율적 도덕성을 가질 수밖에 없다. 이 시기의 어린이들은 도덕적 규율을 자연의 법칙과 혼동하기 때문에 도덕적 규범은 인간의 목적과 자기존중을 위해 인위적으로 만들어진 것이라고 생각하지 않고, 외부로부터 주어진 절대적이고 불변한 규율로 이해한다. 이러한 현상이 나타나게 되는 인지적 원천은 자기경험의 주관적 측면과 객관적 측면을 구별하지 못한다든지, 한 상황을 타인의 입장에서 보지 못하는 사고의 자기중심성 때문이다. 그리고 부모나 성인에게 절대적 가치를 부여하여 도덕적 판단의 기준을 부모와 같은 권위자에게서 받아들인다. 유아들은 자신의 부모를 도덕적으로 완전하다고 믿는 경향이 있

어서 부모가 제시하는 도덕적 규율도 신성불가침의 것으로 지각하고 무조건 순종해야 하는 대상으로 인지하는 경향이 있다.

- **제 2단계–자율적 도덕단계(autonomous morality)**: 자신의 도덕적 판단을 중시하는 자율적 도덕성은 7, 8세 경에 발달하기 시작한다. 이러한 자율적 도덕성은 사춘기를 지나면서부터 점차 부모나 성인의 권위와 절대적 존중에 의해 지배를 받는 타율적 도덕성과 대체되어 나간다. 타율적 도덕성이 부모나 문화에 의해 지나치게 강압되어 고착되지 않는 한 자율적 도덕성은 사회계층이나 문화권과 상관없이 모든 어린이에게 나타나는 공통적인 발달 양상이라고 할 수 있다.

타율적 도덕성이 자율적 도덕성으로 변화해가는 과정에서 일어나는 현상을 인지 이론적 관점에서 분석하면 다음과 같다.

- **판단의 의도성**: 유아들은 어떤 행위에 대한 선악을 그 행위가 가져오는 실제적 또는 물리적 결과에 입각하여 판단하는데, 연령이 증가할수록 행위의 결과보다 행위의 의도로 판단하는 경향이 증가한다. 예를 들면, 어머니를 도와드리다가 컵 5개를 깨뜨린 아이와 과자를 훔치다가 컵 1개를 깨뜨린 아이를 비교시켰을 때, 4세 아동의 거의 대부분은 전자를 나쁘다고 하는 반면에, 9세의 아동 거의 대부분은 후자가 나쁘다고 판단하게 된다.
- **비판의 상대성**: 유아들은 한 행위가 전적으로 나쁜 것이거나 또는 전적으로 옳은 것이라고 판단한다. 그리고 이들은 다른 사람들도 자기와 똑같은 생각이나 판단을 한다고 믿는데, 이러한 판단에서 스스로 갈등을 느끼게 되면, 성인이 내려준 판단이 언제나 옳은 것이라고 믿는 경향이 강하다. 그러나 연령이 증가할수록 '이것 아니면 저것'이라는 생각은 차츰 감소되고, 선악의 판단에서 사람에 따라 의견이 다를 수 있음을 이해하게 되고, 다른 의견을 기대하게도 된다. 뿐만 아니라, 부모나 성인의 판단을 일방적으로 옳은

것으로만 받아들이는 태도도 점차 감소된다.

- **제재나 처벌 의존성**: 어린이들은 제재나 처벌이 뒤따르는 행동은 무조건 좋지 않은 행동으로 판단하고, 보상이 뒤따르는 행동은 무조건 옳은 행동으로 판단하는 경향이 강하다. 그러나 연령이 증가할수록 어린이들은 규칙을 어긴 행동이나 남에게 해를 끼친 행동은 옳지 않은 행동으로 판단하는 경향이 증가하게 된다.
- **상호성**: 4~5세 이하의 유아들은 다른 사람과의 관계에서 단순한 사건만으로 판단하고 대처하기 때문에 상호성(reciprocity)을 인정하지 못한다. 그러나 10세 경의 아동들은 판단에 있어서 상호성을 고려할 수 있게 된다. 예를 들면, 대부분의 4세 유아들은 남이 자기를 때리면 자기도 때려 주겠다고 대답하지만, 10세 이상의 아동들은 상대방의 입장을 고려하기도 하고, 과거의 우정이나 친절 등의 사정을 판단에 개입시키는 등 상호성을 고려하는 경향이 강하게 나타난다.
- **배상과 교정으로의 처벌**: 유아들은 나쁜 짓이라고 판단한 행동에 대해서는 무조건적인 처벌이 내려지기를 요구하나, 연령이 증가할수록 해를 입은 사람의 손해가 배상되는 범위 안에서, 또는 잘못을 교정할 수 있는 방법 등으로 온건한 처벌을 주장하는 경향이 증가된다.
- **불운에 대한 자연주의적 견해**: 6~7세 이하의 유아들은 옳지 못한 일을 한 뒤에 우연적으로 일어난 자연적 사고나 불운을 하나님의 뜻에 의한 처벌로 보려는 경향이 강한 반면, 나이가 든 아동들은 이런 자연적 사고나 불운을 그러한 행동과 명확하게 구별할 수 있다.

이상 6가지 측면에 의거한 도덕적 판단능력의 발달은 종족이나, 사회계층 또는 종교에 관계없이 모든 문화권에서 발견되는 보편적인 현상으로 알려져 있다. 또한 어린이가 갖고 있는 도덕적 판단의 절대성, 처벌 지향성 등은 부모에 의한 체벌의 분량이나 정도와도 상관없이 발달하는 것으로 알려져 있다.

Piaget의 도덕성발달 이론을 실증적으로 증명한 연구들은 대체로 그 타당성을 지지하고 있다. 즉, 유아의 도덕성이 타율적 도덕성으로부터 자율적 도덕성으로 발달하며, 타율적 도덕성 단계와 자율적 도덕성 단계의 여러 특징적 현상은 많은 실증적 연구에서 잘 증명되었다. 그러나 Piaget가 생각했던 것보다 자율적 도덕성이 더 어린 연령에서 나타난다는 연구결과가 보고되고, Piaget가 유아의 도덕적 추리능력을 과소평가했다는 비판이 있다.

② Kohlberg의 도덕성발달 이론

Kohlberg는 철학, 심리학, 사회학, 교육학, 인류학 등 여러 가지 학문의 방대한 연구에 기초하여 도덕성발달 이론을 체계화하였다. Kohlberg(1963)는 어린이의 도덕성발달을 알아보기 위하여 가상적인 갈등상황을 제시하였다. 그가 제시한 갈등상황의 예로 가장 잘 알려져 있는 'Heinz의 약 훔치기'의 내용은 다음과 같다.

'Heinz의 약 훔치기'

유럽의 어느 마을에 특수한 종류의 암으로 거의 죽음에 임박한 여인이 있었다. 의사들의 생각으로는 여인을 구할 수 있는 약이 한 가지 있었는데, 그것은 라듐의 일종으로서 같은 마을에 사는 한 약제사가 최근에 발명해 낸 것이다. 그 약은 원가가 비싼데다가 약제사가 원가의 열 배나 되는 값을 요구하고 있었다. 그는 라듐 제조에 2,000달러를 들이고는 조그만 약 한 알에 2,000달러를 요구했다. 앓고 있는 여인의 남편인 Heinz는 자신이 알고 있는 모든 사람에게 찾아가 돈을 빌리려고 했으나, 약값의 절반밖에 안 되는 1,000달러밖에 빌릴 수 없었다. 그는 약제사에게 찾아가 아내가 죽어 가고 있으니 약을 싸게 팔거나 아니면 후에 갚게 해달라고 부탁했다. 그러나 약제사는 "안 됩니다. 나는 이 약을 발명했고 이것으로 돈을 벌려고 합니다"라고 말했다. 그래서 Heinz는 절망한 나머지 약방을 부수고 들어가 자기 아내를 위해 약을 훔쳤다. 과연 이 남편은 그처럼 행동해야만 했는가 (Kohlberg, 1963: 19).

이러한 이야기를 어린이들에게 들려준 후 남편이 약을 훔쳐야 했는지 혹은 훔치지 말아야 했는지, 만약 남편이 아내를 사랑하지 않았다면 무엇이 달라질 것인지, 다른 사람이 죽어가고 있으면 무엇을 해야 하는지 등을 물어 보았다. Kohlberg는 이 갈등상황에 "그래요", "안돼요"라는 응답자의 대답에 관심을 두지 않고 그러한 응답 뒤에 숨어있는 도덕적 추리에 더 관심을 두었다. 이러한 질문에 대한 대답을 근거로 하여 도덕성 발달단계를 3수준 6단계로 나누었다.

Kohlberg에 의하면 모든 문화에는 도덕성 발달이 세 수준으로 보여지고 있음을 확인하였다. 이들 세 수준은 인습 이전 수준(preconventional level), 인습 수준(conventional level), 인습 이후 수준(postconventional level)이다. 각각의 수준은 다시 두 개의 단계로 세분화되어 도덕성발달단계는 모두 3수준 6단계가 된다.

인습 이전의 아동들은 상투적인 의미로 문화에서 규정하는 좋은 것, 또는 나쁜 것에 따라서 '좋은 행동'을 하며, 물리적인 결과(벌이나 보상 또는 좋아하는 것과의 교환)에 따라 혹은 부모나 교사의 권위 때문에 행동하게 된다.

인습 수준에 있는 아동들은 복종 지향적인 경향이 있다. 자기들에게 거는 기대에 어긋나지 않으려고 하며, 가족이나 집단의 규칙, 혹은 국가의 법규를 준수하는 것이 자신들이 해야 할 행동이라고 생각한다. 이 수준에서는 복종하는 것뿐만 아니라 사회의 규칙을 지지하고 정당화하는 것에 관심을 보인다.

인습 이후 수준에서는 자신들이 보편적으로 적용할 수 있다고 생각하는 정의의 개념에 입각해 자율적인 도덕원칙에 비추어 생각하려고 한다. 이와 같은 원리는 그들이 속한 집단이나 개인의 권위와도 구별될 뿐만 아니라, 이들 개인, 또는 집단과 개인과의 관계와도 뚜렷이 구분된다. Kohlberg의 3수준 6단계의 도덕성 발달 이론을 정리하면 다음과 같다.

수준 1. 인습 이전 수준

- 1단계–벌과 복종의 단계(the obedience and punishment orientation): 구체적이고 외부적인 결과만으로 도덕적 판단을 하며, 벌이나 고통을 피하기 위해서 도덕적 행위를 하는 단계이다. 이 단계의 어린이가 남편이 나쁘다고 대답한 것을 보면 법에 어긋나니까, 훔치는 것은 나쁘니까, 훔치는 것은 벌을 받으니까 등이다. 한편 훔친 것에 동의하는 어린이는 남편이 처음에 부탁을 했으며 훔친 물건이 큰 것이 아니기 때문에 괜찮다고 답을 하고 있다. 즉, 이 단계에서는 권위자가 처벌을 하느냐 하지 않느냐가 판단의 기준이 된다.
- 2단계–욕구충족 수단으로서의 도덕성(the instrumental hedonistic orientation): 이 단계에서는 자신의 욕구를 만족시키는 도구적 가치 유무를 도덕적 판단의 근거로 택하는 단계이다. 규율이나 규칙이 더 이상 고정적이거나 절대적인 것은 아니라고 생각하며 어떠한 문제이든 한 가지 이상의 측면이 있다는 것을 알게 된다.

수준 2. 인습 수준

- 3단계–개인 간의 조화를 위한 도덕성(the interpersonal concordance orientation, good boy orientation): 다른 사람의 인정을 받고 비난을 피하기 위해서 도덕적 행동을 하는 단계이다. 어린이가 10세 경이 되면 착한 사람의 행위에 초점을 두며, 착하다는 것은 동기와 감정 면에서 정의된다. 옳다는 것은 자신과 가까이 있는 사람들의 기대에 부응하여 생활하는 것으로 아들로서, 누이로서, 친구로서 기대되는 역할에 맞추어 생활하는 것이다.
- 4단계–법과 질서준수로서의 도덕성(the law and order maintaining orientation): 이 단계에서는 법과 질서의 권위 및 책임을 존중하며 이를 준수하는 것을 절대의무로 받아들일 뿐 아니라, 이를 도덕적 판단의 근거로 삼는 단계이다. 공동체의 인정이 중요한 기준이 된다. 사회에서 자신의 의무를

다하고, 사회질서를 지키며, 사회의 복지를 유지하는 것이다.

수준 3. 인습 이후 수준

- 5단계–사회계약 정신으로서의 도덕성(the social-contract legalistic orientation): 옳다는 것은 사람들이 다양한 가치와 의견을 가진다는 사실, 즉 대부분의 가치와 규칙은 그 집단에 따라 상대적이라는 사실을 각성하는 것이다. 이 상대적 규칙은 공평함의 구현이고 사회계약이기 때문에 지지되어야 한다. 생명과 같은 비상대적 가치와 권리 그리고 자유는 어느 사회에서도 지지되어야 하는 것으로 다수의 의견 같은 것과는 관계없다.
- 6단계–보편적 도덕원리에 대한 확신으로서의 도덕성(the universal ethical principle orientation): 이 단계는 모든 인간성이 따라야 할 보편 윤리적 원리에 의한 인도를 가정한다. 올바른 행위는 스스로 선택한 도덕원리에 따른 양심의 결단으로 정의되며 이 도덕 원리는 논리적, 구체적, 보편적이고 일관성 있는 것이라야 한다. 여기에는 공정성, 인간권리의 상호성과 평등, 개인으로서 인간의 존엄성에 대한 존중 등이 포함된다.

위의 6단계 중 3단계까지가 유아기에 해당하는 단계이다. 처음에는 도덕성이라는 관념이 없이 행동하는 상태에서 벌을 피하기 위해서나 어른 및 선생님께 무조건 복종하는 것이 좋은 사람이라고 생각하는 단계와 자기의 욕구가 충족되어야만 좋은 것이라고 생각하는 단계를 거쳐, 다른 사람과 조화를 이루는 것이 착한 사람이 되는 길이라고 생각하는 단계까지가 유아기의 도덕성을 설명해 주는 단계적 설명이라고 할 수 있다.

Kohlberg의 도덕성 발달 이론이 시사하는 바는 유아는 아직 도덕적 이해의 수준이 낮기 때문에 성인이 이해한 바를 그대로 이해할 수 없다는 것이다. 만약 교사가 자기 자신의 도덕적 관점을 주입하려고 하면, 유아는 거의 감정적으로 반발을 느끼고, 만약 교사의 말이 자기가 보는 현실과 다를 경우에는 그것을 전

혀 현실과는 맞지 않는 '어른의 잔소리'로 일축해 버릴 가능성이 있다

오늘날 Kohlberg의 이론은 도덕성발달 이론 중 가장 인정을 받고 있으며, 많은 연구들이 그의 이론을 확대 발전시키고 있다. 또 그의 이론은 세계 여러 나라의 도덕교육의 방향과 내용을 설정하는 이론적 근거가 되었다. 그가 도덕적 추론능력을 신장시키기 위해 제시한 토론식 수업은 학교교육이 인지적 측면을 중시하고 있기 때문에 상당히 설득력 있게 받아들여졌으며, 여러 연구에서 그 효과가 입증되었다. 그러나 Kohlberg 이론의 한계와 문제점에 대한 비판 또한 제기되었다. 즉, Kohlberg의 도덕성발달 이론이 모든 문화에 보편적으로 적용된다고 하였으나, 그의 도덕 추론은 주로 미국 중류 사회의 백인 남성의 도덕적 가치를 반영함으로써 문화적으로 편향되어 있다는 점, Kohlberg가 설정한 6단계 도덕성은 이론적 개념에 불과하며, 실제로는 거의 존재하지 않는 개념일 수 있다는 점, 도덕 판단력과 도덕 행위가 항상 일관성 있게 일치하지 못한다는 점, 연구방법에서 연구도구의 신뢰성 및 용이성이 부족하다는 점 등이 지적되고 있다(강경미 외, 2003).

(3) 학습 이론

학습 이론에 의하면 도덕성은 사회적으로 학습된 행동이며, 보상과 처벌에 의해서 이루어진다. 도덕성은 직접적인 모방학습에 의하여 주어지고 또 강화에 의해서 유지된다. 따라서 유아가 도덕성을 형성하는데는 성인의 중재가 필요하다고 본다.

학습 이론적 입장에서는 도덕성을 관찰 가능한 구체적인 도덕행위의 총합체로 본다. 즉, 도덕성의 유무나 발달의 수준을 인간 심성의 내면에 존재하는 감정이나 인지구조로 보지 않고 구체적으로 관찰이 가능한 행위의 수준에서 그 특성의 유무가 측정되어야 한다고 생각한다. 예를 들면, 정직성이라는 덕목 또는 특성은 정직한 행동이 요구되는 어떤 구체적인 상황에서 정직한 행동을 나타내느

냐 않느냐에 의해서 측정될 수 있다고 보는 것이다. 즉, 정직한 행동을 해야 할 상황에 놓인 개인이 가질 수 있는 내면적인 이유나 갈등보다는 외면적으로 나타나는 행위로서의 결과가 중요시된다.

학습 이론적 입장은 도덕적 행위라는 결과만을 중시하고 도덕성을 이러한 구체적 상황에서 나타나는 총합체라고 보기 때문에 상황조건의 구속을 받지 않는 보편적 특성으로서의 도덕성을 상정할 수 없다는 문제점이 있다. 즉, 학습 이론에 의한 설명으로는 '정직한 사람'이나 '정직성'이란 말이 성립되기 힘들다. 다만 '어떤 사람이 어떤 상황에서 정직하게 행동했다.'거나 '정직한 행동'이라는 말이 가능할 뿐이며, 이것만이 의미를 지닐 뿐이다. 학습 이론은 기본적으로 도덕성을 행동의 학습결과(습관)로만 보는 것이기 때문에 훈련, 시범, 상과 벌로써 도덕적 습관이 습득된다고 설명한다. 즉, 도덕성 교육은 훈련이나 상과 벌에 의해 이루어져야 한다는 입장을 지니게 된다.

학습 이론적 관점에서 도덕성발달이란 인간이 경험할 수 있는 여러 가지 구체적이고 개별적인 상황 속에서 하나하나의 도덕적 습관을 학습해 가는 과정이라 할 수 있다. 학습 이론적 관점에서는 양심의 발달도 상정할 수 없고 도덕적 판단능력의 발달도 상정할 수가 없다. 다만 도덕적 행위의 양이 연령의 증가에 따라 증대되고, 이의 총합이 도덕성이라고 규정한다.

학습 이론의 논의를 종합적으로 고려하여 도덕성 교육에 관련시켜 보면, 도덕적 행위는 개별적인 상황에서 각각 길러지도록 해야 한다. 예를 들면, 정직한 습관을 기르기 위해서는 가정이라는 개별적 상황에서는 그 나름대로, 유치원이라는 다른 상황에서는 그 나름대로, 놀이상황에서는 또 그 나름대로 정직한 행동을 하도록 요구하고 학습시켜야 할 뿐만 아니라, 계속해서 개별적으로 강화시켜야 한다.

학습 이론에 대한 비판은 외형적으로 나타난 도덕 행위를 도덕성으로 보고 있다는 점에 집중된다. 그러나 도덕적 덕목 또는 덕행으로 표시되는 도덕성의 특성이 구체적인 행위만으로 보편적인 특성을 충분히 설명할 수 있다고 보기 어렵다. 예를 들어, 정직성이란 한 특성이 한 개별적 행위에서 나타났다고 해서, 모든 사태에서 정직성이 보편적으로 존재하느냐 하는 것이 문제이다. 여러 연구 결과는 직접적인 보상이나 처벌이 일반적인 도덕적 습관이나 도덕적 인격을 형성하는데 효과적인 방법이 아님을 시사하고 있다. 즉, 직접적인 보상이나 처벌이 단기간의 순종을 유발하는데는 효과적일지라도, 장기적으로 일반화된 도덕적 습관, 내면화된 도덕적 인격을 만들어 내지는 못한다는 것이다.

이상에서 살펴 본 도덕성의 형성과 발달에 관한 대표적 이론들인 정신분석 이론, 인지발달 이론, 학습 이론 등은 모두 상당한 관심을 모으고 있으나, 각기 제한점이 있어 어느 한 이론만으로 도덕성을 완전히 설명할 수 없다. 따라서 어느 한 이론만을 받아들이기보다 세 이론이 도덕성의 각기 다른 측면에서 보고 있음을 주의할 필요가 있다.

3) 도덕성발달을 위한 유아교육

도덕교육의 목표는 유아들이 도덕적 가치관을 확립하고 인격을 형성하는 일이며, 타인의 가치관이나 태도를 자기 것으로 받아들이는 도덕성의 내면화(internalization)를 통하여 성취된다. 따라서 도덕성의 내면화는 도덕적 가치를 심화하는 과정이며 인격을 완성하는 단계이다. 도덕은 어느 단일한 성능이 아니고 인격의 전체에 관련되는 것이기 때문에 어린이가 도덕적 의식을 높이고 자각하고 사회에 적응해 나가는 심리적 과정은 결코 단순하지 않다.

내면화 지도에 의하여 아무리 의식이 높아져도 그것이 행동으로 연결되지 않으면 안 된다. 전술한 바와 같이 본래 도덕은 행동의 문제이므로 선을 선으로, 악을 악으로서 분별할 수 있어도 그것을 행동으로 표현하지 않으면 의미가 없다. 전도덕적 존재인 유아를 어떻게 하면 도덕적 존재로 바꾸어 놓느냐 하는 도덕교육의 실천방법을 고안하는 것이 필요하다. 어린이들은 태어난 지 얼마 안 되어서부터 자신의 욕구가 어떤 방식으로든 제한을 받고 있다는 것을 깨닫게 된다. 뿐만 아니라 이들은 자신의 요구를 표현하는 방법이나 자신의 요구에 따라 행동을 하는 것도 일정한 틀에 의해 통제되고 있다는 것도 깨닫게 된다. 특히 여러 가지 기본습관의 훈련은 그대로 도덕성 발달을 위한 교육과 연결된다.

유아 도덕교육의 주요방침을 정리하면 다음과 같다(구광현, 이희경, 김보현, 2012: 100-102).

첫째, 유아의 도덕적 행위는 각각의 개별적인 상황에서 구체적으로 학습되어야 한다. 도덕적 행위를 통제하는 양심의 형성은 5~6세 경에 형성되기 때문에 그 이전 시기에는 일반화된 보편적 행동원칙을 유아들에게 기대하기 어렵다. 따라서 어느 경우에 어떻게 행동하는 것이 바람직한 것인가를 구체적으로 가르쳐 주어야 한다. 나이가 어린 경우라도 이러한 지침을 빠짐없이 알려 주는 것이 좋다. 여기에서 가장 중요한 요소는 유아의 행동에 대한 성인의 요구가 일관성이 있어야 한다. 일관성 없이 야단을 치는 것은 도덕성을 길러 주는 것이 아니라, 부도덕한 행위를 하는 요령을 가르쳐 주는 기회가 될 수도 있다.

둘째, 양심의 형성을 위해 애정 어린 엄격한 훈육이 필요하다. 유아기는 양심의 기본 바탕이 형성되는 시기이다. 유아들에게 반드시 지켜야 할 일, 해서는 안 될 일에 대해서는 엄격한 규제가 필요하다. 또한 이 규칙을 위반했을 때는 적절한 처벌이 가해져야 한다. 유아는 그것이 부도덕한 것인 줄 모르고 했으나, 양심의 형성을 위해서는 적절한 벌을 가해줌으로써 자신의 행위에 대해 죄책감을 느끼도록 해주어야 한다. 주입식 교화(indoctrination)방법이나 엄벌주의는 사용하지 않는 것이 좋다. 유아를 설득하여 지도하는 것이 효과적이며, 상벌 형태의 강제수단은 최대한 제한하여야 한다. 애정이 깊은 부모의 엄격한 훈육은 효과가 있으나, 애정관계가 부족한 부모의 훈육은 적대감과 반발을 유발시킬 가능성이 크다. 마찬가지로 사랑과 존경의 관계로 맺어진 교사와 유아의 관계에서는 엄격한 훈육이 긍정적인 교육효과를 가져오지만, 그렇지 못할 경우에는 교사의 엄격한 훈육은 공포나 불안 등 감정적 요소로 존재한다.

셋째, 도덕적 판단능력을 길러주기 위해 행위의 근거를 따지는 교육이 필요하다. 도덕교육의 목적은 유아가 점진적으로 적절한 도덕적 판단을 할 수 있도록 인지론적 토대를 쌓아 가는 데 있다. 도덕적 행동이 단순한 관습이나 감정적 요소에 의해 이루어지기보다는 깊이 내면화된 인지적 차원에서 이루어지도록 하는 것이 도덕교육의 중요한 목표가 되어야 한다. 따라서 어려서부터 "이런 경우 너는 어떻게 하겠니?", "왜 그렇게 하는 것이 좋다고 생각하지?" 등의 질문을 통해 행동의 근거를 합리적으로 생각하도록 하는 것이 중요하다. 뿐만 아니라 야단을 칠 때에도 감정적으로 처리하기보다는 잘못된 것이 무엇인가를 구체적으로 알려주고 고치도록 요구하는 합리적 지도가 있어야 한다.

넷째, 가정에서는 부모가, 학교에서는 교사가, 사회에서는 성인들이 도덕적 모범을 보여야 한다. 도덕적 행동의 학습을 위해 모델이 제시되어야 하며, 인지론적 관점이라고 하더라도 아는 것(知)과 행동하는 것(行)을 일치시키기 위해 어른들이 스스로 도덕적 행동을 보여줄 수 있어야 한다. 도덕적 판단을 내리고 또 그에 합당한 근거를 대고도 도덕적 행동을 하지 않는다면, 그 판단이나 판단의 근거는 가치가 없다.

다섯째, 유아들이 보여주는 도덕적 행동은 계속적으로 강화를 받도록 도와주어야 한다. 유아들이라고 해서 잘못된 행동만 하는 것은 아니다. 그들의 생활이나 행동을 주의 깊게 관찰해 보면 상당히 도덕적인 경우가 많다. 설사 그것이 단순한 모방이거나 우연적인 것이라고 하더라도 결과만은 분명히 도덕적인 것일 수 있다. 이런 경우 그것을 단순한 모방이라고 웃어넘기거나 우연적인 것이라고 무시해 버리면, 유아들에게 도덕성 교육을 실시할 좋은 기회를 상실해 버리게 된다. 관찰되는 대로 즉시 관심을 보이거나 칭찬을 해 주어서 그러한 행동을 강화시켜 주어야 한다.

여섯째, 유아가 나타낸 단순한 비도덕적 행위를 보고 '나쁜 아이'라고 규정하는 태도는 적절하지 않다. 유아들은 아직 옳고 그름의 분명한 구별이나 도덕적 판단능력이 떨어지기 때문에 규칙을 어기는 행동을 계속할 수 있다. 또 자신이 하는 행위가 옳지 않은 것인 줄 전혀 모르고 잘못을 저지를 수도 있다. 이때 성인들이 그 잘못을 보고, 잘못된 행동에 대해서만 "그것은 잘못된 것이니, 이렇게 해야 한다."고 구체적으로 가르쳐 주는 것으로 꾸지람이 끝나야 한다.

일곱째, 부모나 교사에 대한 보복행위로 나타나는 유아의 비도덕적 행위에 대해서 유의할 필요가 있다. 어떤 문제로 유아들이 부모나 교사와 사이가 나빠질 때, 어른들에게 감정적으로 보복하고자 잘못을 저지르게 된다. 이것은 자신이 잘못을 했을 때 부모나 교사가 화를 내고 흥분을 하며, 기분 나빠하는 것이 곧 어른들에 대한 보복이라고 해석하고 있기 때문이다. 보복 행동을 했을 경우에도 성인이 특별한 반응을 보여주지 않으면 유아들은 비도덕적 행위를 더 이상 지속하지 않게 된다. 잘못된 행동을 했을 때, (그것이 커다란 문제를 동반하지 않는 한) 무관심하게 버려두고, 좋은 행동을 했을 때 관심을 보여주고 칭찬을 해 주는 것이다.

여덟째, 집단 활동의 경험을 충분히 제공해 주어야 한다. 도덕과 규범은 인간관계에 성립되고 인간관계에 작용하는 규칙이다. 따라서 도덕과 규범이 형성되는 과정이나 개개인의 사회적 행동이 사회관계에 미치는 영향을 이해하도록 지도하기 위해서는 두 사람 이상이 모여 상호작용하게 하는 집단 활동의 경험이 중요하다. 집단 활동을 하려면 그들은 공동의 목표를 설정하게 될 것이며, 그 목표를 달성하기 위하여 요구되는 과업을 분담하여 역할을 규정하고 그 역할을 수행하는 과정에서 서로 지켜야 할 규칙을 설정하며 상호작용하게 되는 것이다.

유아들은 무엇이 옳고, 무엇이 그른지를 배워야 한다. 적당한 연령수준에 이르면 왜 이러한 행동은 옳은 것이며 저러한 행동은 옳지 않은 것인지 그 이유를 설명해 주어야 한다. 또한 유아들은 집단이 기대하는 바를 배울 수 있도록 집단 활동에 참여할 기회를 가져야 하며, 더욱 중요한 것은 옳은 일과 선한 행동을 하는 반면에 그릇된 행동은 피하려는 동기를 유발시키는 일이다. 그러기 위해서는 옳은 일에 대해서는 즐거운 감정을 느끼며, 그릇된 것에 대해서는 불쾌한 감정이 일어나게 해야 한다.

도덕성 지도에 있어서 유아의 발달특성과 개인차를 고려해서 지도해야 한다. 동일 연령에 있어서도 유아에 따라 그 발달의 정도가 각각 다르므로 세심한 주의가 필요하다. 또한 유아의 판단능력이 존중되어야 한다. 유아의 판단 능력을 과소평가하는 경향이 있으나, 이것은 그릇된 아동관에서 비롯된 것이라고 보아야 할 것이다. 물론 유아의 판단 능력을 존중한다는 것은 유아의 의견이 그릇된 것인데도 그것을 승인하는 것과는 다르다. 만약 유아가 처음에 그릇된 의견을 가진다 하더라도 유아 자신의 판단 능력을 통하여 그것이 그릇됨을 알도록 해야 한다는 뜻이다.

5. 성역할발달

성역할에 대한 연구는 주제로부터 연구방법, 연구결과 및 적용에 이르기까지 서로 다른 해석들을 가지며 논쟁을 거듭하고 있는 과제이다. 성차, 성정체성, 성역할, 성의 고정관념, 성 유형화 등에 관한 관심은 유아기의 발달과 관련된 심리적 이해의 기본이며, 필수적인 문제이다. 유아의 성역할 발달을 이해하기 위해 성 개념의 발달과정과 성역할 이론을 살펴보고 성역할에 영향을 주는 요인들을 알아 유아들의 바람직한 성역할 발달을 돕도록 해야한다(구광현, 이희경, 김보현, 2012: 91-106).

1) 성역할의 개념

성역할(gender role)이란 특정 문화에서 남성과 여성에게 적절하다고 규정하고 있는 행동이다. Lerner와 Shea(1978)는 성역할이란 한 사회에서 기대되는 남성 및 여성의 전형적인 행동의 집합이라고 했는데, 이는 남녀 행동에 대한 기대 및 남녀의 전형적인 행동을 의미하는 성역할 기대와 성역할 행위의 두 측면이 포함된다. 이러한 성역할은 각 개인이 속한 사회에서 성별에 따라 적합하다고 여겨지는 행동양식으로 개인의 감정, 인지, 태도 그리고 심리사회적 적응 방법을 제시해 주며, 이를 기준으로 하여 개인이 사회문화에 참여하는 방식을 결정하는 중요한 요인이 된다.

기본적으로 성역할은 성차에 기초를 두고 있다. 성차는 실제로 존재하는 것도 있고 어떤 면에서는 '그럴 것이다'라고 또는 '그러해야 한다'고 하는 가정에 따라 구분되는 것도 있다. 사람들은 주의 깊은 관찰과 측정에 의해 성차가 발견되지 않았음에도 불구하고 아직도 성차에 대한 잘못된 관념을 가지고 있다. Maccoby와 Jacklin(1988)은 성차에 대한 일반적인 생각 중에서 과학적으로 정당성이 입증될 수 있는 것과 없는 것을 찾아내기 위하여 2,000여편이 넘는 관계 자료를 분석한 결과, 성차에 관한 일반적인 통념을 뒷받침하는 결과와 그렇지 못한 결과를 얻었다. 그중에 성차에 대한 잘못된 관념은 다음과 같다.

① 여자가 남자보다 더 사회적이다.
② 여자가 남자보다 암시를 더 잘 받는다.
③ 여자는 남자보다 자존심이 낮다.
④ 여자는 성취동기가 낮다.
⑤ 여자는 기계적 학습과 단순하고 반복되는 과제의 학습에 더 뛰어나며 남자는 높은 수준의 과제에서 더 뛰어나다.
⑥ 남자는 여자보다 더 '분석적'이다.

⑦ 여자는 유전에 의해 남자는 환경에 의해 더 영향을 받는다.
⑧ 여자는 '청각적'이고 남자는 '시각적'이다.

여성 및 남성의 특징과 가치평가는 그 사회에서 규정된다. 위와 같은 결과를 볼 때 성역할에 대한 인식은 각 문화권의 편견에 근거를 두고 있음을 알 수 있다. 사회화에 의한 성역할 분화는 바람직하지 않고 우리가 버려야 되는 고정관념 중의 하나로 볼 수 있다.

이처럼 전통적인 성역할은 주로 남녀 차이를 강조하여 남성과 여성에 알맞은 성유형화된 행동에 초점이 맞추어져왔던 것에 반하여 현대사회가 산업화되고 사회의 구조적인 변화가 이루어지면서 성역할 개념을 양성성이라는 개념으로 설명하고 있다. 양성성(androgyny)이란 하나의 유기체 내에 심리적으로 남성적인 특성과 여성적인 특성을 모두 가지고 있다는 것을 의미하는 것으로 현대사회에서는 상황에 따라서 남성적 특성과 여성적 특성의 역할을 융통성 있게 잘 수행하는 것이 보다 효율적인 성역할이라고 할 수 있다.

2) 성역할 개념의 발달

유아의 성역할 인식은 자신의 성에 대한 이해가 선행되어야 하며 일반적으로 성정체성, 성안정성, 성항상성의 과정을 거쳐 형성된다.

(1) 성정체성(gender identity)

유아들은 2세 경에 자기 자신의 성을 안다. 그리고 성에 의해 사람들을 분류하기 시작한다. 대부분의 2세 유아는 두 성이 있다는 것과 자기가 그중의 하나에 속해 있다는 것, 자기 아버지는 남자이고 어머니는 여자라는 것을 안다. 그러나 이것은 성인의 가르침의 결과로 획득한 지식이지 성적 정체에 대한 이해는 아니므로 단순히 어떤 이름과도 같은 범주이지 대립된 의미의 분류는 아니다.

(2) 성안정성(gender stability)

성의 안정성에 대한 이해는 3세 경부터 발달한다. 성안정성이란 한 사람의 성은 시간이 지나도 여전히 같은 성임을 아는 것이다. 차츰 성이란 불변하다는 사실을 이해하며 4, 5세 경에는 남자는 소년이 되고 여자는 소녀가 된다는 것을 알게 된다. 4세 미만의 유아들은 인형의 성을 구별하도록 할 때 주로 머리와 얼굴만 본다. 어린 아이들이 성을 구별할 때 많이 쓰는 기준은 머리 길이, 옷 등이다.

(3) 성항상성(gender constancy)

성항상성에 대한 이해는 약 6, 7세 경에 이루어진다. 4, 5세 경의 유아들은 "엄마! 나 언제부터 여자였어?" 혹은 "난 언제 남자가 돼?"라는 질문을 하지만 6, 7세 경에 이르면 개인의 성은 상황의 변화나 개인적 소망에도 불구하고 변화되지 않는다는 것을 인식하게 된다. 또한 이 시기에 이르면 유아들은 성이란 머리의 모양이나, 옷의 종류, 장난감의 선호에 의해 결정되는 것이 아니라 신체적인 조건(생식기관)에 의해 규정된다는 것을 이해하게 된다. 이처럼 유아들은 성 개념을 이해하고 발달시켜 나가는 과정에서 성의 생물학적 개념을 가장 늦게 받아들인다.

3) 성역할 발달 이론

(1) 생물학적 결정론

생물학적 결정론의 입장에서는 인간의 타고난 신체구조가 남녀의 성격 및 기질의 차이를 결정하는 요인이다. Freud의 '신체구조는 운명이다'라는 주장은 극단적인 생물학적 입장을 보여 준다. 성유형에 관련된 학습기회를 갖기 이전의 여아들에서 보이는 성차가 이를 뒷받침한다. 예를 들면, 여아가 남아보다 말소리를 더 많이 내며, 얼굴을 보고 더 많은 미소를 지으며 더 다양한 표정을 짓는다. 인간은 생물학적으로 누구나 남성 또는 여성으로 태어나며 생물학적 성차가 남성다움·여성다움의 성 특성을 형성하고 남녀의 성역할을 구분한다고 생물학적 결정론자들은 말한다. 생물학적 결정론에서 볼 때, 남자와 여자 사이에 신체적으로 차이가 있는 것은 분명하다. 그러나 심리적으로는 그렇지 않다는 점에 대한 설명이 부족하다.

(2) 정신분석 이론

Freud에 의하면, 남자와 여자의 근원적 차이는 그가 주장한 심리성적 발달의 제 3단계인 남근기에서 서로 다른 경험을 하는 것에 기인한다. 유아들은 이 단계에서 오이디푸스 콤플렉스와 엘렉트라 콤플렉스를 해결하기 위한 수단으로 성역할 동일시를 한다는 것이다. 즉, 유아는 자신의 공격성과 성욕에 대한 부모의 억압에 대처하기 위해 같은 성의 부모를 동일시하게 된다. 그러나 이 이론에서는 남아가 거세불안을 감소시키기 위해 방어적으로 아버지를 동일시한다고 하지만, 여아의 경우는 거세불안을 느낄 필요가 없으므로 여아의 동일시에 대한 설명이 불충분하다.

(3) 사회학습 이론

Bandura 등 사회학습 이론가들은 성 유형화 행동도 다른 모든 행동과 마찬가지로 관찰과 조작적 조건화에 의해서 학습된다고 본다. 대체로 일반적인 사회적 행동의 학습과정은 어머니에 대한 의존에서 시작되며, 유아는 어머니를 자기를 돌보아주는 사람이나 편안하게 해 주는 사람으로 인식하게 된다. 이와 같은 관계는 자신의 만족감과 연합되게 되고 어머니의 부재는 불안감과 연합되어 의존성 불안(dependency anxiety)을 형성하므로 어머니의 승인 및 거부 행동과 밀착된다. 이러한 어머니의 승인 또는 거부 행동은 유아에게 효과적인 강화가 되며 어머니는 이를 토대로 생활에 필요한 규칙을 가르칠 수 있게 된다는 것이다. 전통적인 학습 이론가들은 유아의 행동 습득에 강화를 필수조건으로 여기지만, 사회학습 이론가들은 강화보다도 모방을 더 중요하게 생각한다.

남자 아이가 소꿉놀이를 하면 부모로부터 달갑지 않은 반응을 얻게 되어 행동이 점차 소멸되고, 전쟁놀이나 교통놀이와 같이 씩씩하고 용감한 모습을 보이면 칭찬을 듣게 되어 행동이 강화된다. 반대로 여자 아이가 전쟁놀이를 하면 언짢은 반응을 받게 되고 여자답지 못하다는 꾸중을 듣게 되며, 인형을 갖고 놀든지 조용한 소꿉놀이를 하면 칭찬을 받게 된다. 사회학습 이론은 사회적 모방이나 관찰에 대해서 많은 지지를 얻고 있으나, 동성의 부모를 더 모방하려는 경향이 강한 것에 대해서는 이론적 근거가 충분치 않다는 지적을 받고 있다.

(4) 인지발달 이론

인지발달론적 입장에서는 성역할 학습이 동일시의 산물이 아니라 인지발달과 성숙으로 인해 이루어진다고 보며, 자신에 대한 남아・여아로서의 자각도 근본적으로 지적 성취의 결과로 여긴다. 유아는 인지발달 단계에 따라 직관적인 단계에서 나름대로 성을 구별하며 성역할 개념을 인식해 간다. 또한 성적 정체와 성역할에 대한 개념이 이루어진 후에 생식기관의 차이(genital difference)에 대한 인지가 가능하다고 본다. Kohlberg와 같은 인지발달 이론가들은 성역할 개념의 발달도 일반적인 인지발달의 변화에 의한다고 생각한다. 인지이론가들이 인간의 동기 유발, 흥미, 가치를 포함하는 행동의 정의적 측면을 설명하고는 있으나 주된 관심이 지능에 관한 것이므로 사회 정서적 또는 성격적 측면에 관한 연구의 결여가 지적되기도 한다.

4) 성역할 발달의 영향요인

(1) 가족

유아는 태어나면서부터 부모와 상호작용하게 되므로 성역할에 대한 학습도 부모 및 다른 가족으로부터 많은 영향을 받게 된다. 가정의 분위기나 어머니, 아버지의 성역할에 관한 개념은 유아를 강화시키고 모방하게 하여 사회화하도록 하는 것이다.

학자들은 부모의 양육태도를 성 유형화에 결정적 영향 요인으로 보았다. 특히 부모는 이성적 영향을 주게 되는데, 표현적이고 온정적인 아버지는 자녀의 성역할 발달을 촉진시키며, 아버지의 부재는 성역할 발달을 저하시킨다.

양육태도와 성역할 자아개념 형성과의 관계는 다른 연구들에서도 많은 시사를 얻을 수 있는데, 양성의 부모가 모두 유력한 역할 모델이며 직접적인 강화매개자가 된다. 부모가 여아에 비해 남아에게 더 남성적인 활동을 하도록 압력을 주는 경향이 있다.

또한 가족 중의 형제자매도 유아의 성역할 학습에 영향을 준다. 남자형제만 있는 남아가 이성의 형제가 있는 남아보다 남성적이며, 여자형제만 있는 여아가 이성의 형제가 있는 여아보다 여성적일 가능성이 높다. 즉, 형제의 성별 구성 및 출생순서가 성역할 학습에 영향을 주기도 한다.

(2) 교사

유아교육기관에서 교사의 역할은 가정에서 부모의 양육태도와 함께 중요한 요인이다. 유아의 성역할 학습에 대하여 유치원 교사의 기대와 그에 따른 지도 및 실제가 달라짐을 지적한 연구(이현옥, 1979)에서 교사가 구성놀이나 과학놀이에서는 남녀 구별을 하지 않고 골고루 참여하게 하고 있으나, 사례를 통해 보면 성 역할의 구별을 하는 경향이 짙다고 보고하였다. 또, 유치원 교사–아동

상호작용에서의 교사의 성 차별적 행동에 관한 연구(조경자, 1987)에서도 교사는 큰 소리로 칭찬하기, 긍정적 신체표현, 아동 활동에의 관심과 참여 면에서 남아에게 더 많은 상호작용을 하는 것으로 나타났으며, 비난이나 부적절한 행동의 중지 역시 남아에게 더 집중하였다. 자신의 성에 적절한 행동을 배우게 함과 동시에 고정관념에서 벗어나 다양한 놀이에 골고루 참여할 수 있도록 하는 교사의 태도가 유아의 성역할 유형화에 영향을 주게 된다.

유아교육기관의 활동 중에서 일률적으로 조용하고 여성적인 유형만을 강조하기보다는 교실 안에서 상호작용을 인식하고 교사 자신의 행동을 분석함으로써 차별적 상호작용이나 또한 일방적인 상호작용의 양상을 개선하도록 해야 할 것이다.

(3) 또래

영아기에는 또래와의 접촉이 많지 않지만 3세 무렵부터는 그 상호작용이 증가한다. 특히 이 시기는 동성을 선호하는 현상이 나타나는데, 이러한 동성 선호 경향은 사춘기 직전에 가서 절정을 이루며 동성의 또래가 성역할 규준에 중요한 자원이 된다.

또래와의 접촉은 사회적 능력을 습득하는 기회를 마련해 주며 성에 대한 정보를 얻는 기회를 제공한다. 특히 3세 반~4세에는 또래끼리의 극놀이를 통하여 나에 대한 수행능력에서 다른 역할로 전환해 가면서 나와 타인과의 관계를 수립하고 역할을 받아들인다.

(4) 교육자료와 대중매체

유아들은 동화와 같은 문학적 매체를 통해 성역할 발달에 많은 영향을 받게 되는데, 동화 속 주인공에게 밀착되어 있는 유아는 전통적이며 고정적인 성역할을 은연중에 받아들이게 된다. 유아 그림 동화책에 나타난 성역할 분석 연구에서 보면 남자가 주인공의 빈도에서 압도적이며, 성역할에 있어서도 남아는 주도적 독립적이며 문제해결력이 뛰어나고, 여아의 경우는 조용한 활동에 참여하는 것으로 묘사되고 있다. 여자 성인은 가사를 돌보고 부드럽고 상냥하며 잔소리가 심한 반면, 남자 성인은 가장으로서의 역할과 사회적 직업을 가진 직업인으로 묘사되어 있는 것이 대부분이다.

아동용 도서에 나타난 성차에 관한 연구는, 도서에 나타난 삽화가 주인공이나 직업의 종류에서 모두 남성이 우세하며 그림 표현도 불합리한 점이 많음을 지적하였다.

최근 들어 TV나 영화, 인터넷을 포함한 대중매체의 영향이 더욱 증가되고 있다. 유아들은 과거보다 하루 중의 많은 양을 이들 매체와 접하고 있으며 사회가 개방되고 여러 생활 장면이 표출됨으로써 잡지, 그림, 동화책 등의 자료에 의해서도 영향 받을 기회가 많아지고 있다. 유아의 경우 만화책이나 동화책에서 동물의 생리, 생태 등을 접하게 되며, 커가면서 자연스럽게 TV나 컴퓨터, 스마트폰 등의 매체들도 가까이 하게 된다.

대중매체의 영향과 함께 문학자료 뿐만 아니라 다양한 자료를 사용하게 되는 유아교사들은 이러한 교육자료들이 성역할에 대한 고정관념을 담고 있다는 점에 유의해야 한다.

6. 사회인지

1) 사회인지의 개념

유아는 성장, 발달에 따라 자신을 둘러싸고 있는 환경에 대해 여러 가지 반응양식을 습득하게 되는데, 자신이 속한 사회에 대해 적절한 행동양식을 획득하는 것은 중요한 과제이다. 따라서 사회의 다양한 현상이나 타인과의 관계에 대해 보다 적절히 이해하는 아동일수록 사회에 보다 잘 적응된 행동을 해 나갈 수 있게 된다. 근래에 들어 인지발달론자들이 이러한 주제에 대해 큰 관심을 보이면서 사회인지라는 중요한 연구영역으로 발전하고 있다.

사회인지(social cognition)란 사회적 대인관계, 타인의 아이디어, 감정 등을 지각하고 추론하는 사고과정이라고 정의할 수 있다. 이는 유아로 하여금 자신뿐만 아니라 타인의 감정, 생각, 동기 등을 생각하게 하기 때문에 사회화에 있어서 중요한 과정이 된다. 유아교육에 있어서 사회인지 영역의 연구들은 유아가 어떻게 타인의 생각, 지도, 감정, 관점을 이해하고 개념화하는가에 관심을 두고 있는데, 일반적으로 대인지각(person perception), 감정이입(empathy), 역할이행(role taking) 등의 개념들과 함께 다루고 있다.

유아의 사회인지 발달에 대한 이해는 유아의 발달을 보다 폭넓게 이해할 수 있게 해 주며, 특히 사회적 행동과 사회화 과정에 대해 보다 깊이 있는 이해를 가능하게 해 준다.

2) 사회인지 발달 이론

사회인지의 발달을 설명하는 주요 이론으로는 인지발달 이론, 사회학습 이론, 귀인 이론 등이 있다(구광현, 이희경, 김보현, 2012: 110-122).

(1) 인지발달 이론

인지발달 이론에서 보면 발달은 인지구조의 기본적인 전환을 통해 일어나며 이는 단순한 성숙이나 학습의 결과이기보다는 유기체와 환경 간의 상호작용의 결과이다. 따라서 유아가 타인에 대해 이해한다는 것은 사람들에 대해 양적으로 많은 것을 알게 된다는 것을 뜻하기보다는 그가 알고 있는 것을 의미체제 또는 신념체제로 조직해 가는 것을 의미한다. 이러한 체제를 조직하는 기능을 하는 기본 요소를 도식 또는 스키마(schema)라고 하는데, 한 유아의 사회인지적 기능은 그 유아가 지닌 사회적 도식, 즉 사회적 경험에 대한 내적 표상에 달려 있다.

유아의 도식 중에는 매우 단순한 것(예: 친숙한 얼굴이나 사상에 대한 심상)이 있는가 하면, 복잡하고 추상적인 것(예: 친구는 늘 자신을 도와주려 하는 사람이라는 개념)도 있다. 성장 발달함에 따라서 유아의 사회적 도식의 양이 증가하며, 그 내용도 더 세련되어진다.

그러나 발달상의 어떠한 특정 시점에서 도식은 유아의 기본적 사고 구조, 즉 정보를 처리하고 조직하는 기본적 방식 때문에 어떤 특성 및 한계를 지닐 수밖에 없다. 이 점을 Piaget의 발달단계론에 견주어 설명하면 다음과 같다.

약 2세까지 지속되는 감각운동기의 후기에 이르면 아동은 친숙한 사회적 대상이나 단순한 행동의 순서를 표상하기 위해 상징을 사용할 수 있게 되며, 자신이 타인과 구별되는 독립적 존재라는 도식을 지니게 된다. 또한 아동은 친숙한 타인에 대한 심상을 형성하며, 사람들이 자신의 시야에서 사라져도 계속 존재한다는 대상의 영속성을 이해하게 된다. 그뿐 아니라 이 시기의 아동은 도구성 또는 수단－목적 관계의 기본적 속성을 이해할 수 있다. 즉, 어떠한 결과를 얻기 위해 환경을 조작할 수도 있다는 것을 알게 된다. 그러나 행동을 순서대로 표상하며 기억할 수 있다 하더라도 이 시기의 아동의 도식은 구체적인 감각운동 사상의 표상 정도에 국한되어 있을 뿐 아직 일반적인 규칙 및 법칙의 형태를 취하지는 못한다.

2세부터 약 7세까지의 전조작기 아동은 사회적 세계를 설명하고 예측하는 데 도움이 되는 단순한 규칙을 형성할 수 있다. 예컨대, '사람들은 남자와 여자로 나뉜다.', '망치와 트럭은 남자들의 것이고 인형과 전화는 여자들의 것이다.', '어떤 소년이 여성적인 물건을 가지고 놀면 꾸지람을 들을 것이다.' 등이다.

그러나 전조작기 아동의 사고구조는 편중화 경향 때문에 심하게 제한받는다. 편중화(segregation)란 어떠한 자극, 상황 또는 사람을 이해하는데 있어서 특정한 일부 또는 외적인 측면에만 주목하는 경향을 말한다. 이 때문에 아동은 타인의 숨겨진 동기, 의도 및 개인적 심리기능을 추론하기 위해 행동의 이면을 고려할 수 없다. 또한 이 시기의 아동은 보존개념을 지니고 있지 않다. 보존개념이란 행동 및 외관상의 순간적 변화와 상관없이 지속되는 기본적 속성을 깨닫는 것이다. 예를 들어, 전조작기의 아동은 어떤 남자가 자기를 쳐다보면서 웃고 있다 하더라도 그가 근본적으로 야비하며 공격적일 수도 있음을 깨닫지 못한다. 전조작기 아동의 사고의 또 다른 특징은 자기중심성이다. 즉, 전조작기 아동은 자신의 조망 및 의견에만 사로잡혀 타인의 조망이나 의견을 고려하지 못하는 경향을 보인다.

약 7세 경부터 시작하여 11세 경까지 지속되는 구체적 조작단계의 아동은 비로소 사람 및 사물의 기본적이며 불변적인 속성을 이해할 수 있게 된다. 예를 들어, 아동은 이제 사람의 성별은 머리카락의 길이나 복장(치마나 바지 등)의 변화와 상관없이 지속된다는 성항상성을 이해할 수 있다. 또한 이 시기의 아동은 한 가지의 결과가 여러 변인들의 조합에 의해 일어날 수 있음을 이해할 수 있다. 예를 들어, 아동은 중간 수준의 성공이 높은 능력과 낮은 노력, 낮은 능력과 높은 노력 등의 조합에서 비롯될 수 있음을 알게 된다. 이 시기의 아동은 자기중심성에서 벗어나서 생각할 수 있다. 아동은 타인의 소망이나 느낌을 이해할 수 있으며, 여러 사람의 견해를 동시에 고려하여 자신의 사고를 이 견해에서 저 견해로 전환시킬 수 있다. 그러나 이 시기의 사회적 도식은 아동에게 친숙하거나 쉽게 상상할 수 있는 사람 및 사상에 제한되어 있다.

11세 전후에 시작되는 형식적 조작단계가 되면, 아동은 비로소 친숙하지 않거나 가설적인 도식을 이해할 수 있게 된다. 이 시기의 아동은 낯선 외국의 사회적 역할체계를 듣거나 읽기만 해도 이해할 수 있는 반면, 구체적 조작기의 아동은 직접 경험하지 않은 내용을 이해하기가 어렵다.

Piaget와 Kohlberg 등의 인지발달론자들에 따르면 이러한 사회인지 발달의 기본 원인은 평형화 과정에 있다. 아동은 자신의 도식과 다소 다른 새로운 사상에 직면했을 때 인지적 갈등을 경험하게 되며, 그 결과 도식을 보다 새롭고 세련된 형태로 발전시킴으로써 새로운 사상뿐 아니라 이미 아는 사상까지도 재구조화한다는 것이다. 예컨대, "우리 아빠가 세계에서 최고다."라고 믿고 있는 소년은 과속운전을 한 아빠가 경찰관으로부터 정지당하여 심하게 훈계받는 광경을 보았을 때 깜짝 놀랄 수 있다. 이러한 불평형을 경험한 결과 아동은 사회적 역할의 위계를 재고하며, 그 위계 내에서 아버지의 위치를 재정의하게 된다. 이와 같이 현재의 이해수준과 모순되는 새로운 경험은 아동의 사회인지적 발달을 촉진시키게 된다.

Piaget는 이러한 인지적 갈등의 주요한 원천은 또래 간의 상호작용에서 비롯된다고 보았다. 어린 아동은 부모를 감히 도전할 수 없는 신과 같은 존재로 생각하기 때문에, 부모와 의견차가 있을 때 부모의 견해와 결정을 그대로 받아들이기 쉽다. 그러나 또래의 아동과 말다툼할 때 아동은 권위에 의존함으로써가 아니라 스스로 애써 노력함으로써 그 갈등을 해결하고자 한다. 그 결과 아동은 자신의 의견이 다른 아동과 계속 친구로 남기 원한다면 상호의 의견, 태도, 견해를 고려하여 해결해야 함을 알게 된다. 이러한 과정을 통해 아동은 타인의 의도와 조망을 파악하는 데 더 능숙해질 수 있고, 자기중심성에 점차 벗어날 수 있다. 이와 같이 또래 간 상호작용은 아동으로 하여금 전조작적 수준에서부터 구체적 조작수준으로 발달되도록 하는 인지적 갈등의 원천이라 할 수 있다.

(2) 사회학습 이론

사회학습 이론(Bandura, 1977)에 따르면, 아동은 직·간접적 방법을 통해 자신과 타인 및 기타 사회적 관계에 대한 많은 것을 학습한다.

사회인지적 발달의 가장 중요한 측면 중 하나는 유관원리 또는 행위−결과 규칙의 학습이다.

유관원리란 "만약 ~라면, ~이다"와 같이, 어떠한 상황에서 특정한 반응을 하면 어떠한 결과(칭찬이나 비난)가 일어날 것인지 예측하는 데 도움이 되는 원리를 의미한다. 아동은 유관원리를 형성함으로써 주변세계에 질서를 부여하며, 어떠한 의미를 찾아내고자 한다. 일단 유관원리를 인지적으로 표상하고 나면 아동은 그 원리에 입각하여 타인의 행동을 예상하는 한편, 자신의 행동을 실행하게 되는데, 이러한 사회적 인지는 중요한 동기적 기능을 한다.

아동은 주로 ① 직접 경험한 사회적 결과, 즉 아동 자신이 여러 상황에서 어떤 반응을 한 후 받은 결과(예: 장난하고 부모님으로부터 혼나는 것), ② 대리적 경험, 즉 타인의 행동과 그 결과의 관찰, ③ 언어적 지시(예: "그러지 마!, 그러면 너 혼나!")와 같은 세 가지 유형의 정보를 종합함으로써 유관성의 규칙을 학습한다.

아동이 학습하는 많은 유관관계는 예컨대, "동생을 울리면 엄마한테 벌 받을 거야."와 같이 어떠한 반응 후 흔히 받게 되는 외적 결과에 관한 것이다. 그러나 자기평가의 기준에는 단순한 외적 결과 이상의 중요한 측면이 있다. 즉, 아동이 외적 유관성에 대한 이해를 통해 개인적 기준 또는 자기 평가의 기준을 일단 형성하고 나면, 아동은 스스로 수행목표를 설정하고 자기의 행동이 수행목표와 얼마나 부합되는가에 따라 자기 비난 또는 자기만족을 경험한다. 자기 강화의 기준, 즉 반응−결과의 유관성에 대한 내면화된 기준도 중요한 동기적 기능을 한다. 예컨대, 아동은 죄책감을 느낄 만한 행동은 피하려고 애쓴다.

사회학습 이론가들에 따르면 아동은 성장함에 따라 자신의 성격, 기질, 흥미, 유능성, 단점 등 스스로에 대한 개념을 계속 형성하며 수정하게 된다.

아동은 여러 정보를 통해 이러한 자기 지각을 형성하는데, 성인이나 또래 아동은 어떤 속성을 아동에게 말해줌으로써 이러한 과정을 도와 줄 수 있다(예:

"너는 정말 영리하구나.", 또는 "너는 너무 이기적이야."). 그러나 더 중요한 것은, 아동이 자신의 행동을 관찰함으로써 여러 결론을 이끌어 낸다는 사실이다. 예컨대, 벌레를 전혀 거리낌 없이 손으로 만지는 것과 같이 많은 사람들이 두려워하는 상황에 자신이 잘 대처하는 것을 늘 경험한 아동은 "나는 벌레를 무서워하지 않아, 오히려 재미있어."라고 결론 내릴지도 모른다. 이와 같이 아동은 자신의 속성 가운데 시간적, 공간적 변화와 상관없는 지속적인 공동요소를 추출할 수 있다.

아동은 성장과 더불어 논리적 추론의 원리를 더 자주 사용하는 경향을 보인다. 반면, 아동이 외적 이유 때문에 억지로 한 행동을 자기 속성을 파악하기 위한 단서로 사용하는 경향은 점차 감소하게 된다. 예를 들어, 어머니의 성화 때문에 자기 방을 청소한 소녀는 그러한 외적 압력 없이 청소한 소녀보다 자신을 깔끔한 사람이라고 생각하기가 더 어렵다는 것이다.

사회학습 이론가들은 사회인지를 사회적 학습경험에 의해 직접 영향을 받는 유동적인 것으로 간주한다는 점에서 인지발달 이론가와는 매우 다른 입장을 취한다. 사회학습 이론가들은 아동의 도식에 전반적으로 영향을 미치는 기본적 사고구조(예: 편중화나 보존개념 등의 구조)를 가정하지 않으며, 연령에 상관없이 서로 다른 사회적 경험 때문에 인지적 표상의 내용도 다를 수 있다고 주장한다.

(3) 귀인 이론

귀인 이론(attribution theory)의 기본적 가정은 인간은 늘 자신과 타인의 행동을 설명하려고 한다는 것이다. 어떤 행동의 원인을 알 때, 우리는 세상을 더 안정된 것으로 그리고 예측할 수 있고 통제할 수 있는 것으로 느끼게 된다. 어떠한 일의 원인과 결과를 설명하는 인과적 귀인은 타인의 행동을 이해하고 자신의 행동을 취하는 데 지대한 영향을 미친다. 예를 들어, 상대방이 내 발을 우연히 밟았다고 생각할 때 우리는 고의적으로 밟았다고 생각할 때보다 덜 화를 내게 될 것이며, 자신의 능력과 노력에 의해 성공할 수 있었다고 판단될 때 과제가 쉬워서 또는 운이 좋아서 성공할 수 있었다고 판단될 경우보다 훨씬 만족이 클 것이다.

Heider, Kelley, Weiner 등의 귀인 이론가들에 의하면, 사람들은 행동의 원리를 파악하려 할 때 인과귀인 도식이라는 일정한 규칙에 따르는 경향이 있다고 한다. 예를 들어, 사람들은 사후에 나타난 자극보다 사전에 나타난 자극에 더 주목하는 경향이 있다("철수는 범죄가 일어나기 전에 현장에 있었다. 그러니까 철수는 범죄 후 현장에 있었던 영희보다 더 많은 혐의를 받기 쉽다."). 이를 시간적 유관도식이라고 한다. 한편, 사람들은 외적 요인으로 설명할 수 있는 행동의 내적동기를 의심할 것이다. 예컨대, "호영이가 장난감을 친구와 같이 가지고 놀았다. 그러나 어머니가 엄격한 표정으로 바라보고 계셨기 때문에 그 행동이 자발적인 것인지는 의심스럽다."와 같은 경우, 이러한 도식을 삭감도식이라 한다.

귀인 이론가들의 주요 관심의 하나는 아동이 인과귀인 도식을 사용하는데 있어서의 발달적 경향을 밝히려는 것이다. 연구결과에 따르면, 어린 아동은 나이 든 아동보다 인과성 추론기술이 단순히 부족한 것이 아니라 질적으로 다른 도식을 사용한다.

3) 사회인지의 발달

사회인지의 발달을 영역으로 구분해 보면 크게 타인의 견해에 대한 이해의 발달과 타인과의 관계에 대한 개념의 발달로 구별할 수 있다. 타인의 견해에 대한 이해는 타인의 감정에 대한 이해(예: 감정이입), 타인의 사고에 대한 이해(예: 역할이행 또는 사회조망), 타인의 의도에 대한 이해(예: 도덕성) 등을 들 수 있으며, 타인과의 관계에 대한 개념으로는 권위와 우정을 들 수가 있다. 여기에서는 이들 가운데 이 책의 다른 부분에서 보다 상세히 논의되는 부분은 제외하고, 감정이입, 대인지각능력, 역할이행능력의 발달에 대해서만 살펴보기로 한다.

(1) 감정이입

감정이입(empathy)은 다른 사람이 어떻게 느끼는지를 이해하는 인지적 반응으로 정의되기도 하고 다른 사람과 같은 감정을 갖게 되는 정의적 반응으로 정의되기도 한다. 일반적으로 타인의 정서적 반응을 경험함으로써 공유하게 되는 정서적 반응으로 정의된다. 감정이입은 인지적 요소와 정서적 요소를 갖는데 인지적 요소는 다른 사람의 감정을 알고 명명하며, 다른 사람의 조망을 가정할 수 있는 능력이며, 정서적 요소는 정서적 반응에 대한 역량이다.

이러한 감정이입은 첫째, 어린이들이 상황에 대한 묘사를 보거나 듣고 그 이야기 속의 상황이나 주인공의 표현된 정서를 규명하고 둘째, 유사한 상황에서 자신이 어떻게 느꼈었는지를 기억하고 셋째, 결과적으로 다른 사람과 같은 감정을 느끼게 되는 과정을 통해 성립된다.

유아의 감정이입은 출생 후 2년째에 벌써 나타나기 시작한다. 이렇게 일찍 감정이입 현상이 나타나므로 어떤 학자들은 감정이입이 인간의 선천적인 자질이라고 보기도 한다. 이에 대해 다른 이론가들은 감정이입은 조건화를 통해 이루어진 학습이라고 본다.

일반적으로 4세 경의 아동은 분명한 상황이 제시된다고 할 때, 행복, 슬픔, 공포, 분노 등을 구별할 수 있게 된다. 행복한 감정의 표현은 4세 정도에 상당히 정확하게 변별하게 되지만 두려움, 슬픔, 분노 등의 감정은 4세에서 7세 사이에 점차 그 변별의 정확성이 증가해 나가게 된다. 그러나 이러한 감정이입은 상황에 따라, 유아의 경험에 따라 다르게 나타나는 경향을 보인다. 특히 공포와 슬픔의 상황에 대해서는 나이 뿐만 아니라, 문화의 요소도 작용하고 있음이 지적되고 있다.

인지적 감정이입은 정서적 감정이입을 위한 필요조건이 되지만 충분조건은 되지 못한다고 말할 수 있다. 어린이들이 다른 사람의 감정을 규명하는 데 있어서 상황에 의존하는지 얼굴의 표정에 보다 더 의존하는지에 대한 연구를 보면, 3세 유아의 경우에도 상황에 보다 많이 의존한다는 연구결과가 보고되고 있으나, 얼굴 표정에 의해서도 같은 정서표현을 규명할 수 있다고 보고하는 연구도 있다. 따라서 이 두 요인의 영향은 일반화되기 어렵다. 어린이들이 보이는 정확성은 상황의 친숙도와 깊이 관련되어 있다고 본다. 어린이들에게 익숙한 상황인 경우에는 감정의 이해와 변별도 보다 쉽게 이루어진다.

감정이입은 아동의 사회성과 도덕성을 이해하는 중요한 개념으로 간주되고 있는데, 특히 부모의 훈육방식은 아동의 감정이입에 큰 영향을 주는 것으로 알려지고 있다. 예를 들어, 부모가 타인의 감정이나 반응을 강조하여 "친구를 때리지 마라. 네가 때리면 친구가 아프잖아."라는 식의 훈육은 유아로 하여금 타인의 관점에서 생각하도록 조장하여 보다 자연스러운 감정이입을 통한 친사회적 행동을 증가시키는 것으로 나타나고 있다.

(2) 대인지각능력

대인지각(person perception)은 한 개인이 타인의 의도, 태도, 감정, 능력, 목적, 특성 등을 어떻게 인지하게 되는가의 문제를 다룬다. 일반적으로 대인지각은 감정, 인성, 대인관계인지로 구분된다.

Flavell(1985)은 대인지각 발달을 분화의 과정으로 보고 있다. 자기와 타인의 세분화된 세계에 있는 신생아들도 주위환경과의 상호교섭을 통해서 타인의 존재 뿐 아니라 주위의 여러 사람들을 식별하는 것을 학습해 나간다. 불과 몇 달 되지 않은 유아가 어떠한 사람을 알아보고, 선별적으로 찾으며 좋아한다는 사실(Brooks-Gunn & Lewis, 1981)은 특정인을 표상하기 위한 시각적 도식의 형성과정이 아주 어릴 때부터 시작됨을 나타낸다. 연령의 증가와 더불어 유아는 특정인에 대한 도식과 그 사람의 행동 및 사상을 연합시키는 것으로 보인다. 예컨대, 어떤 유아는 어머니를 곤경으로부터의 구출, 까꿍놀이, 음악과 연합하는 한편, 아버지를 낮은 목소리, 따가운 턱수염, 신체 상호작용적 놀이와 연합시킬 수 있다.

많은 연구자들은 유아들이 사람들을 어떻게 지각하고 있는지를 물어서 그들의 지각 차원을 알아보고자 했다. 전형적인 한 연구에서, 여러 연령의 아동에게 친숙한 몇몇 사람에 대해 가능한 한 잘 기술해 보라고 했을 때, 아동들이 타인을 기술하기 위해 사용하는 차원에는 연령에 따라 큰 변화가 있었는데, 이러한 변화 중의 일부는 자기 지각의 발달에서 일어나는 변화와 유사한 양상을 보였다. 즉, 자신이 아는 사람들에 대해 묘사하라고 했을 때, 유치원 아동들은 사람들의 외모, 소유물, 환경 및 전형적인 활동(예: "그는 큰 집에 산다.", "그의 머리카락은 붉다.")과 같은 외적, 신체적 속성에 주목하였다. 유치원 아동이 사람들의 심리적 특성에 대해 언급하는 경우는 드물고, 그렇게 할 때도 이들의 표현은 대략적이거나 평가적으로, "그녀는 매우 친절하다.", "그는 무섭다."와 같이 기술하고 있었다. 이들은 시·공간적 변화와 상관없이 일관성 있게 행동하게 하는 기본적이며 지속적인 기질을 알지 못하는 것이다.

어린 아동은 특정인에 대한 개인적인 경험에 따라 그 사람을 기술하는 자기중심적 경향을 나타낸다. "그녀는 내게 사탕을 주었다.", "그가 나를 때렸다."와 같이 자기를 중심으로 기술한다.

Piaget 학파에 따르면, 아동 초기의 대인지각 도식은 편중화와 자기중심성의 한계를 드러내고 있음을 알 수 있다.

초등학교 시기 전반(7~10세 사이)에 타인을 묘사할 때 사용하는 심리적 용어의 비율은 언어나 인지발달과 더불어 극적으로 증가된다. 아동은 점차 타인의 사고, 느낌, 의도 등에 대해 더 많이 언급하는 한편 외형적 특성에 대해 덜 언급하게 된다. 즉, 자기중심적 표현이 점차 감소되고 타인의 입장에서도 볼 수 있게 된다. 아동은 기본적 특질을 기준으로 자신을 지각하기 시작하는 것과 거의 동일한 시기(8~9세 경)에 특질 명칭을 타인에게도 적용하기 시작한다. 예컨대, "그는 고집스럽다.", "그는 정말 우쭐 댄다.", "그녀는 이기적이다."와 같이 표현한다. Piaget 학파는 아동이 특질 명칭을 사용한다는 사실 자체가 구체적 조작단계에 이르렀음을 반영하는 것이라고 보는데, 이러한 주장의 타당성에도 불구하고 특질의 지각은 사회적 학습경험에 의존하는 것처럼 보인다.

(3) 역할이행 능력

역할이행(사회조망) 능력의 개념은 사람에 따라 조금씩 다르게 규정되어 왔는데, 특히 Mead와 Piaget에 의해 많은 연구가 이루어졌다.

Mead는 역할이행의 형태를 둘로 구분하여 설명하였다. 첫째 형태에서는 사람은 단순히 다른 사람의 입장을 받아들이는 데 비해, 두 번째 형태의 역할이행에서는 일반화된 타인들의 역할을 받아들임과 함께 좀 더 포괄적인 사회적 견해를 갖게 된다. 개인이 사회체제의 기능을 이해하고 일반적인 사회적 기준(인습, 도덕, 규칙, 법 등)을 존중하게 되는 것은 바로 이 포괄적인 사회조망에 의해서이다. 이 두 형태의 발달과정은 첫 번째는 주로 언어발달과 함께 발달해 가고, 두 번째는 주로 아동기에 역할이 다양한 조직화된 사회적 게임(예: 야구)에 참여함으로써 발달해 간다.

Piaget의 이론에는 사회조망 능력 또는 역할이행에 관한 직접적인 언급은 없지만 밀접하게 연관된 개념들이 많은데 그는 지각 개념을 통해 사회조망 능력 발달단계를 제시한다. Piaget의 공간조망 과제로 '세 개의 산'에 대한 공간지각 실험의 예로 다시 돌아가 보자(그림 6-3 관련 내용 참조). 이 과제에서 아동들은 여러 지점에서 세 개의 산에 대한 시각적 형상을 재구성하게 된다. 그 과제를 수행할 때 시험자는 여러 지점에 인형을 놓고 아동들에게 인형의 위치에서 산은 인형에게 어떻게 보일 것인가를 묻는다. 이렇게 해서 아동의 공간조망 판단에 관해 세 가지 주요한 단계적 구분이 있다는 것이 밝혀졌다.

첫째 단계: 아동은 자신의 시점과 타인의 시점을 구별하지 않는다.

둘째 단계: 자신의 시점과 타인의 시점이 같지 않다는 것을 인식한다. 그러나 아직도 타인의 시점을 정확히 구성하지 못한다. 가로-세로 또는 상-하의 공간 관계에 대해 아동의 이해는 특별한 체제에 관한 것으로 국한되는 경향을 보인다.

셋째 단계: 타인의 시점에서 지각할 수 있다.

실험장면이 아닌 사회적 맥락 속에서 아동의 조망 능력을 보다 직접적으로 연구한 Feffer(1970)는 세 사람의 이야기 상황에서 사람들의 조망 사이에 나타나는 차이를 아동들이 이해해 나가는 과정에 초점을 맞추었다. 즉, Feffer는 제시된 세 명의 주인공들의 입장에서 이야기를 만들도록 아동에게 요구하고, 이에 대한 어린이들의 반응에서 역할이행의 세 가지 수준을 도출하였다. 첫 번째 수준에서는 어린이들이 주인공의 입장을 구별하지 못하고 각 주인공들에 대해 똑같은 식으로 이야기를 되풀이한다. 두 번째 단계에서는 입장의 구분은 일어나지만 통합은 일어나지 않아서 이야기 속에서 각 주인공들은 서로 다른 이야기를 하게 되지만 아직 조리 있게 조정되지는 않는다. 세 번째 역할이행 수준에서는 조망의 분화와 통합이 동시에 발생한다.

Selman(1980)은 보다 정교한 사회조망 능력의 발달 체계를 제시하였다. Selman은 어떻게 어린이가 자기와 타인들의 사회 조망간의 관계를 인식하는가에 초점을 맞추어, 사회조망의 가설적 상황과 갈등 상황에 대한 어린이들의 반응을 분석하였다. Selman은 사회조망 능력이 유아기에서 성인기에 이르는 전 과정을 통하여 확장되는 것으로 보았다.

그가 제시하고 있는 사회조망 능력의 발달과정은 다음과 같다.

① Level 0: 미분화된, 자아 중심적 사회조망(3~6세)

유아들은 사람들의 물리적인 특징과 심리적 특징을 뚜렷이 분별하지 못한다. 감정과 사고를 관찰하고 인지할 수는 있지만 주관적-심리적인 측면과 객관적-

물리적 측면 사이의 혼동이 의도적인 행동과 의도하지 않은 행동 간에, 행위와 감정 간에 혼동을 유도하게 된다.

관계의 개념에서는 자신과 다른 사람은 심리적 특성에 의해서가 아니고 단지 물리적, 신체적 특성에 의하여 구분된다. 따라서 주관적 관점이 분화되지 않았으며 다른 사람은 같은 상황을 다르게 해석할지도 모른다는 점을 인식하지 못한다. 관계에 대해서 관점의 차이에 따라 분화되지 못하고 지각적 특성에 의해 제한된다. 다른 사람은 자신과는 다르게 사회상황을 볼 수 있다는 것을 깨닫지 못하는 것이다.

② Level 1: 분화된, 주관적 관점(5~9세)

다른 사람들이 자신과는 다른 상황 속에 있거나 다른 정보를 갖고 있기 때문에 자기와는 다른 사고와 감정을 가질 수 있다는 사실을 이해한다. 사람에 대한 개념도 분화되어 있다. 이에 따라 의도적 행위와 비의도적 행위를 구분하며 새로운 인식을 하게 된다. 즉, 각 개인은 독특한 주관적 내적 심리 상황을 가지고 있다는 점을 알기 시작한다. 개인의 사고, 의견, 감정 등의 상태는 혼동되지 않은 단일한 것으로 간주된다.

자신과 다른 사람의 주관적 관점은 명확히 구분되고, 서로 다를 수도 있음을 인지하게 된다. 그러나 아직도 다른 사람의 주관적 상태는 단순히 외적 관찰에 의해 생각한다. 또한 사회조망의 관련성이나 대인관계의 인과관계에 대해서는 단순한 일방적인 개념을 가지고 있다. 즉, '선물은 사람을 기쁘게 할 것이다.'라고 행위자에 대한 일방적인 효과만을 중심으로 생각한다. 쌍방적인 상호 호혜적인 이해가 있다면 그것은 물리적인 측면에만 제한되어 있다(예: 때리면 다시 때린다).

③ Level 2: 자기 반성적, 두 사람 간의 상호 호혜적 사회조망(7~12세)

어린이들은 자신의 사고와 감정에 대해 반성적으로 사고할 수 있다. 자신의 심리 상태가 자신의 조망에 영향을 미친다는 것을 깨닫는다. 이 수준의 핵심적인 변화는 어린이들이 자기 자신을 객관적으로 보고 자기 반성적인 관점을 취할 수 있는 점이다. 다른 사람도 자신과 같이 생각할 수 있음을 인지한다. 쌍방의 상호 호혜적인 관계 개념이 발달한다. 두 개인은 각기 자신과 다른 사람을 볼 수 있으나 그들 사이에 관계 체제는 형성되지 않는 상태이다.

④ Level 3: 제 3자의 상호 이해의 관점(10~15세)

이 수준에서는 제 3자의 관점을 취할 수 있게 된다. 동시에 자신을 행위자로, 또한 대상으로 생각할 수 있고 행동을 함과 동시에 그 행동이 자신과 다른 사람에게 미칠 영향에 대해서 반성하며 그것을 자신에 다시 반영할 수 있게 된다. 관계는 상호 이해적인 것으로 간주된다.

제 3자의 관점은 자신을 보다 객관적으로 볼 수 있게 해 준다. 이 수준의 어린이들은 상호 호혜적인 관점이 서로 조절될 필요가 있음을 인지하고, 사회적 만족이나 이해 및 해결 방안들은 상호 이해 아래 효율적으로 조정되어야함을 믿게 된다.

⑤ Level 4: 심층적, 사회 구조적-상징적 사회조망(12세~성인)

행동, 사고, 동기 그리고 감정들이 심리적으로 결정됨을 이해한다. 그러나 이것이 꼭 자기 반성적으로 이해되는 것은 아니다. 개인 안에는 보다 복합적인 상호작용들이 있다. 또 성격의 개념은 특질, 신념, 가치, 태도, 그리고 개인의 발달적 역사의 산물로서 이해된다.

이 수준의 청소년이나 성인들은 사회적, 규범적, 법적, 도덕적 관점들에 대해 복합적인 상호 이해적인 조망을 추상화할 수 있게 된다. 정확한 의사소통과 이해를 촉진하기 위해서는 이러한 일반화된 다양한 관점들과 사회 체제들이 모두 고려되어야 한다고 믿는다.

이상에서 보듯이 Selman의 조망능력 수준들은 상당히 사회적이다. 각 발달 수준은 인간의 특성과 심리상태를 고려하는 조망 형태를 보여 준다.

생각해 볼 거리

이 장에서 다루어진 내용을 바탕으로 학습자 각자 다음의 문제들에 대해 정리해 본 후, 그 내용을 수업에서 질문이나 토의 자료로 활용해 보자.

1. 이 장에서 특별히 새롭게 학습한 내용이 있다면, 그 내용을 열거해 보자.
2. 이 장에서 특별히 관심을 끌었던 내용은 어떠한 것이며, 그 이유는 무엇인지 정리해 보자.
3. 이 장에서 다루어진 내용 가운데 한 가지를 택하여 그 내용이 실제 교육장면에 어떻게 응용 또는 적용될 수 있는지를 설명해 보자.
4. 이 장에서 특별히 어려움이나 싫증을 느낀 내용은 어떠한 것이며, 그 이유는 무엇인지 정리해 보자.
5. 이 장을 학습하면서(또는 학습한 결과) 더 자세히 알아보고 싶다고 느낀 주제나 내용은 무엇인지 정리해 보자.

Chapter 10

영유아발달과 생태학적 맥락

영유아의 발달과정에는 많은 사회적 요인과 집단이 영향을 주는데, 크게 가정 내적 요인과 가정 외적 요인으로 구분할 수 있다.

이 장에서는 가정 내적 요인에 대해 가정환경, 가족구조, 부모의 자녀 양육 태도, 형제자매 관계, 조부모 관계, 아동학대를 중심으로 살펴보고, 이어서 가정 외적 요인에 대해 또래집단, 유아교육(보육)기관, 대중 전달매체를 중심으로 살펴본다.

1. 가정 내적 요인

가정 내에서 영유아의 발달에 영향을 주는 요인은 다양하다. 흔히 가정환경이라고 하는 모든 요인들이 영향을 미치게 되는데, 특히 가족구조 및 부모의 자녀 양육태도에 따라 유아 사회화의 양상이 달라질 수 있으며 형제 관계의 다양한 특성과 사회적 관계 등이 발달에 영향을 주게 된다(구광현, 이희경, 김보현, 2012: 119-138).

1) 가정환경

가정환경이란 개인(유아)에게 영향을 미치는 가정의 모든 조건과 자극과 그 작용을 말한다. 이 가정환경은 가족구조 환경, 주거환경, 가족문화 환경을 포함하는데 그 개념을 간략히 살펴보면 다음과 같다(유안진, 1986).

첫째, 가족구조 환경은 인적 환경을 의미하는 것으로 가족의 구조와 가족관계, 가족구성의 특성 등을 포함한다. 즉, 직계가족이냐, 확대가족이냐는 물론, 친족관계의 특징인 부자중심, 부부중심, 모자중심, 형제중심 가족 등 다양한 환경이 있다. 또한 부모를 포함한 가족 성원(조부모, 형제, 자매 등)의 유무와 성별, 수, 연령 및 교육수준, 직업, 성격, 종교 등이 포함된다.

둘째, 주거환경은 가정이 위치한 지역, 가옥의 구조와 문화시설, 생활공간 및 물리적 요소의 일체를 말한다. 주거환경은 가족 구조 환경에 의해 결정된다. 가족의 직업, 교육수준에 따라 주거지역이 바뀔 수 있고, 수입에 따라 가옥의 규모, 문화시설이 가변적이다. 또한 가족의 수, 성별, 성격 등의 변인에 따라 주거환경은 달라질 수 있다.

셋째, 가족문화 환경은 가족구조 환경과 주거환경의 상호작용으로 형성되는 가족의 심리적 환경이다. 가족문화 환경은 가풍이나 그 가정이 지향하는 생활양식, 가치관, 인생관, 교육관 또는 양육태도나 육아방침 등이 될 수 있다. 가족문화는 보이지 않는 가정환경으로서 유아의 성장발달 및 교육과 사회화에 직접적으로 영향을 미치는 환경이 된다.

영유아의 발달에 기여하는 많은 사회적 요인들 중에서 가장 중요한 것은 가정이라고 할 수 있다. 가족 구성원은 인간이 최초로, 그리고 거의 유일하게 사회적 접촉을 하게 되는 사람들이기 때문이다. 생의 초년기는 발달의 결정적 시기이므로 영아와 부모 간의 상호작용과 정서적 관계는 후의 사회적 관계에서 유아의 기대와 반응을 형성하게 한다. 또한 문화의 믿음, 가치, 태도 등은 부모들의 비교적 주관적인 선택 양상에 의해 유아에게 제시된다. 즉, 부모의 성격, 태도, 사회경제적 지위, 종교, 교육 정도, 성별 등이 문화의 가치관과 기준을 자녀에게 제시하는데 영향을 준다. 예를 들어, 교육을 많이 받은 중류층 가정의 어머니와 하류층 가정의 권위주의적 아버지가 딸에게 형성시키고자 하는 바람직하고 적절한 행동 기준, 믿음, 역할 행동들에는 차이가 있다.

Bloom(1964)은 다음과 같은 이론적 근거를 들어 가정환경의 중요성을 강조하였다.

첫째, 흥미, 태도, 성격 형성의 발달 속도는 개인의 신체적 성장 속도와 환경과의 상호작용에 의하여 결정된다.

둘째, 새로운 성격 특성은 이미 성립되어 있는 성격 특성에 근거하여 발달한다. 즉, 한 단계에서의 문제 해결, 갈등 해소 여하는 다음 단계의 문제 해결이나 갈등 해소에 영향을 주며 초기의 성격 형성이 후기의 성격 발달에 많은 영향을 주게 된다.

셋째, 이미 형성된 흥미, 태도, 성격 등의 체제를 바꾸거나 대치시키기보다는 새롭게 학습하는 것이 쉽기 때문에 최초의 학습이 중요하다.

이처럼 가정은 영유아의 발달에 중요한 교육적 환경이다. 그런데 가정은 시대적, 사회적 변천에 따라 변하며 유아에 대한 교육의 내용과 방법도 달라지게 된다. 예컨대, 우리나라의 전통적인 가정에서 제일 중요시한 것은 가계의 계승이었다. 가통(家統)이나 가풍(家風)에 필요한 생활습관과 덕성 함양 및 가족의 구성원으로서 그 사회가 요구하는 예절, 역할 습득, 바람직한 사회적 행동 습득 등의 사회교육이 가정을 중심으로 이루어졌다. 또한, 우리 전통사회의 유아 사회화 기제는 '엄부자모(嚴父慈母)'라는 표현에서 발견될 수 있다. 이 표현은 부모의 전통적 역할분담이 상호보완적이었음을 나타내고 있다(유안진, 1986).

그러나 현대사회의 산업화와 도시화는 가정의 형태에 많은 변화를 초래하였다. 가정 변화의 주된 현상으로는 다음의 세 가지 사항을 들 수 있다(이태영, 이경희, 1985).

첫째, 가족 구성원이 점차 줄어들고 있다. 이것은 대가족 제도에서 핵가족 제도로의 변화에서 연유되기도 하지만 자녀수의 감소에 의한 것이기도 하다. 뿐만 아니라, 현대사회의 아버지들은 장시간을 가정 밖에서 활동해야 하며, 여성의 취업률이 증가함에 따라 어머니들이 가정에서 보내는 시간도 계속적으로 줄어들고 있다. 이와 같은 가족 구성에서 전통적인 대가족 제도에 비해 자녀의 양육 및 교육에 대한 역할이나 영향은 축소될 수밖에 없다. 그 결과, 이러한 상황에 대처할 수 있기 위해서는 부모와 자녀의 사랑에 근거한 더욱 밀접한 관계 형성 방법이 요구되고 있으며, 부모를 보조할 수 있는 대리자나 대리 기관, 즉 유아교육 기관의 역할 증대가 요청되고 있다.

둘째, 결손가정이 점차 늘어나고 있다. 결손가정이란 미성년자가 있는 가정에 부모 모두, 또는 어느 한쪽 부모가 없는 가정을 말하는데, 그 원인으로는 사별, 이별, 별거, 실종, 수형(受刑) 등 여러 가지가 있을 수 있다. 결손가정은 유아의 사회적 태도나 성격, 성역할 습득 등에 부정적 영향을 주는 경우가 많다.

셋째, 복잡한 가족구성 가정이 증가하고 있다. 복잡한 가족구성의 주된 요인은 이혼과 재혼이다. 현대사회의 도시화와 산업화는 가족기능을 약화시키고 가정윤리를 해쳐 이혼율을 더욱 증가시키는 부작용을 야기하고 있다. 이혼은 제1차적 사회집단인 가정의 파괴라는 사회적 문제가 되기도 하지만 자라나는 유아들에게는 좋지 않은 영향을 주는 경우가 많다.

이상에서 살펴본 현대사회 가정 형태의 변화는 유아교육에 다양한 과제를 부여하고 있다.

2) 가족구조

흔히 가족의 형태를 가족의 구조적인 면에서 직계가족과 부부가족으로 나누고, 내용면에서 부자중심 가족과 부부중심 가족으로 나누기도 한다. 또 가족의 구조와 가족 수를 중심으로 대가족 또는 소가족으로 나누는데, 부자중심의 직계가족이면서 가족 수가 많은 경우 흔히 확대가족 또는 대가족이라 하여 조부모와 그의 직계 및 방계가족으로 구성된 가족형태를 말하며, 부부중심의 부부와 그 자녀로 구성된 가족을 소가족 또는 핵가족이라고 한다.

가족구조의 형태는 육아방식과 관계가 깊고, 따라서 아동의 인성 특성에도 영향을 미치는데, 유아 양육에 있어서 대가족 환경과 소가족 환경의 특징을 비교하면 다음과 같다.

(1) 대가족 환경

① 유아에게 폭넓은 사랑을 줄 수 있다.

② 개인보다 집단을 강조하며, 조직과 지도력을 중시한다.

③ 가정의 질서를 유지하기 위해 유아가 집단에 적응하도록 강요한다.

④ 유아의 행동에 제약을 많이 둔다.

⑤ 문화의 전승과 발전에 중요한 환경이다.

(2) 소가족 환경

① 개개인이 경제적 이득을 많이 갖게 된다.
② 부모가 유아에게 많은 관심을 집중시킬 수 있다.
③ 유아의 사회적 경험이 소집단으로 이루어진다.
④ 부모가 유아에게 과도한 압력을 가하여 동년배 집단과 친밀한 관계를 충분히 갖지 못한다.

3) 부모의 자녀 양육태도

가정환경의 요인 중에서도 부모가 차지하는 비중은 대단히 크다. 부모는 가정에서 어린이의 훈육과 양육에 대한 책임을 지고 있기 때문에 그 영향력이 누구보다도 크다는 것은 쉽게 이해될 수 있는 일이다. 더욱이 부모는 어린이가 상당한 연령에 도달하기까지 어린이의 모델의 역할을 담당하게 되며, 이 모델링에 의해서 어린이들이 그들의 태도와 가치관 형성에 영향 받는다는 것을 감안한다면 부모라는 인적환경이 얼마나 중요한 위치에 있는가를 이해할 수 있다.

양육태도란 부모 또는 양육자가 자녀를 양육함에 있어 일반적 또는 보편적으로 나타내는 행동의 유형을 말한다. 아동의 사회적, 정서적 행동의 특성은 부모 및 양육자가 어떠한 태도를 가지고 자녀를 키우느냐에 따라 다르게 나타난다.

부모와 자녀 관계에 있어서 부모 쪽에서 보면, 사회화의 최우선적 대상이 자녀이다. 자녀 쪽에서 보면, 최초로 갖게 되는 사회적 경험과 동일시의 대상이 부모이며 참조의 규범이 된다. 이 관계는 교육적이고도 문화적인 관계이다. 이러한 관계 속에서 부모는 나름대로 양육에 대한 전략을 가지고 자녀를 대하게 되며, 자녀는 그러한 전략에 반응하고 경험하면서 자신의 사고방식, 태도, 가치관 등을 형성하게 된다.

사실 부모가 취하는 육아방식은 상당부분 부모 자신이 어렸을 때 어떻게 키워졌고, 어떻게 자라 왔느냐에 달려 있다. 부모 자신의 인성 특성은 물론 부모의 신체적 · 심리적 건강과 아동관, 교육 수준, 직업과 종교까지도 육아에 영향을 준다. 뿐만 아니라 가정환경 역시, 육아방식과 관계있는 것으로 나타나고 있다. 그러나 보다 직접적인 요인은 부모가 아동에게 갖는 기대나 포부수준(aspiration level)이며, 이에 따라서 육아태도는 더 많이 결정된다.

부모의 양육태도를 처음으로 체계화한 사람은 Symonds(1949)로 그는 부모와 자녀관계를 거부-수용(rejection-acceptance), 지배-복종(dominance-submission)을 양극으로 하는 2개의 요인 축에 의해 2개의 차원으로 구분하였다. 그 후 Schaefer(1959)는 애정-적의(love-hostility), 자율-통제(autonomy-control)의 2개 요인 축에 의해 2개 차원으로 분류하였는데, 이 이론을 근거로 수행된 연구결과를 소개하면 다음과 같다.

(1) Schaefer의 부모 양육태도

① 애정적–자율적 태도

애정적인 부모는 일반적으로 수용적, 애정적, 인지적이고 이해를 잘 하며 유아 중심적이고, 의존적 행동에 긍정적으로 작용하며 훈육할 때는 합리적 방법을 사용한다. 또한 칭찬을 적절히 사용하며 체벌을 하지 않는다. 이러한 양육태도를 보이는 부모 아래서 성장하는 유아는 능동적, 외향적이고 독립적이며, 사회적응을 자신 있게 하며, 사교적이며, 창의적이고 자신이나 타인에 적대감이 없으며, 가장 바람직한 민주형의 양육태도라고 할 수 있다.

② 애정적–통제적 태도

애정적인 동시에 통제적인 부모는 체벌을 수반한 통제는 아니라도 심리적 통제를 사용한다. 이러한 양육태도에서 자라난 아동은 애정적-자율적 양육태도

밑에서 자라난 아동에 비하여 의존적이고, 사교성이나 창의성이 적은 편이며, 인내심에 있어서 상상적인 적대 감정을 품는다.

③ 적의적–자율적 태도

이러한 양육태도는 자녀를 애정적으로 수용하지 못하고 거부하는 동시에 자녀 마음대로 행동하게끔 내버려두는 방임형 태도이다. 이러한 양육태도에 의해 성장한 아동은 일반적으로 공격적이고 자신의 행동 조절을 못하게 된다.

④ 적의적–통제적(공격적) 태도

이러한 양육태도는 자녀를 애정적으로 수용하지 않을 뿐 아니라 행동을 체벌 또는 심리적 통제로 규제하는 독재형의 양육태도라고 할 수 있다. 자녀로 하여금 감정표현 등을 허용하지 않기 때문에 부모에 대한 적대감을 유발시키며 자아에 대한 분노가 발생하며 내면화된 갈등, 고통을 많이 갖게 된다. 이러한 태도의 아동은 자학적이며 심지어는 자살적인 경향도 나타난다고 한다.

한편, Bayley와 Schaefer(1967)는 신생아기부터 청년기에 이르는 동안 어머니의 양육행동과 자녀의 인성발달과의 상관성에 관하여 장기간 연구한 결과, 어머니의 교육 정도가 높을수록, 사회 경제적 지위가 높을수록 자녀에게 자율성을 더 많이 주고 협동적이며, 자녀와 동등한 관계를 누리는 것을 발견하였다. 반면에 사회 경제적 수준이 낮은 어머니들은 보다 통제적이고 체벌을 주는 편이었다.

또 Baumrind(1973)는 부모의 자녀 양육태도가 취학 전 자녀의 자신감과 어떠한 관계가 있는가를 관찰한 결과 부모의 자녀 양육태도를 애정과 통제라는 차원으로 독재적(권위주의적), 허용적(관용적), 권위적인 양육태도로 구분하였다. 이후 Maccoby와 Martin(1983)은 Baumrind의 분류에 4번째 범주인 무관심한(방임적) 양육태도를 추가하였다.

(2) Baumrind 등의 부모 양육태도

① 독재적(권위주의적) 태도

이 유형을 보이는 부모는 아동에게 즉각적이고 장기적인 복종을 원한다. 주로 아동의 행동을 통제하며 체벌이나 강압적인 방법을 사용해서라도 복종하도록 지도한다. 부모가 미리 정해 놓은 절대적인 행동 기준에 의해 아동의 행동을 평가하며, 부모의 결정과 행위를 최선의 것으로 믿도록 한다. 이러한 부모는 '자녀를 정해진 자리에 있게 하는 것, 일에 대한 존경심을 가르치기 위해 집안일을 하도록 정해주는 것' 등을 중요시한다.

② 허용적 태도

이 유형을 보이는 부모는 아동을 독립된 개체로 대하며 자율성을 허용하되 통제하지 않고 요구하지 않는다. 자녀에게 보상을 주는 것이나 훈육이 엄격하지 않고 권위를 과시하지 않으며, 아동을 이상적으로 다루려고 한다. 이 유형의 부모는 아동에게 자신의 행동을 가능한 한 스스로 규제할 수 있게 하고, 통제를 피하며, 외적으로 규정된 기준에 복종하도록 강요하지 않는다.

③ 권위적 태도

이 유형은 독재적 태도와 허용적 태도의 장점을 잘 조합한 태도이다. 제한된 범위 내에서 아동의 자율성을 허용하며, 통제할 때는 이성적인 설득, 명백한 권위, 또는 심리적 강화 등을 사용한다. 이러한 유형의 부모는 의사소통을 권장하고, 부모가 행하는 방식에 대한 이유를 설명해 주며, 아동이 순종하지 않을 때는 아동이 반대하는 이유에 대해 경청한다. 이처럼 이 유형의 부모는 자녀를 대하는데 있어서 통제, 귀납적 훈육, 자녀의 독립심과 자율성에 대한 긍정적 격려 등의 혼합적인 방법을 사용한다.

④ 무관심한 태도

무관심한 양육은 자녀에 대한 애정과 통제가 둘 다 낮으므로 권위적 양육의 정반대의 연속선 끝에 있다. 비록 Baumrind가 이 그룹을 연구하지 않았지만, Maccoby와 Martin(1983)은 무관심한 부모는 훈육도 엄격하지 않고 따뜻함도 결여되어 있다고 평했다. 이 부모들은 아이들의 행동에 대해 거의 관심을 나타내지 않는다. 부모의 무관심의 결과, 아이들은 애착 결속을 이루는 데 실패하고, 사회적 무능함과 낮은 자기 존중감을 가진다. 무관심한 양육행위는 아이들의 불복종, 공격성, 무단결석, 빠른 성적 관심, 알코올 문제로 이어진다(Lamborn, Mounts, Steinberg, & Dornbusch, 1991). 무관심한 부모의 아이들은 일반적으로 모든 것의 최악의 결과를 가진다.

이상에서 살펴본 Baumrind 등의 연구에 따른 부모 양육태도를 정리해보면 그림 10-1과 같이 나타낼 수 있다.

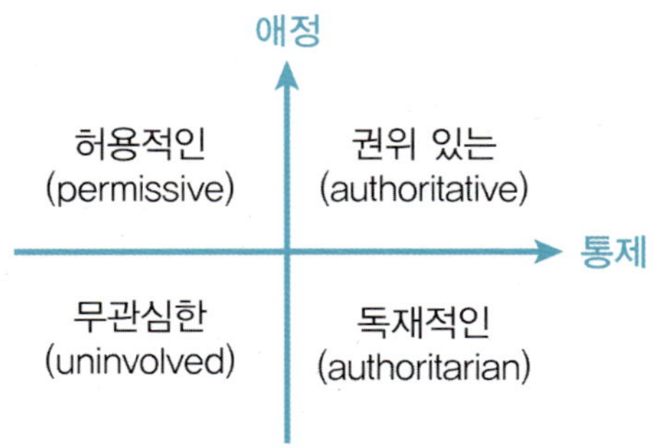

그림 10-1 Baumlind 등의 부모 양육태도 유형

부모 양육태도와 유아발달과의 관계를 밝힌 연구들에서는 부모의 개방적인 태도, 애정적인 태도, 허용적인 태도, 민주적인 태도, 합리적인 태도가 자녀의 바람직한 발달을 촉진시킨다는 점을 강조하고 있다. 즉, 부모의 수용적인 태도는 유아의 자신감, 친절함, 안정감의 정서에 그리고 거부적인 부모의 태도는 유아의 불안감과 반항, 무감동과 혼란 등의 정서에 영향을 미친다. 또한 수용적이고 애정 어린 환경에서 자란 유아들은 신뢰적인 정서와 태도를 지니고 성장함으로써 성인이 되어서도 타인을 사랑하고 수용할 수 있는 능력을 형성할 뿐만 아니라 감정과 행동의 자유로움을 느끼고 개방적이고 솔직하게 행동하나, 거부적인 환경에서 자란 유아들은 자기 방어적인 태도를 지니게 되고, 부모의 과잉 보호적 환경은 유아로 하여금 소극적이고 자신감을 잃게 함으로써 적극적이고 진취적이며 도전적인 태도를 저하시키게 된다.

4) 형제자매 관계

형제는 부모와는 또 다른 면에서 영유아의 발달에 영향을 미치는 중요한 요인이다. 형제는 유아들에게 행동의 모델로서 영향을 미칠 뿐만 아니라 형제와의 상호작용을 통하여 대인 관계능력, 의사소통능력을 발달시켜 나간다. 또한 형제 간의 경쟁적인 관계는 서로에게 학업성취의 의욕을 높여주기도 한다. 형제자매 관계는 다른 인간관계에서는 경험할 수 없는 기쁨 뿐만 아니라 극도의 좌절과 분노도 맛볼 수 있는 독특한 관계이다. 유아는 형제자매와의 상호작용을 통하여 그리고 형제자매에 대한 부모의 반응을 관찰함으로써 많은 것을 배우게 된다.

(1) 형제 간 출생서열

여러 학자들은 형제의 출생 서열에 따라서 지능, 인간성, 사회성 등에 차이가 난다고 한다. 그것은 출생 서열 자체가 직접적 변인이라기보다는 출생 서열에 따른 부모를 비롯한 주변 사람들의 태도에서 영향을 받아 나타난 결과라고 본다.

출생서열에 따라 부모와의 상호관계, 자녀들 간의 상호관계는 그 양상이 다르게 나타난다. 부모의 양육태도는 출생서열에 따라서 달라지며, 형제들 간에도 서로를 대하는 태도가 다르다.

① 부모의 태도

모든 부모에게 첫 자녀는 큰 의미가 있다. 부부가 결혼하여 얻은 첫 아이이기 때문에 깊은 관심과 사랑을 쏟는다. 그렇지만 육아의 경험이 없기 때문에 부모 자신도 쉽게 흥분하고 당황하며 자신감이 없어 육아에 부담을 느끼는 경우도 있다. 부모는 다른 자녀에 비해 첫 자녀에게 더 큰 기대를 가지며 성취욕과 책임감에 대해 큰 압력을 가하고 간섭을 많이 한다. 이러한 부모의 태도 때문에 부모와 첫 자녀는 갈등을 일으키기도 한다. 이리하여 첫 자녀는 불안정하고 인내심이 부족한 성격이 되기도 한다. 부모는 첫 아이를 기르면서 시행착오를 거듭하여 양육기술을 습득하고 발전시킨다. 둘째의 자녀가 태어나면 부모는 첫 자녀를 길러 본 경험에서 육아에 자신감을 갖고 여유와 일관성 있는 태도를 갖고 임하게 된다.

대체로 부모는 둘째 아이는 첫 아이보다 쉽게 키울 수 있으며, 첫 아이에 대한 기대와 포부수준보다 낮은 기대감을 갖게 되기도 한다. 또 부모는 첫 아이에겐 지도성(leadership)과 양보의 미덕을 강조하고, 둘째 아이에겐 순종을 강조하는 경향이 있다.

자녀수의 증가로 가족의 크기가 확대되면 자녀에 대한 부모의 태도도 변한다. 자녀수가 많게 되면 부모는 자녀들과의 개별적인 접촉의 기회가 줄어들며, 시간도 많지 않기 때문에 육아에 친밀감과 따뜻함이 결여되기 쉽다.

자녀가 너무 많을 경우 부모와의 접촉시간이 감소되므로 애정이 충족되지 못한 자녀가 많아져서 거부형 양육태도를 취하는 부모에게서 나타나는 것과 비슷한 문제가 발생될 가능성이 많다. 반면에 자녀가 적으면 자녀에 대한 지나친 모성애 표현과 방임 또는 과잉 교육열에 빠지기 쉬워 자녀의 자주적, 독자적 의식이 상실되거나 약화될 가능성이 많다. 특히 윤리 · 도덕적인 면에서 인격형성이 원만하지 못하여 자녀의 건전한 사회화를 방해하기도 한다.

② 자녀 간의 태도

형제들 중에서 첫 아이는 다른 형제들에 비해 성취욕이 강하고 다른 사람의 의견을 존중하며 좋은 관계를 유지하려고 한다. 또한 성인 지향적이어서 권위에 순종적이고, 성실하고 협조적이며, 온정적이고 책임감도 강하다. 이들은 특히 부모의 기대와 요구에 부응하려고 노력하기 때문에 성취수준이 높다. 첫째 아이는 동생에게 애정을 빼앗긴 경험으로 권위와 권력의 중요성을 알며, 어른이 되어서는 규칙과 순서를 지나치게 중요시하고 모든 것도 법칙에 따라야 한다고 생각하며, 이것을 불변의 것으로 받아들이는 보수주의자가 되기 쉽다.

둘째 아이는 사교적이고 예민하고 경쟁의식이 강한 것으로 알려져 있다. 흔히 첫째 아이만큼 지도력을 발휘하도록 기대 받지도 못하고 권위도 인정되지 않으며, 막내 아이처럼 보호받지도 못하고 무시되기 쉽다. 그래서 형에게는 도전을 시도하고 동생에게는 군림하려 하기 때문에 경쟁의식이 강하고, 자신을 보호하고 자신의 위치를 확보하기 위해 사교적으로 된다. 또한 재능이 많고 시기심도 강하나, 정서적으로 불안정하고 성취욕구가 강하다고 한다.

둘째 자녀를 비롯하여 나중에 태어난 유아들은 첫 자녀와 비교하여 자기들이 무력한 존재라고 느끼며 자기 평가에 있어서도 좀 더 현실적이다. 형제 간의 관계를 통해 이들은 중요한 사회적 기술을 습득하며 이 기술을 다른 상황에서도 적용하기 때문에 또래 집단에서 유능하고 사교적이며 우호적인 인기아가 된다.

특히 막내는 부모와 형제들의 사랑을 받으며 경쟁자가 없는 안정된 위치에 있기 때문에 낙관적이며 긍정적인 특성을 많이 갖게 된다. 또 경제적인 안정상태의 부모로부터 각별한 보호와 사랑을 받아, 의존적이며 책임감과 독립의식이 낮은 경향이 있다.

외동아는 형제가 없으므로 부모를 비롯한 성인과 많은 접촉을 한다. 이런 영향으로 빨리 조숙해지며 부모의 양육태도에 따라 성격이나 사회적 태도가 극단적으로 나타난다. 예컨대, 어떤 외동아는 사교적, 협조적, 독립적인데 반해, 어떤 외동아는 의존적, 경쟁적, 비사교적이다.

우리나라 형제 간 연구에 의하면 형제가 있는 경우, 원만한 형제관계를 유지하는 어린이일수록 사회적 성숙도가 높다. 그리고 외동아와의 비교에 있어서도 선의의 경쟁자, 놀이의 상대자인 형제가 있는 어린이가 외동아보다는 더욱 바람직한 사회화를 이룰 수 있다.

출생순위에 따라서는 이러한 육아태도의 차이가 아동의 제 특성을 결정하여 대개 첫째 아이는 지배적이고 친애의 의욕이 강하며 권위적이나, 동생은 보다 경쟁적이고 긴장되고 사교적인 편이다.

(2) 동생의 출생에 대한 태도

새로 태어난 아이는 형의 행동에 영향을 준다. 부모로부터 받은 많은 사랑과 관심이 갑자기 양분되면서 여러 갈등을 겪게 된다.

형이 새로 출생한 동생을 어떻게 느끼는가 하는 것은 형의 연령과 밀접한 관계가 있다. 동생이 태어날 때 4세 정도 된 아이는 1, 2세 된 아이나 7, 8세 된 아이보다 동생의 출생에 대해 더 많은 두려움을 느끼게 된다. 왜냐하면 아주 어린아이는 앞으로 무엇이 일어날 것인지를 이해할 만큼 성장하지 못했고, 어느 정도 나이든 아이는 친구와의 유대를 통해 부모로부터 독립적이어서 부모의 관심보다 친구의 관심에 더 주의를 기울이기 때문이다.

이들은 자신의 생활에 방해가 되지 않는다면 동생에 대한 부정적 태도를 보이지 않는다. 그러나 여기에도 개인차를 보이게 되는데 나이든 아이일지라도 부모에게 강하게 의존해 있고 친구가 많지 않을 경우 동생이 태어나면 3, 4세 아이들과 유사한 정도의 두려움을 갖게 된다.

(3) 연령차

형제 자매 간의 연령차를 터울이라고 하는데, 이 터울은 형제・자매 간의 관계를 복잡하게 하는 요소이다. 형제 간에 연령차가 적을 경우 서로 간에 많은 영향을 준다. 그들은 친구 같은 관계를 유지하면서 서로를 잘 이해하고 대화할 수 있다. 부모와의 관계에서 금기로 되어 있는 것도 그들끼리는 통할 수 있다.

한편으로는 적은 연령차는 압력과 갈등의 요소이기도 하다. 2년에서 4년 정도의 연령차는 형제·자매 관계에서 가장 많은 경쟁심을 유발한다.

이때 성별 구성에 따라 그 양상에는 차이가 있다. 연령이 비슷한 남자 형제들은 그들 관계에 있어 조화를 쉽게 이루지 못하나 자매는 비교적 원만한 관계를 유지한다.

형과 동생과의 나이 차가 여섯 살 이상 되면 형이나 아우는 다 외동아이의 성격을 많이 지니게 된다. 이들은 부모로부터 많은 정성과 관심을 받고 자라며 개인의 욕구를 충족시킬 수 있는 경우가 많다. 형제 간의 연령차는 그 자체로서 형제·자매 관계에 영향을 미칠 뿐만 아니라 부모의 양육태도를 결정하는 데도 중요 요인으로 작용한다. 형제 간의 연령차가 적으면 부모들은 보다 합리적이고 민주적인 방법으로 형제들을 양육하게 된다. 뿐만 아니라 각자의 욕구에 맞게 개성을 발휘하는 기회를 마련하고자 한다.

(4) 성별 구성

부모들은 자녀가 태어나기 전부터 아들과 딸에 대한 기대와 태도를 다르게 갖는다. 이러한 성차에 대한 부모의 태도와 기대는 여아보다 남아에게 더 높게 집중된다. 즉, 여아보다 남아에게 성취 기대가 크며 자율성 및 독립성을 강조한다.

형제·자매 간에 있을 수 있는 성별 구성은 8가지 유형으로 나눌 수 있다. 즉, 남자아이가 가질 수 있는 가족 내의 위치는 형, 오빠, 형이 있는 남동생, 누나가 있는 남동생의 위치가 되고, 여자 아이는 언니, 누나, 언니가 있는 여동생, 오빠가 있는 여동생이 될 수 있다. 그들은 각각의 위치에 따라 다른 성격을 갖는다.

예를 들어, 형제들만 있는 가정의 큰형은 지도자가 되는 경향이 있고 대인관계가 원만하다. 그리고 누나들 속에서 자란 남아는 타인과 잘 어울리지 못하나 여성에게 인기가 있다. 또한 남자 동생들이 있는 여자는 성격이 원만하고 합리적이나 오빠를 둔 여자는 모험과 변화를 추구하며 감정적이고 고집이 세다.

동생은 누나나 형으로부터 많은 것을 배우고, 형이나 누나는 가르치는 교사로서, 또는 모방할 수 있는 모델이 되기도 한다, 이때도 성별 구성에 따라 차이가 있다. 남자가 위일 때, 즉 오빠나 형이라는 위치의 아동보다 여자가 위일 때, 누나나 언니는 동생을 훨씬 잘 보살피고 데리고 논다. 그러나 연령차가 1~2년밖에 안 되는 형제는 이러한 교사나 모방 대상자로서의 역할이 미흡하다.

성역할 개념의 확대에도 형제·자매는 큰 영향을 미친다. 형제와 자매처럼 한 가정에서 같은 성으로만 구성되어 있을 때는 그 문화에서 지지하고 있는 성역할의 구분을 비교적 잘 받아들이고 있다. 즉, 형제만 있는 가정의 아동들은 남성적이고, 여자만 있는 가정의 아이들은 여성적 성격을 띠고 있다. 이성끼리 구분된 형제·자매는 동성끼리 구분된 형제·자매보다 성역할 개념이 덜 뚜렷하며 이들 간의 긴장과 압박이 많다. 성 간의 경쟁, 특정한 성에 대한 부모의 선호 등이 갈등의 원인이 된다.

다른 연구에서는 누나를 가진 남자아이는 여성적인 성격을 가지고, 오빠를 가진 여자아이는 남성적인 성격을 지니는 것이 보편적이지만 그들 간의 연령차가 많으면 성별 구성에 의한 영향은 약화된다고 보고하였다.

5) 조부모 관계

3대 이상이 함께 사는 전통적인 대가족의 양육 방식은 이상적이다. 신생아가 태어나면 부모와 조부모 간 양육 협력 체제가 가동된다. 조부모는 경험을 토대로 부모에게 실질적인 육아 정보를 준다. 또 부모의 양육기대, 양육관, 양육행동에 영향을 주며 직·간접적으로 손자녀의 양육에 참여한다.

조부모는 부모가 태교를 시작하도록 권하고, 손자녀가 태어나면 곁에서 함께 돌봐 주며 가족과의 유대를 형성하도록 돕는다. 조부모가 가정에 함께 거주하는 것만으로도 신체·언어·인지·정서 발달에 긍정적이라는 연구결과도 있다(정남이, 2006). 우리나라 조부모들이 아기의 뇌신경·소근육 발달에 도움이 되는 '도리도리', '곤지곤지', '죄암죄암' 등 단동십훈(檀童十訓)을 전수한 것도 같은 맥락이다.

조부모와 친밀하고 밀접한 관계를 생애 초기부터 형성한 손자녀는 건강한 애착관계를 이룬다. 손자녀와 그 부모에게 살가운 조부모는 아이의 노년기 역할 모델이기도 하다. 영유아가 조부모와 맺는 애착관계는 부모와는 다른 것으로, 핵가족에서 느낄 수 있는 고독감을 완화시킨다(Kornhaber, Woodward, 1981). 손자녀의 양육에 참여하는 조부모는 본인의 건강에도 좋다. 축적된 인생 경험을 가족에게 제공하며, 스스로 삶의 의미를 찾고 성취감을 느낀다(김명선, 2001).

산업화로 핵가족화되며 조부모의 손자녀 양육 참여는 점차 줄었다. 하지만 최근 이혼율 증가 등 사회의 변화로 손자녀의 육아를 전담하는 조부모가 증가하는 등 사정이 달라지고 있다. 따라서 이들 조부모들은 전통적인 육아 지혜에 현대적인 육아 가치관과 방식을 이해하는 것도 필요하다. 영유아는 뇌를 중심으로 굉장히 빠르게 성장한다. 때문에 손자녀의 양육을 전담하고 있는 조부모라면 교육자로서의 역할도 중요하다. 조부모가 지역사회 활동을 하고, 본인 생활에 만족하면 손자녀의 양육뿐 아니라 교육자 역할에도 충실하다는 연구결과가 있다(Robertson, 1977).

손자녀들은 연령에 따라 조부모상이 달라지기도 한다. 4~5세 아동은 관대한 조부모를, 8~9세는 적극적이고 재미를 나누는 조부모를 좋아하며, 이후에는 조부모와 독립적으로 생활하고 싶어 한다.

조부모와 부모가 아이의 양육에 대해 소통하면 부모의 부족한 부분을 조부모가 채울 수 있다. 우선 조부모와 부모의 관계가 좋아야 한다. 둘의 관계가 불편하면 조부모와 손자녀 관계에 그대로 영향을 주기 때문이다. 조부모와 부모의 양육 방식에 일관성도 필요하다. 아이의 동일한 요청에 조부모는 들어주지만 부모가 들어주지 않는 경우다. 조부모에게 아이를 맡겼다 찾아오는 등 주양육자가 계속 바뀌는 가정이라면 양육 방식에 일관성이 있어야 한다. 그렇지 않으면 영유아들은 어느 장단에 맞춰야 할지 몰라 불안해 한다(중앙일보, 2010. 9. 6).

6) 다양한 가족유형

앞서 살펴보았듯이, 현대의 가족은 확대가족(대가족)에서 핵가족(소가족)으로 변화하고 있으며 그 가족 수도 소수화되고 있다. 반면에 과거에 비해 새로운 가족의 형태가 생겨나며 그 수도 증가하고 있다. 가족의 유형에는 기존의 대표적인 확대가족과 핵가족 외에도 다양한 여러 형태가 있다.

첫째, 확대가족은 한집에서 여러 세대가 사는 가족을 말하며, 핵가족이 종적, 횡적으로 연결되어 형성되며, 자녀가 결혼 후에도 부모와 동거하는 형태를 말한다.

둘째, 핵가족은 오늘날 가장 보편적인 가족의 형태로 부부와 미혼인 직계자녀로 구성된 가족으로 요즘은 딩크(double income no kids)가족이라 하여 아이가 없는 가족의 형태가 증가하고 있다.

셋째, 노인가족으로, 현대사회는 고령화에 따른 노인 인구 급증과 자녀와 동거를 원하지 않는 노인, 부모와 동거를 원하지 않는 자녀의 증가로 노인가족이 늘어나고 있다.

넷째, 편부모가족(한부모가족)으로, 이는 현재 점점 늘고 있는 가족의 형태로 이혼율의 증가와 또는 배우자의 사망으로 만들어지는 가족이다. 현대사회에서는 친척 간의 교류가 줄고 상부상조의 기능이 줄어듦에 따라 경제적인 원조를 받기 어렵다. 그로 인하여 편부모는 고립되고 과다한 역할로 갈등을 느끼며 경제적으로 어려움을 겪거나 양부모 가정에 비해 자녀가 정서적으로 불안하며 성취도가 낮은 경향이 있다.

다섯째, 재혼가족은 가장 복잡한 가족 형태로 일반적으로는 자녀가 포함된다. 늘어나는 이혼율과 그에 따른 재혼율의 증가로 나타나는 가족의 형태로 점차적으로 더 증가할 것으로 보인다.

여섯째, 다문화가족으로 결혼이민자와 대한민국 국민으로 이루어진 가족 또는 국적법에 따라 인지·귀화로 대한민국 국적을 취득한 자와 대한민국 국민으로 이루어진 가족을 말한다. 대한민국 국민과 사실혼 관계에서 출생한 자녀를 양육하고 있는 다문화가족 구성원에 대해서도 다문화가족 지원 규정이 적용된다. 부모 중 한쪽이나 양쪽 모두 외국 국적을 가진 가족으로 국제결혼으로 형성된 가족, 외국인 근로자 가족, 새터민 가족 등이 이에 해당한다.

현대의 가족은 전통사회의 가족에 비하여 그 역할이 상당 부분 줄어들고 그 구성원의 역할도 급속하게 변하고 있다. 따라서 여러 가지 유형의 가족이 지닌 특성을 이해하고 그에 맞게 적절한 지원을 제공할 필요가 있다.

7) 아동학대

(1) 아동학대의 개념과 유형

아동학대란 보호자를 포함한 성인이 아동의 건강 또는 복지를 해치거나 정상적 발달을 저해할 수 있는 신체적·정신적·성적 폭력이나 가혹행위를 하는 것과 아동의 보호자가 아동을 유기하거나 방임하는 것을 말한다(아동복지법 제3조 7호). 아동학대의 유형으로는 신체적 학대, 정서적 학대, 성적 학대, 방임을 들 수 있다.

① 신체적 학대

신체적 학대(physical abuse)는 보호자를 포함한 성인이 아동에게 우발적인 사고가 아닌 상황에서 신체적 손상을 입히거나 신체손상을 입도록 한 모든 행위를 말한다. 그 예로는 물건을 던지는 행위, 떠밀고 움켜잡는 행위, 발로 차거나 물어뜯고 주먹으로 치는 행위, 뺨을 때리는 행위, 칼 등의 흉기와 물건으로 위협하거나 저해하는 행위, 반복적으로 꼬집는 행위, 할퀴고 찌르는 행위, 팔 · 다리 등을 심하게 비틀어 쥐어짜는 행위, 뜨거운 물이나 물체, 담뱃불 등으로 화상을 입히는 행위 등이 있다.

② 정서적 학대

정서적 학대(emotional abuse)는 보호자나 양육자가 아동에게 행하는 언어적 모욕, 정서적 위협, 감금이나 억제, 기타 가학적인 행위를 말한다. 언어적, 정신적, 심리적 학대라고도 한다. 그 예로는 아동의 인격, 존재, 감정, 기분을 심하게 무시하거나 모욕하는 행위(예: 삭발시키는 행위, 아동에게 걸려오는 전화를 바꿔주지 않는 행위), 좁은 공간에 장시간 혼자 가두어 놓는 행위, 원망적 · 거부적 · 적대적 또는 경멸적 언어폭력, 잠을 재우지 않거나 벌거벗겨 내쫓는 행위, 지속적으로 차별, 편애, 비교하는 행위, 아동이 보는 앞에서 부부싸움을 하는 모습과 배우자 폭력장면을 자주 노출시키는 행위, 가족 내에서 왕따시키는 행위, 아동을 시설 등에 버리겠다고 반복적으로 위협하거나 짐을 싸서 보내는 행위, 미성년자 출입금지 업소에 지속적으로 아동을 데리고 다니는 행위 등이 있다.

③ 성적 학대

성적 학대(sexual abuse)란 성인이 자신의 성적 충족을 목적으로 미성숙한 아동과 함께 하는 모든 성적 행위를 말한다. 그 예로는 아동의 성기를 만지거나 자신의 성기에 접촉을 요구하는 행위, 아동 앞에서 옷을 벗으며 자신의 성기를 만지는 행위, 강제로 애무하거나 키스를 하는 행위, 소아 나체 보는 것을 즐기거나 포르노비디오를 아이에게 보여주는 행위, 아동과의 강간 행위, 아동 매춘이나 아동 성매매를 하는 행위, 포르노물 판매 행위 등이 있다.

④ 방임

방임(neglect)은 보호자가 아동에게 고의적, 반복적으로 아동양육 및 보호를 소홀히 함으로써 아동의 정상적인 발달을 저해할 수 있는 모든 행위를 말한다. 방임에는 신체적 방임(예: 고의적이며 반복적으로 아동에게 의식주를 제공하지 않는 행위, 장시간 아동을 위험하고 불결한 주거환경의 상태로 그대로 방치하는 행위), 교육적 방임(아동을 학교에 보내지 않거나 무단결석을 허용하는 행위, 특수교육이 필요한 아동에게 특수교육을 제공하지 않거나 학교 준비물을 챙겨주지 않는 행위), 의료적 방임(예: 예방접종을 제때에 하지 않거나 필요한 치료를 소홀히 하는 행위, 태아기에 약물 및 알코올에 노출시키는 행위), 물리적 방임(유기: 보호자로부터 보호를 받아야 하는 아동을 버리는 행위, 특히 생후 며칠 되지 않은 아동을 유기하는 것은 생명을 위협하는 범죄행위임), 정서적 방임, 성적 방임 등이 있다.

(2) 아동학대의 실태

최근의 아동학대 주요 통계(보건복지부, 중앙아동보호전문기관, 2018)에 따르면, 2018년에 아동학대로 판단된 24,604건을 바탕으로 중복학대를 별도로 분류하여 아동학대의 유형을 살펴본 결과, 두 가지 이상의 학대유형이 동시에 이루어진 중복학대가 11,792건(47.9%)으로 가장 높았다. 그 밖에 정서학대 5,862건(23.8%), 신체학대 3,436건(14.0%), 방임 2,604건(10.6%), 성학대 910건(3.7%) 순으로 높게 나타났다. 중복학대 중 신체학대·정서학대가 9,376건(38.1%)으로 가장 높았고, 정서학대·방임이 779건(3.2%), 신체학대·정서학대·방임이 683건(2.8%), 모든 학대 유형이 함께 발생한 신체학대·정서학대·성학대·방임은 11건(0.0%)이었다(표 10-1 및 그림 10-2 참조).

표 10-1 아동학대사례 유형(중복학대 별도 분류)

(단위: 건, %)

유형		건수(비율)	
신체학대		3,36	(14.0)
정서학대		5,862	(23.8)
성학대		910	(3.7)
방임		2,604	(10.6)
중복학대	신체학대 · 정서학대	9,376	(38.1)
	신체학대 · 성학대	63	(0.3)
	신체학대 · 방임	254	(1.0)
	신체학대 · 정서학대 · 성학대	199	(0.8)
	신체학대 · 정서학대 · 방임	683	(2.8)
	신체학대 · 성학대 · 방임	1	(0.0)
	신체학대 · 정서학대 · 성학대 · 방임	11	(0.0)
	정서학대 · 성학대	422	(1.7)
	정서학대 · 방임	779	(3.2)
	정서학대 · 성학대 · 방임	3	(0.0)
	성학대 · 방임	1	(0.0)
	소계	11,792	(47.9)
계		24,604	(100.)

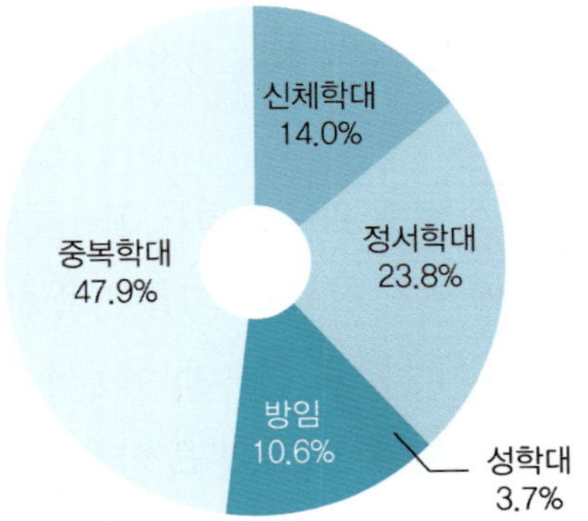

그림 10-2 아동학대사례 유형(중복학대 별도 분류)

자료: 보건복지부, 중앙아동보호전문기관(2018)

학대행위자와 피해아동과의 관계를 살펴본 결과, 부모 18,919건(76.9%), 대리양육자 3,906건(15.9%), 친인척 1,114건(4.5%), 기타 665건(2.7%) 등의 순으로 나타났다. 부모에 의해 발생한 사례 중 친부에 의해 발생한 사례가 10,747건(43.7%), 친모는 7,337건(29.8%), 계부 480건(2.0%), 계모 297건(1.2%) 순으로 높게 나타났다. 대리양육자 중에서는 초・중・고교 직원이 2,060건(8.4%)으로 가장 높았다.

아동학대 발생장소의 경우, 전체 아동학대사례 중 가정 내에서 발생한 사례가 19,748건(80.3%)으로 가장 높게 나타났고, 이 중 아동의 가정 내에서 발생한 사례는 19,365건(78.7%)이었다.

어린이집, 유치원, 학교와 같이 아동을 돌보고 교육하는 기관에서 발생한 아동학대는 각각 811건(3.3%), 187건(0.8%), 2,086건(8.5%)으로 파악되었다. 또한 복지시설의 경우, 아동복지시설이 357건(1.5%), 기타복지시설이 60건(0.2%)으로 전체 사례 중 1.7%이었다.

(3) 아동학대의 대처

아동복지법 제26조에 의하여 아동학대 신고는 누구나 가능하지만, 특히 동법 제26조 제2항에는 신고의무자를 따로 규정하여, 신고의무를 강조하고 있다. 현재 법정 신고의무자는 교사, 보건의료인, 복지시설 종사자 및 관련공무원으로 되어있다.

아동학대를 가장 발견하기 쉬운 위치에 있는 교사들은 법정 신고의무자로서 아동학대 피해아동을 조기에 발견하려는 노력을 기울여야 한다. 아동이 조기에 발견될 때에 심각한 피해를 예방할 수 있으며, 아동이 학대의 후유증에서 쉽게 회복될 수 있다. 정신적, 신체적인 학대를 받은 아동들은 행동면에서 변화를 보여주며, 이러한 징후를 주의깊게 관찰할 때에 조기발견의 가능성이 높아진다.

아동학대의 징후가 있는 아동을 발견하였을 때에는 자체적으로 해결하려고 하기보다는 전문기관에 알려서 사회복지사, 의사, 교사 등 전문가들의 의견을 종합하여 그 가정에 적합한 프로그램을 제공하는 것이 바람직하다.

2. 가정 외적 요인

1) 또래집단

(1) 또래집단의 의의

인간의 최초의 사회화에 결정적인 영향을 미치는 것은 가족이지만 사회적 학습은 가정 외적인 다양한 환경의 영향을 받으면서 이루어진다. 어머니의 품안에서만 크던 아이가 놀이터에 나간다든지 유치원에 다니게 되면 지금까지 상대해 보지 못했던 놀이 동무와 교류하게 된다. 이때 그 놀이 동무들을 또래집단 또는 동료집단이라고 한다. 또래집단이란 단순히 연령, 성이 같다는 사실에 초점을 맞추어 정의하지 않고, 행동의 복합성이 거의 같은 수준에서 상호작용하는 유아들을 말한다.

또래집단은 가정과는 다른 사회적 조직으로 비슷한 연령층에 있는 성원들이 직접적인 관심사를 중심으로 구성된 집단이다. 또래집단은 연령, 신분, 흥미가 서로 비슷하며 같이 느끼고 같이 행동하기 때문에 '우리'라고 하는 공동감정(we-feeling), 그들 자신들만의 규칙, 조직, 성원에 대한 기대가 있고, 평등과 대등의 관계를 유지하며 동지적 감정으로 단결할 수 있는 특징을 지니고 있다. 또래집단 속에서 유아는 그 구성원들과의 상호작용을 통해서 자기중심적인 행동과 태도를 상황에 맞게 조절하여 보다 성숙한 사회적 능력을 갖게 된다. 즉, 또래집단 속에서 유아는 부모나 다른 성인들로부터 독립된 친구들과의 평등한 관계에서 상호작용을 통해 감정적 유대관계를 발달시키며 사회성을 발달시킨다.

또래관계는 가족관계와는 질적으로 다르다. 가족관계는 또래관계보다 더 강하고 지속적이다. 그러나 또래와의 자유롭고 동등한 관계는 새로운 종류의 실험이나 탐색을 허용하며 감수성을 개발시킨다. 또래집단은 다음과 같은 점에서 유아의 사회화과정에 중요한 의미를 지닌다.

첫째, 유아의 사회화를 도우며 적합한 사회적 행동에 관한 피드백을 제공한다.

둘째, 다른 사람들 앞에서 새로운 행동을 실행할 기회를 주며 다른 사람들과의 경험을 넓혀 사회적 기술을 향상시킨다.

셋째, 자기중심적 사고에서 탈피하여 점차 타인을 존중하게 되며 자신감을 형성하게 한다.

넷째, 성인의 도움 없이 또래와의 상호작용을 통하여 자기활동을 스스로 창조하고 통제할 기회를 준다.

요약하면, 또래집단은 가족과는 다른 새로운 언어 및 의사전달 기술능력, 인지기술, 성역할, 사회성을 기르게 하는 중요한 집단이다. 즉, 가정에서의 사회화를 종적인 것이라고 한다면, 또래집단에 의한 사회화는 횡적인 것이라 할 수 있다.

(2) 또래집단의 기능

유아들에 있어서 또래집단은 훌륭한 교육의 장이 된다. 즉, 또래집단은 사회적 규범, 행동 양식, 언어, 사회적 순응, 지도력 등을 학습하게 하며, 협동정신과 준법정신, 민주주의의 훈련에도 유용하다. 유아의 교육에 있어서 또래는 강화자로서, 모델로서 그리고 비교의 준거로서 중요한 역할을 하게 된다.

① 강화자로서의 또래

또래는 유아에게 강화자로서의 역할을 한다. 유아는 자라면서 부모의 칭찬이나 인정을 받는 이외에 또래들의 인정을 받고 싶어 하며 또래의 이야기나 화제, 비판에 관심을 갖는다.

생후 몇 년 동안 유아들의 사회적 상호작용은 대개 그들의 가족범위에 제한된다. 그러나 유아가 유치원이나 어린이집에 들어가면 그들의 사회 세계는 복잡하고 강도 있게 확장되고 증가한다. 또래들은 특정 반응에 대한 강화를 통해 유아의 사회화에 유력한 중개인이 된다.

모든 유아가 또래와의 접촉으로부터 동일한 영향을 받는 것은 아니지만 결과적으로 유아의 행동, 태도, 동기는 주된 변화를 가져올 수 있다. 예컨대, 수줍어하거나 소극적인 유아들은 다른 유아들과의 빈번한 상호작용으로 그러한 경향이 감소될 것이지만, 그 영향의 정도는 상대적으로 작을 수 있을 것이다. 외향적이고 모험심이 강하며 적극적인 유아들은 보다 넓은 사회적 접촉의 영역을 가지고 다른 유아들에게 더 많은 보상을 주며 더 자주 보상의 목표가 된다. 따라서 그들은 자기의 또래들에게 영향을 주기가 쉽고 반대로 그들의 영향을 받기도 쉬울 것이다.

어른들의 관점에서 보면 또래와의 상호작용에서 생기는 변화에는 바람직한 것이 있는가 하면 그렇지 못한 것도 있다. 유아교육기관에서 유아들의 성별 반응과 특성은 고정적인 성 유형별 행동에 대한 또래의 강화와 성적으로 부적절한 반응에 대한 벌의 결과로서 강해지고 더 확고히 확립되기 쉽다. 소년들은 트럭과 총놀이 등 전통적으로 남성적인 행동에 대하여 다른 소년들에게 보상을 한다. 소녀들은 인형놀이 같은 전통적으로 여성적인 행동에 대하여 서로 강화한다. 어떤 경우에는 또래의 영향이 가정에서의 훈련과 동일시의 결과를 변경시킬 수도 있다. 예컨대, 가정에서 어머니와 상당히 동일시되어 '여성적'이라고 생각하는 특성들을 많이 습득하고 있는 남자 아이가 유아교육기관에서 다른 남아들과 사귀어 가면서 행동특성이 좀 더 '남성적'인 방향으로 옮겨가는 것이 그것이다.

일반적으로 친절, 협동, 다정함 등은 또래들로부터 보상을 받기가 쉽고, 따라서 반복되고 강화된다. 반면에, 이기심, 의타심, 어린애같은 행동 등은 또래의 반대와 질책을 가져오고 이런 반응들은 약화되거나 제거되기 쉽다. 종종 유아교육기관에서 다른 사람을 공격하고 장난감을 빼앗거나 다른 유아의 '영역'을 침범하려는 공격적인 반응들이 또래들 간에 흔히 보상되고 강화되는 장면을 볼 수 있는데 이는 부모나 교사 등 성인들에게 골칫거리가 되기도 한다. 예컨대, 상당히 공격적인 행동의 형태를 이미 확립한 유아들은 유치원에 들어가면 다른 유아들이 공격자의 소원에 항복하거나 싸움으로부터 물러섬으로써 그들의 공격에 보상을 해주기 때문에 더 공격적으로 되기 쉽다.

② 모델로서의 또래

또래집단은 유아들에게 사회적인 모범, 모델의 기능을 제공한다. 즉, 유아는 또래의 행동을 관찰함으로써 많은 지식을 얻는다. 유아는 또래들과 함께 있을 때, 공포감을 느끼는 상황에서도 공포를 덜 느끼고 도덕적 판단도 할 수 있다. 또한 또래들의 행동을 보고 덜 공격적이며 덜 이기적으로 될 수 있다.

유아들은 쉽게 다른 유아들과 동일시를 하는 동시에 바람직한 것이든 그렇지 않은 것이든 또래들의 행동을 모방한다. 처음에 성질이 순하던 유아들이 자기의 놀이 친구가 목표를 달성하기 위하여 완력과 위협을 사용하는 것을 보게 되면 좀 더 독단적이 될 수가 있다. 유아를 때리고 소리 지르고 발로 차고 물건을 부수는 등 다른 유아들의 공격적인 모델을 쉽게 모방할 것이다. 이런 모델을 반복해서 볼 때, 특히 자신들도 목표를 달성하는 데 성공한다면 그들은 이것을 자기 자신의 습관적인 반응으로서 적용할 것이다.

그와 비슷하게 유아들은 자선을 하거나, 동정을 표시하거나, 또는 어려움에 처한 사람들을 돕거나 하는 또래의 친사회적 행동을 따라 할 것이다. 또래 모델의 반복적인 친사회적 행동의 노출은 강하고 적극적이고 일반화된 이타적 상황을 낳을 수 있다. 만일 유아들이 사회적으로 더 성숙한 다른 유아들과 논다면 그들은 더 협동적이 되고 더 많은 집단 활동에 참여하며 다른 사람을 다루는 데 있어서 힘보다는 부탁과 제안을 더 잘 사용하게 된다. 한 실험에서, 유아들이 이타적으로 행동하는 또래 모델을 관찰한 후에 그들의 관용(자기가 받는 상을 나누어 갖는)이 증가되었다. 관대한 모델을 관찰하지 못한 통제 피험자들은 나누어 갖는 데 있어서 관대하지 않았다. 유아가 자라면서 집밖에서 보내는 시간이 많아질수록 또래는 모델로서 더 많은 영향력을 갖게 된다. 취학 아동들은 더 어린 유아들보다 또래집단의 규범과 표준에 더 잘 순응한다. 유년기 중반에 또래집단은 유아를 더 넓은 사회 세계에 적응하고 더 큰 집단과 상호작용하며 지도자와 관련하도록 훈련시키는 데 매우 유용할 수 있다. 또한 또래는 더 나은 개인적인 적응을 습득하는 데 지도와 도움을 제공할 수 있으며 유아들에게 복잡한 감정을 다루는 새롭고 효과적인 방법을 가르칠 수 있다. 또래와의 토론, 고민이나 문제에 따른 갈등을 나누는 것은 유아의 힘을 북돋아주는 것일 수 있다. 유아의 자아개념 발달도 직접적, 간접적 상호작용의 영향을 받는다. 또래에게서 받는 인정은 자기 신념을 증가시키기 쉽고 반면에 일반적인 거부는 자존심을 낮출 수 있다.

③ 준거로서의 또래

인간은 모든 연령에서 보편적으로 자기의 행동이나 능력, 외모 등을 평가하기 위해서 비교가 되는 준거를 필요로 한다. 이러한 요구는 유아에게도 있게 마련이다. 이때 또래집단은 유아가 자신의 성격, 가치관, 능력 등 자신을 객관적으로 평가할 수 있도록 하는 사회적 비교 과정에서의 중요한 준거로서의 역할을 한다.

유아는 행동결정이나 판단에 있어서 자신과 비슷한 사람을 비교집단으로 삼는다. 만약 한 유아가 자신이 싸움을 잘 하는지를 알고 싶으면 자기 또래 중에서 싸움을 잘한다고 생각하는 유아를 비교 대상으로 삼게 된다. 이와 같이 유아들은 항상 자기의 행동을 다른 또래와 비교하므로 어떤 뜻에서는 그들 간에는 진정한 또래가 없다는 역설적인 표현이기도 하다. 그러나 유아들은 비교적 비슷한 문제를 가지고 있으며 흥미나 기술면에서 유사하므로 이들은 점점 더 많은 시간을 같이 보내게 된다. 또래집단은 상호작용의 부산물로 그 구성원의 태도, 행동, 자아개념 등을 형성하게 하는 힘을 갖게 된다.

아무튼 또래를 자기의 평가수단으로 삼고 있으며 그것은 초등학교 초부터 급격히 증가하게 된다. 따라서 유아의 자아상(self-image)이나 자아개념은 자기가 또래에 의하여 어떻게 지각되는가에 긴밀히 연관된다.

(3) 또래집단 형성의 영향요인

어린이가 또래집단을 형성하는 데는 개인의 특성 뿐만 아니라 자기 가족의 구조, 부모와의 관계, 그 가정이 속해 있는 사회 경제적 지위, 형제・자매의 수와 관계, 출생 순위 등 여러 가지 환경 요인들이 영향을 미치게 된다.

유아 및 아동 전기에는 '집이 가깝다', '같이 있다', '같이 앉아 있다' 등과 같은 상호접근이 친구관계를 맺는 주된 요인이 되지만 이러한 경향은 나이가 많아짐에 따라 점차 감소하게 된다. 또한 '물건을 준다', '빌려 준다'와 같은 교환적 협동의 요인이 유아기에 잠깐 나타났다가 사라지는 반면에 나이가 많아짐에 따라 상대방의 학업, 지능, 인격을 존경하는 면을 비롯하여 '얌전하다', '상냥하다', '쾌활하다' 등과 같은 동정, 애착의 내적인 요인이 주된 요인이 된다. 이러한 요인들은 집단의 구성이나 성격을 결정하는 중요한 변수로서 작용할 뿐만 아니라 바람직한 인간관계와 친구관계에도 중요한 구실을 한다.

또래관계에 영향을 주는 요인들을 개인적 특성, 환경적 특성, 사회적 기술로 나누어 간략히 살펴보면, 개인의 이름, 신체적 매력, 인종, 성 등 개인적 특성은 쉽게 변하는 것은 아니지만 친구를 선택하거나 혹은 친구로서 선택을 당할 때 영향을 준다. 환경적 특성으로는 인간의 유동성, 참여의 기회, 사회적 상호작용의 보상이 많고 적음이 영향을 주며, 사회적 기술로는 또래에 대한 긍정적 반응이 또래의 수용과 깊은 관계가 있고, 정확한 의사소통 능력은 친구관계 형성에 많은 영향을 미친다.

또래집단에서 긍정적 수용을 보이는 인기형 집단의 어린이를 대상으로 하여 여러 연구에서 밝혀진 바를 살펴보면 다음과 같다.

① 인기와 출생 순위와의 관계를 보면, 출생 순위의 차에 따라 사회적 기술의 습득과 밀접한 연관이 있어, 출생순위가 어린이의 친구관계에 영향을 미치는 요인임을 알 수 있다.

② 인기와 사회적 지위와의 관계를 보면, 사회적 장애아가 정상아보다 가정환경의 사회적 배경이 낮고 어머니의 학력도 낮다고 보고하고 있다.

③ 어린이의 신체적 조건이 그의 정서나 사회적 적응에 영향을 주어 그 조건이 적당한 어린이가 대체적으로 신체적 발달이 잘 되어 있고 정력적이라고 보고하고 있다.

④ 5~7세 유아의 또래집단 내에서 인기 있는 어린이는 비교적 이타주의적 성향을 나타내고 타인과의 인간관계 기술이 발달되어 있다.

2) 유아교육기관

유치원과 어린이집 등 유아교육(보육)기관은 부모에게서 떨어져 최초로 집단생활을 경험하는 장소이며 또래와의 상호작용을 통해 기본적인 사회기술을 익히고 대인관계 능력을 발달시켜 나가는 교육환경이다. 또한 유아교육기관에 다니면서 얻은 경험은 유아의 자발성, 독립성, 자신감, 환경에 대한 관심 등 유아의 발달에 긍정적 효과를 가져다준다.

유아교육기관은 교육 그 자체를 목적으로 하기 때문에 다른 사회집단보다도 중요한 사회화 과정의 통과집단이다. 또한 인간의 행동양식, 인간관계 양식 및 생활양식을 육성하고 인간교육에 결정적인 영향을 미치는 생활의 장이며 동시에 학습의 장이다. 그러므로 유아들이 경험하는 유아교육기관의 환경, 교육 프로그램, 유아들과 상호작용하는 교사는 유아의 발달에 영향을 주는 요인이 된다.

(1) 유아교육기관의 환경

① 학급 크기

유아교육기관의 학급 크기는 유아의 발달에 중요한 요인으로 작용한다. 학급의 크기는 유아와 교사의 행동에 영향을 미치는데 특히 학급의 크기는 유아의 공격적인 행동과 상관관계가 높다. 사회적 · 공간적 밀도가 증가하면 유아의 공격적 행동은 증가하게 되며 학급 크기가 큰 환경에서도 유아들은 방임적 · 공격적 행동을 많이 나타낸다. 또한 학급 크기가 큰 환경에서는 유아들이 자신의 활동에 소극적인 태도, 비참여적인 태도, 방관자적인 행동을 보이며 다른 유아들의 행동을 물끄러미 쳐다보거나 영역 사이에서 방황하는 경향을 나타낼 뿐만 아니라 교사와 유아 간의 개별 접촉도 줄어든다.

② 놀이 공간의 배치

유아교육기관의 놀이 공간은 유아의 발달과 학습에 중요한 영향을 미치므로 유아의 발달에 적합하게 구성되어야 한다.

놀이 공간의 영역 수는 학급의 크기를 고려하여 결정한다. 학급의 크기에 비하여 너무 많은 영역이 배치되는 경우 각 영역의 크기가 좁아지게 되고, 이로 인하여 영역에 출입할 때나 놀이할 때 또래 간 충돌이 빈번하게 발생하여 공격적인 행동이 증가하게 된다. 그러므로 흥미영역을 구성할 때는 영역별 공간 면적을 충분히 확보할 뿐만 아니라 유아의 충돌을 최대한 줄이고 원활한 소통이 이루어질 수 있도록 영역의 위치를 선정하고 배치해야 한다(최기영, 2007).

③ 교사 대 유아의 비율

교사 대 유아의 비율도 유아와 교사의 행동에 영향을 미친다. 교사와 유아의 비율이 낮을수록 교사와 유아 간의 상호작용이 증가하고 유아가 교사를 놀이에 참여시키는 경향이 높다. 그러나 교사와 유아의 비율이 높을수록 교사와 유아 간의 상호작용은 낮게 나타난다. 또한 교사와 유아의 비율이 높을수록 교사는 엄격한 통제 행동을 보일 뿐만 아니라 지배적 행동, 지시적인 언어들을 더 많이 사용한다. 반면, 교사 대 유아의 비율이 낮을수록 칭찬, 신체적 접촉, 도움 행동, 개별적인 대화행동이 더 많이 나타난다. 교사와 유아의 비율에 따라 유아의 과업 수행의 흥미와 참여도에 차이가 나타나는데 교사의 수가 많고 유아의 수가 적을수록 유아의 동기유발이 촉진되고 활동 참여가 증가한다.

(2) 유아교육 프로그램

유아교육기관의 교육 및 보육 프로그램이 어떤 것이냐 하는 것도 유아의 발달에 영향을 미친다. 여러 연구결과에 따르면, 개방적이고 구조화되지 않은 프로그램이나 전통적이고 구조화된 프로그램 모두 학문적 성취면에서는 비슷한 효과가 있다. 그러나 유아교육 프로그램의 구조화 정도는 유아의 발달이나 인성적인 측면에 영향을 미치고 있는 것으로 나타나고 있다. 통제 수준이 낮고 비구조화된 프로그램에 참여한 유아들은 지시적이고 통제적이며 구조화가 높은 프로그램에 참여한 유아들에 비하여 친 사회적 행동을 더 많이 보이는 것으로 나타났으며, 유아중심 프로그램에 참여한 유아들일수록 문제해결력이 높고 서로 협력하여 문제를 해결해 나가는 경향을 보였다. 또한 덜 구조화된 프로그램의 유아들은 새로운 환경과 사회에 높은 적응 능력과 독립성을 보이며 집단 활동에 긍정적이고 적극적으로 참여하였으며 유아중심적이며 비구조적인 프로그램일수록 유아의 우호성, 친절성, 군집성 등의 발달을 촉진시키는 것으로 나타났다. 이러한 결과를 종합해보면 유아중심의 개방적이고 비구조적인 교육(보육) 프로그램이 유아의 발달에 효과적임을 시사한다.

(3) 교사

유아들은 교사를 존경하고 따르며 강한 정서적 애착을 보인다. 교사가 온정적이며 융통성 있고 긍정적인 태도로 유아들을 대할 때 유아들은 자신의 감정을 솔직하게 표현하며 활동에 자율적으로 참여한다. 그리고 교사의 관심과 칭찬을 얻기 위해 교사의 행동을 모방하거나 자신의 행동을 수정한다.

여러 연구들은 유아들을 담당하는 교사의 특성이 유아의 행동과 학습에 커다란 영향을 끼친다고 보고하고 있다. 이렇게 볼 때 미래에 이 사회의 주역이 될 유아들을 보호하며 교육하며 인격형성의 기초를 다지도록 돕는 교사의 위치는 유아교육에서 막중하다고 할 것이다. 교육의 질은 그 교육을 담당하는 교사의 질을 능가할 수 없다는 말이 있듯이 교사가 유아의 발달을 성공적으로 돕기 위해서는 다음과 같은 역할을 성공적으로 수행하여야 한다(이태영, 이경희, 1991).

① 강의 및 토의자의 역할

과학의 기본 개념을 형성하도록 질문하고, 정의를 내리고, 일반화하도록 하는 것이 바로 강의자의 역할이다. 유아들은 설명과 강의로 개념을 알 수는 없으나 스스로 활동적인 참여를 함으로써 개념을 습득할 수 있다. 따라서 교사는 일방적인 설명보다는 유도적인 질문이나 매체를 통한 설명 및 토의자의 역할을 해야 한다.

② 지도 및 평가자의 역할

교사는 학습내용을 정하고 환경을 구성하며, 자료를 구성하며, 자료를 제공할 뿐만 아니라 학습에 대한 평가를 하는 역할을 한다.

③ 격려자의 역할

격려는 유아가 자신의 장점을 자발적으로 활용하도록 용기를 줌으로써 유아 스스로 가치 있다고 느끼도록 하는 데 목적이 있다. 그러므로 교사는 유아들을 서로 비교하지 않으며 어려운 과제에 직면해 있거나 자신감이 없는 유아들에게

용기를 갖도록 해 주어야 한다. 그리고 유아가 비록 작은 것에라도 향상을 보고자 노력한다면 아낌없이 격려해 주어야 한다.

④ 공동 조사자의 역할

교사와 유아들이 함께 계획해 보고 실천해 보는 과정에서 유아들은 탐구하는 과정과 조사하는 태도를 학습하게 된다. 따라서 교사는 유아의 조사 활동을 지지해 주거나 함께 참여하도록 하여야 한다.

⑤ 도덕 및 가치 제공자의 역할

교사가 유아들에게 전달해야 하는 기본적인 가치는 인간에 대한 가치, 자유와 책임감, 민주적 의사결정의 중요성, 개인의 안전, 도덕적인 가치개념, 가치의 명료화 등을 포함한다. 이와 같은 도덕성과 가치는 하나하나 분리하여 배울 수 있는 것이 아니므로 유아의 생활 속에서나 교육과정 속에서 전달될 수 있어야 한다.

3) 대중 전달매체

대중 전달매체는 컴퓨터, 텔레비전, 비디오, 잡지, 동화책, 만화책을 비롯한 기타 전달수단을 포함하는 것으로 송신자와 수신자 사이의 비인격적 전달관계이다. 대중 전달매체는 사람들의 상호작용을 직접적으로 조장하는 것은 아니지만 중요한 사회화 수단이다. 최근 급속히 발달하고 있는 대중 전달매체는 유아들 세계의 일부가 되고 있다. 유아들은 대중 전달매체를 통해 직접 경험에서 얻지 못하는 것을 간접적으로 경험할 뿐만 아니라 많은 지식도 얻는다.

(1) 텔레비전

텔레비전(TV)은 유아들에게 인기 있는 전달매체이다. 아주 어린 유아도 TV에 나오는 광고에 집중하며 광고 노래에 맞추어 몸을 흔들고 흥얼거린다. 내용을 이해할 줄 아는 유아들은 자신이 선택한 TV 프로그램을 시청하기 위해 놀이나 식사를 중단하는 경우를 주변에서 흔히 볼 수 있다.

Maccoby(1954)는 어린이들이 TV를 즐겨 보는 이유로 다음의 세 가지를 들었다.

첫째, TV는 사회적인 유용성이 있다. 즉, TV는 어린이들이 서로 모여서 이야기할 수 있는 공통적인 경험을 제공한다.

둘째, TV는 정보의 출처이다. 각종 뉴스, 영화, 다큐멘터리 등의 프로그램을 보면서 어린이들은 새로운 지식을 얻게 된다. 특히 유아들은 TV를 통해서 사회적 지식을 얻고 다양한 모델들을 자연스럽게 접할 수 있게 된다. 유아들은 다양한 모델들의 특성을 관찰함으로써 성역할 인물들의 사회적 관계나 행동에 관한 지식을 학습하고 내면화할 수 있게 된다.

셋째, TV는 오락성이 있다. TV를 보면서 어린이들은 흥미와 기쁨을 느끼며 다른 모든 일에서 벗어나 편하게 쉴 수 있는 시간을 갖는다. 이러한 오락적 요소는 유아의 부정적인 정서를 정화해주고 즐겁고 행복한 마음으로 전환할 수 있도록 도와준다.

유아들의 TV 시청 시간이 길면 길수록 그 영향도 커지게 된다. 유아는 TV에 나오는 것을 사실적인 것으로 지각하기도 한다. 때때로 TV에 나오는 주인공처럼 흉내를 내다가 다치거나 해를 입는 경우도 있다. 또한 TV에서 방영되는 공격적인 장면을 많이 시청한 유아들은 그렇지 않은 유아들에 비하여 공격적인 성향을 더 많이 드러내게 되는데, 이들은 유아 간의 갈등을 해결할 때에도 공격적이고 폭력적인 행동을 더 많이 나타내는 경향이 있다.

이와 같이 TV는 유아의 관심과 흥미를 끌며 그 속에 몰두하게 하는 특성이 있어 교육적으로 아주 효과적으로 활용될 수 있는 장점이 있지만, 동시에 그 부작용으로 인한 여러 가지 단점도 지니고 있다. 따라서 부모나 교사는 TV 프로그램의 선택과 시청 시간에 세심한 주의를 기울일 필요가 있다.

(2) 독서물

그림책, 동화책, 어린이용 잡지 등 유아들이 접하는 독서물 역시 유아의 발달에 적지 않은 영향을 미친다. 유아들이 주로 읽는 것은 그림 동화책으로 유아들에게 즐거움을 주며 내용 전달의 효과도 크다. 그림책에 담겨 있는 내용을 통해 유아는 주인공의 행동과 사고 그리고 인간성을 자기의 것으로 흡수한다. 이러한 면에서 여러 가지 독서물은 유아의 사회적 가치, 태도를 형성하는 데 영향을 준다.

전래 동화책을 통해서 유아들은 권선징악의 의미를 깨닫고 친사회적 행동을 하려고 하며, 자신의 도덕적 가치관 형성에도 적용시키게 된다. 요즈음에는 가치, 태도 뿐만 아니라 일상생활 습관의 형성을 돕기 위한 좀 더 직접적인 사회화 내용을 담은 책들도 많이 나오고 있다. 이와 같은 책들은 유아들이 친근감을 느끼며 구체적인 상황에서 자신이 해야 할 바람직한 행동을 이해하고 습관화하도록 도와준다.

유아가 보는 독서물은 유아의 성역할에도 영향을 준다. 여러 연구들은 그림동화에 나오는 주인공의 영향이 크다는 것을 보여주고 있다. 그런데 많은 책에 나오는 주인공들이 전통적인 성역할을 나타내고 있어 그것을 읽는 유아들이 자연스럽게 성역할 고정관념을 학습하게 된다는 점도 지적되고 있다.

(3) 컴퓨터, 인터넷, 휴대전화 등 스마트 기기

21세기에 들어 대중 전달매체는 그 종류와 역할이 다양해졌고, 사회에 미치는 영향 또한 확대되고 있다. 이전에 책이나 신문 등 인쇄물 혹은 라디오나 텔레비전, 영화, 비디오물 등으로 대표되던 매체들은 컴퓨터, 인터넷(internet), 휴대전화(스마트폰), 태블릿(tablet) 등 다양한 종류의 전자미디어로 진화되었다. 특히 컴퓨터는 인터넷을 통해 새로운 사이버 전자매체로 자리잡아 매체 간의 통합과 소통이 이루어지는 멀티미디어 세상을 열었다. 전파매체라고도 하는 전자미디어는, 시각과 청각을 모두 이용하여 정보를 전달하는 것으로, 첨단과학기술의 발달과 정보화, 세계화의 추세에 따라 우리의 일상생활 속에 깊이 침투하여, 공기 · 물 · 햇빛처럼 우리의 삶에 직접적인 영향을 주고 있다.

현대사회가 핵가족화되고 부모들의 사회진출이 활발해지면서, 유아들은 전에 비해 점점 부모나 성인과의 접촉시간이 줄어들고 있다. 더불어 한자녀 가정이 많아지고 개별화된 주거공간에서 생활하면서 또래와의 접촉시간이 줄어듦에 따라 유아들이 커뮤니티를 형성할 수 있는 기회가 줄어들고 그들만의 놀이문화가 점점 사라지고 있는 추세이다. 반면, 텔레비전이나 컴퓨터 등의 미디어에 노출되는 시간이 증가하는 추세에 있다(여성가족부, 2010). 이러한 추세에 따라 현대의 유아들도 태어나면서부터 자연스럽게 접하는 텔레비전, 컴퓨터, 스마트폰 등과 같은 전자미디어를 생활의 필수적인 도구로 받아들이며 일상생활의 많은 부분에서 미디어를 친숙하게 다루며 활용하고 있다(곽향림, 2000; 김수영, 2001).

교육의 방법도 강의식, 토의식 등 전통적인 수업방법에서 벗어나 프로그램학습, TV를 통한 학습, 컴퓨터를 통한 학습방법이 일반화되고 있으며 대중매체를 떠난 생활이나 교육은 생각할 수 없을 정도로 보편화 되었다.

영유아들은 전자미디어에 대한 교육을 받기 이전부터 가정에서 자연스럽게 미디어 사용자의 역할을 수행하고 있다. 영유아기는 모든 발달의 결정적인 시기로서 다른 어느 시기보다 주위 환경에 민감하고 절대적인 영향을 받기 때문에 대중매체를 통하여 받는 영향이 클 수밖에 없으며, 그 영향은 영유아의 발달에 긍정적인 영향을 미칠 수도 있지만 부정적인 영향을 미칠 수도 있다. 미디어는 현대사회에서 인간과 함께 공존하며 이익과 문제를 야기하는 양면적 특성을 가지고 있으며, 이로 인해 미디어를 활용하는 주체인 인간의 의사결정능력에 따라 미디어는 긍정적이 될 수도 있고 부정적이 될 수도 있다. 특히 도덕적 가치관이 형성되지 않은 영유아들은 발달 특성상 미디어의 부정적인 영향에 더욱 취약할 수밖에 없다. 또한 현실과 환상의 구별이 어려운 유아들은 전자미디어가 제공하는 정보에 깊은 신뢰를 가지고 있으며, 따라서 전자미디어에 담겨 있는 모든 메시지를 여과 없이 받아들이는 절대성을 보이는데, 이는 연령이 어릴수록 더 강한 현상으로 나타난다.

영유아들이 전자미디어의 역기능에 취약한 발달특성을 가지고 있다고 해서 미디어 시대를 살아가고 있는 그들에게 전자미디어와의 격리를 요구할 수는 없다. 또한 유아들이 스스로 전자미디어를 올바르게 사용할 수 있는 가치관이 형성될 때까지 기다리기에는 전자미디어 환경은 너무나 친밀하고 위협적인 존재로 다가오고 있다. 따라서 유아의 발달에 적합한 전자미디어 활용과 지도 방안이 중요하다고 할 수 있다. 즉, 유아를 성인에 의해 선별된 전자미디어 정보를 수동적으로 받아들이는 존재로 인식하지 말고, 오히려 일상생활에서 유아가 성공적인 전자미디어 사용자가 될 수 있다는 것을 성인들이 믿어야 하며, 미디어 능력을 갖출 수 있도록 해야 한다. 무엇보다 예방이 최우선이지만 궁극적으로는 순기능과 역기능에 대해 올바르게 이해하여 대응할 필요가 있다.

먼저 전자미디어의 순기능으로는 정보와 지식 검색 기능, 사실적인 이미지와 정보제공 기능, 효과적인 학습도구 기능, 화목한 가족문화 형성 기능, 사회적 관계형성의 매개체 기능, 세상에 대한 안목 형성 기능을 들 수 있다.

한편, 전자미디어의 역기능으로는 중독의 위험, 전자파 노출의 위험, 유해정보에 무방비 노출 가능성, 현실과 가상의 경계 혼미, 사회적 관계에 대한 관심 저하, 체력 저하, 학습 스트레스 등을 들 수 있다(여성가족부, 2010: 10-15).

영유아를 위한 효율적인 전자미디어 교육의 원리를 열거하면 다음과 같다(여성가족부, 2010).

① 영아를 위한 전자미디어 교육의 원리

- 전자미디어를 접하는 시간을 제한해야 한다.
- 영아는 전자미디어를 통해 학습하기 어렵다는 것을 인식해야 한다.
- 부모와 영아의 상호작용의 매개물로 활용한다.
- 일상생활 속에서의 전자미디어 노출 여부를 예민하게 파악해야 한다.

② 유아를 위한 전자미디어 교육의 원리

- 예방이 최우선이다.
- 유아의 발달 수준에 적합하게 사용하고 있는지 함께 활동하며 확인한다.
- 선택권을 가진 이용주체로서 서게 한다.
- 구체적인 상황을 교육의 기회로 삼아 순기능을 제대로 활용하도록 돕는다.
- 정보통신 이용 윤리에 대해 자연스럽게 체득할 수 있도록 한다.

③ 미디어에 관한 부모교육의 원리

- 가정과의 연계가 반드시 필요함을 강조한다.
- 부모가 강력한 미디어 모델링 대상이라는 것을 인식하도록 돕는다.

생각해 볼 거리

이 장에서 다루어진 내용을 바탕으로 학습자 각자 다음의 문제들에 대해 정리해 본 후, 그 내용을 수업에서 질문이나 토의 자료로 활용해 보자.

1. 이 장에서 특별히 새롭게 학습한 내용이 있다면, 그 내용을 열거해 보자.
2. 이 장에서 특별히 관심을 끌었던 내용은 어떠한 것이며, 그 이유는 무엇인지 정리해 보자.
3. 이 장에서 다루어진 내용 가운데 한 가지를 택하여 그 내용이 실제 교육장면에 어떻게 응용 또는 적용될 수 있는지를 설명해 보자.
4. 이 장에서 특별히 어려움이나 싫증을 느낀 내용은 어떠한 것이며, 그 이유는 무엇인지 정리해 보자.
5. 이 장을 학습하면서(또는 학습한 결과) 더 자세히 알아보고 싶다고 느낀 주제나 내용은 무엇인지 정리해 보자.

참고문헌

강경미 · 구광현 · 김경회 · 김영옥 · 백경숙 · 신현기 · 정채옥 · 최미숙 · 황윤세(2003). **영유아발달과 교육**. 서울: 도서출판 양지.

강경미 · 구광현 · 백경숙(2005). **아동발달**. 서울: 대왕사.

강봉규(1995). **발달심리학**. 서울: 정훈출판사.

곽금주(2002). **아동심리평가와 검사**. 서울: 학지사.

곽향림(2000). 에듀테인먼트 양상의 좋은 소프트웨어와 인터넷. 제8회 국제학술대회 자료집. 삼성복지재단.

교육과학기술부(2011). **유치원 기본과정 내실화를 위한 창의성교육 프로그램**. 교육과학기술부.

구광현(2015). **교육연구방법**. 서울: 동문사.

구광현(2019). **교육심리학**. 서울: 동문사.

구광현 · 가영희 · 이경철(2016). **교육심리학**. 서울: 동문사.

구광현 · 김영숙 · 이수남 · 이은상 · 최양미(2002). **부모역할과 자녀교육**. 경기: 교육과학사.

구광현 · 이희경 · 김보현(2012). **유아사회교육의 이해**. 서울: 동문사.

권민균 · 문혁준 · 성미영 · 신유림(2012). **아동발달**(개정판). 경기: 창지사.

권혜진 · 이순형(2001). 보육시설의 집단 크기에 따른 유아의 또래 및 교사와의 상호작용. **한국아동학회지**, 22(4), 201-212.

김경중 · 류왕호 · 문인숙 외(2001). **아동발달심리**. 서울: 학지사.

김경희(1999). **발달심리학: 생애발달**. 서울: 학문사.

김광웅(2001). **유아교육심리학**. 서울: 창지사.

김광웅 · 방은령(1992). **아동발달**. 서울: 형설출판사.

김상희 · 김지신 · 박응임(2018). 영유아발달. 경기: 파워북.

김승국 외(1997). **학습장애아동 교육의 이론과 실제**. 경기: 교육과학사.

김언주 · 구광현(1998/2002). **신교육심리학**. 서울: 문음사.

김온기(2000). 과학활동을 통한 유아의 창의적 사고력 증진 프로그램 개발 연구. 연세대학교 대학원 박사학위논문.

김정준(1993). 가설적 갈등상황과 토의가 유아의 도덕적 추론발달에 미치는 영향: 분배 정의 추론을 중심으로. 이화여자대학교 대학원 박사학위논문.

김제한(2000). **발달심리학**. 경기: 양서원.

김주환(2011). **회복탄력성**. 서울: 위즈덤하우스.

김춘일(1999). **창의성교육, 그 이론과 실제**. 경기: 교육과학사.

김태련 · 장휘숙(1994). **발달심리학**. 서울: 박영사.

김현경(2002). 유아를 위한 비판적 사고 교수모형의 구성 및 그 적용효과에 관한 연구. 중앙대학교 대학원 박사학위논문.

김현주 · 김정희 · 송연숙 · 최애경 · 박선미(2019). 영유아발달. 서울: 동문사.
김현택 · 조선영 · 박순권(1998). 생리심리학의 기초. 서울: 시그마프레스.
류종렬(2016). 천재의 생각법: 세계 최고를 만드는 유대인의 지혜. 서울: 미다스북스.
민영순(1982). 교육심리학. 서울 : 문음사.
민윤기(2007). 인지심리학. 서울: 박학사.
보건복지부 · 중앙아동보호전문기관(2018). 2018 아동학대 주요통계. 보건복지부.
서유헌(2001). 천재아를 원한 다면 따뜻한 부모가 되라. 서울: 문학과 의식
성영혜 · 김연진 · 이경화 · 윤혜경 · 송주미 · 장미경 · 윤석희 · 이배근 · 최원기(2000). 영유아발달의 이론과 실제. 서울: 동문사.
성현란 · 이현진 · 김혜리 · 박영신 · 박선미 · 유연옥 · 손영숙(2001). 인지발달. 서울: 학지사.
손경희 · 이대균(2001). 인터넷 멀티미디어 프로그램을 활용한 언어교육이 유아의 언어 및 사고 능력 발달에 미치는 영향. 열린유아교육, 5(3), 143-165.
송규운 · 윤정진 · 황동주(2002). 유아의 창의성 프로그램 개발과 적용에 관한 연구. 유아교육연구, 22(2), 287-312.
송명자(2008). 발달심리학. 서울: 학지사.
신명희 · 강소연 · 김은경 · 김정민 · 노원경(2018). 영유아발달. 서울: 학지사.
신의진(2002). 조기교육과 발달 병리적 문제. 2002년도 한국아동학회 춘계학술대회: 한국 조기교육의 현황과 과제. 한국아동학회. 29-24.
안선희 · 문혁준 · 김연하 · 김정희 · 임연진 · 한세영(2017). 영유아발달. 경기: 창지사.
안영진(1997). 아동심리의 발달과 이해. 서울: 정일출판사.
여광응 · 전영길 · 정종진 · 조인수(1993). 교사를 위한 교육심리학. 경기: 양서원.
여성가족부(2010). 미디어와 함께 건강하게 살아가요.
오만록(2017). 교육심리탐구. 서울: 동문사.
우남희(2002). 한국의 조기교육의 허와 실. 2002년도 한국아동학회 춘계학술대회: 한국 조기교육의 현황과 과제. 한국아동학회. 4-24.
우수경 · 최기영(2002). 유아의 정서능력과 관련변인간의 구조 분석. 유아교육연구, 22(2), 29-55.
유안진(1986). 한국의 전통육아방식. 서울: 서울대학교출판부.
유효순 · 원혜경 · 김정희 · 문영희(2016). 영유아발달. 경기: 창지사.
윤종건(1996). 창의력: 이론과 실제. 경기: 정민사.
이경화 · 고진영(2001). 아동발달과 상담. 서울: 학문사.
이경화 · 유승희(2010). 글로벌 리더 프로그램이 유아의 인지·창의·리더십 향상에 미치는 효과. 교육심리연구, 24(3), 507-523.
이기숙 · 장영희 · 이윤경 · 정미라 · 심성경 · 손순복 · 김영아(2017). 영유아발달. 경기: 양서원.
이옥형(1997). 아동발달. 서울: 집문당.
이은해(1998). 아동발달의 평가와 측정. 서울: 교문사.
이태영 · 이경희(1989). 유아사회교육의 이론과 실제. 서울: 양서원.
이현옥(1979). 유아의 성역할학습을 위한 유치원교사 및 어머니의 태도에 관한 연구. 이화여자

대학교 대학원 석사학위논문 .

장휘숙(1985). 생리적 지표로 측정한 부모에 대한 애착형성의 시기. 이화여자대학교 대학원 박사학위논문.

전윤식 · 이영석(1990). **삐아제와 유아교육**. 서울: 형설출판사.

정양은(1981). **사회심리학**. 경기: 법문사.

정옥분(2007/2013). **아동발달의 이해**. 서울: 학지사.

정옥분(2014/2019). **발달심리학: 전생애 인간발달** (3판). 서울: 학지사.

조명한(1982). **한국유아의 언어획득 연구: 책략모형**. 서울: 서울대학교출판부.

조복희(2000/2008). **아동발달**. 경기: 교육과학사.

조복희 · 곽혜경 · 김혜순 · 연미희 · 이영환(2014). **유아발달**. 경기: 교육과학사.

조복희 · 정옥분 · 유가효(2001). **인간발달**. 경기: 교문사.

조성연 · 천희영 · 심미경 · 황혜정 · 최혜영(2015). **유아발달**. 서울: 도서출판 신정.

주상윤(2007). **창의적 발상의 원리와 기법**. 울산: 울산대학교출판부.

중앙일보(2010.9.6). 조부모의 손자녀 양육. https://news.joins.com/article/4434703

질병관리본부(2017). **2017 소아청소년 성장도표 해설집**.

최기영 · 우수경 · 양진희 · 이학선 · 이인원(2008). **유아사회교육**. 경기: 교문사.

최인수(2011). **창의성의 발견**. 서울: 샘앤파커스.

황정규(1998). **학교학습과 교육평가**(2판). 경기: 교육과학사.

황해익 · 최혜진(2000). Vygotsky의 사회문화적 이론이 유아교육에 주는 시사. **열린유아교육연구**, 5(2), 205-229.

홍순옥 · 김인순 · 박순호(2017). **영유아발달**. 경기: 양서원.

Aiken, L.R.(1987). *Assessment of intellectual functioning*. Toronto, ON: Allyn and Bacon, Inc.

Ainsworth, M. D. S.(1979). Infant-mother attachment. *American Psychologist, 34*, 932-937.

Ainsworth, M. D. S.(1989). Attachments beyond infancy. *American Psychologist, 44*(4), 709-916.

Ainsworth, M., Blehar, M., Waters, E., & Wall, S.(1978). *Patterns of Attachment*. Hillsdale, New Jersey: Erlbaum.

Alexander, J. F. & Parsons, B. V.(1982). *Functional family therapy*. Monterey, CA: Brooks/Cole.

Amabile, T. M.(1982). Social psychology of creativity: A consensual assessment technique. *Journal of Personality and Social Psychology, 43*, 997-1013.

Angela, R. T. & Sandra, M.(1994). The contribution of parent and peer support to Head Start children's early childhood adjustment. *Early Childhood Research Quarterly, 9*, 387-405.

Atkinson, J. W.(1980). Motivational effects in so-called tests of ability and educational achievement. In L. J. Fyans, Jr.(Ed.), *Achievement motivation*. New York: Plenum.

Ault, R. L.(1977). *Children's cognitive development: Piaget's theory and the process approach*. New York: Oxford University Press.

Aureli, T. & Procacci, M. A.(1992). Day-care experience and children's social development. *Early Child Development and Care, 83*, 45-54.

Austin, S. & Hughes, P.(1989) Word power. *Childhood Education, 66*(1), 36-37.

Azar, B(1999). Maternal emotions may influence fetal behavior. In K. L. Freiberg(Ed.), *Human Development*: A life-span approach. James & Bartlett Publishers.

Backeman, R. & Brown, J. V.(1980). Early interaction: Consequences for social and mental development at 3 years. *Child Development, 51*, 437-447.

Baldwin, A. L.(1980). *Theories of child development*(2nd ed.). New York: John Wiley & Sons, Inc.

Baltes, P. B. & Brim, O. G.(1984). *Life-span development and behavior*. N.Y.: Academic Press.

Baltes, P. B.(1987). Theoretical propositions of life-span developmental psychology: On the dynamics between growth and decline. *Developmental Psychology, 23*, 611-626.

Bandura, A.(1969). Social-learning theory of identificatory processes. In D. A. Goslin(Ed.), *Handbook of socialization theory and research*. Chicago, I.L.: Rand McNally.

Bandura, A.(1977). *Social learning theory*. Englewood Cliffs, NJ: Prentice Hall.

Bandura, A.(1986). *Social foundations of thought and action: A social cognitive theory*. Englewood Cliffs, N.J.: Prentice -Hall.

Bandura, A.(1989). Social cognitive theory. *Annals of Child Development, 6*, 1-60.

Bandura, A.(1998). Personal and collective efficacy in human adaptation and change. In J. G. Adair, D. Velanger, & K. L. Dion(Eds.), *Advances in psychological science, Vol. 1*. Hove, UK: Psychology Press.

Bandura, A. & Walters, R. H.(1959). *Adolescent aggression*. New York: Ronald Press.

Barker, R., Dembo, T., & Lewin, K.(1941). Frustration and regression: an experiment with young children. *University of Iowa Studies: Child Welfare, 18*, 1, xv + 314.

Baumrind, D.(1971). Current Patterns of parental authority. *Developmental Psychology Monograph, 4*, 41-52.

Baumrind, D.(1973). The development of instrumental competence through socialization. In A. Pick(Ed.), *Minnesota symposium on child psychology(Vol. 7)*. Minneapolis, University of Minnesota Press.

Baumrind, D.(1975). Early socialization and adolescent competence. In S. E. Dragastin & G. H. Elder(Eds.), *Adolescence in the life cycle: Psychological change and social context*. Hemisphere.

Bayley, N. & Schaefer, E. S.(1964). Correlations of maternal and child behaviors with the development of mental abilities: Data from the Berkeley Growth Study. *Monographs of the Society far Research in Child Development, 29*, (Serial No. 97).

Bayley, N.(1969). *Bayley scales of infant development*. New York: Psychological Corporation.

Bee, H. L.(1997). *The developing child*(8th ed). New York: Addison-Welsley Educational Publishers Inc.

Belsky, J.(1988). The effects of infant day care reconsidered. *Early Childhood Research Quarterly, 3*(3), 235-272.

Bem, S. L.(1974). The measurement of psychological androgyny. *Journal of Consulting and Clinical Psychology, 42*, 166-162.

Berch, D. B. & Bender, B. G.(1987). Margins of sexuality. *Psychology Today, 21*(December), 54-57.

Berger, K. S.(1991/2015). *The developing person through childhood and adolescence*(10th ed.). New York: Worth publishers.

Berk, L. E.(1995). Relationship of caregiver education to child-oriented attitudes, job satisfaction, and behaviors toward children. *Child Care Quarterly, 14*, 103-129.

Berk, L. E.(1996/2006/2012/2013). *Child development*(9th ed.) Boston: Allyn and Bacon.

Berk. L. E.(2002). *Infants and children-prematal through middle childhood*(9th ed.) Boston: Allym and Bacom.

Berk, L. E. & Winsler, A.(1995). 어린이들의 학습에 비계설정: Vygotsky와 유아교육 [Scaffolding children's learning: Vygotsky and rarly childhood education]. (홍용의 역). 경기: 창지사.

Bernstein, B.(1971). *Class, codes and control, Volume 1 - Theoretical studies towards a sociology of language*. London: Routledge & Kegan Paul.

Bernstein, B.(Ed.)(1973). *Class, codes and control, Volume 2 - Applied studies towards a sociology of language*. London: Routledge & Kegan Paul.

Blatt, M. & Kohlberg, L.(1975), The effects of classroom moral discussion upon children's level of moral judgement. *Journal of Moral Education, 4,* 129-161.

Bloom, B. S.(1964). *Stability and change in human characteristics.* New York: John Wiley & Sons, Inc.

Boring, E. G.(1923). Intelligence as the tests test it. *New Republic, 35*, 35-36.

Bowlby, J.(1969). *Attachment and loss, Vol. 1: Attachment.* New York: Basic Books.

Bowlby, J.(1973). *Attachment and loss. Vol. 2: Separation, anxiety and anger*. New York: Basic Books.

Bowlby, J.(1988). *A secure mase: Clinical applications of attachment theory*. London: Routledge.

Bowlby, J.(1989). *Secure and insecure attachment.* New York: Basic Books.

Clarke-Stewart, A., Friedman, S., & Koch, J.(1985). *Child development: A topical approach.* N.J.: John Wiley & Sons, Inc.

Bretherton, I.(1992). The origins of attachment theory: John Bowlby and Mary Ainsworth. *Developmental Psychology, 28*, 759-775.

Broberg, A. G., Wessels, H. Lamb, M. E. & Hwang, C. P.(1997). Effects of day care on the development of cognitive abilities in 8-year-olds: A longitudinal study. *Developmental Psychology, 33*(1), 62-69.

Bronfenbrenner, U.(1979). *The ecology of human development: Experimonts by nature and design*. Combridge, MA: Harvard University Press.

Bronfenbrenner, U.(1992/1995). 인간발달 생태학 [Ecological systems theory]. (이영 역). 경기: 교육과학사.

Brooks, J. B.(1991). *The process of parenting*(3rd ed.) CA: Mayfield Publishing Company.

Brooks-Gunn, J. & Lewis, M. (1981). Infant social perception: Responses to pictures of parents and strangers. *Developmental Psychology, 17*(5), 647–649.

Brown, A. M.(1990). Development of visual sensitivity to light and color vision in human infants: A critical review. *Vision Research, 30*, 1159-1188.

Brown, A. L. & Ferrara, R. A.(1985). Diagnosing zones of proximal development In J. V. Werrsch(Ed.), *Culture, communication, and cognition: Vygotskian perspectives*(pp. 273-305). Cambridge: Cambridge University Press.

Brown, R. A.(1973). *A first language: The early stages*. Cambridge, MA: Harvard University Press.

Bronfenbrenner, U.(1989). Ecological systems theory. *Annals of Child Development, 6*, 187–249.

Bullock, M.(1985). Animism in childhood thinking: A new look at an old question. *Developmental Psychology, 21*, 217-225.

Burkholder, R. A., Pisoni, D. B., & Sviesky, M. A.(2005). Effects of a cochlear implant stimulation on immediate memory in normal-hearing adults. *International Journal of Audiology, 44*(10), 551-558.

Buss, A. H. & Plomin, R.(1975). *A temperament theory of personality development.* Wiley-Interscience.

Buss, A. & Plomin, R.(1984). *Temperament: Early developing personality traits*. Hillsdale, NJ: Erlbaum.

Campbell, D. & Eaton, W.(1995). Sex differences in the activity level in the first year of life: meta analysis. Poster presented at the biennial meeting of the Society for Research in Child Development, Indiana-polis.

Campione, J. C., Brown, A.L., & Bryant, N.R.(1985). Individual differences in learning and memory. In R. J. Sternberg(Ed.), *Human abilities: An information processing approach*(pp. 103-126). New York: Freeman.

Campos, J. J., Langer, A. & Krowits, A.(1970). Cardiac responses on the visual cliff in prelocomotor human infants. *Science, 170*, 196-197.

Carey, S.(1978). The child as word learner: Linguistic theory and psychological reality In M. Halle, J. Bresnan, & G. A. Miller(Eds.), *Linguistic theory and psychological reality* (pp. 264-293). Cambridge, MA: MIT Press.

Caspi, A. et al.(2003) Influence of life stress on depression: Moderation by a polymorphism in the 5-HTT gene. *Science, 301*(5631), 386-9.

Cattell. R. B.(1963). Theory of fluid and crystallized intelligence: A critical experiment. *Journal of Educational Psychology, 54*, 1-22.

Caulfield, R. A.(2001). *Infants & toddlers*. New Jersey: Prentice Hall.

Cernoch, J. M. & Porter, R. H.(1985). Recognition of maternal axillary odors by infants. *Child Development, 56(*6), 1593-1598.

Chomitz, V. R., Cheung, L. W., & Lieberman, E.(1999). The role of lifestyle inpreventing low birth weight. In K. L. Freiberg(Ed.), *Human development*(27th ed.), 23-33.

Chomsky, N.(1957). *Syntactic structures*. The Hague: Moution.

Chomsky, N.(1968.) *Language and mind*. New York: Harcourt, Brace, World.

Chomsky, N.(1986). *Knowledge of language: Its nature, origin, and use*. New York: Praeger.

Clements, D. H., Nastasi, B. K., & Swaminathan, S.(1993). Young children and computers: Crossroads and directions from research. *Young Children, 48*(2),56-64.

Cole, M(1990). Cognitive development and formal schooling: The evidence from cross-cultural research. In L. C. Moll(Ed.), *Vygotsky and education*, 89-110. New York: Cambridge University Press.

Crain, W.(2010). *Theories of development: Concept and applications*. New York: Prentice Hall.

Crook, C. K.(1987). Taste and olfaction. In P. Salapatek & L. Cohen(Eds.), *Handbook of infant perception: Vol. 1 From sensation to perception*. New York : Academic Press.

Davies, P. T. & Cummings, E. M.(1994). Marital conflict and child adjustment: An emotional security hypothesis. *Psychological Bulletin, 116*(3), 387-411.

Davitz, J.(1952). The effects of previous training on frustration behavior. *Journal of Abnormal and Social Psychology, 57*, 309-315.

Derryberry, D. and Rothbart, M. K.(1997) Reactive and effortful processes in the organization of temperament. *Development and Psychopathology, 9*, 633-652.

Dodge. K. A.(1980). Social cognition and children's aggressive behavior. *Child Development, 51*, 1386-1399.

Dodge, K. A. & Frame, C. L.(1982). Social cognitive biases and deficits in aggressive boys. *Child Development, 53*(3), 620-635.

Dweck, C. S. & Bempechat, J.(1983). Children's theories on intelligence: Consequences for learning. In S. Paris, G. Olson, & W. Stevenson(Eds.), *Learning and motivation in the classroom* (pp.239-256). Hillsdale, NJ: Erlbaum.

Dworezky, J. P.(1990). *Introduction to child development(*4th ed.). MN : West Publishing.

Eggen, P. D. & Kauchak, D.(1992). *Educational psychology: Classroom connections*. N.Y.: Macmillan Publishing Co.

Elder, G. H. & Caspi, A.(1988). Economic stress in lives: Developmental perspectives. *Journal of Social Issues, 44*(4), 25-45.

Erikson E. H.(1963). *Childhood and society*. New York: Norton.

Erikson, E. H.(1968). *Identity: Youth and crisis*. New York: Norton.

Eron, L. D., Huesmann, L. R., Brice, P., Fisher, P., & Mermelstein, R.(1983). Age trends in the development of aggression, sex typing, and related television habits. *Developmental Psychology, 19*, 71-77.

Estes, W. K.(1982). Learning, memory, and intelligence. In R. J. Sternberg(Ed.), *Handbook of human intelligence*. New York: Cambridge University Press.

Fants, R. L.(1961). The origin of from perception. *Scientific American, 204*, 66-72.

Feshbach, S.(1970). Aggression. In P. H. Mussen(Ed.), *Carmichael's manual of child psychology*. New York: WileyGoogle Scholar.

Feffer, M.(1970). Developmental analysis of interpersonal behavior. *Psychological Review, 77*(3), 197-214.

Feldman, R. S.(2016). *Development across the life span*(8th ed.). New york: Prentice Hall.

Ferguson, T. J. & Rule, B. G.(1988). Children's evaluation of retaliatory aggression. *Child Development, 59*, 961-968.

Field, D.(1981). Can preschool children really learn to conserve? *Child Development, 52*, 326-334.

Fivush, R. & Haden, C. A.(2005). Parent-child reminiscing and the construction of a subjective self. In B. D. Homer & C. S. Tamis-LeMonda(Eds.), *The development of social cognition and communication* (pp. 315-335). N.J.: Lawrence Erlbaum Associates Publishers.

Field, T.(1990). *Infancy*. Cambridge MA: Harvard University Press.

Flavell, J. H.(1985). *Cognitive development*(2nd ed.). Englewood Cliffs, N.J.: Prentice-Hall.

Flavell, J. H., Miller, P. H., & Miller, S. A.(2001). *Cognitive development*(4th ed.). Englewood Cliffs. N.J.: Prentice Hall.

Furey, E. M.(1982). The effects of alcohol on the fetus. *Exceptional Children, 49*, 1: pp. 30-35. ,

Gardner, H.(1983). *Frames of mind: The theory of multiple intelligence*. N.Y.: Basic Books.

Gardner, H.(1993). *Multiple intelligence: The theory in practice*. N.Y.: Basic Books.

Gartstein, M. A. & Rothbart, M. K.(2003). Studying infant temperament via the revised infant behavior questionnaire. *Infant Behavior & Development, 26*(1), 64-86.

Gibson, E. J.(1969). *Principles of perceptual learning and development.* New York: Appleton.

Gibson, E. J. & Walk, R. D.(1960). The "Visual Cliff." *Scientific American, 202*, 64-71.

Gough, H. G. & Heilbrun, A. B.(1983). *The adjective check list manual.* Mountain View, C.A.: Consulting Psychologists Press, Inc.

Guilford, J. P.(1959). The three faces of intellect. *American Psychologist, 14*, 469-479.

Guilford, J. P.(1967). *The Nature of human intelligence*. New York: McGraw-Hill.

Guilford, J. P.(1988). Some changes in the structure of the intellect model. *Educational and Psychological Measurement, 48*, 1-4.

Halverson, H. M.(1931). An experimental study of prehension in infants by means of systematic cinema records. *Genetic Psychology Monographs, 10*, 107-286.

Hamachek, D. E.(1988). Evaluating self-concept and ego development within Erikson's psychosocial framework: A formulation. *Journal of Counseling and Development, 66*, 354-360.

Harlow, H. F. & Zimmerman, R. R.(1959). Affectional responses in the infant monkey. *Science, 130,* 421-432.

Harris, G., Thomas, A., & Booth, D. A.(1990). Development of salt taste in Infancy. *Developmental Psychology, 26*, 534-538.

Harris, P. L.(1983). Infant cognition. In M. M. Haith & J. J. Campos(Eds.), *Handbook of child psychology: Vol. 2 Infancy and developmental psychology.* New York: Wiley.

Hartup, W. W.(1974). Aggression in childhood developmental perspective. *American Psychologist, 29*, 336-341.

Hoffman, M. L.(1970). Moral development. P. H. Mussen(Ed.), *Carmichael's manual of child psychology*(3rd ed., Vol. 2). New York: wiley.

Horn, J. L. & Cattell, B. (1982). Whimsy and misunderstandings of Gf-Gc theory: A comment of Guilford. *Psychological Bulletin, 91*, 623-633.

Howes, C. & Hamilton, C. E.(1993). Child care for young children, In B. Spodek, *Handbook of research on the education of young children*. N.Y.: Macmillan Publishing Co..

Humphrey, T.(1978). Function of the nervous system during prenatal life. In U. Stave(Ed.), *Perinatal physiology*. New York: Plenum, 651-683.

Huttenlocher, P. R.(1994). Synaptogenesis, synapse elimination and neural plasticity in human cerebral cortex. In C. A. Nelson(Ed.), *The Minnesota Symposia on Child Psychology, 27*, 35-54.

Jaffe, M. L.(1997). *Understanding parenting*. MA: Allyn & Bacon.

Jellen, H. G. & Urban, K. K.(1986). The TCT-DP(Test for creative thinking-drawing production): An instrument that can be applied to most age and ability groups. *The Creative Child and Adult Quarterly, 3*, 138-151.

Jensen, A. R.(1969). How much can we boost IQ and scholastic achievement. *Harvard Educational Review, 39*(1), 1-123.

Jensen, A. R.(1980). *Bias in mental testing*. New York, N.Y.: The Free Press.

John-Steiner, V.(1990). A Vygotkian perspective on verbal thinking and writing. In Hedley, C., Houtz, J., & Baratta, A.(Eds.), *Cognition, curriculum and literacy*. Norwood, N.J.:

Ablex Publishing Corporation.

John-Steiner, V. & Tatter, P.(1983). An interactionist model of language development. In Bain, B.(Ed.), *The Sociogenesis of language and human conduct*(pp 79-97). N.Y.: Plenum.

Luquet, G. H.(1927/2001). *Children's drawings(Le dessin enfantin)*. Translated with an introduction and notes by Alan Costall. London: Free Association Books.

Kagan, J.(1992). Yesterday's premises, tomorrow's premises. *Developmental Psychology, 28*, 990-997.

Kagan, J.(1998). The biology of the child. In W. Damon(Ed.), *Handbook of child psychology*(5th ed., Vol.3). New York: Wiley.

Kagan, J.(2003). Maternal panic disorder: Infant temperament, neurophysiology, and parenting behaviors. *Journal of the American Academy of Child & Adolescent Psychiatry, 42*, 7, 814-825.

Khatena, J. & Torrance E. P.(1976). *Manual for Khatena-Torrance Creative Perception Inventory*. Chicago, Ill.: Stoelting, .

Kohlberg, L.(1963). The development of childern's orientations toward a moral order. I: Sequence in the development of moral thought. *Vita Himana, 6*, 11-33

Kolb, B.(1995). *Brain plasticity and behavior*. Mahwah, N.J.: Erbaum.

Kornhaber, A. & Woodward, K. L.(1981). *Grandparents, grandchildren: The vital connection.* N.B.: Transaction Books.

Laible, D. & Song, J.(2006). Constructing emotional and relational understanding: The role of affect and mother-child discourse. *Merrill-Palmer Quarterly, 52*(1), 44–69.

Lamb, M. E.(1977). The development of mother-infant and father-infant attachments in the second year of life. *Developmental Psychology, 13*, 637-648.

Lamborn, S. D., Mounts, N. S., Steinberg, L., & Dornbusch, S. M.(1991). Patterns of competence and adjustment among adolescents from authoritative, authoritarian, indulgent, and neglectful families. *Child Development, 62*, 1049-1065.

Lenneberg, E. H.(1967). *Biological foundations of language.* New York: Wiley.

Lerner, R. M. & Shea, J. A.(1982). In B. B. Wolman(Ed.), *Handbook of developmental psychology*. Englewood Cliffs, N.J.: Prentice-Hall, 503-526.

Lewis, M. & Brooks-Gunn, J.(1978). Self-Knowledge and emotional development. In M. Lewis & L. Rosenblum(Eds.), *The development of affect*. New York: Plenum Press.

Lorenz, K. Z.(1952). *King Solomon's ring*. New York: Crowell.

Lorenz, K. Z.(1965). *Evolution and the modification of behavior*. Chicago: University of Chicago Press.

Maccoby, E. E.(1954). Why do children watch television? *Public Opinion Quarterly, 18(*3), 239-244.

Maccoby, E. E. & Jacklin, C. N.(1974). *The psychology of sex differences*. Stanford, CA: Stanford University Press.

Maccoby, E. E. & Jacklin, C. N.(1980). Sex differences in aggression: A rejoinder and reprise. *Child Development, 51*(4), 964-980.

Maccoby, E. E. & Martin, J. A.(1983). "Socialization in the context of the family: Parent-child interaction." In E. M. Hetherington(Ed.), *Handbook of child psychology. vol 4*, 4th ed. 1-101. New York: John Willy.

Mahler, M., Pine, R., & Bergman, A.(1975). *The psychological birth of human infants*. New York: Basic Books.

Main, M. & Goldwyn, R.(1991). Adult attachment classification system. In M. Main(Ed.), *A typology of human attachment organization: Assessed discourse, drawing and interview*. Cambridge: Cambridge University Press.

Main, M., Kaplan, N., & Cassidy, J.(1985). Security in infancy, childhood, and adulthood : A move to the level of representation. In I. Bretherton & E. Waters(Eds.), Growing points of attachment theory and research, *Monographs of Society for Research in Child Development, 50*, 66-104. Chicago : University of Chicago Press.

Maslow, A. H.(1970). *Motivation and personality*(2nd ed.). New York: Harper & Row.

McFarlane, J. K.(1977). Developing a theory of nursing: the relation of theory to practice, education and research. *Journal of Advanced Nursing, 2*(3), 261-270.

Merewood, A.(1998). Sperm under siege: More than we ever guessed, having a healthy baby may depend on dad. In K. L. Freiberg(Ed.), *Human development*(26th ed.), 37-41.

Miller, P. H.(1993). *Theories of developmental psychology*. New York: Freeman.

Miller. N. E., Sears, R. R., Mowrer, O. H., Doob, L. W., & Dollard, J.(1941). The Frustration-aggression hypothesis. *Psychological Review, 48*, 337-342.

Montemayor, R. & Eisen, M.(1977). The development of self-conceptions from childhood to adolescence. *Developmental Psychology, 13*(4), 314-319.

Morse, P. A. & Cowan, N.(1982). Infant auditory and speech perception. In T. M. Field, A. Houston, H. C. Quay, L. Troll & G. E. Finley(Eds.), *Review of human development*. New York: Wiely.

Moskowitz, B. A.(1978). The acquisition of language. *Scientific American 239*(5), 92-108.

Murray, H. et al.(1938). *Explorations in personality: A clinical and experimental study of fifty men of college age*. New York: Oxford University Press.

Mussen, P., Conger, J., & Kagan, J.(1979). *Child development and personality*. New York: Harper & Row.

Nelson, K., Rescorla, L., Gruendel, J., & Benedict, H.(1978). Early lexicons: What do they mean? *Child Development, 49*, 960-968.

Newman, B. M. & Newman, P. R.(1995/2014). *Development through life: A psychosocial approach*(12th ed.). Cengage Learning.

Osborn, A. F.(1963). *Applied imagination: principles and procedures of creative problem solving*. New York: Scribner.

Owens, K.(1993). *The world of the child.* New York: MacMillan publishing Co.

Papalia, P. E. & Olds, S. W.(1995/2013). *A child's world: Infancy through adolescence*(13th ed.). N.Y.: McGraw-Hill.

Papalia, D. E., Olds, S. W., & Feldman, R.(2008). *Human development*(11th ed.) N.Y.: The McGraw-Hill Companies, Inc.

Park, S., Belsky, J. Putnam, S., & Crnic, K.(1997). Infants emotionality, parenting and 3-year inhibition: Exploring stability and lawful discontinuity in a male sample. *Developmental Psychology, 33*, 218-227.

Parkinson, B.(1995). Emotion in brian, In B. Parkinson & A. M. Colman(Eds.), *Emotion and motivation.* London: Longman.

Piaget, J.(1952). *The origins of intelligence in children.* New York: International Universities Press.

Piaget, J.(1960). *Psychology of intelligence*. Paterson, N.J.: Little Field, Adams.

Piaget, J.(1962). *Play, dreams and imitation in childhood.* N.Y.: W. W. Norton & Co.

Piaget, J.(1974). *Biology and knowledge: An essay on the relations between organic regulations and cognitive process*. Chicago: University of Chicago Press.

Piaget, J. & Inhelder, B.(1969). *The psychology of the child.* New York: Basic Books.

Plucker, J. A. & Runco, M.(1999). Creativity and deviance. In M. A. Runco & S. Pritzker(Eds.), *Encyclopedia of creativity, volume 1*(pp. 541–545). San Diego, CA: Academic.

Putnam, S. P., Sanson, A. V., & Rothbart, M. K.(2002). Child temperament and parenting. In M. H. Bornstein(Ed.), *Handbook of parenting: Children and parenting*(p.255–277). Hillsdale, NJ: Lawrence Erlbaum Associates Publishers.

Robertson, J. F.(1977). Grandmotherhood: A study of role conceptions. *Journal of Marriage and the Family, 39*, 165-174.

Rogers, C. R.(1961). *On becoming a person.* Boston: Houghton Mifflin.

Rogoff, B. & Chavajay, P.(1995). What's become of research on the cultural basis of cognitive development? *American Psychologist, 50(*10), 859–877.

Rothbart, M. K., Ahadi, S. A., & Evans, D. E.(2000). Temperament and personality: Origins and outcomes. *Journal of Personality and Social Psychology, 78*(1), 122–135.

Rothbart, M. K. & Bates, J. E.(1998). Temperament. In W. Damon & N. Eisenberg(Ed.), *Handbook of child psychology: Social, emotional, and personality development*(p.105–176). John Wiley & Sons, Inc..

Santrock, J. W.(2013). *Child development*(14th ed.). McGraw-Hill, Inc.

Sattler, J. M.(1988/2008). *Assessment of children*(5th ed.). San Diego, CA: Jerome M. Sattler,

Publisher.

Schaefer, E. S., Bell, R. Q., & Bayley, N.(1959). Development of maternal behavior: Research instrument. *The Journal of Genetic Psychology, 95*, 83-104.

Schuman, J. D. & Black, S. H.(1993). Genetics of some common inherited diseases. In R. G. Edwards(Ed.), *Preconception preimplantation diagnosis of human genetic disease*. Cambridge, England: Cambridge University Press.

Sears, R. R., Maccoby, E. E., & Levin, H.(1957). *Patterns of childrearing*. Evanston, II: Row Peterson.

Seifert, Kelvin L., & Hoffnung, R. J.(2000). *Child and adolescent development.* New York: Houghton Mifflin Company.

Selman, R. L.(1980). *The growth of interpersonal understanding*. New York: Academic Press.

Shaffer, D. R.(1988). *Social and personality development*. Belmont, California: Wadsworth, Inc.

Shaffer, D. R.(1996). *Development psychology: Childhood and adolescence*(4th ed.). California: Brooks & Cole.

Shavelson, R. J. & Bolus, R.(1982). Self concept: The interplay of theory and methods. *Journal of Educational Psychology, 74*(1), 3-17.

Shirley, M. M.(1933). *The first two years: A study of twenty-five babies.* University of Minnesota Press, Minneapolis.

Snow, C.(1998). *Infant development*(2nd ed.). Englewood Cliffs, N.J.: Prentice-Hall, Inc.

Sorce, J. F., Emde, R. N., Campos, J. J., & Klinnert, M. D.(1985). Maternal emotional signaling: Its effect on the visual cliff behavior of 1-year-olds. *Developmental Psychology, 21*, 195-200.

Spearman, C. E.(1927). *The abilities of man*. New York: Macmillan.

Sroufe, L. A.(1979). Socioemotional development. In J. D. Osofsky(Ed.), *Handbook of infant development*. New York: Wiley.

Sroufe, L. A., Egeland, B., & Carlson, E. A.(1999). On social world: The integrated development of parent-child and peer relationships. In W. A. Collins & B. Laursen(Eds.), *Minnesota symposium on child psychology*(Vol. 31). Mahwah, N.J.: Erlbaum.

Staub. E.(1971). Instigation to goodness: The role of social norms and interpersonal influence, *Journal of Social Issues, 28*, 131-151.

Steinberg, L. & Belsky, J.(1991). *Infancy, childhood, & adolescence*. New York: McGraw-Hill.

Sternberg, R. J.(1984). What should intelligence tests test? Implications of a triarchic theory of intelligence for intelligence testing. *Educational Researcher, 13*, 1, 5-15.

Sternberg, R. J.(1985). *Beyond IQ: A triarchic theory of human intelligence*. N.Y.: Cambridge

University Press.

Sternberg, R. J.(1992). Ability tests, measurement, and markets. *Journal of Educational Psychology, 84*(2), 130-140.

Sternberg, R. J.(1996). *Successful intelligence*. New York: Plume.

Symonds. P. M.(1949). *The dynamics of parent-child relationships*. N.Y.: Berfau of Publications.

Taylor, I. A.(1959) The nature of the creative process. In P. Smith(Ed.), *Creativity*. New York: Hastings House.

Terman, L. M.(1916). *The measurement of intelligence*. Boston: Houghton Mifflin Company.

Thomas, A. & Chess, S.(1977). *Temperament and development*. N.Y.: Brunner/Mazel.

Thomas, A. & Chess, S.(1986). The New York longitudinal study: From infant to early adult life. In R. Plomin & J. Dunn(Eds.), *The study of temperament: changes, continuities and challenges*. Hillsdale, N.J.: Erlbaum.

Thomas, R. M.(2000/2004). *Theories of development psychology*(6th ed.). New York: Freeman and Company.

Thorndike, R. L., Hagen, E. P., & Sattler, J. M.(1986). *Technical manual, Stanford-Binet Intelligence Scale: Fourth Edition*. Chicago, IL: The Riverside Publishing.

Thurstone, L. L.(1935). *The vectors of mind: Multiple-factor analysis for the isolation of primary traits*. University of Chicago Press.

Todd, R. D., Swarzenski, B., Rossi, P. G., & Visconti P.(1995). Structural and functional development of the human brain, In D. Cicchetti & D. J. Cohen(Eds.), *Developmental psycho-pathology: Vol. 1. Theory and methods*, 161-194.

Tieger, T.(1980). On the biological basis of sex differences in aggression. *Child Development, 51*(4), 943-963.

Toner, I. J., Parke, R. D., & Yussen, S. R.(1978). The effect of observation of model behavior on the establishment and stability of resistance to deviation in children. *Journal of Genetic Psychology. 132*, 283-290.

Torrance, E. P.(1966). *Torrance tests of creative thinking−norms technical manual research edition−verbal tests, forms A and B−figural tests, forms A and B*. Princeton: Personnel Pres. Inc.

Torrance. E. P.(1979). *The search for satori and creativity*. Bafflo, N.Y.: Creativity Education Foundation.

Trehub, S. & Rabinovich, M.(1972). Auditory-linguistic sensitivity in early infancy. *Developmental Psychologist, 6*, 74-77.

Vygotsky, L. S.(1962/1986). *Thought and language*. E. Hanfmann & G. Vakar(Eds. & trans.). Cambridge, MA: MIT Press.

Vygotsky, L. S.(1978). Vygotsky의 사회속의 정신 고등심리과정의 발달 [Mind in society: The development of higher psychiligical process]. (조희숙, 황해익, 허정선, 김선옥 역, 2000). 경기: 양서원.

Vygotsky, L. S.(1987). Thinking and speech. In L. S. Vygotsky, *Collected works: Problems of general psychology* (Vol.1). New York: plenum.

Walden, T. A. & Ogan, T. A.(1988). The development of social referencing. *Child Development, 59*, 1230-1240.

Waters, E, Vaughn, B. E., Posada, G., & KondoIkemura K.(Eds.)(1995), Caregiving, cultural, and cognitive perspectives on secure-base behavior and working models: New growing points of attachment theory and research. *Monographs of the Society for Research in Child Development, 60*(2-3, Serial No. 244).

Watson, J. B.(1919). *Psychology: From the standpoint of a behaviorist*. N.Y.: JB Lippincott.

Wechsler, D.(1944). *The measurement of adult intelligence*. Baltimore: Williams & Wilkins.

Weiner, B.(1974). *Achievement motivation and attribution theory*. Morristown, New Jersey: General Learning Press.

Weiner, B.(1984). Principles for a theory of student motivation and their application within and attributional framework, In R. Ames & C. Ames(Eds.), *Research on motivation and their analysis of motivation in education*. New York: Academic Press, Inc.

Weker, J. & Tees, R.(1984). Cross-language speech perception: Evidence for perceptual reorganization during the first of life. *Infant Behavior and Development, 7*, 49-63.

Wertsch, J. V.(1984). The zone of proximal development: Some conceptual issues. In B. Rogoff & J. V. Wertsch(Eds.), *Children's learning in the zone of proximal development*. San Francisco: Jossey-Bass.

Whiting, B. B. & Whiting, J. W.(1975). *Children of six cultures: A psycho-cultural analysis*. Harvard University Press.

Wolf, R. M.(1964). The Identification and measurement of environmental process variable related to intelligence, Unpublished doctoral dissertation, University of Chicago.

Wolfson, J. C.(1996, January 15). Women with cystic fibrosis defy the odds by having babies. *Newsday*, B17-B18.

Woolfolk, A. E.(1995/2018). *Educational psychology*(14th ed.). Boston, N.Y.: Allyn & Bacon.

Zahn-Waxler, C.(2009). The case for empathy: A developmental perspective. *International Journal for the Advancement of Psychological Theory, 2*(2), 155-158.

Zahn-Waxler, C., Radke-Yarrow, M., & King, R. A.(1979). Child-rearing and children's prosocial initiation toward victims of distress. *Chid development, 50*, 319-330.

ZUM(줌) 학습백과 '중추 신경계와 뇌'(http://study.zum.com/book/12335)

찾아보기

ㅈ

ㅊ

ㅋ

ㅌ

ㅍ

ㅎ

기타

저자소개

▪ 구광현

| 약력

충남대학교 문과대학 영어영문학과 졸업(문학사)
서울대학교 대학원 교육학과 졸업(교육학석사)
캐나다 토론토대학교 대학원 교육학과 졸업(교육학박사)
캐나다 토론토대학교 대학원 인간발달 및 응용심리학과 객원교수(Visiting Professor)
1991년~현재, 안양대학교 인문대학 유아교육과 교수
현) 안양대학교 교육대학원장
E-mail) khkoo@anyang.ac.kr

| 저서 및 논문

교육학개론(1994), 신교육심리학(1998/2002), 부모역할과 자녀교육(2002), 유아사회교육(2002), 영유아발달과 교육(2003), 에니어그램 지능(2003), 아동발달(2005), 학교상담의 이론과 실제(2005), 교육심리학: 실천과 연구의 통합(2006), 교육심리학(2006/2012/2016), 유아사회교육의 이해(2012), 교육연구방법(2015), 교육학개론(2016) 등의 저서(역서)가 있으며, 인지발달 측정 및 교수-학습방법, 창의성발달 측정 및 증진프로그램, 교사발달 및 교사교육 분야를 중심으로 교육심리 및 유아교육 영역에 관한 다수의 논문이 있음.

영유아발달

초판 1쇄 인쇄 / 2019년 12월 10일
초판 1쇄 발행 / 2019년 12월 15일

저 자 / 구 광 현
발행인 / 이 중 수
발행처 / **동 문 사**

서울특별시 서대문구 홍제원 1길 12
(홍제동 137-8)
Tel : 02)736-3718(대), 736-3710, 3720
Fax : 02)736-3719
등록번호 : 1974.04.27. 제9-17호
가격 : 22,000원

ISBN : 979-11-6328-161-0(93370)
E-mail : dong736@naver.com
www.dongmunsa.com